U0564470

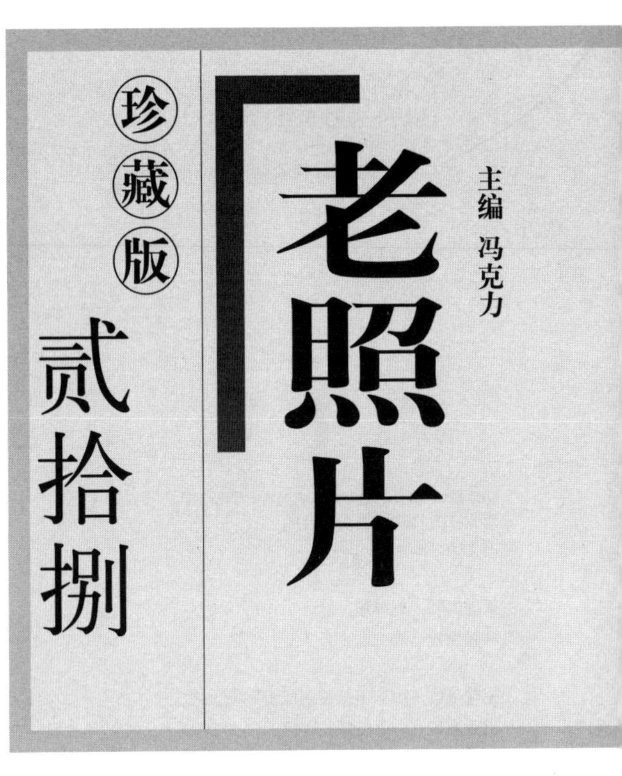


山东画报出版社
济南

图书在版编目（CIP）数据

老照片：珍藏版. 贰拾捌/冯克力主编. —济南:
山东画报出版社, 2024.2（2025.5重印）
ISBN 978-7-5474-4192-3

Ⅰ.①老… Ⅱ.①冯… Ⅲ.①世界史－史料 ②中国
历史－现代史－史料 Ⅳ.①K106 ②K260.6

中国国家版本馆CIP数据核字(2023)第091882号

LAO ZHAOPIAN：ZHENCANG BAN ERSHIBA
**老照片：珍藏版. 贰拾捌**
冯克力 主编

责任编辑 赵祥斌
装帧设计 王 芳

主管单位 山东出版传媒股份有限公司
出版发行 山东画报出版社
社 址 济南市市中区舜耕路517号 邮编 250003
电 话 总编室（0531）82098472
市场部（0531）82098479
网 址 http://www.hbcbs.com.cn
电子信箱 hbcb@sdpress.com.cn
印 刷 山东临沂新华印刷物流集团有限责任公司
规 格 140毫米×203毫米 32开
24印张 521幅图 480千字
版 次 2024年2月第1版
印 次 2025年5月第3次印刷
书 号 ISBN 978-7-5474-4192-3
定 价 80.00元

第一二三辑

# 老照片

OLD PHOTOS

定格历史　收藏记忆

山东画报出版社

## 台湾横贯公路开通的第一年

花莲天祥的横贯公路，一名高山族老妇人背着木材踽踽独行。横贯公路穿越台湾中部的高山，将许多隔离深山的高山族社群与平地的世界连接起来，对高山族社会产生了很大冲击。（参阅本辑《山乡岁月——岁月台湾1960之五》）

（秦风　供稿）

老照片
OLDPHOTOS

出版人 李文波
主　编 冯克力
执行编辑 赵祥斌
特邀编辑 张　杰　丁　东　邵　建
美术编辑 王　芳

第一二三辑

目录

# 我的第一本书

## ——故乡雁荡杂忆之九

傅国涌

### 一

我自小在雁荡山中，我的目光一次次地触摸那些刻在石头上的象形文字，许多人名、地名就是在白云般悠长的岁月中慢慢变得熟悉起来的，从大名鼎鼎的阮元、傅增湘、康有为、张元济这些人到并不知名的柯璜等人，每当在书中读到我在石头上读到过的人名，我便怦然心动，如遇故人。可以说，我的世界首先是从石头开始的。

但真正有意识地触目这些摩崖石刻，已是1983年的初冬。

我对这些石头包括墓碑都产生了浓厚的兴趣，试图去理解石头背后的人和他们的时代。我记得那年我带了两支铅笔和几张白纸，找到了离我家不远的枫树岭下李孝光墓，把墓碑上的文字拓了下来。站立在元代文学史上的李孝光，是我早几年就从滕万林老师的考证文章中接触到的，直到此时才产生强烈的亲近之感。

灵岩景区镶嵌在龙鼻洞壁的那块篆书碑，也无数次吸引过我，上面记录了张元济、蒋维乔、傅增湘等人1916年的游踪。

此时，商务印书馆正处于黄金时代，张元济、蒋维乔和傅增湘等联袂来游雁荡——

丙辰九月二十五日，蒋君冶招游雁荡，宿灵岩寺。翌日，观小龙湫，探天窗洞，登屏霞嶂，挹龙鼻水，摩崖题名。曼殊白，廷夔记，同游者，海盐张元济、武进蒋维乔、江安傅增湘。

篆书后面还有楷书小字：

乙亥夏偕贵阳邢端嵊邢震南
自黄山归迂道来游增湘记

相距十九年，傅增湘再游此地，补了这两行小字。

我读此碑，仿佛看见这些历史中人就在石头中向我说话。

还有灵岩寺大门口阮元的那块碑，每次见了，总要伫立良久，再读一遍。其实内容很简单，但那一手隶书让我心生欢喜：

嘉庆三年四月四日学使阮元偕客来游

我最早知道阮元其人就是从这块石头上。他曾任浙江学政，嘉庆三年也就是1798年返京任户部左侍郎，游雁荡大约就在返京之前，其时不过三十五岁。之后他回浙江任巡抚差不多十年。在西湖边创立的诂经精舍，影响深远，培养了包括章太炎在内的许多学者。

大龙湫的崖壁上、潭水边题刻甚多，由唐宋至明清、民国，

1985年8月，作者（后右）与陈瑛（后左）、钱一黎摄于大龙湫。

跨越近千年，一直引发争议的“杜审言来”，到底是否杜甫的祖父，那块刻石就在这儿。“千尺珠玑”“矫若游龙”“天下飞来”“活泼泼地”……在众多的摩崖中，康有为手书的“白龙飞下”并不显眼，也显得俗气。康有为来时已是生命的暮年，失去了戊戌变法时代的那种豪气。

在我少年时常去的燕尾瀑，崖壁上“燕尾瀑”三个大字出自黄岩柯璜之手，许多年后，我研究京师大学堂的历史，发现此人是京师大学堂的学生。

石头中藏着历史。难怪秦始皇喜欢在石头上留下自己的丰功伟绩，许多文人雅士也喜欢在名山的石头上留下到此一游的痕迹。臧克家那几句被我们少年时背得烂熟的诗，就是很好的证明。然而，我还是喜欢那些石头。

这些经过时间雕琢的刻石，不断地提醒我山中岁月从来不是孤悬于世的，至少自宋以来，雁荡山就是一座名山，循着这些线索，我可以看到一个更大的世界。我成年之后关注中国近代史，许多名字我小时候早就在这些石头上看熟了。在我家的后门，东石梁洞门口的悬崖上刻着“石虹洞”三个大字，署名“临海屈映光”，屈映光是浙江辛亥革命的要角之一，他的故乡临海与雁荡相去不远，1924 年、1927 年曾两次进山。

## 二

我喜欢雁荡的石头，进而寻找雁荡山志、乐清县志等旧书，1983 年冬天开始在练习本上抄了不少。不知道教我们历史的盛笃周老师怎么会听说此事。1985 年春天，他突然来到我家，因我不在家，他留下纸条，约我去雁荡中学见面。原来乐清县教育局和雁荡山管理局、雁荡中学正在筹办雁荡山旅游学校，这是一所职业高中，在全县初中毕业生中招生。因为没有教材，决定自己动手编写，《旅游历史》的任务落在了他身上，他找我一起来编，时间很紧，几个月就要成书、印出，下半年就要使用。

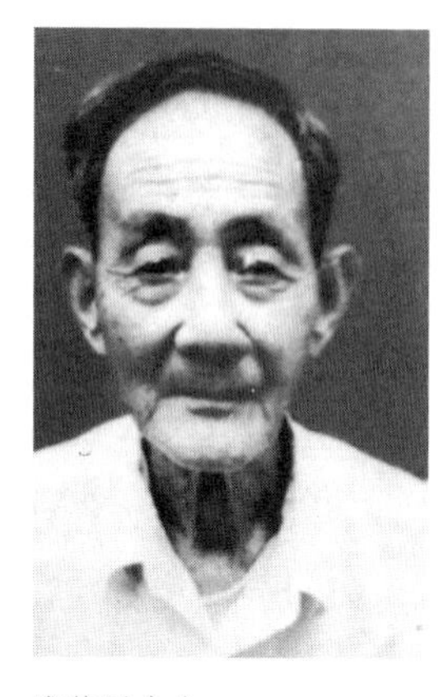

盛笃周先生

当时，盛笃周老师已年届六十，他是 1923 年生人，1949 年加入民盟，长期在雁荡中学任教，我舅舅五十年代在此求学，他教他们语文。我大约在念初中时就读过他写的旧体诗，在 1979 年雁荡山管理局编印的《雁荡山诗选》中有他的三首诗词，两首绝句尤清新可诵。

《登中折瀑途中》：

云树沉沉一径幽，
桐花初落叶方稠。
枝头经雨呈新绿，
添得山间翠欲流。

《小龙湫深谷所见》：

深谷独盘桓，千岩蔚大观。
白云浮动处，卓笔写双鸾。

卓笔峰、双鸾峰都在小龙湫前。后来我还读到他的《重游石梁洞》，其中有句："石梁不与人偕老，长伴僧岩亘古留。"我就是天天背靠石梁，面朝老僧岩长大的。它们却不与人偕老，从亘古到如今都没有改变。

盛老师以文史和旧体诗词见长，在雁荡中学乃至整个乐清的声望很高。早年教语文，后来专教历史。初中三年，我常在校园里看到他，只是那时他不认识我。

1983 年到 1984 年，他教过我一年历史，我还记得他在课堂上给我们出的一个字谜，谜面是"无边落木萧萧下"，当时似乎没有人猜出来。他亮出谜底，一个"曰"字。"萧萧"联系到南朝的"陳"，南朝宋齐梁陈，在陈霸先之前二朝皇帝都为萧姓，"陳"字无边、落木，是为"曰"。他解释时，满座安静。三十年后，2014 年 4 月 3 日，九十一岁的盛老师去世，我送去的挽联，上联即是指此事：

三十年前，先生笑问，无边落木萧萧下，满堂无语；
一师去后，雁荡黯然，不尽龙湫滚滚来，群峰有泪。

他是抗日战争时期宗文中学的学生。这所学校本在杭州，全称为杭州私立宗文中学，校长钟毓龙为清朝最后一科举人，自 1921 年起做了二十五年的校长，确立了"质朴耐苦，诚实不欺"的校训。1937 年 12 月 24 日，杭州沦陷，学校迁往建德。因雁荡一带几位士绅的邀请，次年秋，宗文中学开始在雁荡招生，本部设在雁山旅社，就是我少年时上学的雁荡中学旧址，另租北斗洞道观和净明寺为分部。到 1940 年下学期，宗文中学在雁荡共有学生 444 人，老师 26 人，极一时之盛。

少年盛笃周恰逢其时，得以进入宗文，在北斗洞分部求学。

从1940年底到1941年初，宗文中学开始迁离雁荡。直到晚年，他仍念念不忘在北斗洞的那些时光，留下了许多诗词，如《江城子·重登北斗洞》上阙：

少年求学寓琳宫。石玲珑，水淙淙。雾阁云窗，共读乐融融。阵阵弦歌回石屋，应暮鼓，伴晨钟。

如《凤凰台上忆吹箫》上阙：

负笈宗文，同窗三载，少小相聚名山。记芸窗剪烛，漏尽更残。长伴净明钟鼓，多少次北斗凭栏。春秋日，耽山娱水，几绝人寰。

虽然那时的物质生活如此艰苦，以咸菜、青菜、马铃薯、豆类下饭，甚至常常面临断米的威胁。练习本是土报纸，晚上自修靠蜡烛或菜油灯，但学习的气氛浓厚。钟校长写过一首《戏作调诸同事》：

多少英贤共我游，令人不复忆杭州。
山河指掌杨承直，锦绣罗胸许企由。
雅擅文章山带盛，职司经济岳希仇。
大观倘遇龙华会，身手男儿显顾球。

诗中提及当时宗文的多位老师：杨承直、许企由、盛山带、仇岳希、（李）大观、（唐）龙华（李、唐为夫妇）、顾球。酷爱雁荡山水的国文老师盛山带为学生朗读诗文的神态，擅长

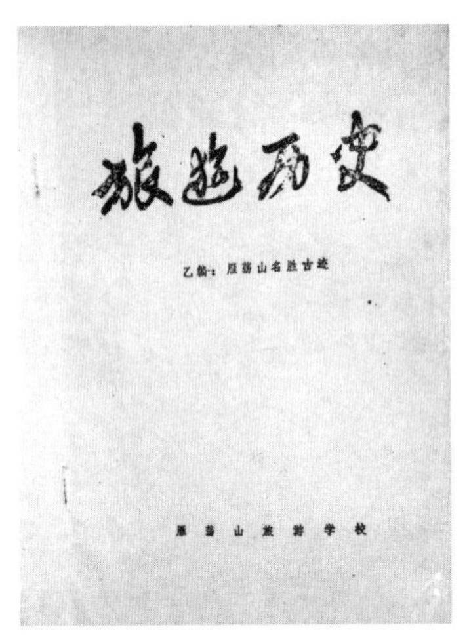


1985年8月印出的《旅游历史——乙编：雁荡山名胜古迹》

1986年出版的《雁荡山特辑》

钟鼎文的钟校长在大雪天穿着单衣为同学们挥毫泼墨的形象，都长久地留在了他们的记忆中。（资料来源于黄士华《宗文中学在雁山》，《乐清文史资料》第十辑）

盛笃周老师怀念旧时光，不断地追忆宗文的校长和其他师长，曾为灵峰的宗文中学纪念亭写过一篇赞：

> 灵峰脚下，鸣玉溪边。一山拔起，佳木笼巅。危崖绝顶，一亭翼然。立碑记事，用彰先贤。日寇入侵，杭城烽烟。宗文中学，辗转南迁。钟公毓龙，名山有缘。艰苦办学，八方支援。课堂宿舍，茅屋数椽。含辛茹苦，厥志弥坚。温台学子，闻风相传。携笺负笈，归之若川。弦歌一堂，盛况空前。钟灵毓秀，桃李满园。……

我现在才明白他为什么对北斗洞如此情有独钟，《旅游历史——乙编：雁荡山名胜古迹》中《北斗洞》一篇也是他亲自执笔。1985年，距离宗文中学在雁荡已近半个世纪，想起他少年时北斗洞中八仙楼、凌霄殿都曾是教室，朝花夕拾，书声弥漫，名山与学子如此结缘令人神往。难怪他说起洞内建筑如此熟悉。

这本小书大约四万字，共四十篇，其中我执笔三十五篇，盛老师执笔五篇，我执笔的部分，也都经过他修订。他的文字简练、朴素，绝不啰嗦，但明明白白。在编写这本教材期间，我经常往返于谢公岭，每次去不是他留我吃饭，就是另外一个正在编《旅游地理》的盛老师留我吃饭。他也曾专门来过我家一趟，我又陪他登谢公岭去了雁荡。

这年6月，当全稿完成，我在写后记时心里想到的是孟浩然的诗句："人事有代谢，往来成古今。江山留胜迹，我辈复登临。"我那时年少轻狂，自以为在做一件大事，其中说："我们从历史角度系统叙述雁荡山的名胜古迹，这还是有史以来第一次。"盛老师不同意用后记，也不要前言，连署名都没有就印了。

这是我生平的第一本小书，打字油印了二百册。我记得领到二百元稿费，十元面额的一摞。盛老师一分也不要，全给了我，他的理由是他有工资，再说主要是我执笔的。当年，有一篇《马鞍岭》在《温州日报》发表，我们共同署名，他用了一个化名"盛侃"。稿费他全部给了我，我推辞不了，只好收下。

第二年秋天，他托人带给我一册《雁荡山特辑》，是乐清县政协文史工作组编印的，从《旅游历史——乙编：雁荡山名胜古迹》中选载了七篇，前面有个编者按：

> 盛笃周、傅国涌同志编写的《旅游历史——乙编：雁

荡山名胜古迹》，是作为雁荡旅游学校旅游历史教材使用的，按雁荡山七个风景区中主要风景点，分别写了近四十篇（名胜古迹）史话。现选载几篇，以飨读者。

这可以算是我生平第一本小册子，带有考证和史话的性质。前后用了两个月时间完成，资料的积累则前后近两年。我记得1984年8月我在北京中关村小娘舅家小住时，正醉心于雁荡山及温州地方史料的收集和整理，决意写几本书出来。舅舅建议我选择某个时代，专攻断代史，像吴晗那样，我当时还不以为然。认为研究雁荡山也一样很有价值。

## 三

《旅游历史——乙编：雁荡山名胜古迹》印出不久，刚从温州师专毕业的林宏伟和还在读的许平乐办了一期雁荡山语文夏令营，邀我作为老师参加。时在1985年8月。来自温州、台州各地的中学生大约二十人（其中有几个小学生），住在雁荡中学招待所，那曾是我们1983年秋天的学生宿舍。前后大约三天，我们的足迹主要在二灵一龙，我大概是主要的讲解者。我依稀记得那几天，我们在山水之间有西瓜、有啤酒，有单纯的文学话语，尤其难忘在灵岩的一处露天茶室，一杯清茶，休憩闲话的场景。在大龙湫和灵峰合掌峰前，我们留下了两张在当时还有点奢侈的彩色合影。

我记得在雁荡中学的办公室做了一次讲座，除了夏令营的师生，还有当地一些大学生来旁听，满满一屋子的人。我主要讲了关于雁荡山名的由来、雁荡山的开发史，没有讲稿，只有一块黑板。这是我生平第一次做讲座，面对的是同龄人和比我小不了多少的学生。

三十三年后，我偶然遇到来自台州的一位语文教研员，发现他的名字与当年一位同学的一样，我猜想是同一个人，他已经认不出我，因为当时我用的不是本名，他完全无法对号入座，最终是我认出了他。但他依然记得我讲座的内容，我曾说雁荡之所以写成“雁荡”是因为山顶的雁湖，又写成“雁宕”是因为石头。

2018 年夏天，我的《新学记》出版后，在雁荡半书房举行了一场分享会，他从台州开车来参加，结束签书时，看到他的姓名，我猜测他就是当年语文夏令营的那位。他叫张焕利，来自黄

1985 年 8 月雁荡山语文夏令营师生在合掌峰前合影，后排右二为作者。

1985年8月，在雁荡凝碧潭荡舟的钱颂扬等同学。

岩院桥中学，是高三学生。我对他印象深的原因是临别时给我的留言本上写的那番话，尖锐，富有批判性。而当时大多数同学的留言都是文学抒情，以诗为主。今天，他依稀还有当年的棱角。

当时诗写得最好的是一个叫杨小敏的同学，他后来读了警校，成为一名警察。我们曾保持通信数年，他寄来过不少诗稿。另外有平阳水头的三个女生结伴而来，她们是平阳二中和鳌江一中的高一学生，我和钱一黎与钱颂扬两位通过信，她们都喜欢写诗，特别是颂扬，她经常在当地诗歌刊物《潮声》上发表作品，八十年代我们一直保持通信，直到九十年代后才渐渐失去联系。我们的通信几乎只有一个主题：文学。她给我寄来过大量诗稿。那是八十年代才会有的交往方式。前些年，她来杭州一所中学任教，偶然遇到，恢复了联系，她写的诗散发着那个时代才有的气味，我在二十岁前后也曾在笔记本上写了数年的诗，只是写给自己和朋友看的。

她们几个女生曾在灵峰凝碧潭划过船，还留下了两张黑白照片，其中有颂扬、一黎和林爱女，还有一位温师专的女生。颂扬当时就写过一首《凝碧潭荡舟》，题目似乎还是我加的。这首诗的写作时间是 1985 年 8 月 6 日。在雁荡的日子她还写过《雁荡山峰》《我是一株野草》等小诗。

在她抄录的诗稿中，有一首《夜中有许多美——夜观灵峰，迎雷披雨拾阶抒怀》，如果不是这首诗，我已完全不记得我们看过灵峰夜景，还遇到了雷雨——

夜幕，少女的羞涩
漾起两颊飞红的云彩
把每夜的热情藏起
回颜一笑，就跑了

天，总是有光
夜拖着黛色的影子
很逗人心跳呢！
走，走，怎不看看朦胧的美

踩着游兴牵着笑的
——不用骗我们了，惊雷——
我们轻轻的脚步，频频跳着
还要踏出用心唱的歌

闪电是个调皮的孩子
掀着夜空，却不让看真切
风和雨还嬉笑么？
喝，我的心可已满是景色

相隔三十三年，她已无法确认是她写的，还是杨小敏写的。经小敏确认是他写的。

这些诗句今天读来也许会觉得稚嫩和单纯，而我却喜欢这样的稚嫩和单纯，那是我少年的记忆，是我生命的一部分，也只能是属于那个时代的。在后来展开的岁月里，我觉得那个夏天是特别奢侈的夏天，一群来自浙南各地的中学生相聚在雁荡山，大多数人原本互不相识，却都做着共同的文学梦。其中有个小插曲，永嘉中学念高二的一位男生喜欢同行的一个女生，不敢找她合影，就拉上我，三个人一起在大龙湫照了一张彩照。此后的数十年，与他再无任何联系。绝大多数人也几乎再无交集，但曾经匆匆聚散的一群八十年代中学生写下的诗句，字里行间仍可以辨认出那个时代才有的痕迹。

也是在这个夏天，我第一次接触到朦胧诗，被顾城他们的诗所吸引，在此之前，我读的诗除了雪莱、拜伦、勃朗宁夫人和泰戈尔的，就是徐志摩、戴望舒这些人的，当代诗人的作品几乎没有接触过。我的世界还是一个山中的世界。

# 山乡岁月

## ——岁月台湾 1960 之五

秦　风

台湾是一座岛屿，山地占了岛上面积的三分之二。其中最重要的就是贯穿南北的中央山脉，其支脉则延伸到东西两侧。这意味着，住在台湾任何一个地方，走没多远就可以走到山脚下，有时在市区中央位置就有山坡，像高雄市的寿山，站在上面可以眺望闹区和港湾。

有关山岳的种种，占据了人们生活体验相当大的比例，从小到大，常说“去爬山！”“到山上去玩！”走进山林里，湍急的溪水由高处冲下，水边布满了白石头；再往上走，则是高耸的冷杉林，环绕山顶的云海，冷冽清新的空气。山里也有许多寺庙和大佛的石像，周边为美丽的园区，游山顺便也可上香祈福。因此，从南到北，像是太平山、阳明山、大雪山、玉山、合欢山、阿里山、大霸尖山，等等，这些耳熟能详的山岳，总是伴随着许多快乐的游玩经历，不管是跟父母、同学、男女朋友，或是带着自己的儿女，总是能尽情享受山岳所带来的无穷快乐。

住在台湾的那几年，薛培德牧师自然也有过同样的经历，他留下了美丽山峰以及山居生活的诸多影像。首先，他自己就住在阳明山上，足迹自然步入了周边大屯山山麓。小油坑岩石

**示范使用传统弓箭**

中部山区高山族部落，一名长者使用传统弓箭，示范瞄准射箭的技巧。山区的高山族居民主要依赖耕种和狩猎，猎物以山猪、鹿等为主，即使进入现代社会，狩猎的传统依然局部保留。

**如诗如画的山间农田**

山沟里的农田，远望农夫犁田。山区地势偏高、温度较低，种稻的条件逊于平原。然而在生产的需求下，山间谷地仍农田密布，形成特有的景致。

**客家妇女采茶**

台湾北部山区的茶园，一名客家妇女采茶的情景。台湾茶树集中在北部的山坡地，树苗最早由闽粤引进，清代发展成主要经济作物，茶叶由大汉溪运至淡水河的大稻埕，进行包装后畅销全世界。

上喷出的硫黄蒸气，高大的芒草，都是今天台北人所熟悉的景观，今在薛牧师半世纪前的照片上看到，觉得格外亲切。此外，中部横贯公路通车的当年，薛培德与救济会一行同仁，就有幸

**中部高山的伐木业**

台湾中部的伐木场作业情形。中央山脉主峰附近属寒带区，包含多处茂密的原始森林。日据时代曾建阿里山小火车以搬运砍伐的红桧木，中横开通后，伐木事业随之进入中部高山，后在保护森林的政策下，逐步限制。

**泰雅人妇女的织布**

泰雅人部落家族展示传统织布。妇女们从事织布和染色工作，图样和色彩具有独特的少数民族风味，过去为自用，中横开通后逐渐开发为观光与商业贩卖。

**鲜艳的观光风格**

南部山区两位美丽的高山族姑娘，发饰和穿着极为华丽鲜艳。尽管风格属于高山族，不过在观光的需求下，往往有超越传统的新设计。

造访。他们几乎是第一批自己开车上中横的民间访客，不是为了赈济，而是为了勘查游览。

薛牧师捕捉了中横沿线美丽的风光，他在照片里藏着与所有人一样的惊叹声。台湾的山实在太美了！美到难以言传，只能由当事人自己前来体验。在薛牧师登山的时候，南投山区的高山族部落尚未发展出现代的观光事业，今日视为国宝的黥面妇女，此时四处可见。妇女们友善的笑颜中有几许愁容，艰苦的物质生活仍是无可逃避的现实问题。她们仍挎着藤篓，穿戴着传统的服饰、头巾、绑腿、铜铃等，坚守着固有的美感；至于男人们，则与过去一样，拿着武器外出狩猎，展现着与大自然拼搏的勇武，同时也维持家人的生计。薛牧师在中横看见了高山族部落中的泰雅人和布农人，在花莲、台东山区则是看见了阿美人，他们丰富多彩的服饰与传统的狩猎生活都深深地吸

**布农男子出外打猎**

两名布农男子手持自制土枪准备外出打猎，背后为部落典型茅草房屋，布农人部落主要分布在玉山山脉周围。

**困苦的生活**

高山族家庭的厨房，使用汉人的灶炉煮食小米。由于山乡交通不便，生产力较低，粮食、衣物和药品供应不足，一般家庭生活十分困苦。

引了他的目光。

薛培德牧师对生活形态的关注，也及于其他山区的汉人村落。他拍摄了客家妇女的采茶活动，也全程跟随着山里一列出

**中横沿途村庄的少女**

中横公路沿途山乡，一名少女捡拾干柴后，坐在地上休息。尽管山乡岁月物资匮乏，人们却终日与清新、缤纷的大自然为伍，少女的笑容一如大自然般纯真和灿烂。

殡的队伍，做了生动的影像记录。就跟大海边的种种场景一样，薛牧师所记录的台湾的山乡景色，注入了许多人文的情感，呈现了永恒岁月的力量。那些山树、树影、人影，实际上都早已化成了台湾的心影。

# 中国见闻 1956

约翰·特纳

汤姆·哈金斯（Tom Hutchins）在一篇未曾发表过的名为《深圳的桥》的打字机手稿中，记录了 1956 年 5 月 9 日他途经香港入境中国内地的经历。当天他携带着大包小包的摄影器材在海关入境时感到忐忑不安，当时中国内地对世界其他地区的人们来说是陌生的。“在站台上的另一边有很多人在等待着从内地返回香港的列车，”他写道，“似乎无人介意我这个拍照的人，我向站台中央一个亭子里帮我发电报的一位美丽女孩对焦，她害羞地微笑，面带好看的羞涩。有一些人聚在一旁笑着观看。她查了查表格，正聚精会神地向一个叫做新西兰的陌生地方发送寥寥数语的同时，我的快门声也没有停下。在相机后面，我暗自庆幸第一次中国之行，就实现了用自己的方式和信条来拍摄这个拥有世界四分之一人口的国度。”如其所料，他最初的一些试探性质的照片也并未收录在他后来编纂的目录内，却为未来四个月马不停蹄的拍摄开了头。“坚冰既破……”这位刚刚成为父亲的三十四岁的新西兰人继续写道，“……我将镜头转向在座椅间玩耍的孩童，休憩中的人们，号召促进生产、教育、健康的宣传海报。一位耐心的王先生检查我海关通关的手续，

稻田里的农民，从广州前往汉口的火车上拍摄，1956年5月11日。

火车站台上的苏联人和农民，湖南，1956年5月11日。哈金斯解释说，苏联人身穿的睡衣是他们日常的旅行装束。

建设中的长江大桥和中国式帆船，汉口。哈金斯解释说，这座大桥的建造运用了新式建筑工艺，是第一座横跨长江的大桥，于次年建成。

我抱着歉意地向他们解释自己携带五部相机的必要性，海关官员相信了我宣称携带的胶片数量，只要我保证不售卖或转让这些胶片，便只需填写一张三帘的表格，就可以享用一顿美妙午餐，有鸡肉、蔬菜和米饭和精致的（茉莉花？）茶。”

汤姆一开始并未在广东省停留过多时间，虽然新西兰早期中国移民大多来自于此。他计划晚些再回这里，并于9月重返新西兰。但当时有关部门在认定他询问了太多难以回答的问题后，将他六个月的签证减短了六周的有效期。汤姆在中国期间是作为一名独立的摄影师活动的——虽然他此前已担任《奥克兰星报》的首席摄影师，但当他在 1956 年 4 月末终于获得中华人民共和国签证时，这份以自由主义标榜的晚报要求他离职。当时冷战已经全面展开，虽然新西兰并未像美国那样禁止记者和摄影师涉足中国内地，但也紧密追随着资本主义阵营的反共意识形态。汤姆原本盼望他的妻子弗洛伦斯可以与他同行，而就如同他最早计划跟随黄河从西部的源头穿行直至黄海的设想一样，受实际情况的局限而无法实现。这段时期，中越边界和东南沿海都因紧张局势而同样无法进入。当时得以获许进入中国内地，已然是个小小的奇迹。汤姆的摄影作品最早于 1948 年

北京第五中学屋顶上的中学生们，1956 年 6 月 14 日。

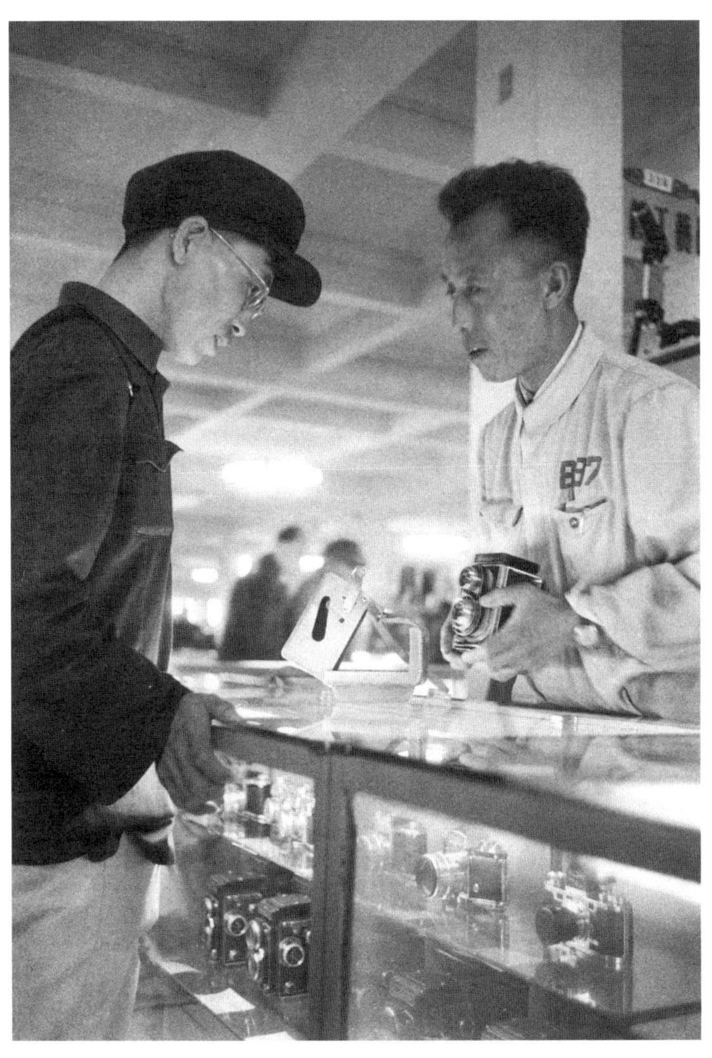

北京王府井百货商店买相机的男子，1956年6月19日。哈金斯解释说，这位男子买的相机可能是捷克斯洛伐克生产的美普塔·弗雷克萨雷特双反相机。

正在培训的女工，辽宁鞍山钢铁厂无缝钢管车间，1956年。

鞍钢下班准备午休的工人们，1956年。哈金斯裁剪了这幅照片的画面，以强调工人的状态和工厂背景。

在矿工养老院打麻将的老人，辽宁抚顺，1956 年。

星期六夜晚的工人俱乐部舞会，吉林长春，1956 年。哈金斯解释说，男女之间跳华尔兹时有些尴尬。

1月登上《生活》杂志，那是他二十六岁时拍摄的一组1947年克莱斯特彻奇市遭受火灾后的拜兰廷百货商店全景接片。他当时已经是纽约黑星图片社的成员，身为亨利·卡蒂埃·布列松以来第一位报道新中国的非共产党员西方记者，这次酝酿良久的中国之行也得到了《时代》和《生活》杂志编辑的支持。卡蒂埃·布列松和他的马格南团队，包括马克·吕布、布莱恩·布莱克（也许是最著名的新西兰摄影师）、里奈·布瑞、滨谷浩等摄影师都步哈金斯后尘，在1957年之后才来到中国内地。

由于其时间的特殊性，哈金斯的摄影中记录了苏联的在场，也第一次拍摄到了新疆风貌。他的照片弥补了优秀外国摄影师

长春卡车厂的苏联专家。哈金斯描述道，当时这座中国最大的汽车厂内机动车很短缺。

人们在湖北长江某处码头上下船，1956 年 5 月 12 日。

新疆哈密的街景，1956 年 7 月 17 日。

新疆哈密的街景，1956 年 7 月 17 日。

在沙尘暴中进行灌油作业，甘肃玉门，1956 年 7 月。

对这个时期的文献记录的空缺。《生活》杂志协助哈金斯冲洗并整理了大部分的底片以便其调用。《生活》杂志于 1957 年 1 月 21 日美国版上刊登了一篇九页、二十二张图片组成的《红色中国进行曲》专题报道，也于 1957 年 2 月 28 日在其国际版上发表。然而，此后的六十年间，这一批记录新中国的卓越摄影作品却被淡忘在视线之外。汤姆在 20 世纪 60 年代试图寻找出版商未果之后，逐渐对它失去了兴趣，他更多地将精力投身于其他的摄影工作和生活之中。这其中包括建立起英联邦国家中第一个电影及摄影专业学位课程，从1965年直至1980年退休，他执教于奥克兰大学的埃兰美术学院，教授这两门课程。他是一名影响深远的教育者，他对他的学生和教员都有着最严格的要求。

后来从远方中国传来的消息令他痛心疾首，他对后续递进的各项政治运动直至“文化大革命”都持尖锐的批判态度。他关心那些他曾经相遇相识的中国人此后的命运。身为一个社会主义者、和平主义者和人道主义者，他曾经目睹并见证了社会的进步和心智的解放，他曾申请重返中国，但未获批准。

1989年初的一天，我和马拉·玛尤在汤姆的奥克兰雷穆瑞

举着镰刀劳作的回民，新疆乌鲁木齐西南，1956年7月14日。

瓦区家中地下室里，翻出这些已然腐烂的纸箱子、相纸和手稿。其中有六百幅损坏严重的爱克发布罗维拉 8 英寸 ×10 英寸相片，原本是为他曾经意图出版的中国画册准备的。我们无法找到他的底片，本以为已经遗失，却在几年后从汤姆家中另一处寻获，并全数保存完好。那又是另一番题外话的故事了。汤姆于 2007 年 3 月 15 日以八十六岁之龄去世。在此之前的二十年里，我和他利用空闲时间一起整理出了一份他自己选定的，认为是最具代表性的中国照片目录。在他非常严格的监督下，我们完成了收藏级的校样页和六百幅 8 英寸 ×10 英寸的新洗印片。在此之后，这些图片也随他选定并洗印的底片一起经过电子扫描，以备未来需要时制作数码片。汤姆更愿意让他的照片直接与观者对话，并担心他人（包括我自己，我觉得）会曲解其拍摄的原意及存在理由，以及他旨在记录的“可视的证据”。他自己仅写过一篇短文回顾这批作品，我准备将那篇文章录在未来一本更完整的中国画册之中。

20 世纪 60 年代的某个时候，他曾向某出版商写下如下的文字总结他想要出版的“中国画册”的意义。他描述他的书为：“在中国四个月旅行的图集——从人道主义者的个人视角，而不是批判的观察者视野，更关注于中国人可见的生活明证而不是外国人士强加于他人的自我表达。”我认为他是在描写一种重要的区别，将自己与已经出版的著名摄影师如亨利·卡蒂埃·布列松、布莱恩·布莱克等人在中国的摄影作品区分开来。对汤姆来说，他们的作品太过于主观，也太“艺术”了。见仁见智，汤姆自己的作品现在也公之于世，时间会给出更好的答案。

# 玉醴泉香：一个乡村的童年记忆

南洲丁

## 春

我出生在浙东天姥山不远处一个古老的小镇。这个小镇有大大小小十来个自然村组成，连结这些村子的是一条蜿蜒的河——澄潭江，是曹娥江的上游。小镇的中心位置，正是我的老家，它有个特别的名字“黄婆滩”。传说，古时候这里是一个行人歇脚的凉亭，有一黄姓婆婆在这里摆摊，声誉很好，黄婆滩村名就这样被叫了下来。其实照这么说，这个村子应是“黄婆摊”而非“黄婆滩”，但也许是因为它靠近河边，“滩”字显得合乎情理，更易为人们接受吧！

村里有吴、陈、朱、杨等姓氏两百多户人家，同姓人家以前大多住在同一个大宅院，这些院子至今保存完好，最有名的有吴家台门，这是一个远近闻名的大宅院，据说是嘉庆年间盖的，到现在已有两百多年。这个台门有两个大天井，中间是大厅，南北及最东边共三排“七间房”，整个院子一共有二十一间走马楼，四周的厢房有环形拱圈走廊相通，下雨天串门时不需露天而行。支撑整个台门的有一百八十根左右的巨大栗木柱子，

“玉醴泉香”石刻门牌

梁柱上牛腿是精雕的狮子、花鸟和各种人物。

台门的侧墙上装饰着用青石做成的窗台，门楣砖匾上刻有“层城丽日”“阆苑光天”等字样。大院的南门有一块石头匾额，刻着“玉醴泉香”四字。走出南门，右边就是一口古井，至今保存完好，小时候我们就在这里汲水。往下走十三级台阶，一股清凉之气就会扑面而来，泉水碧纯，下面有鲫鱼悠闲地摇着尾巴。古井的周围栽着小叶黄杨、栀子花、小栀子花，每到春夏时节，栀子花开，从这里经过就会闻到悠悠清香——好一派“玉醴泉香”！

我八岁那一年，有一天早上被父亲从床上拖起来，我还瞌睡懵懂搓着眼睛，爸爸告诉我：“快！你妈生了一个妹妹，快去看看。”那时我总觉得好奇怪，从来没觉得妈妈有什么异样(可能是不显怀吧），怎么说生就生了？！过不了多久，大妈从卫

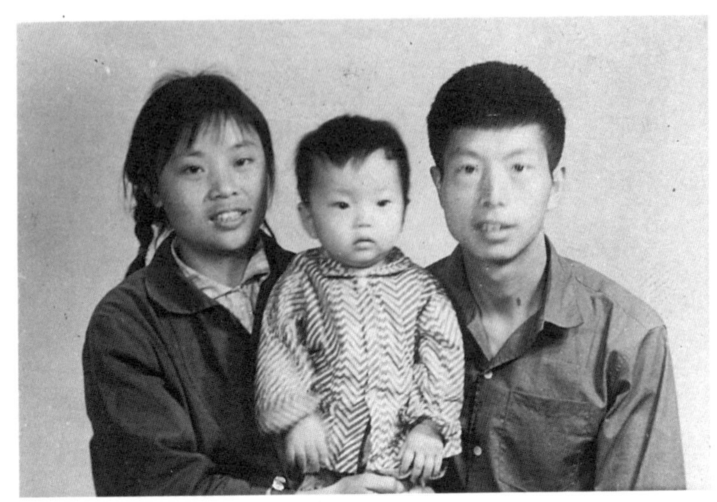

我一岁多时的全家照。约摄于 1976 年。

生院抱回一个肉球，小心翼翼揭开上面的小花被让我看："喏，这就是你妹妹呢！"

那是 80 年代的第一个春天。家乡有农谚："三月三，荠菜花儿赛牡丹……"

## 夏

妹妹的降生给我们家带来喜庆。从那时候开始，家里经济条件似乎渐渐好转，一方面得益于国家的改革开放政策，另一方面是因为父亲更加努力的工作。爸爸是一个油漆匠，常常串村走户为人家漆家具，"吃百家饭"。有一段时间又南下广东打工，后来又到城里毛纺厂干活。父亲是一个很有头脑的人，他是最早进城的一代农民工，后来运气不错，成为厂里的正式

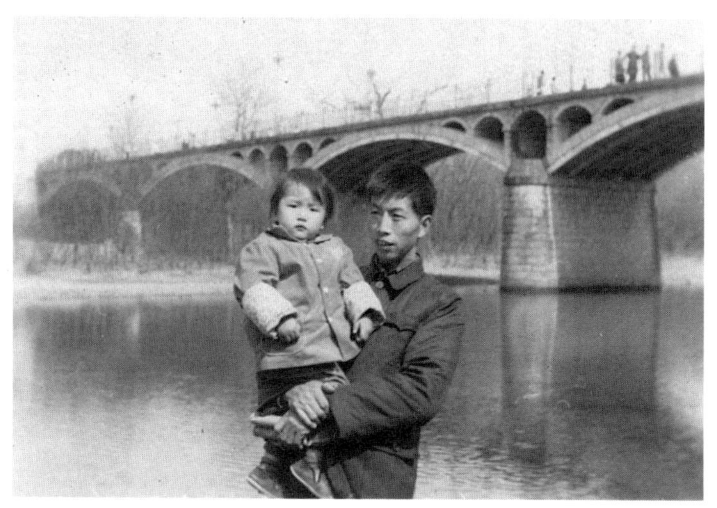

父亲与妹妹。约摄于 1984 年。

工人。

但当时乡民绝大部分仍然离不开农业劳动，他们终年劳碌，一年四季难得空闲。尤其每年七月底八月初，是一年中最忙的“双抢”季节，天气也最热。这时大人小孩会齐上阵，赶着将早稻收上来，并将二季稻在立秋之前下种。正午时分，田地里到处是顶着烈日劳作的人。那个时候，爸爸到外地打工，地里的农活都基本上压到妈妈一个人头上，妈妈用她柔弱的双肩挑起整个家。可是小学的最后那个暑假，我们差点失去妈妈。那一天下午，她烧好点心去叫舅舅吃，然后请他帮我们插秧。在田埂上，妈妈看到舅舅正从大路上走过来，她走下水田去叫他。而那之前，一根断了的电线掉在田里，水能导电，妈妈一下水田，还没叫出声就倒下，一头栽在田里。也许是天意，舅舅当兵出身，懂点急救知识。他从路人那里借了一把竹子做柄的锄头，

我与妈妈。约摄于 1980 年。

将电线拨开，然后下田把妈妈抱起，放到路边，赶紧做人工呼吸，妈妈渐渐有了知觉，重获新生。

等我听说的时候，妈妈已躺在卫生院的床上苏醒过来。床边围满了亲戚，我不知道这时该怎样安慰一下妈妈，眼泪涌了出来。

## 秋

秋天是收获的季节，也是新学期的开始。

最初我读的小学是村子东头的村小，那里曾经是一座关帝庙，它建于清雍正年间，有近三百年的历史了。到了第二年，住在隔壁的俞老师在镇中心小学任教，他把我转到溪西念书。从此，我每天沿着河边走半小时到那里上学，中间还要穿过一片大树林，这片树林有松树、枫树，几人才能合抱，蔚为壮观。每到秋天时节，金黄色的枫叶片片飘落，几分诗意，也有几分萧瑟。

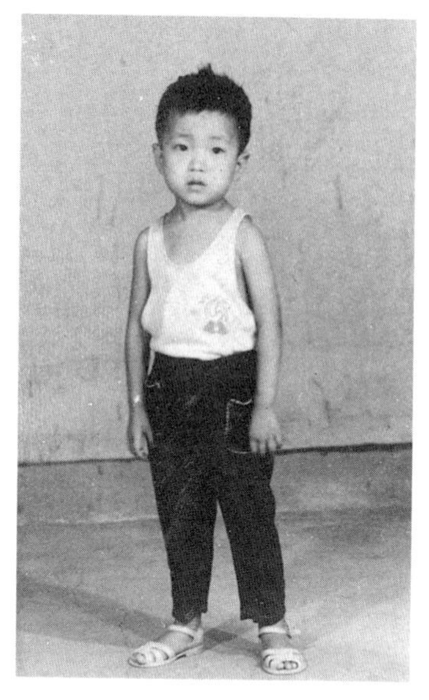

我夏天的单人照。约摄于1979年。

由于学校离家较远，中饭我就在学校食堂吃，是自己带一个饭盒在学校蒸的。中午有一段休息时间，我们最喜欢做的一件事情就是画画。每次画画我都可以得优，而且还在全镇小学生美术比赛上拿奖。记得有一次我画了一幅“小猫钓鱼”，在全镇比赛中拿了一等奖，六一儿童节时还在镇上的文化宣传栏上展出。有一天，我也去看展览，站在我旁边的另外一个小学的女孩子指着我的画，对身边同学说：“哼，这种画肯定是老师帮他改好的嘛，不然怎么能画得这么好？！”我正好站在旁边，没有辩解，心里却喜滋滋的。

小学三年级，学校发起一场运动，号召大家消灭老鼠，而且还算成绩，要每个同学交老鼠尾巴，一根尾巴表示你消灭了一只老鼠。高年级的同学有办法，他们到刚刚秋收完的田里，

小学唯一的一张照片。作者（左）和同学及其弟弟摄于1984年儿童节。

扒开田埂下面的老鼠洞抓老鼠。我没有这个本事，怎么办？住在我家对面的德仁公告诉我：村子旁边沙墩的菜地里，有很多田鼠被人用药毒死，老鼠尾巴你要多少就多少。我想也是好办法，于是带了一把铅笔刀割了好多老鼠尾巴，这下我的成绩一下子上去了，我的大名还作为“灭鼠积极分子”写在荣誉榜上。看到我的名字，我只有羞愧。那是童年时代一次难忘的耻辱记忆。

当时德仁公给我出的主意，完全出于好意。对他，我没有责怪，只有怀念，现在这位姓茹的公公早已过世了。德仁公当时患病，老是咳啊咳，甚至咳出血来。有时候躺在床上不由自主地呻吟“啊呦，啊呦……”我在门口做作业时都可听见，听得我难受。

有一次，德仁公病得厉害，家里没人，他叫我拿一个茶杯给他买一碗馄饨吃。他给了我一毛钱，说：“多的一分钱，你买糖吃。”我飞似的跑到车站那里，用最快速度给他买了一碗点心，递到他那双满是老茧的手上，并还给他一分钱：“公，你留着还可以继续买馄饨吃。”那时一碗馄饨九分钱，这是一个重病老人对营养的唯一要求。

可没过多久，德仁公就死了。要是换了现在，他不会死的。

## 冬

冬天对农人来讲，意味着有一段空闲的日子可以歇息，大家常聚在一起晒太阳，唠家常。这时大人也有时间陪小孩游戏，一边挠小孩的手，一边唱儿歌："点点虫，虫会爬；点点鸡，鸡会啼；点点鸟，鸟会飞；点点猫，猫拖老鼠吱吱叫。"

对孩子们来讲，冬天意味着可以过大年，那是一年四季中最幸福的时光。从放寒假开始，我们就掰着手指头计算着还有多少天过年，那种期待的心情，现在再也找不到了。过年对孩子们来讲，不仅可以穿新衣、吃好东西、放鞭炮，更主要的还可以看舞狮子、演戏文。从小年开始，几乎家家户户都开始忙碌起来，先是里里外外大扫除，之后是磨豆腐，裹粽子，做麻糍等，不亦乐乎。

当然大伙最盼望的是除夕，那天谁家都会做一桌好吃的菜，因为换了平时，一个月都是难得吃一回肉的，至少在我童年时代是这样。吃完后，大人分压岁钱，那都是崭新的一毛两毛之类的纸币，会被我们珍藏很多年。除夕夜要"守岁"，大家可以很迟不睡觉。乡下的习俗，正月初一照例是不走亲戚的，从初二开始，大家就开始走亲访友，无论雨雪天气。那个时候没有电话，更没有手机，交通十分不便，出行基本靠走路。正当一家人打算举家去某亲戚家时，不想此时另外一家亲戚老小却抢了个大早，已经到了家门口，亲人相见，这是怎样的意外惊喜！

父亲一辈六个兄弟中，最小的弟弟（六叔）当时因为家里

我冬天的单人照。约摄于 1980 年。

负担太重，被送给了一户俞姓人家做儿子，但是两家一直当亲戚走动。小时候我很喜欢去六叔家，每次去，他都会拿一把锄头带上我们去挖兰花。他懂得哪座山、什么样的地方会长兰花，因此每次上山，都不会空手而回。回到家后，赶紧把它们种在花盆里，这些兰花每一苗都有含苞待放的花骨朵。过不了多久，它们就绽放了，满室散发着悠悠清香。看到它，你就知道春天已经降临……

# 莽撞的见者

## ——西方船员镜头里的武汉

许大昕

“我厌倦了热带微风，阳光照进我的眼睛；哦，上帝，一阵刺痛的风，气氛热烈而急切……”这低吟来自20世纪30年代，来自行驶于武汉段长江上的名为HMS Gnat的巡逻舰，来自于舰上一名自称厌倦东方、渴望回到西方的船员……

这些尘封的影像，取自HMS Gnat上的船员编写的《长江巡逻船相册》。保存完好的照片，有7.5厘米 ×9.8厘米见方，整齐地放于黑白相册中。它们静静诉说着老武汉的风情与沧桑……这些标题照片显然是舰上的一名船员拍摄的，大致摄取了1935年到1936年武汉的短短瞬间，照片下方还附有他写下的零星文字。虽然摄影者未留下姓名，但是，也许是西方人的超然物外，也许是百姓日常始终存在于历史深处，它们真实、生动、强烈、缓慢……在历史硝烟散尽之后，人影情思依然晃动不已……

在中国近现代史上，武汉之繁华兴旺曾为世界瞩目。1861年，汉口开埠。到20世纪初，英国杂志把她誉为“中国的曼彻斯特”，美国杂志把她誉为“中国的芝加哥”。1911年10月10日的武昌起义是辛亥革命的开端，发生过如此轰轰烈烈大事件的土地上，武汉，仿佛是“巨人”一度挺立在时代的潮头。到了20世纪30年代，中国内忧外患，中日之战已箭在弦上。“山雨欲来风满楼”，而影像中的市井众生依旧迂缓，沉默，坚韧……

## 一

影像里的武汉，一如既往地繁华喧嚣着，人来人往的大街上，太阳依旧耀眼，可在某个街道拐角，又不知道藏着多少忧伤和希望。

众所周知，长江和汉江串起了汉口、汉阳、武昌三镇，合成武汉。几百年的生息演变，再加之1861年以来吹进的欧风美雨，日日夜夜吹着，这些老街老巷——花楼街、泰宁街、黎黄陂路、元路、生成里、皮业巷、百子巷、熊家巷、苗家码头、同兴里、洞庭街、路珈山街……横横斜斜爬满了古老汉口的脊背。

老街老巷各安其分，各司其职，一个老武汉人可以自由安妥地于其中做工、闲逛、喝茶、谈情、买卖、思古、怀旧……细细体味那些身为人的生活：从容的，高贵的，闲雅的，艰苦的，希望的，无奈的……来到这里，一切复归了个人的生动与卑小。

这些石头垒砌的楼阁店铺稳固盘踞于武汉的每片肌肤，水洗不掉，风拂不去。恁江水流逝，人事变迁，它们是经历者，亦是见证者。大时代的动荡扫过每个人，些许的温暖和挣扎发生过，消失了。一批批人来了又走了，生了又死了，一种种主义起了又灭了，信了又疑了……

20世纪30年代的武汉街景，在影像里栩栩如生。一幅摄于租界的照片，闯入眼帘的一座连一座的西方建筑虽然只有

图 1

四五层高，但是底座异常墩实。租界的大街，如此宽敞，如此平坦，人来人往，车来车往。人力车夫奔跑起来，风在耳边呼呼地响，和着他粗重的喘息。车上的人或流连于街景，或盘算着自己的事情，甚或民国时代，风气初开，车上的人叼根雪茄，扶扶礼帽，对肩边的女人做出绅士的微笑……车上车下既是两个阶层，更是两个时代。

行走的人，离镜头最近的一位男士，步履悠闲，衣着齐整。秋风抑或春风将长袍掀起，露出衬裤——那时候的穿戴还有着里三层外三层的讲究，尤其是最外边一层，一定是符合身份和年龄的。左前方不远处，依稀可见头戴“大盖帽”、足踏黑皮靴的巡警，他看起来并不是很凶，眼神里透着精明认真。（图 1）摄影师记道：“武昌的两条街——接近现代。”

另一幅（图 2）是古中国味道的老街。不知是哪一段老街，有幸留在外国船员的镜头里。汉口里著名的“两段四街”——那沧桑斑驳的汉正街、大夹街、长堤街、花楼街沿汉水长江而生，她们年轻时候的容貌尚未着好颜色，就跌入日暮炊烟的苍茫里了……这位船员可能不止一次上岸，东看西看，孤独的身影投于中国的老巷。他在照片后记下：“中国小城镇的普遍景

图 2

图 3

象。这些商品既花哨又便宜，很多是从日本和美国进口的，但是很难成交。有一件事不能在照片中介绍，就是街上的卫生一直非常糟糕，而且弥漫着难闻的气味。”在“杨裕泰”的横匾下，一位壮年男人直奔而来。他一身短打扮，昂首挺胸，阔步向前，气质清刚，脸上似笑非笑，但是无丝毫颓靡和忧郁。据史载，1935 的武汉遭遇了一场大暴雨，被淹的民房不计其数。可想而知，照片里的人物都难逃生活的磨折。他大步流星走在街上，露出昂扬的生活斗志。

19 世纪末，当时的清朝重臣洋务派的首领之一张之洞调任湖广总督。他在湖北大力推行“新政”，推广实业，兴办教育，号召“自强、求富”，一呼啦，“汉阳铁厂、汉阳兵工厂、汉阳火药厂、汉阳针钉厂、汉阳官砖厂等，在汉阳龟山至赫山临江一带，形成蔚为壮观的十里制造业长廊”，汉阳历史上平和唯美的古典风情煞然转入开放多元的近现代。照片里的这座奥略楼（图 3）就是张之洞离任之后，当地的门生故旧及百姓对他的“去后之思慕”，以此纪念张在湖北的政绩和功德。张之洞本意谦虚婉拒，但在北京写来的信中又道：“点缀名胜、眺望江山，大是佳事。”因此，工程继续。后来，张之洞借用《晋书·刘弘传》中“恢宏奥略，镇绥南海”的语意，亲书匾额“奥略楼”悬于其上，算是圆满了这段佳话。本名风度楼也因此改为奥略楼。1955 年，修建长江大桥时奥略楼被拆除。

## 二

如果说，影像里的街景仿佛是舞台灯光照耀下不时显露的华美和沧桑，那，船员摄取的老百姓的日常才是这出戏的本真。张爱玲曾经在《自己的文章》中写道：“强调人生飞扬的一面，多少有点超人的气质。超人是生在一个时代里的。而人生安稳的一面则有着永恒的意味，虽然这种安稳常是不完全的，而且每隔多少时候就要破坏一次，但仍然是永恒的。它存在于一切时代。它是人的神性，也可以说是妇人性。”如此，20 世纪 30 年代这几帧旧照，因为录取了人生那“安稳的一面”而具有了永恒的意味……

街头林立的商铺，角角落落都透着烟火气、热闹劲，沿江逶迤的灯火啊，似乎从不曾熄灭过……将街头的、江边的某一家，某一人录进来，这位摄影者将许多镜头对向了“车下的世

图 4

图 5

图 6

图 7

界”：

有些人在太阳下懒洋洋地守着生意：卖草鞋和水烟的摊位前，一位老太太突出于画面中间，她凄苦的面庞，满脸的皱纹，苦茶般耐人寻味的眼神——多么中国！她没有丝毫的时代感，她仿佛一直站立在那里。而她身旁戴着草帽的男人们也是如此，没有人能惊醒他们……（图4）

身着棉坎肩的少妇，纤细的手指小心地握着一把烟斗，据摄影师记载，这把烟斗是新式的。当时，抽大烟是上层社会的风气，甚至是标志。因而，这柄大烟枪，如此讽刺地出现，仿佛击中了社会的沉疴。她侧脸跟老太太聊着什么，估计是她的婆婆了，明显地，婆婆一脸沉郁，颇感世道艰辛的样子。只有桌前的小孩天真未泯。（图5）

街头的裁缝，竟然有很多男人——他们在低矮的工作台上，屈着身子缝补衣服，他们安静、沉闷、专注。摄影师毫不留情地在照片下写道：“生活水平低是显而易见的。”（图6）

街头小摊上，一个年轻男人正在给另一个光头男人掏耳朵——“在英国，这将是一个令人惊叹的场景，但没有什么能打扰到中国人。有的人可以帮忙把人耳垢掏出来，换几个铜板。”摄影师写道。（图7）

在一个陶器的摊位旁，地上摆着些精美的瓷器——花瓶，观音菩萨像、小摆件等，两个小孩看得出神，却不知摊主去了哪里——仿佛一直没回来。（图8）

街头，小孩们趣味盎然地看着“西洋片”，这“西洋景”给小孩们带来无限快乐和想象。着小袍子的几个男孩看起来也就八九岁，瓜皮帽下是怎样一张张可爱的小脸呢。（图9）

街头，一位面色沉重、脸色黧黑的买卖人，挑着两捆紧紧

图 8

图 9

图 10

拴着的笤帚。也许，扁担两头挑着的就是全家的生计呢。（图10）

老武汉人、当代作家方方在《行云流水的武汉》中写道：“是长江使这座城市充满了一股天然的雄浑大气。这股大气，或多或少冲淡了武汉的土俗，它甚至使得生长于此的武汉人也充满阳刚。他们豪放而直爽，说话高声武气，颇有北方人的气韵……是长江使武汉这座城市的胸襟变得深厚和宽广；是长江给武汉的文化注入了品位。”从镜头里江边劳作的各色身影中，武汉人彼时的风貌依稀可见。

竹斗笠、白衣白裤、灰衣灰裤的挑水夫们，长扁担横于肩

图 11

头，木桶摇摇晃晃……挨挨挤挤站满了临江的石阶。他们分两队，一队打水，一队打好水往岸上走。看起来，木桶很大，一位挑水夫将桶横卧于水中，再提起来，这需要相当力气。——“长

图 12

图 13

江流域完全是一个农业区，但没有灌溉手段。搬运水的苦力。”影集中这般说道。（图 11）

江边还有些妇女在洗衣服。她们就是民国社会里的“洗衣工”吧！沿河远望，河水平静，老百姓的日子，不过是一日日的衣食住行。（图 12）

有一位老年妇女在院子里洗衣服。远处的房屋低矮、破旧，院子里还搭着破旧的棚子。她的眼神直视镜头，愁苦麻木，静寂无奈，与眼前的凳子、木桶合为一体。仿佛她不是在洗衣服，而是将这破破烂烂的一切摊给镜头：破旧如此的日子，何时是

图 14

个头？（图 13）

那些豪放直爽的武汉人在照片里也出现了：看长江边辛苦劳作的五个汉子，一顿午餐，再平常不过。他们有的背对着镜头，埋头吃饭。有的看到了相机，没有警觉与恓惶。高个子肤色黧黑，打着光背，爽朗地笑着，抿着的嘴似乎也遮不住他的笑声。精干的小个子一定是个“头儿”了，虽然筷子夹着一条鱼，并不忙吃饭，眼神坚定，若有所思地看着镜头，也看着今天的我们。无论多么清苦艰辛，这些硬朗的中国男人们，让人看到希望一直扎根于长江之畔，扎根于 20 世纪 30 年代的武汉。（图 14）

## 三

看过这些照片，寻常的街景，百姓的日常，令人无比感叹。人，在历史中是一种怎样的存在呢？八十多年前，这些被压平了放进照片的人们，似乎还一直活着。人活一世，回头一看，也许只是长江奔流时带走的那片秋叶……那位船员写道：“图标上遥远的地方，没有你真正停留的地方，我受够了小鸡，从罐子里出来的食物，东方不是一个可以涉足的地区……我讨厌瘙痒、皮肤病，蚊虫、害虫和苍蝇……但我听到西方的呼唤，让我留在欧美……”他那么渴望逃离，一个时刻渴望逃离的人却被命运短暂地安放在这里。

他，一个莽撞的见者，将 20 世纪 30 年代的武汉气息就这样留了下来……

（图片由秦风老照片馆提供）

# 我的外公刘季英

穆　公

我从小就管季英公叫爷爷，这是为什么？因为小时候住在北平时，我们家和舅舅各家都与外公住在一个院里，表哥表姐们叫季英公爷爷，我们也跟着叫。这一叫就是十几年，直到我长大成人，才改口。

我的外公谱名刘大绅，字季英，是《老残游记》作者刘鹗的第四子。他早年在日本留学，学的是西洋哲学，回国后，当过商务印书馆编辑，做过银行高管。解放前，他从银行退休后就专门致力《周易》的研究，写了不少著作，均收入21世纪初出版的《太谷学派遗书》。

我小时候就觉得外公好有学问，是一位很严厉的老师。记得我哥上幼儿园大班时，外公就教他背古诗文了，如《三字经》《龙川诗抄》等。我哥每天要背给老人听，要是背不出，就要打三下手心。为了警戒我，季英公规定还要打我一下，凭什么呢？我当时不理解，现在也不理解。但我跟着我哥竟把《三字经》背下了一小半，什么“苟不教，性乃迁”，什么“养不教，父之过”……这些，至今我还记得呢。

外公住在杭州四宜路11号时，我们兄弟放了学常常去看

大绅坐像

他老，表妹们也会围在老人的藤椅边凑热闹。有一次，他给我们猜谜语，记得是副对联：“明月半依云脚下，残花双落马蹄前。”我们都猜不出，外公说是“熊”字。他还解释给我们听，“熊”字上半部分左边是“厶”，像“云”字的下部，所以说是“云脚”；“厶”头下面是个“月”，是“明”字的一半，所以说是“半依”……我当时就觉得这谜语好文雅，好巧妙，就想记住，结果只记住了上联。前些年，我会上网了，才在百度里搜索到了这副成功的文字谜联。

外公寸照

外公是日本留学生，且在日本侨居几年，日语自然很好。但老妈说外公懂得好几国外语，起初我不大信，慢慢地我不但相信了，还由衷地钦佩。1950年，我们阖家南迁苏州，我哥考上了桃坞中学。他原先在天津时学的是俄语，为了跟上班级程度，老妈让他每天到外公家补习英文。那时外公住在三山街，离我家下塘街有点路程，我哥每天走来走去虽然有些累，但效果不错。外公从26个英文字母教起，直到我哥的英语追上大家的进度。

1951年三舅一家搬到福州，外公只好先搬到我家清波街64号暂住，以寻觅合适的民房租住。外公搬家时，我看到一堆书籍中有一本硬皮图画书，我拿起来翻阅，里面都是外国字。我好奇地问外公这是什么书，他老告诉我是西班牙小学课本。那时我刚上初中，“西班牙”国名怪怪的，所以我记住了。我问外公要了这本书，他爽快地答应了。我上师范后这书给了弟弟妹妹，再后来就不知去向了。

这天我还问了外公许多有关“外国”的问题，他一一作答。我请他说一句外国话给我听听，他就说：“阿外无，吧拉拉法朗赛。”我问这是哪国话？什么意思？他说是法国话，意思是“你会说法国话吗？”我无法判断外公说得对不对，也许他在和我寻开心，逗我玩，但这句法国话却深深地刻在我脑中。五十年

《老残游记》英译者加拿大人谢迪克（原燕京大学教授），1935 年前后拜访季英公时合影，左二为燕大同事吴世昌，左三为四子刘厚泽。

后，我的一个学生从北京外国语学院毕业，她是学法语的，我问她“阿外无，吧拉拉法朗赛”是法语吗？什么意思？她大吃一惊说：“想不到老师还能说法语！”我把事情原委告诉她，她告诉我这真是法国话，意思是“你会说法国话吗？”不过，这句话里用的是“敬体”，犹如我们中国的文言文……顿时，外公的高大形象又浮现在脑海，也震撼着我的心灵。

外公的学问好，但很自负。1951 年，他刚来杭州时，著名学者马一浮曾登门拜访过外公。可能是因为外公是刘鹗后裔，也可能是我三舅和马老的女婿汤某是好朋友，三舅一家住的郭家河头的“翔圃”，就是马家的别墅。

过了一段日子，外公没有说要回访马老，母亲就提醒外公：“爹爹，你有空好去看看马老了。”外公听了不以为意，还说：“我不去！他还和我谈《周易》，简直是一窍不通。”老妈感到意外，因为外公是个知书达理的人，心胸不会那么狭窄。最后在老妈的再三劝说下，外公答应去回访了。

一天，母亲叫了一辆黄包车，让我三弟陪着外公到西湖边的蒋庄去。马老那时就住在蒋庄。三弟莱龄回忆说：“我跟外公到了蒋庄，两位老人在客厅里聊天，我坐在一边小板凳上玩，不一会两个人就吵了起来，声音好大，但我一句也听不懂。”当时三弟才十一岁，他怎么能听懂关于《周易》的辩论呢？

外公是太谷学派拜门弟子，太谷学派是儒家最后的一支流派，外公一生致力《周易》研究，对《周易》有独到见解和特殊的诠释。有位当代学者说：“刘大绅算得上是奏出了太谷之学较为奇特的历史休止符。”这句话表示自刘大绅之后学派中已无人再继承发扬学派真传了，而大绅对《周易》的研究有着特殊的贡献。周恩来总理曾说：“马一浮是江南最大的唯心主义学者，我们要批判唯心主义，先要向人家请教什么是唯心主义啊。”1956年周总理陪同前苏联元首伏罗希洛夫专程到蒋庄拜访过马一浮，可见马老的社会地位。俗话说“话不投机三句多”，两位不同观点的学者辩论也是很自然的。外公面对这么一位强势“学术对手”，毫不示弱，据理力争，其性格和治学态度可见一斑。

我手头藏有外公两件书画作品，一件是写给我爸的一幅行书中堂，写的是太谷学派二代传人张积中的诗：“认得桃源一树桃，桃花春水漫相遭。知音要问山头路，行到青溪过小桥。”我爸是太谷学派的忠实信奉者，外公赠此作品给他是有深意的。

我手头还有一幅《钟馗画像》，这是外公传世的唯一画作。这画我是前几年才发现的，因画上作者署名为“贞观”，钤印

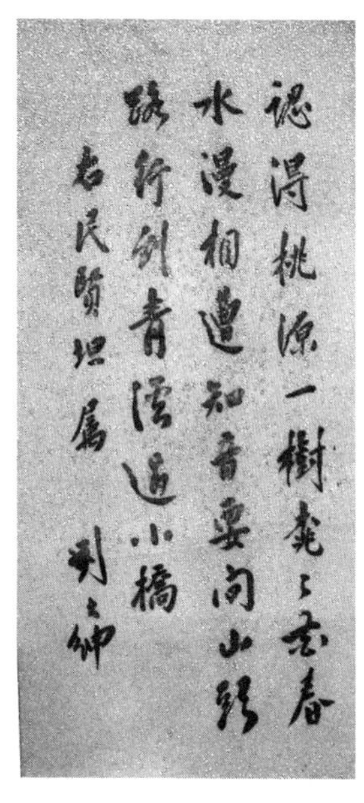

三教诗条屏

钟馗图

是“居夷”，我一直不知道作者是谁，几年前我对家中旧物作了比较彻底的清查和整理，参阅了不少资料，才发现这画是外公刘大绅的大作，而且“居夷”印也在我处收藏着。算一下此画藏在我家已有五十多年了！我真是愚昧无知得可笑。

前年老刘家三房兄妹们自费出版了《翰墨清芬——刘鹗、刘大绅、刘蕙孙三世手迹辑存》，这两件作品均被收入。

外公是个严肃的人，但有时会给人以出其不意的幽默。记得老妈和我说过，外公晚年经常写作需要安静，所以他最怕大街上锣鼓队经过。一天，外公对老妈说，你听又叫了。老妈不解地问，谁叫了？叫什么呀？外公说：“不是在叫‘朱德—毛泽东，朱德—毛泽东’吗？”老妈这才懂，外公把锣鼓声当成“朱德—毛泽东"的谐音了。

还有一件事是德威表哥告诉我的。当时他在浙江省工业厅工作，组织部门看了他的材料感到不解，问："你爸行三，那你社会关系一栏中大伯、二伯怎么不填？他们是干什么的？"德威表哥带着问题请教外公，外公听了可能有些情绪，顺口回答道："他们掉到河里让王八吃了！"德威哥是个老实八交的孩子，到单位就这么向领导汇报的。许多年后，他才知道大伯、二伯很小时候就因病夭折了，外公之所以那样回答，可能是老人对单位查祖宗八代的做法不满吧。

季英公全家合影（1933 年）。前排左起：二孙女德明、六子厚禄、长孙女德昭，坐者：罗孝则、刘季英；中排左起：四女厚礽、四媳蒋纫秋、长女厚端、三媳程家芬、三女厚祺；后排左起：五子厚祜、长婿朱右民、长侄刘厚源、三子厚滋（蕙孙）、四子厚泽。注：厚源字铁孙，是刘鹗三子大缙之长子。

外婆坐照

我的外婆叫罗孝则，字孟实，出身名门。外婆的父亲是国学大师罗振玉，早年罗振玉在老家淮安时做过季英公的私塾老师，他很喜欢这个学生，就把大女儿嫁给了季英公。外公和外婆算不上自由恋爱，但称其为青梅竹马、两小无猜是不过分的。外公和外婆的感情很好，他们生了我母亲、阿姨和舅舅们有七个子女。除我母亲外，个个受过高等教育，毕业于名校。

外婆是位持家能手，一大家子都住在一起，全靠她安排经济，主持家务。起初一家人是住在北平成方街 23 号，后来搬到

1940 年的孩子们

南官房口 20 号，大院里光孩子就有十几个。

1941 年，外婆不幸死于心梗，外公十分悲伤。在外公 1951 年给他妻妹罗守巽的信中说：“自大姐去后，内主无人，家事败坏不可收拾，不得已父子分居，各图糊口。十年以来小兄衰病缠身，形影相吊，待死而已……”在外公的《春晖轩心痕残稿》诗集 1951 年中，有一首题为《自遣》的诗，表达了作者对已故夫人的思念：

“宛转春蚕未尽丝，柔肠百结阿谁知；非关忌酒新来瘦，不为闲愁老去痴。世上有缘为眷属，人间无地寄相思；双成早向瑶天去，条脱空留白玉脂。”

那天上午外公一口气写了 8 首《自遣》诗，尚觉未尽心意，午后又写了《再遣》4 首，并曰：“中秋无月，忆逝伤今，独立黯然。午前已有八律，而歌鼓之声传来不绝，抚今追往，再成四律。”其中一首：“我已衰残七十翁，名山事业久成空；青春只觉当年好，红粉还期再世逢。幸有画图存面貌，更无环珮响丁东；凝眸脉脉惟相对，旧日中秋同不同。”

外婆与犼

诗中有“幸有画图存面貌”句，此句事出有因。外婆去世不久，外公一次梦见了外婆，外婆说自己在山上一切都好，让夫君放心。外婆身边还有一条毛茸茸的形似巨狗的动物，其名犼——传说中的四大神兽之一。外公梦醒后即请画匠来家中作画，把外婆和那犼一并绘入图中，再装裱成轴，以便随时观看。外公外婆两位老人相敬相爱的情感令我辈称羡不已，可谓真性情中人也。

外婆 1941 年病逝后无法归安淮安祖茔，在北平购置了墓地安葬，后国家建设需要，移至郊区福田公墓。外公是 1954 年殁于杭州的，在当时只有在杭州入土为安，葬于西湖区茅家埠莲花峰。身负长子之责的蕙孙舅深知老人的心愿，经过多年努力，终于在 1996 年清明将外公的遗骨送至北京与外婆合葬于福田公墓，了却了老人夙愿，也让子孙们尽了孝心。

# 长空壮怀 旧影留痕

## ——记中国空军英烈龙震泽

刘汉忠

在一册影集里，收存着数十张抗日英烈龙震泽抗战岁月的旧影。展阅历经劫尘而珍重保留下来的旧影，细辨偶存的签名题记，兴叹有之，遂成此文。

### 少年不识愁滋味

南京的《中国抗日航空烈士纪念碑》铭记着884位英烈，其中有“龙震泽，广西融县，上尉”一行字。台湾台北的圆山忠烈祠里也奉祀着他的灵位。

龙家兄弟的老三、老四相差只有一岁多，平日经常在一起。“他们都是精力过剩，聪明好动的娃仔，除了书读得好以外，平时调皮捣蛋，打架斗殴的事也没少做。曾经有比他俩大好多的娃仔欺负他们，兄弟打不过人家，就在一个小桥上把人家推下小河，亏得水浅没有出事。爷爷晓得后气得抄起棍子就打，兄弟满屋子跑，最后没地方去了躲进被子里，一床被子都打烂，奶奶拦都没拦住。因为这兄弟俩太闹事，一直都订不了娃娃亲。爷爷托了媒人都没成。”“我爸还讲过他和三伯做过的坏事：

把一个和他们打架的小孩引到一处猎人套野兽挖的深坑前，因上面盖了许多杂草，那娃仔一脚踏空掉了下去，爬又爬不出来。晚上人家父母来告状，等着他们的又是一顿暴打。兄弟在十里八村就出名了。”

空军英烈龙震泽

龙震泽年已九十高龄的胞妹也回忆起往事：“他从小天资聪颖，过目不忘，书读得很轻松，成绩很优秀。兴趣爱好非常广泛。课余常常带弟弟妹妹去山里打猎，枪法蛮准，常小有收获。在当时学校里，女生很少，每当学校里举办文娱晚会，震泽会唱戏，还会反串女角，英俊潇洒，扮演过花木兰、穆桂英等，引得满堂彩。”“一次假期去航校看哥哥，他兴奋地说，航校体检，净身高 1.82 米，是他们那届最高的。”那种自豪的面容，妹妹说至今如在眼前。

## 伊宁受训，飞越驼峰

龙震泽在中央空军军官学校航空班第九期毕业之后，成为空军第四大队二十四、二十一中队的少尉飞行员，又曾在空军士官学校任过一段时间的教员。从航校毕业之后有了工资，他时常寄钱资助妹妹读书。

1939 年，中国政府在远离前线、环境安全的新疆伊宁郊区

留影于1939年6月8日

艾林巴克筹组航空队，聘请苏联教官培训中国航空人员，主要是歼击机飞行员。到1939年底，训练飞行员1045人，还有领航员、无线电发报员、航空技术人员等。龙震泽参加了受训。受训完毕的飞行员，最初参加由苏联飞行员驾驶的飞机飞行和作战，随后单机编入苏联飞行队组，以后又陆续编入中国空军

中国、苏联军人合影，在中国某地。

建制单位。当时，在兰州，也开设有大型的空军训练基地。遗存旧影有一张他们与苏联军人的合影，背景为豪华的西式建筑。笔者曾向伊宁的文史专家赖洪波先生求证，他确定不是在伊宁。具体何地，还需鉴证。从影集中的照片看，龙震泽飞过多种机型，辗转昆明、桂林等多个基地。当时 P-40 机型是中国空军的主力战斗机。战斗用机也并非一人一机、一人一号，而经常跟人合用。据第七中队中队长徐华江日记记载，龙震泽驾机的编号为 681。

1943 年 10 月，在桂林成立中美空军混合联队。编队以中国空军第一、三、五大队为基础，加入美国援华空军部分人员，仍然编为三个大队，驻防桂林、芷江、柳州等基地。龙震泽随队成为混合联队中的一员。联队飞行员都曾分批赴印度克拉奇接受各机种性能飞行及作战训练，之后接收飞机返回国内作战。一次龙震泽在驾机返航抵达喜马拉雅山南麓时，天气骤变而气候奇寒，致飞机油路冻塞。他临危不惧，巧施滑翔技术，折返印度。此举创人机双全奇迹，为中外报纸争相报道。

混合联队成立的一年中，共出击5000余架次，先后袭击汉口、越南、广州、新德、岳阳等地的日本空军基地，轰炸平汉、粤汉、津浦、陇海沿线的日军车辆及长江和沿海的船只，取得毁伤敌机420架，击沉百英尺以下敌船1215艘等战绩，有力破坏了日军运输线，逐步取得华南、华中地区的制空权。龙震泽参加了其中的许多作战行动。

## 奇袭之战建奇功

中、美空军混合联队成立后，策划过一次奇袭海南岛琼山（海口）机场的“大行动”。战前有计划而周密地派侦察机不时至海口机场侦察，研判日军动态、飞机调动情形。日军在海南岛机场有百架以上驱逐机，琼山机场就有驱逐机三四十架，轰炸机三十余架，防空火力多达十处。出动前，除各部队零星作战任务外，一切如常，担任防空警戒人员也没有一点异样，可见保密之严。3月4日清晨，驻防桂林二塘机场的三大队七、八两个中队的飞行员依时警戒待命，随后在作战情报室听取作战要项。最主要一点，要求飞机由地面滑行后，不准再相互通话，至攻击前为止一定要保持无线电静默，以防范敌人窃听及雷州半岛与涠州岛的雷达发现。出海后要超低空贴海面飞行。作战任务为掩护B-25机奇袭琼山机场，并对空、地目标加以摧毁破坏。联队出动时B-25机6架居中前方担任领航。右侧

龙震泽（右三）与战友在战机前合影。

掩护为七中队 P-40 机 8 架，左侧掩护为八中队 P-40 机 8 架，第一分队为考特、祝瑞瑜等人，第二分队为龙震泽、牛曾慎、戴维思及张省三。此外十四航空队 P-40 的 8 架居后方及右侧。上午 9 时 40 分起飞，航线由 2000 尺升至 2500 尺，至桂平县时升至 5500 尺。在沙尾出海时航线降低至 100 尺以下，穿越涠州岛东方时，则飞行高度在 50 尺至 100 尺之间。抵达目标琼山机场前 15 分钟，各驱逐机纷纷将附加油箱抛弃，投入海里，准备作战。接近琼山机场时为中午 12 时 25 分。各编队从不同方向进入目标区。龙震泽击毁敌地面 4 架战斗机后，又攻击即将起飞的 2 架敌机，张省三击落敌战斗机、轰炸机各一架，再攻击地面轰炸机。任务圆满完成后飞回基地，在作战情报室，参战人员先尽饮一大杯白兰地，以庆祝胜利。经此一战，琼山机场的日军飞机全部瘫痪。此事见于参战的第七中队中队长徐江华的回忆，也是所见龙震泽唯一详细的战绩记录。至于其他空战的事功，还有待考察补记。

## 最后一战

1944 年 1 月，日本在中国大陆最后一次大规模行动计划即“一号作战计划”出笼。主要目的是消灭在华美空军，另一方面打通粤汉铁路从而使贯穿中国的铁路得以联接，以便运送物资与兵力，支持东南亚的日军。有关抗战文献记载龙震泽牺牲的史实：时间是 4 月 30 日，地点在四川梁山（今重庆梁平县），事因是空袭警报，起飞迎战，返回降落失事殉职。飞机发动机油管故障，龙震泽为了保全战机而采用难度极大的滑翔技术实施迫降，着陆时撞到机场边上的障碍物，飞机前轮折断，在地面上连翻，他也伤重不治，时年仅二十五岁，葬于重庆。震泽的大哥将他的书籍、笔记等遗物领回。广西省政府于桂林秧塘机场附近赠地，省主席黄旭初题书“空军烈士龙震泽农场”以资纪念。如今融安县的墓葬是只有他军帽的“衣冠冢”。

有关龙震泽事迹的文献有限，有的明显有误，有的则难于鉴证。这些自然是有着历史的原因。听家属述说，有些珍贵的资料如日记，则是保存不善而遗毁，这是很感遗憾的。所幸的是，我们还是可以从这些早已泛黄的照片中，睹见龙震泽这位中国空军英烈壮志报国的情怀。

# 一位本土牧师的人生轨迹

陈探月

齐鲁大学的前身登州文会馆，是中国最古老的教会大学。登州文会馆在清末民初培养出了许多人才，其中包括京师大学堂和袁世凯兴建的山东大学堂最早的一批中国教师。但是，最令齐鲁大学的创始人自豪的是登州文会馆 1892 年的毕业生丁立美。

丁立美（1871—1936），原名立瑁，出生于山东胶州大辛疃，父亲丁启堂是山东最早期的基督徒。丁立美少年时曾在美国长老会传教士郭显德（Hunter Corbett，1835—1920）创办的学校读书。他十三岁时离开家乡远赴登州（今蓬莱），进入美国长老会在登州创办的文会馆求学。在文会馆他受到了学校创始人狄考文夫妇的精心栽培。狄考文（Calvin Wilson Mateer 1836—1908）的弟弟狄乐播（Robert McCheyne Mateer ）在他写的《在华培养品格——狄帮就烈的故事》（*Character Building in China, the Life Story of Julie Brown Mateer*）一书中讲到，有一次丁立美向狄考文的太太狄帮就烈借钱，她问他干什么用，他说买外衣。狄帮就烈把钱借给了他，但让他帮她养花，慢慢还钱。还有一次狄帮就烈让丁立美到很远的地方去给她的朋友送九百块钱，

山东使徒丁立美。图片来自美国长老会宣教总会1910年出版的宣传册（*The Board of Foreign Missions of the Presbyterian Church in the U.S.A*）。原书现存哥伦比亚大学。

他到了目的地才发现，她的朋友原来是一位穷困潦倒的残疾华人，深受感动。丁立美称狄帮就烈为他的精神之母。

丁立美从文会馆毕业后，在潍县男子小学执教。他还帮助狄帮就烈开办了潍县第一所女子中学。两年后，他回母校教书。他二十六岁时，开始半工半读在校读神学，是接替狄考文当文会馆校长的赫士（Watson McMillan Hayes）的得意门生。1898年毕业后被按立为牧师。

1899年义和团运动在山东初起。当时被称为义和拳保护神

丁立美（前排中）1910年和北京通州华北协和大学（North China Union College Peking）的教师们。图片来自由耶鲁大学神学院保存的富善档案。丁立美左边是高厚德（Howard S. Galt，1872—1948），高厚德所留下的最重要的著作是《中国教育制度史》。后排右一是郭查理（Charles Corbett），郭显德的儿子，后排左二是博晨光（Lucius C. Porter）。照片由美国公理会传教士富善（Chauncey Goodrich，1836—1925）所拍。郭查理曾于1955年写过《山东基督大学》一书。司徒雷登在其回忆录里说，燕京大学的校训“因真理 得自由 以服务”是他跟郭查理和博晨光一起制定的。他们三位都是传教士的后代，而且都出生在中国。

的山东巡抚毓贤官府，将丁立美牧师抓捕入狱，他被笞杖二百下，打得皮开肉绽，但仍拒绝背弃基督教，坚信基督教是救国救民之道。狄考文和赫士请求美国驻烟台领事福勒帮助，福勒又找到刚上任的山东巡抚袁世凯，丁立美在衙门大狱关押了四十天后方被救出。

丁立美牧师。图片来自位于美国新泽西州的卫理会资料室（General Commission on Archives and History, United Methodist Church）。

义和团运动后，宣教士意识到如果教会的权力不尽早交回华人，国人只会视基督教为外来的宗教，加以抵制，致使基督教终究不能在中国广泛地传播。义和团运动导致八国联军入侵和割地赔款，国人民族意识被激发。华人信徒也本着民族主义，

丁立美 1911 年 5 月和金陵大学的学生立志传道团的学生合影。图片来自由耶鲁大学神学院保存的亚洲基督教高等教育联合委员会（United Board for Christian Higher Education in Asia）档案。

渴望教会控制权能够移到华人手中，因此自立教会在中国不断涌现。基督教入华之初信徒素质不高，他们大多只能担任一些辅助教育，在传教方面并不能独当一面。西方传教至二十世纪初，已培养出一批有知识的教徒。二十世纪初，青岛组织自立教会，丁立美成为第一任牧师。

与此同时，随着对外开放的扩大，教会学校培养出来的人才也越来越多被商业和政府部门所吸收，教会培养本土传教士的努力面临着新的挑战。在这一背景下，1909 年，路思义（Henry Winters Luce）邀请丁立美牧师来广文学堂主领奋兴聚会，说服中国学生加入布道事业，丁立美欣然接受。广文学堂是登州文会馆 1904 年搬到潍县后的校名。广文学堂于 1917 年迁到济南，成为齐鲁大学的一个重要组成部分。

丁立美在山东布道时宣传平等博爱，抨击清政府的封建体制。他对学生的影响力日益增加，致使袁世凯下令悬赏捉拿丁立美。之后，被郭显德称为“山东流放牧师”的丁立美 开始了他的全国之旅。他的足迹遍布河北、河南、东北、长江中下游和云南等地。许多充满爱国激情的年轻人从丁立美的言行中受到了启发，选择了“人格救国”的道路。因其布道而献身基督教事业的有著名历史家简又文，妇女教育家、曾国藩的孙女曾

1912年中国基督教青年会全国协会干事会议部分人员合影。前排右二为丁立美，右一 Charls W. Harvey，右三余日章（中华基督教青年会全国协会总干事），右四王正廷（中华基督教青年会全国协会总干事），左二巴乐满（F.S. Broackman，中华基督教青年会全国协会第二任总干事），左三为中华基督教青年会《青年进步》的主编范子美。图片来自保存在明尼苏达大学的基督教青年会1913年年刊。

金陵神学院师生合影。第二排右五为丁立美，第三排右一为司徒雷登。图片来自位于美国新泽西州的卫理会资料室。

宝荪，以及致力于中国本色神学的谢扶雅等人。基督教青年会受其影响，邀请丁立美领导中华学生立志传道团运动。负责这一运动的执行委员会成员还有张伯苓、司徒雷登和王正廷等。基督教青年会称，多少年来传教士梦寐以求的目标由一位年轻华人实现了，成百上千年轻人放弃当官发财的机会，从事基督教的传播和教育事业。

在我们所看到的照片中，丁立美都是身穿中装，保持着国人的本色。随着年长多病，丁立美自 1923 年起，从福音布道转向神学教育。他曾在山东华北神学院执教八年。

1931 年丁立美应美国基督教通圣会牧师陶纯嘏（Celie Troxel，1879—1944）之邀来到天津圣经神学校教书。学校初建

丁立美牧师（右）和朱立德牧师在福建。照片摄于1911—1913年间。图片来自由耶鲁大学神学院收藏的Ralph Gold档案。

时，只有二十几位学生。1935年时学生增倍，租用的校舍已不敷用，学校考虑建永久校园。可是，此时学校理财的东方银行不幸破产，学校的积蓄化为乌有。丁立美经常到天津退休的军火商雍剑秋家里去开查经会。雍剑秋了解到了学校的处境后，决定送给学校价值一万美金的地皮。陶纯嘏后来到美国募捐到了一万多美元，学校于1937年建成。

丁立美于1936年9月22日病逝，葬于天津的英国墓园，身后留下妻子和三个子女。

# 祖父辈的故事

王冬梅

图 1 是我爷爷奶奶及其儿女们的家庭照，大约拍摄于 1949 年底或 1950 年初的冬天。从照片中人物的精神面貌和穿着打扮看，这是一个相对富裕殷实的家庭，因为他们都穿着新棉衣，面色圆润，神情安详。

## 爷爷奶奶

图 1 前排右一、右二分别是我爷爷和奶奶。爷爷奶奶家住山东省微山县夏镇亓楼村，他们一生共养育了七个孩子。照片后排最右边的男子是我大爷。我的七个父辈中，只有大爷始终留在老家辅助爷爷陪伴奶奶。爷爷去世后，大爷成了这个大家庭中的顶梁柱和主心骨。

## 大爷大娘

大爷小时候上过几年学，爱看历史书，喜欢谈古论今，会讲故事，在亓楼村一带小有名气。大爷是个热心人，村子里有了红白事，乡亲们遇到难事和解不开的思想疙瘩，第一个想到的就是找大爷。我和哥哥姐姐们，小时候利用寒暑假回老家看奶奶，没少听他老人家的教诲。人们背地里聊起我大爷，都说："可惜了，要是他能像他两个弟弟那样，离开小村庄到外面闯荡，肯定会有一番大作为……" 大爷尽到了家中长子应尽的义务，为家庭做出了很大的牺牲与贡献，深受全家老少敬重。（图 2）

图 1 后排左二是大娘，大爷的第二任妻子，她是前任大娘因孩子夭折过度悲伤离世后嫁给大爷做续弦的。她和大爷婚后多年没有孩子，1963 年夏天，征得他们同意，我妈妈在徐州帮他们抱养了一个比我小半岁的女孩（图 3）。奶奶视她如同己出，

**图 1** 以爷爷奶奶为中心的父母辈主要成员在场的全家福。

**图2** 大爷（右）与二大爷（左）以及二大爷的长子

对她的疼爱比对我们有过之而无不及。不懂事的我暗地里十分嫉妒这个年龄与我相仿的堂妹，曾埋怨奶奶："她又不是您的亲孙女，为啥对她比对我们这些亲生的还好？"大爷大娘就这一个女儿，舍不得远嫁，更不愿意随便把她嫁人，千挑万选最后选择了个军人做女婿，因为军人是那个年代最可爱的人，他家住的地方离大娘家也不远，堂妹与他成家后对大爷大娘也能有个照应。大爷大娘的这个军人女婿遵守诺言，退伍后回到家

**图3** 作者（右）与大爷家的女儿合影。注意作者右脚穿的鞋子前面是张嘴的。

乡娶了我的堂妹。

## 二大爷二大娘

图1站在大娘右手边的是我的二大娘。二大娘是中国典型的贤妻良母，心地善良，乐于助人。二大娘在娘家是唯一的女儿，是父母的掌上明珠。自从嫁给军人二大爷，就担起了侍奉公婆、照顾弟妹的重任，家里家外样样是把好手。尤其对我妈妈这位生在县城、嫁到婆家而丈夫又不在身边的二小姐关照良多。二大娘对自己的好，被妈妈铭记在心。二大爷和二大娘是我们家的常客，两家来往最多。如今二大娘已经去世多年，但母亲大

**图 4** 爷爷、三姑与二大爷的长子、二姑家长子合影。

人仍时常念叨她。（图 4）

1949 年嫁入王家的二大娘，起初过着和二大爷两地分居的生活。二大爷 1925 年 5 月生人，1940 年 4 月加入苏鲁支队卫生队，先后参加过孟良崮战役、淮海战役、渡江战役。渡江后随部队南下到浙江，于 1956 年 2 月转业到浙江省余杭县卫生防疫站，后任防疫站站长。直到 1955 年，二大娘才被爷爷允许把四岁的

图5 穿军装挎手枪的二大爷

大儿子留给奶奶，自己带着未满周岁的二儿子到杭州与二大爷团聚。在余杭期间他们生下了三儿子。1958年，二大娘随二大爷返回老家，四儿子、五儿子先后在老家出生。二大娘一生始终把丈夫和孩子放在第一位，她用仁慈、善良、勤劳影响着五个儿子及儿媳，所以二大爷家是十里八乡出了名的母慈儿孝的和睦之家。（图5、图6、图7、图8）

二大爷从小参加革命，追随部队出生入死，躲过了战场上的枪林弹雨，却没能躲过建国后的多次运动。由于家庭成分不好，经卫生局领导多次谈话，二大爷被迫于1958年3月办理了退职手续，带着一家老小回到了阔别十八年的微山老家。

回到老家的二大爷，于1958年6月任滕县殷庄乡卫生所所长；1959年9月任微山县夏镇公社医院医师。（图9）由于年老体弱，1979年二大爷向院方提出离休申请，可是微山县卫生局给他的批示却是退休。对于这个不公正的待遇，二大爷和他的儿子们曾多次上访，并登门拜访昔日战友，请他们出具解放前参加革命的证明材料。但最终因为他的军人转业证被小偷偷去，当地卫生局又找不到他参加工作的原始档案，所以直到

**图6** 二大爷（前左）、二大爷的妻弟（前右）以及作者父亲（后立者）。

**图7** 1950年6月1日，二大爷（后排左一）与第一〇三师卫生处保健股战友合影。

**图8** 二大爷在杭州市余杭县卫生防疫站工作期间获得先进工作者时与同事及其子女合影。

**图9** 1968年5月26日，二大爷（后排右二）与微山县革委会卫生工作会议代表合影。

离世，他始终无法享受应得的离休待遇。大家很为二大爷的不公平待遇不平，但二大爷则说：“想想战场上死去的战友，我能活着到今天已经很知足了。”二大爷于 2011 年去世，享年八十六岁。

拍这张照片(图 1)时，二大爷在杭州，所以缺席了这张“全家福”。

## 大　姑

图 1 第一排左二这位坐着的年轻女子是我大姑。我对大姑的了解最少，曾听爸爸说，大姑是产后受风去世的，死后由婆家安葬。大姑去世后，大姑夫去了外地，把未满月的儿子留给了他的母亲。不幸的是，没过多久，这个没娘的可怜孩子就因拉肚子而夭折。后来远在外乡的大姑夫带着续弦的新妻子到奶奶家喊娘认亲，奶奶说“眼珠子都没了，还要眼眶子干啥”，从此断了这门亲。

## 二姑二姑父

图 1 后排右边第二人是二姑，拍这张照片时二姑还待字闺中。后来二姑嫁给了同乡的二姑夫。二姑的婆家当时也是当地的富户。二姑夫十三岁时被父母派到徐州当学徒，先是在他大哥的朋友开的酒店卖酒，后到酒作坊酿酒，再后来转到瓷器店当伙计，最后又到印染厂做工。解放初期，他十八九岁时，回微山老家与二姑结婚。结婚后，由微山老乡引荐，他孤身一人去了大西北的兰州谋生。在兰州听说内蒙古有活干而且工钱高，

**图 10** 后排左一为二姑家的大表哥，左二为二表哥，右一为二姑夫的侄子；前排左一是大表姐，左二坐者为二姑，右一为三表哥，右二为二姑父，二姑父与二姑之间的是二表妹。

便又离开兰州去内蒙古的达布逊淖尔盐场打工，之后又去兰新铁路做筑路工。这期间，二姑一人待在婆家，并先后生下两个儿子。（图 10）

无论是在兰州，还是在内蒙古，因为居无定所，二姑夫都没有带家眷同行。1957 年，二姑夫的弟弟从大专院校毕业后分配到乌鲁木齐煤炭局工作，当时二姑夫正在微山老家赋闲。二姑夫是个喜欢闯荡世界的人，加上在微山的日子也不好过，于是他写信给弟弟问能否在乌鲁木齐给他找个工作，他弟弟为此找了单位领导，正巧煤炭系统的地面救火处需要人手，于是二姑夫就带着老婆孩子，外加一对带着幼子的微山老乡夫妇，还有一个未成家的小伙子，结伴前往乌鲁木齐。但是，二姑一家的新疆之行遭到他父母的反对，父母拒不提供他们去新疆的路费。为了结束长期的夫妻分居生活，二姑向娘家寻求支援。我奶奶和管家的大爷支持二姑夫妇去新疆，大爷为二姑一家凑足了去新疆的盘缠。

二姑一家到新疆乌鲁木齐后，二姑夫和同来的两个男老乡都去了乌鲁木齐煤炭局灭火处，从事煤炭地面灭火工作。在乌市期间，二姑生下了长女。因为过去他们夫妻离多聚少，所以其长女与二儿子之间相差了六岁。三年困难时期，乌市的粮食同样十分短缺，二姑一家的生活陷入困境，仅有的口粮先尽着丈夫和三个未成年的孩子，二姑自己则跑到外面找来土豆、地瓜等植物秧子来充饥，并因此中毒而差点丧命。这时，二姑夫听人说北疆的伊犁一带地广人稀，有土地可以耕种活口，就告别弟弟率领全家前往伊犁地区，最终落户在乌市西边、靠近当时的苏联边境的察布查尔锡伯自治县。在那里，二姑一家比在乌市的日子好过了一些，能有饭吃。生活安顿下来后，二姑又添了三个孩子。

察布查尔一带虽然地广人少，但二姑家人口多、劳力少，日子还是紧巴巴的。为贴补家用，二姑便在自家房前屋后的空地种些蔬菜瓜果，拿到路边卖钱。可她的这个做法，很快就被取缔，执法人员命令她带着孩子在路边地里罚站。（图 11）

在我的记忆中，二姑总共回娘家两次，第一次在 20 世纪 70 年代初期，她和二姑夫带着大儿子、小女儿先乘汽车，再乘

**图 11** 二姑、二姑父与孙辈即他们的第三代合影

火车，下了火车再坐汽车，历时七天七夜才到奶奶家。这次二姑夫妻回家省亲，相中了亲戚家的女孩并带回新疆给大表哥成亲。另一次回娘家是在 1977 年的夏天，他们夫妻只带了二表哥，一样的长途跋涉，一样的回老家给二儿子娶媳妇。到后来，他们后面的三女一子，到了婚嫁的年龄再也没有回老家相亲、结婚。所以我们从此再没有见面。

## 王二姑

图 1 后排站在二姑右边的还是二姑。但是，这位二姑不是奶奶亲生的，她是奶奶姐姐的女儿。因她的母亲在她幼小时去世，所以从小就被奶奶接来并一手带大。奶奶对这位二姑一视同仁，凡是自己女儿享受到的，这位二姑一样不会落下。她和

我亲二姑年龄相仿，爷爷奶奶给她俩置办了同样的嫁妆，同一天嫁出了两个二姑娘。我们兄妹几个小时候曾为同时有两个二姑纳闷不解，大人们一时半会儿也给我们说不清。为了便于我们区分，就在这个二姑的前边加上她的姓，称呼她为“王二姑”。

王二姑的丈夫王二姑夫一辈子从事会计工作，从微山县供销社普通的会计干起，然后做主管会计、会计师、总会计师。改革开放初期，他在微山县成立了最早会计师事务所，他们的六个子女以及女婿儿媳大多也是会计。王二姑家，一个典型的会计世家。

## 爸爸妈妈

除了二大爷缺席了这张全家福之外，另一个缺席的就是我爸爸。爸爸生于 1933 年，出生时家里比较富裕。爷爷在县城经营着自己的商铺，在亓楼老家还有田产，农忙的时候要雇些短工。爷爷的商铺离姥爷经营的食品作坊在一条街的斜对过。王家有一儿，张家有一女，两个人年龄相近且门当户对，经大娘婶婶们张罗撮合，他俩很小就被订了娃娃亲。（图 12）

当时的爸爸是位羞涩少年，从大人口中知道街对过张家作坊的二小姐是他未来的媳妇。有一天，爸爸手里拿着个箩筐外出替爷爷做事情，快走到姥爷家时，突然发现站在张家作坊家门口的未来媳妇，害羞的爸爸一时乱了分寸，竟然把手中的箩筐扣在了头上。这件事，被妈妈笑话了一辈子。

随着经营品种和规模的扩大，王家店铺店里的事情多了起来，农忙时老家地里的农活也要操心，所以爷爷就想培养个经营商铺的助手。那时大爷已成年，是爷爷身边的得力助手，二

图 12　作者父亲年轻时

大爷在外当兵，所以十二岁的爸爸就被爷爷作为王家店铺的接班人被送到徐州叶家布店当学徒。

解放前的学徒工和现在的实习生大不一样。三年的学徒生涯实质上是老板娘的使唤丫头或仆人，抱孩子做饭、洗衣扫地什么都干，每天起床第一件事就是给老板娘倒夜壶。爸爸在叶家布店一干就是三年。三年期满合格，才有资格跟着老板学做生意。这样苛刻的磨练，自己的亲爹娘下不了手，所以望子成龙的家长一般要把孩子送出去“委培”。在叶家布店，爸爸从学徒工到店伙计期间，连人都不是自己的，缺席家庭的全家福自然属于情理当中。

1951 年，王家与张家娃娃亲的男女主角我爸我妈，在老家永结同心，妈妈成了王家的三儿媳。婚后，爸爸一人回到徐州，妈妈留在了爸爸的老家微山县亓楼村。

本来，爷爷把爸爸送出去当学徒，是希望他学成之后，回家辅助爷爷和大爷经营自家的生意。1949 年新中国成立，爷爷关停了在县城经营多年的商铺返回老家。徐州叶家布店也公私合营了，爸爸被政府分配到当时的徐州百货纺织品批发站，成了国营商业战线上的一员。

由于夫妻两地分居，留在微山亓楼的妈妈结婚两年多一直没有孩子。爷爷和奶奶商量，决定让妈妈到徐州陪爸爸。1953 年，妈妈到徐州投奔丈夫。

多年的学徒生涯，练就了爸爸吃苦耐劳的品质，也练就一身做生意的真功夫。爸爸对市场有灵敏的嗅觉，也很会算账。他打得一手好算盘，小时候我最喜欢听爸爸打出的噼里啪啦的算盘珠子的撞击声，尤其是夜深人静躺在被窝里听，那清脆的声音从隔壁房间传来，成为我童年记忆中最美的音乐。

进了国营商业单位的爸爸，凭着一身做生意的真本领，工作中如鱼得水，很快脱颖而出，成为单位的业务骨干。可是尽管他工作勤奋努力、业绩突出，但因家庭成分不好，一直不能入党提干，连当先进工作者都不够格儿。三年困难时期的 1962 年，为减轻城市人口粮食短缺的压力，政府在全国范围内疏散

**图 13** 作者父母与大姐（前右一）、二姐（前左一）、哥哥（前中，母亲怀抱者）。

城市人口，动员城市人口返乡，我们家被列入动员返乡的重点对象。

爸爸单位和居委会的领导，三番五次地来做爸爸的工作，爸爸同意响应国家号召返乡，但妈妈坚决不同意离开徐州返乡，她始终坚持一句话："无论谁也动员不走我，我丈夫在的地方，

就是我和孩子们的家。”（图 13）

妈妈进城最初在家照顾爸爸的生活，后经人介绍到徐州市蔬菜公司做营业员。爸爸是百货批发站的采购员，工作性质决定了他常年在外，家里的重担就落到了妈妈一个人的肩上。随着大姐、二姐和哥哥先后出生，妈妈被家务整得焦头烂额，不得不辞去营业员的工作，回家做起了专职家庭主妇。照顾孩子和忙家务之余，她还做些针线活贴补家用。1970 年我上了小学，妈妈才又走出家门到爸爸单位做了一名家属工。值得庆幸的是，做了多年家属工的妈妈，终于在退休前由一名家属工转为正式职工。这个正式工的身份，使妈妈退休后的晚年有了一份基本的生活保障。

随着中国社会的发展变化，我们家的情况也发生了很大的变化。家庭出身不再是决定个人的命运前途的先决条件，于是爸爸很快入了党提了干。我们姐妹也不再受家庭出身不好的歧视，先后拥有了一份满意的工作，并先后结婚生子。第四代的降生给父母的晚年生活带来了四世同堂的天伦之乐。我们兄弟姐妹四人中我最小，因丈夫的工作变动，于 1994 年带着五岁的儿子从徐州迁居济南，延续了王家女儿随夫远行的传统。说起来惭愧，因为有大姐、二姐和哥哥留在父母身边尽孝，我这个做女儿的才可以远走他乡。

## 三姑三姑夫

图 1 第一排最左边的是我的三姑。三姑是奶奶最小的孩子，最受奶奶宠爱。20 世纪 50 年代中期，三姑嫁给本乡邻村的三姑夫，三姑夫解放战争期间参加解放军，曾参加过孟良崮战役、

**图 14** 三姑与三姑夫结婚照

淮海战役和渡江战役。抗美援朝时，他作为铁道兵曾入朝参战，回国后至离休从北到南干了一辈子铁路。三姑夫回国后，三姑离开微山亓楼到福建投奔丈夫。（图 14）

1958 年，三姑生下大女儿，后来又生了大儿子、二女儿和小儿子。虽然三姑夫是吃公粮拿工资的国家干部，长期担任铁路段领导，但三姑却一直是个家属工身份，到退休也没有转为妈妈那样的正式工。三姑与三姑夫是中国典型的慈母严父组合，三姑夫对儿女实行严格的军事化管理，家教十分严厉，儿女们对他十分敬畏。而三姑则夫唱妇随，既维护丈夫男家长的权威，又用母亲的慈爱抚慰受到训斥感到委屈的孩子。他们夫妻俩，一个唱红脸一个唱花脸，刚柔相济，配合默契，把家庭这台大戏唱得有声有色。（图 15、图 16）

他们的四个儿女都用功读书，个个都是班级的学习尖子。作为知识青年的大女儿参加了“文革”后首届高考，一举考上大学离开山乡。后来又留学美国，现在定居美国。70 年代末大儿子高中毕业也考上大学，毕业后从事科研工作，以后又留学日本获得博士学位，现在日本的一所大学里担任教授。二女儿师范大学毕业后担任中学教师，以后自主创业。小儿子也考上

**图 15** 1959 年春节，奶奶、三姑与作者父母合影。三姑怀里抱的是大表姐，作者母亲怀里抱的是二姐，奶奶右前方站立的是我大姐。

警察学院，毕业后成了一名铁路警察，目前已是当地一名资深警官。

20世纪七八十年代，在永安这个偏僻的小县城，三姑一家四个孩子都考上大学并个个成才，一时传为佳话，成为左邻右舍、单位同事和亲朋好友羡慕和学习的榜样。

目前，年过八旬的三姑身体硬朗，与小女儿和小儿子生活在一起，安享晚年。今年清明节，她回微山扫墓省亲，我二姐和哥哥专程到微山亓楼看望她。大家在一起交流时，有人提议王家亲戚共建一个微信群，一呼百应，于是“老表群”应运而生。通过这个老表群，远在美国、日本和新疆、福建，近在江苏、

**图16** 三姑、三姑夫（右二）与二大爷在杭州灵隐寺大弥勒佛石雕像的照片。

山东的王家第三代二十多个子孙又在互联网上团聚了。这张珍贵的全家福老照片（图 1），就是远在日本的表哥上传到老表群的。

细心的读者也许会问，这张全家福老照片中奶奶揽在怀里的那个小孩儿又是谁呢？据三姑回忆，奶奶怀抱的这个小孩子是一位亲戚的儿子。因为爷爷奶奶希望早日抱上孙子，所以按照民间传统习俗，借抱别人家的小孩来给自家引来一个好兆头——召唤第三代的早日诞生。至于这个被借用的小男孩姓甚名谁、现状如何，现在已经成为没人能说清的不解之谜。

这幅全家福老照片距今近七十年，它见证了之后王家几代人的悲欢离合、喜怒哀乐的历史。照片中的人物，还有未在照片中出现而本文提到的长辈，除了王二姑夫妻、妈妈和三姑，其余的都已作古。作古的爷爷奶奶、大爷、二大爷夫妇均安葬在老家的土地上，二姑夫妇的骨灰则留在了新疆，三姑夫的亡灵留在了福建永安。爸爸于 2009 年 2 月 13 日晨病逝于徐州后，按照爸爸生前遗愿，我们把他的骨灰护送到老家微山亓楼安葬，他的坟与二大爷二大娘的比邻而居。魂归故里的父亲，如今又能在另一个世界与他的兄长天天见面了。

# 一张照片　几多悲欢

吴华民

这是1961年的8月，也就是暑假期间，我的父母带着来南京放暑假的一双侄儿女及我和哥哥在夫子庙百花照相馆照的一张合影，抱着我的是我堂姐，我哥哥穿着一身在当时很漂亮的连衣夏装偎在我的堂兄身上，俨然一副小少爷的模样。各位，这可是1961年的夏天，中国刚刚经历过三年的大饥荒，在这种情况下我们的五口之家不仅都活了过来，还养了这么两个漂亮儿子，对于头戴“历史反革命”帽子、没有工作的父亲和在工厂里做工的二位母亲来说，着实不易。他们这个时候的最大的快乐就是看着我俩一天天长大，他们的岁数太大了，这一年父亲58岁，大妈妈55岁，妈妈39岁。

我是这一年的3月下旬在南京的水西门外的一家妇幼保健站出生的，它原本是教会医院，建在南京的一座教堂旁，今天还在，叫做南京妇幼保健院，是一家三甲医院。如今南京的高端人群，动辄花费数万甚至十数万在这里生孩子，而1961年的3月，我的母亲在这里花了她半个月的工资生下了我。

3月的南京还是很冷，据说生我的这几天又下了一场春雪。产后恢复了几天的妈妈和我，被父亲花一块钱请了一辆人力三

从安徽来南京过暑假的堂兄堂姐带我和哥哥合影。

轮车，裹着一床厚厚的棉被从医院接回了家。车到了我家大门口时，随着三轮车的铃声响动，大妈妈慌慌张张地迈着她那精致的小脚，从妈妈怀中抱起了我上了二楼正房。从这一天起，我们母子俩都归她管了。

1961 年的我家的情况大概是这样的，父亲从劳改农场领了一百多块钱的离职费刚回到南京，所谓离职就是不再有收入了，自行养老。大妈妈在南京友谊服装厂当工人，这个厂就在我们白下路上，离我们巷口只有二百米远。妈妈只有五十来天的产假，三岁的哥哥已上幼儿园，在妈妈的产假中日常的护理便由大妈妈来照应，月子中的饮食及家中的一切安排都由大妈妈主持。父亲头上虽有“帽子”，此时却尚有些自由，每天上午帮助俩妻力所能及地做些琐碎事后就上街去看报纸。那时在我家东边的四象桥边的大树上，挂着一个由铁丝编的报夹，每天上午十点后由邮差把报纸夹上挂在粗大的法国梧桐树干上，父亲就每天去看。直到我四五岁时，他也常常领着我去，在他眯着眼睛仔细看时，胆小的我只敢紧紧的拉着他的衣角，看着桥上过往的人和车辆。

妈妈的产假很快就过去了，她又回到了南京毛巾厂做挡车工。挡车工是三班倒，早班、中班、晚班，一个星期一换，弄得生活很没规律，照应刚满月的我的日常事务就落到了我的大妈妈的身上。

大妈妈是 17 岁时嫁给父亲的，原本自幼缠脚的她在父母精心的安排下，嫁了一个前程无量的国军军官，本不该颠沛流离的生活，孰料仅仅过了十来年的稳定生活就随着战火东奔西走，在自己没有孩子的情况下又是家国最困难的时候帮着夫家照应侄男侄女一大群人。她自己太想有个孩子了，待到确认无法生育后，原本强势的她便不得不劝丈夫纳妾，让丈夫得以传宗接代。直到时代转换、家道中落后，她终于迎来了两个叫她妈妈的儿子，她视如己出。

妈妈上班后，父亲还是延续着以前的习惯，每天要去四象桥头看报纸。大妈妈把哥哥送去幼儿园后，就在家里带我。这时我家楼下的房子已被人抢光，只有二楼的三间，除面对前院的大房间外，大妈妈在进堂屋的左边留有一间。刚刚满月不久的我就让大妈妈用被子裹得严严的放在大房间的红色的大床上，她怕好动的我翻下床去，再拿棉被在我的身边围一个圈，有点像个战壕的样子时，她才去堂屋淘米煮饭。那时的她嘴里自言自语着她想说的琐碎事，耳朵却竖起听着大房间的动静。

在大妈妈的最后几年里，我用一辆自己装的轴承车推她去医院看病打针的时候，她常常对我说我婴儿时的事情。说我刚会说话时说的第一句话不是叫爸爸妈妈，而是喊着糖、饼干。这可是 1961 年呀，我竟然有糖和饼干吃，可见老人们有多娇惯我。大妈妈说，你说话比别人早多了，在你两个月时，我用被子围好了你去堂屋烧饭，像往常一样的自言自语，突然从大房间传出一个清脆的喊声，妈，我冷死了！吓得我赶紧放下手上的活跑去床边，果然你踢开了被子，嘴巴都冻紫了，我连忙抱起你捂着你问，刚才是你叫我吗，你又不说话了。

她是从我能够和她对话到我十五岁她去世的那一年常常说这件事的，她不仅对我说，对邻居说，对我亲戚们说，总之就是一个意思，我伢聪明。直到今天我才真的读懂她，她太想让我们喊她妈了。

其实在我之前三年，妈妈已经为父亲生了哥哥，和我的待遇一样，哥哥回家后就让大妈妈抱回了她的房中，吃穿都不让父亲和妈妈插手，哥哥第一声妈叫的也是她，前面这张相片里的哥哥穿得多洋气，比光溜溜的我不知道漂亮了多少。我知道，大妈妈这是在展示她大儿子的漂亮和小儿子的茁壮。

我的父亲虽然是个现代军人（他的军人生涯终结于国民革命军第五军的军需处长），可我的家庭却有点过于老式，在抗战年代，父亲本人无儿女却把他老兄弟三人的家庭全都呵护在自己的羽翼下，三房的孩子不论谁家一律按年龄排在一起，我大伯的儿女和三叔的儿女他都这样排，就这样，作为老二的他的两个儿子就排到了最小。

其实呀，人不好太一厢情愿，家道中落后，三房人马各奔西东，各叫各的，好不尴尬。

我家还是老式，我们叫大妈妈叫妈，叫亲妈妈还是妈，等我会喊妈后，我家二楼的昏暗的灯光下，我们一家五口人，妈妈纳着鞋底，大妈妈做着鞋面，父亲在旁边为俩妻用棉纱搓着纳鞋底的细绳儿，我和哥哥就围着他们争妈妈，这是我的妈。我拉着妈妈说，那是你的妈，又指着大妈妈对哥哥说。哥哥不干了，六岁的他抱着妈妈说这才是我妈，我们都是她生的。大妈妈说话了，你不认我是妈，晚上不带你睡觉了，快喊一声妈。

妈！我和哥哥同时叫道。

哎！俩妈妈同声应着。

哈哈哈哈！父亲开心地大笑。

这是 1966 年前我家最快乐的时光。

# 我的三姨

小　亢

清明时节，怀着对已故亲人们的敬重与思念，翻阅着从前的老照片，看着一张张鲜活的笑脸，无比怀念有他们在一起的从前。难以置信，就连我们亲爱的三姨也已离开我们四年多了。

三姨周素英、三姨父张国栋都属牛，可三姨比姨父小整整12岁。三姨从小活泼开朗，能歌善舞，尤其擅长唱评剧。姨父是侦察英雄，武艺高强，翻过一丈多的高墙可以悄无声息。他1945年入党，毕业于沈阳高级炮校，曾任解放军某部高炮营营长等职务，他参加过辽沈战役、平津战役，参加过解放广西和海南岛、抗美援越、抗美援朝。三姨在十八岁时和姨父在朝鲜结婚，婚后的三姨经常给战士们和朝鲜当地的居民演出，深受大家的喜爱。三姨在长春生下大女儿后又带着女儿重返朝鲜。每当三姨在台上为战士们演出时，姨父就在台下抱着女儿认真而自豪地欣赏。姨父在战场上曾多次负伤，1964年转业到晋机一分厂任书记。离开朝鲜时，当地的房东对他们依依不舍，临别在即，送给三姨母女很多朝鲜民族服装。

我的其他四个表兄弟姐妹几乎一年一个，陆续出生，姨父从早到晚在单位忙工作，三姨为了带五个子女，硬是放弃了正

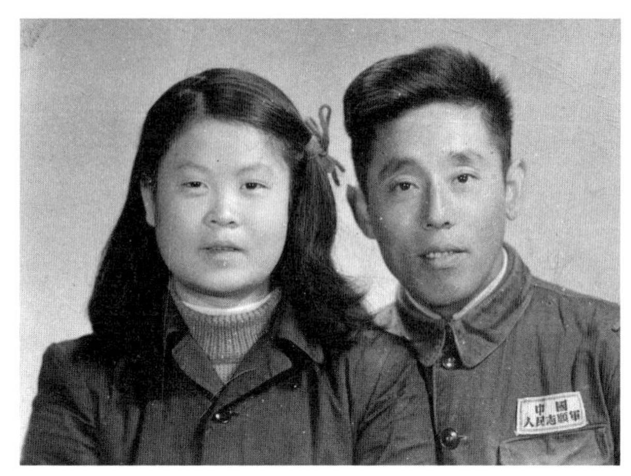


三姨与姨父

式的工作。听我的大表姐（三姨的大女儿）讲，他们五个兄弟姐妹最喜欢过六一儿童节。每年的这一天，他们都会去动物园，玩得非常开心。那时候，青春靓丽的三姨怀中抱着一个最小的，左手领两个，右手领两个，这一大五小，无论走到哪里，都是一道美丽、别致的风景，回头率极高。有一次，他们正走在大街上，一个陌生的青年男子买了五张饼硬是塞到三姨手里说，太喜欢这几个孩子啦。那年头粮食可是金贵啊。等那男子走远了，三姨自己先进行品尝，直到确认没有任何问题后，才放心地给五个子女吃。

尽管家务繁多，三姨的好嗓子硬是没丢掉，得空就唱上两句。总政、海政文工团都挑中了三姨，可为了孩子们，三姨最终都选择了放弃。三姨是个热心肠，但凡左邻右舍发生摩擦与纠纷，都少不了叫三姨来调解。再后来，大家选举三姨做居委会主任。三姨上任后更是三步到这，五步到那，勤勤恳恳地为

三姨和她的五个儿女

大家服务。由三姨牵头组织的乐队、文艺宣传队经常演出，在当地名气很大，他们的节目时常会被电台、电视台播放。后来，三姨又被推荐到五金厂做副厂长兼工会主席。三姨身上与生俱来的亲和力、号召力、凝聚力在这里得到了最好的发挥，厂里氛围空前和谐。尤其是每年的正月十五，全厂大联欢，三姨带头参与，各个班组都有节目，说、拉、逗、唱、跳，应有尽有，一场联欢过后，大家开心得几天合不拢嘴。就连电台、电视台也会不时地播放三姨他们的节目。那时候，用姨父的话说，在太原，不认识三姨的人就没吃过大米饭。

平日里，三姨喜欢收集照片，每次回老家照了相，我若是少寄了某张照片，她一定会写信或打电话跟我要。家里人都知道，三姨遇到不开心的事情时，要么唱戏，要么翻阅家中那本厚厚的相册。

1960 年 12 月，姨父（前排左二）在沈阳高级炮校进修时的合影。

三姨曾多次来到我北京的家里。记得在安贞里五楼，我要求三姨唱段评剧，老人家张嘴就来："巧儿我自幼儿许配赵家，我和柱儿不认识我怎能嫁他呀……"好听极了。

三姨每次从太原回北京老家都会破费很多，因为娘家人、婆家人都在这里。特别是我们这茬人长大成家后，三姨要走动的亲戚就更多了。三姨看到我们的每个孩子都会给钱，给东西。为此，我们兄弟姐妹达成共识，只要三姨回来了，我们孝敬她的钱一定不能少于她出来的开销。是的，我们鼓励亲爱的三姨多回老家来。

三姨的文化水平虽然不高，但每次从老家回到太原后，我们兄弟姐妹家家都会收到三姨的来信。三姨写字个儿很大，往往几句话就能用上三两页信纸，上面还不时的有错别字。尽管

演出留影，右二是三姨。

这样，每次收到三姨的来信，我们都会非常开心。

三姨一辈子都是风风火火、天不怕地不怕的性格，唯独怕打针、输液，无论生什么病，宁肯吃药。三姨退休后开始喂养流浪猫、流浪狗。

每当下午 3 点多钟，三姨一手拎着一个小凳子，另一只手端着一壶水，来到自家楼下，风雨无阻。她老人家挎在肩上的花布兜里，除了猫粮、狗食，还有五六个小盘子。盘子里放上猫粮、狗粮后，依次摆开，最后，将放水的盘子摆在中间。早已等候在那里的六七只猫咪、狗狗往往如风卷残云一般将盘中物一扫而光，然后再将目光投向它们慈爱的老奶奶。每当这时，老人家会向着它们走过去，往往边走边说：阿黄，让开点，阿花，你也让开点，奶奶给你们加饭啊。猫咪们吃饱喝足，有的匆匆离去，有的会围在三姨的脚下撒娇打滚。这时，老人家坐在小凳上，一边慢条斯里地喝水，一边有板有眼地哼着评剧，从头到脚，悠然自得。五邻四舍们，凡是前来和三姨聊天、搭话的，都清楚一个原则：不能欺负周奶奶的阿猫、阿狗们。一只狗狗要产崽儿了，三姨索性找来一堆砖头瓦块，在楼下砌了一个狗舍。再后来，有的猫咪也把这里当成了自己的家。

动物皆有灵性。有一次凌晨 3 点，三姨心脏病突然发作，动弹不得，家里的猫咪发现老人家的情况异常，及时跑到隔壁三姨的大女儿房间喵喵地使劲叫。大女儿很快醒来，深感奇怪，大半夜的，猫咪咋这样叫啊？她即刻穿衣下床，来到三姨的房间，及时为三姨服了药。

三姨晚年身体胖重，心脏也不是很好。有一次，三姨不小心从楼道摔了下来，把右小腿摔成了骨折，我们真担心三姨以后再也回不到老家了。可在我的父母过世时，三姨硬是带着几个儿女，齐刷刷地从太原赶到北京，送上最后一程。

2010 年正月，八十五岁的姨父因食道癌病逝。此后的三姨把更多时间放在她喜欢的那些猫啊狗啊身上。

2013 年大雪纷飞的季节，我们七十七岁的三姨突然走了。那一晚，一只流浪猫咪不知如何突破重重防线，找到三姨家门口，始终蹲在那里喵喵地叫。楼下，白茫茫的夜色中，频频传来猫鸣狗吠，可怜的它们还在期盼着胖奶奶的到来……

# 一名教书匠的六十年

刁耀中

前几年我和老伴去深圳女儿家小住时，看了许多山东画报出版社的《老照片》，很有启发。通过这些老照片及文字记述过去的事很有意义，我萌生了写点过去往事的想法，我今年七十八岁了，翻看旧照片回忆起六十年前开始教书的自己，不禁感慨万端。

1940 年 4 月我出生于陕西蓝田县华胥乡的一户普通农家。九岁时母亲去世，一直跟着父亲、哥嫂生活。1965 年父亲也去世了。我自小在当地上小学，1954 年考入蓝田县北关中学，1958 年我被召到教育界当了一名人民教师，从此开始了近半个世纪的教书生涯。图 1 是 1958 年 4 月我和未婚妻的订婚照，订婚不久我就参加工作了。

1958 年刚满十八岁的我来到蓝田县华胥乡芦云寨初小任教，这个初级小学位于偏僻有野兽出没的山岭上，条件非常艰苦。全校有二十五名学生，只有一间破旧教室，校长、教师、校工都是我一个人。我把这些学生分成四个年级，同时给他们上课。晚上就住在旁边的废弃窑洞里，既要教书，还得自己动手做饭，窑洞外夜晚甚至有狼叫，现在回想起来，那段艰辛的

**图 1** 1958 年我和妻子的订婚照

岁月不知怎么过来的。除了白天上课，我晚上还要给村里的文盲扫盲认字，真是难为了我这个当时只有十八岁的教书娃。2017 年 10 月我重回芦云寨，当年的简陋学校已合并到其他学校，教室原址已修成公路不复存在，只有我住过的窑洞虽倒塌了但还依稀可见。

1959 年我调入冯家村乡冯家村高级组（学校名称）。这所学校有七名教师，我从此不再是“光杆司令”了。在这里教学三年，我获得了人生中第一次的荣誉“陕西省优秀少年工作者”，得了奖状，也第一次坐进了西安人民大厦的席位。

1962 年我在冯家村乡铧咀坪小学任教，此校虽比冯家村小学小了点，但环境较好，因工作优秀，1963 年起我还被任命为

**图 2** 1964 年 10 月长子出生前我与妻子的合影

主任教师。1964 年 9 月我调入华胥乡周姚孟小学。

1968 年随着全国公办学校下放到大队，我回到曾经上小学的青云寺小学，当时的青云寺小学已更名为七年制的“红卫三小”。在几个贫管会干部的推荐下，我当上了学校革委会主任，相当于小学校长的职务。学校初步改建，招教师、招学生都得自己操心。还好经过一段时间筹备，学校组建起来了，师生均按期组成，并按时开学上课。这算得上我一生中最得意的劳作，为我以后的工作积累了一定的经验。

1972 年 10 月我调入西安东方机械厂子弟小学工作，终于结束了和夫人十几年两地分居的生活。这个学校有 75 个教学班，3500 余名学生。大城市里人才济济，我又重新从普通教师做起，以勤恳踏实、一丝不苟的工作作风，很快在学校中站稳了脚跟。从教师、年级组长、教导主任到副校长，直到2000年退休。在东方小学工作的几十年里，先后获得了“西北兵工局系统先进工作者”“西安市教育教学管理先进个人”“厂级劳模标兵”等荣誉称号。

2000年5月退休后，我被聘到陕西杨凌高新小学工作，在这里工作了三年。这是一所设计起点标准很高的新建学校。我就像再一次回到初建学校的原点，新的学校，从学校的设备到位、招聘教师、招收新生等，我都尽了最大努力做了自己应

**图3** 1980年，西安东方小学领导班子成员在办公区前合影，前排左一是我。

该做的工作。虽然工作强度很大，但这三年让我避免了因退休而感到失意，等于给退休来一次软着陆，也给自己从十八岁到六十三岁在教育战线工作的四十五年画上了圆满句号。

1958 年春天经人介绍我和小我一岁的同乡侯思惠订婚了。订婚后我去山岭上教书，她也随着工业大跃进的形势进入西安东方机械厂工作。

我的老伴是一个非常能干、智慧过人的人。她出身于富裕家庭，也是因为这出身，在那个年代限制了她上学的权利。她工作上非常能干，待人处事方面更是我学习的榜样。对于家庭可以说是付出了常人难以想象的代价，在我调到西安前的十几年里，她辛辛苦苦地独自带着孩子。

我们的二子一女各有特点，长子喜欢看书，次子动手能力强，女儿聪明活泼。几个孩子都非常争气，事业有成，家庭和睦。现在连孙女、外孙都大学毕业参加工作了。我和夫人退休后，自己加强锻炼，心态平和，也经常出去旅行，享受着幸福的晚年生活。

# 女儿的童年

许学芳

我有两个女儿，大女儿生于1972年，小女儿生于1976年。她们的童年都是在农村度过的。

那时我在济南上班，妻子、女儿在潍坊郊区我的农村老家，两地相隔400多里。那时国家规定，夫妻分居两地的国家职工一年有12天探亲假。也就是说，一年里头，我只能跟我的女儿一起生活12天。小女儿两岁了还不认得我，我回家去看她，她不让我抱，也不叫我爸爸，完全当我是陌生人。一次妻子忙着做饭，要我看小女儿，我赶紧抱起小女儿走到院子外面，找个僻静处，央求她："孩子，叫爸爸！"她在我怀里挣扎着，又哭又闹，先是用手推我的脸，推不开就在我脸上狠狠地抓了一把，抓出几道血印子。我屈服了，只好把她抱回家。吃晚饭的时候，我发现小女儿饭吃得特别快，不抬头，也不说话，急急忙忙扒拉了几口饭就到睡觉的厢房里去了。我吃完饭也到厢房去，一推门就看见她正站在门口，望着我哭着说："爸爸，你去那屋睡吧！"原来她抓紧吃饭，是为了抢着来占厢房的！她不欢迎我和她睡一间房。我被小女儿赶了出来，但我心里高兴，因为她一着急就喊爸爸了，这是她第一次喊我爸爸！

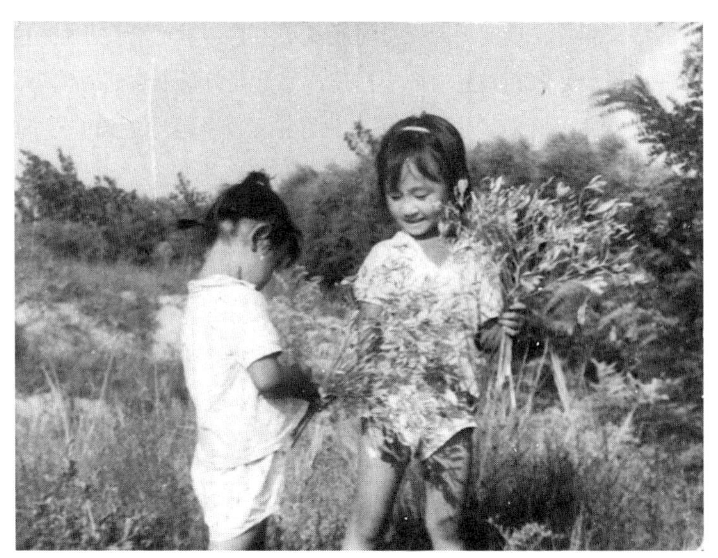

图 1

在生产队，像我这样的家庭，叫“职工户”。因为劳力弱，挣工分少，每年都得向队里交口粮款。那时我的工资是每月53元5角，扣除我的伙食费和零花钱，每月我给家里寄15元，其余的就攒着等年底向生产队交欠款。有一年春节回家，交完欠款我手里还剩了一些钱，我跟我的两个女儿说：“孩子，爸爸有钱，你们想要什么，说吧！爸爸给你们买！”大女儿没说要什么，小女儿说：“爸爸，你给我买个小车吧！”一句话把我给噎住了。小女儿要的“小车”，就是城里的孩子骑的那种儿童车，在济南我就打听了，每辆50多元，我根本买不起。我说：“孩子，你要点别的吧！”小女儿不吱声，悄悄走开玩别的去了。

1978年，我供职的那家报社派我到潍坊记者站做驻站记者。潍坊离我家20里，见女儿的机会就多多了。记者站有一台德国产的禄莱相机，星期天回家有时我就带上它，学着给女儿照相。第一次给女儿照相是在村西小河边，小女儿就是不肯面对镜头，我和大女儿怎么劝她也不管用，只好拍了一张她半扭着身子的照片（图1）。两个女儿坐在河边看《连环画报》，大女儿讲给小女儿听，小女儿听得入迷，完全忘了照相的事，趁她不注意，我才给她俩拍了一张正面照。我的照相技术很差（我不是摄影记者），那时胶卷又金贵，摆布一下午，也拍不了几张像。小女儿对我给她照相不感兴趣，早到草棵里捉蚂蚱去了。这是1978年夏天的事，大女儿刚六岁，小女儿两岁多一点。

那时，女儿最高兴的是春节去姥姥家。姥姥家离我家20里，也是农村。孩子去姥姥家，我是用小推车推着她们去的。小推车两边装两只竹篓，竹篓里铺上被子，一只竹篓坐一个孩子，孩子身上再盖上被子，一点也不冷。一家人一边说话一边赶路，走着走着，孩子就在竹篓里睡着了。1979年春节，就在姥姥家村前的小路上，我给我的大女儿和她的小表弟（女儿大舅家的孩子）拍了一张照片（图2）。这时我的大女儿六岁半，她的小表弟三岁半。大女儿正换牙，刚掉了一颗门牙，嘴一笑就露出一个黑洞。两个孩子穿的都是新衣，可新衣却也皱皱巴巴的。我女儿脚上穿的黑皮鞋是“假”的，原是一双黄色的翻皮鞋，是临来姥姥家的头天晚上我用黑鞋油把它涂黑了的。翻皮鞋便宜，黑皮鞋贵，舍不得买。巧的是，她表弟穿的黑皮鞋也是“假”的，是他爸爸把他穿的翻皮鞋用鞋油涂黑了的。两个孩子的表情让人着迷，笑得都非常开心。这是我给孩子拍的所有照片中，我最满意的一张。

图3，这就是我家。我女儿的童年就是在这里度过的。没有电灯，没有电视，冬天很冷，夜晚屋里的水缸结了冰碴。吃

图 2

够了地瓜，却常年是地瓜，不爱吃玉米饼子，却顿顿是玉米饼子。细粮很少，除了过节，一年包不了几次水饺。我大女儿四岁时，曾经一次吃了 24 个水饺，把我和她妈都给吓坏了。小时候吃地瓜、吃粗粮吃怕了，我大女儿直到今天再也不吃地瓜，再也不

图 3

吃玉米饼，地瓜烤了她也不吃。

我家生活（主要是吃饭问题）变好，是 1980 年。这一年，我们那一带农村开始大包干。刚开始大包干，我还有些怕：怕家里没劳力，耕不了地、种不了地。其实真搞开了，耕地可以雇拖拉机，播种可以雇播种机，很方便。那一年收成特别好，我家收获的地瓜、玉米堆满了院子，窗台上摆满了玉米，墙上也挂得滴溜当啷。孩子不用吃地瓜了，我们用地瓜干换粉条、换粉皮、换豆腐。孩子也不用吃玉米饼子了，我们把玉米拿到集上换白面火烧。图 3 就是这一年秋天在我家的院子里拍的。这一年，大女儿八岁，读二年级；小女儿四岁，上“育红班”。“育红班”就是城里的幼儿园，不过比城里的幼儿园简单些，那时好多村庄都有“育红班”。两个女儿中间坐着的就是她们的妈妈，曾当过几年民办教师，此时是纯粹的农民。生活好了，心情也好，这一年过春节，我买了大红纸，要我的大女儿自己写对联。大女儿还不会用毛笔，对联是她趴在我家的炕上、用手指蘸着墨汁写成的。大门上的对联是：“春风吹大地，阳光照我家”。上联是我出的，下联是大女儿对的。横联是：“幸福人家”。我女儿写对联，当时在村里还成了新闻，邻居有不少大人、孩子跑来看。入学了，外村到我村小学读书的孩子，放学的时候有的学生还绕路从我家门口过，单为看我女儿写的对联。

1982 年落实知识分子政策，我的家属“农转非”，全家搬

图 4

到潍坊，成了吃“粮本”的城市居民，住在地委大院。搬家的时候，我把老家的房子卖了。老家的房子一共5间，是“四面青”砖房。院子也很大，院子里还有五六棵已经成材的梧桐树。这些我都一起卖了，一共卖了1600元。1600元，现在不当啥，在当时可是一笔巨款。用这些钱，我买了床，买了一个小书橱，买了一台黑白电视机，还做了一个单人沙发，勉强过上了城里人的日子。图4就是我把家搬到潍坊后，1990年春节在我的新家里拍的。这时，大女儿读高三，小女儿读初一，这张照片是两个女儿穿了我同学的警服和军服照的像。小女儿从小喜欢当警察，后来她学了法律，现在是法官。大女儿性格文静，喜欢文学，大学读的是中文，现在济南一家报社工作。

女儿的童年，也是父母生命中的一部分，而且是最重要的那部分。现在回想起来，最快乐的时光，还是女儿小的时候，全家在农村老家过的那段日子。那时，天是蓝的，水是清的，空气是纯的。生活虽然艰苦，但也其乐融融。春天我带女儿在田野上放风筝，夏天我领女儿到豆地里捉蝈蝈。冬天的晚上，一家人挤在一盘土炕上，我洗几个苹果给孩子，孩子一边啃苹果，一边和妈妈一起唱歌。现在跟女儿说老家的事，说她们童年的事，我的大女儿还记得些，小女儿却几乎全忘记了。小女儿说，她只记得老家院门口墙旮旯里有一个洞，她有好东西就藏在那个洞里。但在我的记忆里，女儿童年的事，点点滴滴，都是难忘的、珍贵的。最让我忘不了的，是两个女儿一起上学的情景：大女儿牵着小女儿的手，顺着胡同往北走，走也不一直走，一会儿靠向路的这一边，一会儿靠向路的那一边。我就站在我的家门口，一直看着女儿走到胡同的最北头。在我的心目中，这就是幸福，是人世间最美的图画！

# 潘美顾医生在华生活回忆

潘美顾

**编者按：**在福建屏南县棠口村，有一片屹立百年的西洋建筑群，其中之一便是潘美顾医院。潘美顾（Mabel Patin. L. M. S. S. A）医生，1867 年生于英国伦敦，1899 年被英国圣公会派往中国传教，1910 年建成棠口妇幼医馆，开当地西医之先河。她最终因病于 1924 年返英，1926 年 1 月在其回忆录《在华生活的浮光掠影》（*Flashlights on Chinese life*）付梓后不久即辞世。棠口妇幼医馆后由传教士郦淑惠医生、徐则舒医生执掌，并改名为潘美顾医院以为纪念。潘美顾医生在九十多年前写下的这些回忆里，主要讲述了她在屏南棠口的经历与见闻，此为节选。

## 在路边

我花了两天时间从古田走到棠口，去看对旧茶厂的修葺和改造，那是我们未来的家，也是棠口的第一家医院。想起沿途的村庄和未被传道的人们，我的心绪无法平静。一位身为基督徒的年轻校长，在棠口的大厝里开办了一所小学校。看到他和为数不多的教员如此体面，讲究卫生和健康，真令人欣慰。因

潘美顾医生

为我心绪难平，我请求年轻的校长帮忙准备返程时用的一些东西。我在三张纸上各勾勒出一个心形，他在红线的心形里涂上红色，在黑线的心形里涂上黑色，第三颗心形留白。我们小心翼翼地把红心放大到足够覆盖黑心，最后“心灵纯净的人将能看见上帝”。

为了按计划回到古田，我们第二天便启程离开。沿途的路上、旅店里有许多围观者。次日，我们在一家孤零零的旅店停下吃饭。这家店真是孤孤单单、破败不堪，甚至令人怀疑能否为佣夫们提供米饭，但那儿真有米饭。当他们在吃饭、抽烟时，我爬上楼梯，到了阁楼，从我的食物篮里拿点东西吃。

这家旅店里只有一个女人——一个满脸倦容的老妪，她也上楼来。我的机会来了，她看着，听着，如此安静！我很少能单独遇到一个女人。她凝神注视着示意图，长叹一声（听到中国女人的长叹，仿佛回忆起许多这样的时刻）。“是的，我已吞下悲伤。是的，所有的心都是黑的”，我问她的心是否也是。是的，红心完全覆盖了黑心。又一声长叹，几乎是呻吟。我们从阁楼望出去，越过下方广阔、延展的平原，直达层层叠叠的群山。静谧笼罩着我们，我心中的热望稍稍平静下来。

佣夫们准备好了，我们继续上路。几个月后，我又听到了那个孤独的妇人的一点消息。那家旅店的米断供了，没人来这里招待过客。但是当我们的轿子（我们要移居棠口）停在这家旅店再过去约半英里的小村子时，一个女孩找我们谈话。她的母亲——那家旅店的店主。“她告诉我几颗心的事，她叫我去

1910年之前的棠口妇幼医馆，由茶场简单改建而成。

屏南棠口的千乘桥

屏南的山村和梯田

信仰，我就来了”。她还在不远处一个小村庄的礼拜堂里获得了受洗名。“她相信它，至死相信它。她告诉我们不要在她的葬礼上做任何异教的事”。因此，对于这个疲倦的灵魂来说，“忧愁和叹息已经消逝”。

## 路边祭坛

那是初夏的一个傍晚，在结束了炎热的一天的工作后，我们几个传教士在棠口村外的山间漫步。河水流入身下的山谷中，被灰色的岩石激起浪花。晚霞映红了整个天空。我们看见一个男人小心翼翼地跋涉过浅滩，去他在河对面的农舍里吃晚饭。当我们沿路折返时，狭窄的河谷上的梯田里，另一位农夫正要结束一天的辛苦劳作。稻田一片翠绿，如此浓郁、明亮的绿色，无与伦比。我坚信，初夏的稻田以外的任何地方，都还未被烈日抚触成一片金黄！

那位农夫独自劳作，在山脊上自己的一方田地里，十分显眼。他担起农具，沿着山脊的田埂小心前行，走向田野上方小路旁的一座小祭坛。那不过是一块花岗岩石板，立在狭小的花岗岩祭台上，上面还有一罐燃尽的香。这位农夫卸下农具，郑重其事地站在祭坛前。他双手合十，恭恭敬敬地举起，对着石碑，虔诚地、深深地频频鞠躬。然后他从包里取出一炷香点燃，把它插入小罐中，再次鞠躬，如此礼毕，带上农具回家。我们回家途中也必须经过这座祭坛。我们驻足阅读刻在石板上的汉字，同行的人尽力翻译，读道：“致群山前此地的永恒之火”。

我们希望他这般虔诚地工作，是因为家中有可爱的孩子们。我们希望他能成为那些“从万民中，敬畏神，行公义”的人们

路边的祭坛

的一员，静候已然降临世界的光明。

## 稻草人

大约中午时分，我们两位传教士来到了岭下，这是“老腿女士”所在的村子。她有一条腿因一次严重的事故在棠口医院里被截去了，所以得了这个外号。有人告诉她：洋人正乘轿经过岭下。她便迈着木制的假腿赶来，快得令人吃惊，求我们留步去她家。但我的同伴正要开始为期三天的行程，要从棠口往西北方向去，而这需要日夜兼程，也需佣夫耗尽全力。而且，我的同伴还把自己的脚踝扭伤了，没有轿夫将寸步难行。所以那天，我们只能互相问候，甚至没时间等她把决意要送的礼物塞给我们，更别提吃饭了，那得花好长时间来做菜。

与此同时，我的眼睛被一副新奇的景象吸引住，对我而言是前所未见的：在单调、肮脏的泥墙间，在一栋村舍低矮的屋檐下，挂着一个稻草扎成的人。它是用稻田里的稻草简单扎成的——腿、手臂、身子、头，应有尽有。但是脖子上套着绳索，看来像被吊死的。一把短剑刺透心脏，贯穿身体。几条锁链从手臂上垂下。这个不幸的稻草人似乎集各种侮辱和死法于一身，垂挂在房门的上方。这是我第一次见识这种“下诅咒”的景象。后来，我在遥远的苏州又看到一次，所以这一习俗在中国显然相当普遍。我们询问了解了苏州那件事情的来龙去脉。挂着稻草人的是一个纺纱工的家。一天，家里许多大卷的生丝被偷走，虽然有疑犯，但没法证实。因此，疑犯的样貌被做成稻草人，被痛骂、上吊、穿心、反复诅咒，在门上示众。不仅如此，这家里的一个妇人（有些中国妇人学习如何下重咒），每天，且经常一天两次，出门诅咒小偷，叫骂到整条街都听得到，诅咒到邻居都吓得发抖！他们相信诅咒最后会“回家”。我听到过一个女人的咒骂声，怨恨不已，我想这咒骂必须“回家”。

然而，那个被诅咒的稻草人的景象以及祈求慰藉的话语深入我的脑海，我所见的只有另一副景象：一个人，被刀剑穿身，鲜血直流，并听见那句祈求的话——“帮我们下个诅咒吧”。

穷苦的中国在长达几个世纪的文明历程中，已经学会了许多东西。她学会了将庞大的人口维持在某种安定有序的生活中。她产生了许多哲人，许多常人也拥有一种非常明智的人生哲学。他们当中的大多数已经接受命运的安排，当作其是不可避免的，

稻草人（书中所附之绘图）

并竭尽所能维持现状。他们知道正义并不是穷人的共有权利。但是，在这里也爆发了深入人心的抗议，反对压迫和不公。在这里，罪恶被一种强烈的仇恨所诅咒，并给受委屈的人带来某种程度的满足。我对那个诅咒的妇人似乎只觉得怜悯和同情。她的人生哲学是不足的，因为她还没听到伟大的人生哲学家的声音，遏止她无力的愤怒，像一只冰凉的手放在她发烧的额头，“但是我告诉你们，原谅你们的敌人”。

## 一次急救

那是傍晚时分，一个紧急求救讯息传来——深山之中的一个小村子里正发生一场恶斗——问我能不能马上过去。

我仓促地挑选了手术器械和医用敷料，请护士长负责把这些备好给我带上，同时我又急匆匆地去看了医院里的病人，草草打包了寝具和一些食物。郑先生（当地教职人员——译者注）必须一同前往，求救者要为自己找到轿夫。在惊人的短时间内，我们出发了！那是十一月下旬的一个下午，我们进入群山间的浓雾中。当我们走过陡坡前最后一个村子时，一个妇女带着两个小孩朝着我们走来，她拉住我乘坐的轿子的木杆，把我拦住，半跪着求助。她就是我要去看的伤者的妻子，此时她离开丈夫，正要飞奔去城里，向官员哭求惩罚她的仇家。身为妻子的她有着匪夷所思的忠诚！

天色渐暗，我们在矮树覆盖的山丘上不断赶路。在弥漫的潮湿的雾中，我们只能看见身旁的几只脚。郑先生的轿子在前头，但我们在黑暗中跟丢了。佣夫们自以为知道路——穿过矮树的许多小路中的一条。我们到达了山顶，开始往前下坡。当时，我没问我们是不是迷路了，没有抱怨一路的颠簸磕碰。我只是保持克制，两只手抓住侧杆，脚紧抵着前面的横木。他们点起我的灯笼。一个佣夫提着灯走在前方几步处，两个佣夫只是抬轿。我们似乎是在山地上的岩石间跳来跳去。尽管我知道我们不是在沿着房子外墙往下走，但凭感觉，我相信我们离目的地

一家农舍

不远了！

最后，漫长的最后，远处的下方有一个亮光！一星半点的亮光！佣夫们扑哧一笑，相互庆祝。“那是什么？”“他们派了人来接我们，这光是给我们指路”。而我们仍要为这看来在下方深处的光亮前进。

大约晚上九点，我们找到了路——村里的街道。这儿有急流声，显然有溪水从路边流过。我的轿子被放下，我被帮着出了轿，在火把的引领下，穿过村里的街巷。一个简陋的凉棚挡住了去路，我以为是个男人睡在他的米仓旁，不是！这就是伤者。但为什么在这儿？他的朋友把他移到了他仇家的门边，准备让他死在这里。仇家则看管着他，设法让他活过今晚。他们获得轻判的唯一希望，取决于他受伤后苟延残喘的时间长短。他是个高大强壮、孔武有力的男人——一个村霸。他和他的兄弟，都是吸食鸦片的烟民，整日闹的村子里人心惶惶。这次就是因为鸦片而大打出手。

我被拥入屋内去吃晚饭。屋里看起来满是人：许多男人交头接耳、指指点点；女人们则显得服服帖帖，在别处纠结在一块，忧郁地窃窃私语；孩子们到处都是。整个家族都被叫来抗辩。我被分配了一个小房间，于是立即打开篮筐检视工具，敷料、洗剂、氯仿都在，但装着护士长消毒过的器械的小包呢？不见踪影！在中国，这样的事在我身上发生过两次了。

我心灰意冷，郑先生也是。“吃晚饭吧，”他劝我，“我们马上再派个报信的人回去。”他们用粗糙的碗装了红米，一顿糟糕的晚餐，他们自己吃的也一样。他们为我烧水泡茶。直

1910年之前棠口旧医院的病房

传教士与病童在医院的游廊游戏

到看见茶，我才有些胃口。

这村子里曾有一所小的基督教走读学校。这说明村民已自发要求兴建学校，并募捐了一些资金给被派来教书的男女老师。妇女们告诉我，学校没有维持多久。

郑先生和主事的几个男人从饭桌上起身，焦头烂额。“有没有给潘医生的房门配把锁？”我们看了看，家里一把锁也没有！“您夜里一定要用装着东西的篮子抵着房门”。而我严肃地提醒他，他所要做的是：一旦那些工具到了，就尽快叫我。

在睡前，我去看了那个受伤的男人，伤口在腹部。据说他在受伤后仍不停手，决心在倒下前杀个人。因此，他可能已经浪费了一次生还的机会。一节肠子从伤口中流了出来，在伤口上，他的仆人放了一层肮脏的填塞物。我可以施用干净的敷料，并用些东西好让他入眠。

族人整晚不停聚集，他们似乎爬到了我头顶的阁楼上，在稻谷堆旁安顿、睡觉。我能看到看守的人的火光，他们围着受伤的男人，一次次轮流看管。我让灯笼点着，在灯旁躺下休息。但我忍不住想象那些睡在楼上的人们的样子，还有他们随身携带的、插在隔墙上的小火苗。在我的想象中，火变成了比其他东西更紧迫的危险，例如，一场新爆发的打斗。我起身，穿上鞋，

淑华女子学校的女生在做操。

棠口女传教士们的居所，习称“姑娘厝”。

又躺下。

与此同时，我可怜的护士长发现了自己的过失。从棠口来的信使已经带着我的器械，跌跌撞撞，翻山越岭，在凌晨两点抵达，但我睡着了，而郑先生没有叫醒我。他正极度苦恼，急于做那些应做的事。他听到族人的谈论和低语，知道这个受伤的男人的病情有多严重。

天快亮时，我醒来，叫郑先生。他郑重地向我低声说道：“潘医生，如果您没有把握治好他，就别碰他。这是个法律案件。如果您碰了他，而他死了，他们的人会把事情引导至是您杀了他。”

我说我必须亲自判断，我必须遵循一个医生的良心，各种良心！是的，如他所言，他也有良心，但……

我们去看病人。当太阳升起，我们站在那。我渴望创造奇迹！有日落就有日出！然而，现在伤势更重了，实在严重。没有可能治好，无计可施！这个垂死的男人，面容惨白、枯槁，试图吃他的仇家送到他嘴边的米饭。我收拾我的东西，沿着村里的街道走向停轿的地方。

一群小女孩——之前提到的学校的学生，已经穿上了她们最好的衣服，洗了脸，梳了头发，快乐地蹦蹦跳跳，牵着我的手走在街道上。我们开始返程，爬到了明艳的秋阳中，爬过了大山，直到这村子躺在远远的、深深的河谷里。村子里有敌对的两派、一个垂死的男人，还有兴高采烈、衣着光鲜、活蹦乱跳的小女孩们。

我被要求出庭作证，但他们接受了我的谢绝。郑先生已经给了我明智的忠告。

## “野玫瑰”

玫瑰的母亲来找我们时，肺痨已经病入膏肓。她是个非常穷苦的寡妇，带着两个儿子和一个小女儿。她维持这个家，抚养着男孩们，直到她没法再站起来做饭。然后她带着她年幼的女儿来医院。我们很惊讶，这个小婴儿在出生时是怎样“被捡起来”的（太多女婴没有被捡起）！但可以肯定的是，这个小生灵是被疼爱的，她也爱她的妈妈。她不到两岁，不会说话，但和我们渐渐熟悉、友好起来，很快就变得非常可爱。她会站在母亲的房门前，在我们经过时打招呼。接着，如果我们停步、转身，她就会尖叫着跑进房间，关上房门。或者，她会跑下走廊，诱我们去追她。又或者，她会藏在被子里，和我们玩捉迷藏。

然后，玫瑰的母亲去世了。她死在家里，玫瑰的两个哥哥来到我们这，其中一个背着玫瑰。玫瑰看着我，这个小家伙还记得那些玩耍的日子和她的母亲。她突然大哭，不像个小孩，

屏南，溪流上的村庄。

像个大人，如此令人心碎的哭声。

两个哥哥希望我们收养这个他们的妹妹。我一直尽力不收养她，我劝两个男孩在白天把她交给一位邻居照料，在晚上团聚。他们把她带走了。几个星期后，一些路过的病人告诉我“之前在你这儿的那个女婴快死了”。“快死了？为什么？”然后他们告诉我，两个哥哥没有照顾她，他们把她交给邻村的一位妇女，那个女人有个年幼的儿子，希望收养女儿作为童养媳。这个可怕的习俗在中国穷人中非常普遍，这被当作是节约开销，一个发育健全的女孩的价格常常超出他们的负担。我以最快速度赶去看那个带走小玫瑰的妇女，发现那孩子确实奄奄一息。养母本身有病，哺育孩子，而小玫瑰可怜的小嘴上长满了疮，身上全是可怕的疖子和疮。“你可以把她带走，她快死了”，那个妇女说。她甚至不送小孩去医院，只叫我带上小玫瑰。我当晚派人带走了她。

最大的问题是找到一位愿意照顾、看管这样尚未脱险又令人焦虑不安的孩子。有一个患眼疾的年轻女人，她（按中国俗语）“吃医院的”代替“吃自己的”，按我们的规定，同意照顾玫瑰。这个倔强的、悲惨的孩子需要几个月才能逐渐康复，但她确实在好转。不仅如此，她适时地变胖了，也变漂亮了，恢复了往日的活泼。她成了医院里的开心果。在我们把她送到古田萃英育婴堂去学习，和其他弃婴一起成长前，我们让她受洗并起名“野玫瑰”。因为正是初夏时节，我们的树篱里满是大朵的、乳白色的花（通常比我的手掌还大），玫瑰成为了“恶作剧的制造者和嬉戏玩乐的领头人”。

我相信，她还在那，已经成了古田女校的一名学生。她不

1910年新落成的棠口医院

再只是个孤儿，因为有个英国的女士写信给我，“让我收养你的小玫瑰，给我的小女儿做个伴吧”，她就这样收养了她。

## 打野猪

一对朋友去打野猪，然而事与愿违，钟某阴差阳错地射中了王某的后背！伤势本不像可能担心的那么严重，因为枪是老旧的，子弹也不过是一些铁屑。

钟某没有马上来医护室，但传了消息来，描述了伤情并请求拿“药”。我们极力劝说送药是没用的，然而没人听信。在我们抗辩后，我们准备了放有清洗消毒剂的一个小包、一点碘仿粉、抗菌纱布，以及一块毛绒衬垫和一卷绷带。我们还做了详尽的介绍，传话的人随后离开。

与此同时，王某一直在用各种可用的“探测器”搜寻钟某后背上的枪眼（本文前后伤者姓氏不一，应为笔误——译者注）。几天后，他们都来到了医护室，绷带或多或少打上了。绷带旁是我们装着碘仿粉的小小的、齐整的袋子，就像我们送出去时那样折叠着，随后是消毒剂，然后，在伤口旁是毛绒衬垫！把这些都拆掉后，我们发现，在这段时间里，像是有选择通道引导一般，有些药向上，有些药向下，进入了钟某的背部肌肉中。而钟某感觉没有因为我们的药有任何好转！我们非常谨小慎微地探查，但徒劳无功，于是保守地做了简单的热敷消毒。意外发生了，背部没有受到刺激，但在肝上生了脓肿，别处也有伴生的若干脓肿。这些得到了妥当的治疗。

钟某的背部愈合了，他有天来感谢我们，跪着，头磕在地上，然后又去打猎。几周后，他带来了一大块野猫肉作为谢礼。

枪伤再也找不到了！

## 天　花

噢，天哪！噢，天哪！他们或许拿了一个小锥子，在孩童身上扎出了轮廓分明的洞！整齐、干净、圆形的坑坑洞洞遍布穷苦幼童的周身！但这是天花！

他们跋涉了好几英里，一对家徒四壁的父母带着他们唯一幸存的孩子，天花已经夺走了他们所有其他孩子的生命。最后这一个，小小的，被包裹起来抱着，毫无生气，筋疲力尽，但还活着，被带来看外国医生。他们知道不能进入医院，不能传染给其他病人。他们卑微地坐在外面荒地里的一块大石头上，请求医生来看他们的病儿——他们那弱小、垂死的孩子。

他们在一路的客栈中是怎样看管孩子的？他们是怎样熬过这些夜晚的？中国人口太多了。是的，中国的许多长路和街道几乎是以破碎的心铺成的。他们两人在那天回到了荒无人烟的地方，回到那个曾经有孩子们欢声笑语的家。

## 中国的驱邪秘方

大约午夜时分，一位为他的好友驱邪的热心朋友被带进我们的医院，血流如注。他是按约定俗成的方法办事的。他的朋友久遭邪祟折磨。“我们的英雄”借了把枪，弄了几发子弹。他一直等到那个受苦的人晚上睡着，然后，突然出其不意地，在他耳边开了一枪。这一步骤的意图是驱邪的，但以防它附在住处或立刻重返，他疯狂地呼喊、嚎叫着绕屋子跑，下楼，跑到大街上。所有事都一五一十地照做了。毫无疑问，现在可以还病人安宁了。但还有几发子弹剩下，浪费太可惜了。“我们的英雄”向外头开枪取乐，他这么做了，还把自己的手打成了碎块。

在中国，朋友间会竭诚以待。他的三个朋友带着他跋涉约一英里来到棠口医院。那会儿正值战时，当我们解开血淋淋的一团包扎物时，感觉好像“在战壕”里。没有什么可以挽救的——一根拇指连着一根筋挂着，半个手掌还有一些残肢留着，血流不止。

“最好在手腕处截肢”，外科医生建议道。这位病人，此前强烈拒绝用氯仿麻醉，取而代之的是让他的好友坐在他的胸和头上。现在，他从他的好友身下挣脱出来，说“不！不！不要砍我的手！我要它！我要用它！”在警告这样会难以止血，而大量失血十分危险之后，由于他必须去住客栈，我们妥协了，花了一两个小时做了力所能及的一切。然后，我们带着满身疲惫和血污，派一位尚有自信的病人去乡下客栈，护理他勉强使用的手。

他没过多久就康复了。他告诉我们他能用他的残肢握紧饭碗，能用整只手来使筷子。即使英国军人也可能发现许多“中国佬”是在与他们比拼勇气——而或许不在枪法！

（屏南鼎顺文化艺术中心友情提供，李伟译）

# 沧洲书场忆往

李建华

20世纪40年代之前，上海书场大多集中在市中心（今黄浦区），如壶中天、汇泉楼、小广寒（青莲阁）、东方、中央、萝春阁、湖园等；其余南区有邑庙附近诸书场，如柴行厅、得意楼、四美轩、怡情处、群玉楼等；法租界则有雅庐（柳林路48号，后迁顺昌路）、公平（重庆路3号）等书场；北区亦有玉茗楼、北园等，虽书场少不敷听客之需，但去租界听书交通较为便利，故亦不虞往返；惟地处住宅区且人口稠密的西区，没有一家像样的书场，难缓众听客之需求，而陈子桢曾独资或集资创办过豆蔻化妆品公司、亚美麟记电台、同益出版社、乐园殡仪馆等，素有跨界经营经验且颇具口碑，他瞅准了这一机会，遂于1941年6月底与张亚庸等人集资创办书场于静安寺路西摩路口西侧沧洲饭店底楼大厅内，名沧洲书场，于7月1日正式开幕（原定6月28日开幕，后因连日大雨，进出不便，故改期）。（详见《弹词画报》1941年第53期）。

沧洲饭店书场开幕首日出演阵容强大，皆为耳熟能详之响档。如，早场（九时三刻起）由韩士良说《七侠五义》。韩先生（1897—1973）乃评话名家，20世纪20年代走红上海书坛，说书极少用穿插及噱头，纯以书中情事及角色上发挥无遗，八技五到，熟而绳准，边式不慢，表白不勒，而官白尤富韵味，他每讲一回，总能引人入胜，使听众不生厌倦。当年上海两家最大的书场——“沧洲”“东方”说《七侠五义》非韩莫属，别人是进不去的，好似由韩包脱了。日场有四档（下午三时起）。如，第二档蒋月泉、王柏荫师徒的《玉蜻蜓》，蒋王师徒俩虽临时组档，但听众爱屋及乌，对柏荫还是蛮期待的。蒋先生原本宣告“歇夏”不接书场生意了，但书场经理陈子桢的盛情难却，终于应聘日场，开说拿手好书《玉蜻蜓》，以飨众多“蒋迷”。蒋的《玉蜻蜓》得乃师张云亭真传，加之研习周玉泉，集两家之精髓而独树一帜。蒋之拗调，有口皆碑，说表演形，其年维少而脱火气，颇有京剧中谭派风味，在诸青年弹词家中脱颖而出。而其徒儿柏荫虽入蒋门不久（王于1940年下半年拜蒋为师），但聪颖善悟，书艺日渐纯熟，与师相得益彰。至20世纪40年代后期，蒋王才正式拼档，并成为海上书坛响档之一。

沧洲书场开设于沧洲饭店底楼，与东方书场同属饭店书场，

1900年建造的沧洲饭店

其形状独特，是扁长的，舞台朝东，入口在西摩路（今陕西北路）。说起心中圣地，资深票友朱正谊老先生滔滔不绝，历历在目，仿佛昨日再来。书场的座位是藤椅，其扶手前端可放置茶杯。整个场子位子约有470只。书场内除供应茶水外，还有零食可买。书场茶房（服务员）颈挂货担，穿梭于听众席间兜售，零食邪气（沪地方言。邪，音xié。邪气，意为非常、相当——编者注）丰富，如瓜子、五香豆、花生米、盐津菜、拷扁橄榄等。下午3点多钟，还有点心供应，如八宝饭、馄饨、面筋百叶等，书场楼上是饭店，侬想吃啥点心，跟茶房讲一声，付点小费，伊会去楼上拿额。沧洲书场早场始行售茶制（每人每壶三角），这看似与过往书场的卖筹或买票制（奉送香茗）不同，实为换汤不换药的做法。

《申报》1941年刊登的沧洲书场演出广告

1943年，陈子桢又在成都路470号，近静安寺路口，租下原盛家（盛宣怀）老宅园内一幢三层洋楼，将书场开在二楼，仍名沧洲书场。因西摩路沧洲饭店书场开办在先，此处书场就俗称“新沧洲”，以示区别“老沧洲”。“新沧洲”地处市中心，却闹中取静。休息室中挂有楹联：“忠孝节义无非榜样；嬉笑怒骂皆成文章。”墙上张挂10余位评弹艺人大幅照片。舞台前，有10排，一排20个位子，共200个座位；舞台两侧也有几排位子，更奇特的是舞台后面还有30多个位子，听众能通过镂空

张鉴庭、张鉴国兄弟演出《闹严府》选段。

隔断板看到演员后脑勺；当中一条窄走廊，两边也是走廊，座位且是斜排的。场内中间位子是蓝白条子制的帆布椅，对号的，每位票价一千元，两旁白帆布椅每位七百五十元，共有帆布靠椅 430 个。椅子靠手边有圆洞可放茶杯，还用玻璃板嵌着场内食品部的各色点心表。“甘草梅子黄连头，盐金花菜茨菇片”，这两句书场里的“市声”，想必老听客们再熟悉勿过勒。沧洲书场集小吃之大成，除了前文提到的面筋百叶、夹沙定胜糕外，夏天的糖藕，秋天的鲜菱，去皮装盆，都很精致。有一次，蒋月泉在台上放噱头，看到台下听众侪来吃点心，就讲：“嗯笃（你们）吃勒什哽嘎有味道，我馋吐水阿得得滴，书阿说勿连牵勒。”台下顿时哄堂大笑。尤其值得一提的是，场内牵线话筒（扩音喇叭）到处都有，连厕所内都安装了喇叭，即使大小便这点辰光，听客也不会少听一句书。说书台上的桌子用绣了五爪金龙的黄

在电台播音室里弹唱的演员

软缎桌围，两把高高的太师椅上，也是黄龙缎椅套，颇贴唱不完的“私定终身后花园，落难公子中状元”之陈调。据资深票友朱正谊老先生回忆，成都路“新沧洲”开张后，西摩路“老沧洲”关闭一段时间又于1945年抗战胜利后重新开张（1947年再次关闭）。“老沧洲”是在底楼，舞台朝东。“新沧洲”则在二楼，朝南额，三面（东西南方向）临窗，南面中央有两扇落地钢窗，窗外有楼梯直达底楼，听客散场由此下楼。两爿书场形状侪是扁长额。“新沧洲”出口在成都路，三楼是福致饭店（后来关了），四楼为亚美麟记广播电台（阁楼），底楼是书场办公室及演员宿舍，苏州来的演员要住书场宿舍。当年，书场内没有空调，热天靠电风扇散热，三面窗子一开蛮透风额。冷天在两边过道上放两只大火炉，有烟囱通出去，邪气暖热。过去，台下听客还可以抽烟，特别第一排听众吃香烟，台上演员离得近有时实在被烟熏得呛了吃勿消了，就用纸扇拼命扇，颇煞风景。

昔日上海滩那些姨太太们为解闷，颇多往书场去，故沧洲书场中的“姨字头”听客尤多。据书场茶役说，这些姨太太大都是在下午听书，因为下午她们的老头子大都不在家中，正忙于股票及黄金的投机，所以她们可以放心大胆地在书场中表演“眉目传情”。最有趣的，往往可以眼看了一个姨太太和一个小白脸，由眉目传情而慢慢地坐在一起，继则一同出门。下次来时，就相偕出入，不知道的人，还以为他们是一对夫妇呢。但是，“眉目传情”对不上的也有，多因无眼缘，加之小白脸言语粗俗所致。

与“老沧洲”相比，成都路“新沧洲”书场地理位置更近市中心，且为面积大、设备新的新式专业书场，遂吸引大量说书艺人纷纷投效。如，1945 年 8 月，姚荫梅（1906—1997）隶新老沧洲书场同时开说自编的《啼笑因缘》，因其说法新颖、别具风格而轰动上海滩，有“巧嘴”之誉。此后，上海滩书场凡说《啼笑因缘》的侪用姚的本子，因为姚编得实在好。同年 9 月，以庆祝抗战胜利为由，书场老板陈子桢说服素有“塔王”之誉的沈俭安、薛筱卿第三次拼双档说《珍珠塔》，在“老沧洲”说日场，在“新沧洲”说夜场送客。1946 年 9 月，周云瑞、陈希安（时年周二十五岁，陈十八岁）进沧洲说《珍珠塔》，被誉为小沈（俭安）薛（筱卿）档。1948 年，杨振雄（1920—1998）在沧洲书场演《长生殿》，楼上亚美麟记电台实况转播，从此红遍江南。为保“老耳朵”（即老听众）不辍，沧洲书场率先实行月票制，七折优待，其他书场亦纷纷仿效之。

成都路沧洲书场南面有小广场一片，路人经过，可见书场

蒋月泉与爱妻邱宝琴的结婚照，摄于 1940 年，时年蒋二十三岁。

内说书人动作（书场朝南一侧装有两扇大落地玻璃窗），书迷们常站在场外看白戏，且可从说书人姿势推断所说的是那出戏，夜间过路人也会立此“观”书，良久不离去。此乃沧洲书场一景也。

1948 年，雅社票房成立（时有票房七八家），推蒋月泉为社长。同道们听说此事有点不服帖了，说：“侬（蒋）拉帮结派，阿拉现在吃饭已经成问题了，侬还拉一帮人抢阿拉饭碗头。”等蒋在沧洲书场演出要上台时，几个演员拦着不让他上，要蒋摆一句闲话，不做社长，还要请蒋“吃生活”（沪语，揍人），书场老板见状急了，马上打电话给杨斌奎（1897—1972，杨振雄之父，时任上海评弹协会理事长），叫杨做调解人。杨说：“里笃勿拔蒋上台是勿来三额，影响治安，让伊上台，搿问题我来解决。”杨斌奎就做蒋的工作，劝伊放弃社长位子，做个顾问之类。后来，蒋就辞去雅社社长职务，推华震亚做社长，伊做顾问，事体算平息下来勒。说起书场趣闻轶事，联社老票友朱正谊老先生话匣子就打开了。他说，过去买一张票子，可听四档书（个别听五档也有，但少有），要听三个多小时，夜场也是四档，45 分钟一回。范雪君（1925—1995）说第三档，辰光最好，最后一档（送客）就会遇到听客提前离场额尴尬场面。当第二档书结束后，台上马上换椅披和茶杯，侪是金光闪闪，连聚光灯也多开两只，四只聚光灯一起开，特别亮。于是，范闪亮登场。说好下来，椅披又换掉。这种待遇只有特别大响档可享受，杨振雄过去也享受这个待遇。其他演员出来就没有这种待遇，蒋月泉也没有。

评弹界津津乐道的“七煞档”亦缘起沧洲书场。话说民国三十七年（1948）正月二十四（评弹祖师爷泰伯之生日），中午时分沧洲书场艺人在三和楼聚餐（云南南路 15 号），老板张亚庸也来赴宴。张鸿声嗜酒，那天老酒吃了勿少，就对老板发起酒疯，争吵起来，故得罪了张亚庸（时任上海书场同业公会理事长）。张鸿声酒后失言，张亚庸恼羞成怒，就和书场同业公会的老板们商讨，要把张鸿声的牌子揩掉，将其逐出上海书场。张鸿声当时傻了眼，没了方向，蒋月泉见状出来打抱不平：“侬若封煞张鸿声，阿拉侪勿唱了。”如张鉴庭张鉴国兄弟、唐耿良等一些响档侪罢演，将勒老板一军。蒋跟老板讲：“张鸿声发酒疯是不对额，侬摆一桌酒，我出铜钿，叫张鸿声向侬赔礼道歉，侬也收回成命（辞退决定），此事就算了了，侬看那吭？”见这么多响档罢演，硬来不好收拾，张亚庸只好找台阶下，答应和解。事后，张鸿声对蒋很是感激，是年八月十五

1949 年，静安寺路成都路 470 号沧洲书场。老照片的机位在原意大利领事馆门前，即静安寺路（南京西路）近成都路口北偏东望沧洲书场（成都路 464 号二楼），楼下为 ADK 永新汉记雨衣制造厂。三楼为中国画苑。

中秋，由张安排，七档书开赴苏州演出。张鉴庭张鉴国兄弟（《十美图》《顾鼎臣》）、蒋月泉钟月樵（《玉蜻蜓》）、周云瑞陈希安（《珍珠塔》）、张鸿声（《英烈》）、潘伯英（《张文祥刺马》）、韩士良（《七侠五义》）、唐耿良（《三国》）联手做五六家书场，一到苏州，场场客满。当地说书人顿时生意清淡只好到城外小书场里说书了，称上海来了七个凶神恶煞，赶走小鬼（举）。七煞档之称由此传开。

1950 年，沪上评弹界艺人常假座沧洲书场开会，或慈善义演义播。如，1 月 8 日，为普善山庄劝募，上午九时许，评弹艺人纷纷赶来沧洲书场义演，有杨斌奎杨振雄父子、华伯明、

静安寺路成都路口沧洲书场

张鸿声、黄静芬、陈莲卿、祁莲芳、薛筱卿、郭彬卿、吴剑秋、朱慧珍、刘天韵、谢毓菁、唐耿良、周云瑞、陈希安、王柏荫等，济济一堂。凡当场捐款者，均可入座听书。5月7日，评弹公会诸艺人为援助失业弟兄，在沧洲书场举行会书，晚间五点起至十二点止，为红十字会和电台广播公会联合举办的流动诊疗车等筹募经费，在书场同楼的亚美麟记电台义播评弹。每半小时一档。蒋月泉也从香港赶来，张鉴庭张鉴国兄弟、周云瑞陈希安、唐耿良三档，也当晚返沪义演。

1951年11月9日至11日，书戏《野猪林》在大众剧场（原黄金大戏院）公演，评弹界诸响档蒋月泉、刘天韵、张鉴庭、姚荫梅、张鸿声、吴子安、周云瑞、朱慧珍、王柏荫、张鉴国、陈希安等悉数登场。该剧公演前排练即在沧洲书场，每次排练在书场夜场散后10—12点钟进行（移去中间几排听客座位，当作排练场地）。那时，朱正谊老先生正在圣约翰读大学，闲暇常去“沧洲”听书，听联社票友说夜场散后还有排练，就留下看演员排练书戏《野猪林》，饶有兴味地看到半夜，过了有轨电车末班车时间，只得走回家。

1952年4月，上海人民评弹团以蒋月泉为主的十八艺人在沧洲书场开演《一定要把淮河修好》，一改评弹传统的长篇形式，创作出由四回书组成、一个晚会演完新形式，谓之“中篇评弹”。连演300场，听众多达30万人次。其中选曲《留过年》成为蒋月泉又一代表作。1953年又在沧洲书场首演中篇评弹新作《海上英雄》，亦久演不衰。

台湾作家高阳1990年来沪时，对友人说起，他自小雅好评弹，常跟着大人孵书场，20世纪40年代来上海求学时，曾是沧洲书场的常客，对夏荷生说的《描金凤》尤为迷恋。沧洲书场在评弹爱好者中留下了极佳口碑，是“老耳朵”云集之处。但好景不长。1949年后，大批舞厅改为书场，仅南京路一带就有七八家舞厅书场，如“仙乐”（原仙乐斯舞厅）、“西藏”（原米高梅舞厅）等，舞厅书场位子大多达六七百个，“静园”（原大都会舞厅）位子多达近千个，且座位舒适、灯光柔和、音响效果佳，还有冷暖空调。1954年，上海全面禁止营业性舞厅开设，舞厅书场索性改为日夜演出评弹的专业书场。原来在沧洲书场说书的响档纷纷转投舞厅书场，如1959年，蒋月泉、杨振言、朱雪琴、王柏荫、苏似荫、华士亭、徐雪花的中篇《厅堂夺子》首演于静园书场。相比之下，沧洲书场优势不再，难续辉煌，渐渐没落了。至1968年，沧洲书场终被关闭，书场遗址现今归属长征医院。

# 1949年扑灭平庄鼠疫的又一张照片

孙国辉

《老照片》第六十四辑刊登了高景玉老先生写的《1949：保卫苏联防疫队的日子》，文中忆述了他在东北军区卫生部警卫连当战士时，因热河省赤峰地区发生人间鼠疫，奉命在疫区保卫苏联防疫队的经过，并展示了两张老照片。笔者除对照片中的景物熟悉外，还认出一张照片中原热河省副省长杨雨民是我同班同学杨桔子的父亲，到他家玩时经常见面的杨伯伯，故见此文别是一番情愫。遗憾的是不知道高老生活在什么地方，无法和老先生联系 。

近期，有幸认识了我们赤峰的李景星老先生，在谈及他的经历时，李老给我看了珍藏多年的一帧照片。

看了照片，笔者心中一动，这不正是高景玉老先生忆述的，发生在赤峰地区的那段扑灭鼠疫的事情吗？这帧照片和那两张照片是同时期拍摄的，这张照片上同样有杨伯伯。

1947—1948年，与赤峰毗邻的喀喇沁旗东部四个区十八个村发生严重鼠疫，千余人失去生命，引发当地及周边地区的恐慌。这一情况引起东北军区卫生部和热河省委、省政府的严重关切，经上级批准要求苏联方面伸出援手。苏方迅速派出医疗队赶来赤峰，同时，隶属于东北军区卫生部的东北防疫队、河北省卫生厅防疫队、热河省防疫站、医大四分校（为参加东北解放战争的哈尔滨医科大学部分师生所组成）和承德医学院的部分学生、昭乌达盟防疫站、平庄防疫站都派出防疫人员星夜赶赴喀喇沁旗平庄镇。时间是 1949 年 4 月。

李景星年轻时

李景星先生当时在敖汉旗防疫站做化验员，奉盟防疫站调遣赶到平庄参加鼠疫防治。

苏联防疫队为苏联红十字协会半月会所派遣，共 19 人，皆为卓有成就的专家和经验丰富的业务人员。这支防疫队的队长是四十多岁的女专家贺赫洛娃，碧眼黑发，说话中气十足，行动敏捷，有很强的领导、组织能力和业务水准，这使她具备很强的号召力。她处理事情具有前瞻性、果断性、准确性、科学性，致使人们称苏联防疫队为“贺赫洛娃医疗队”。

贺赫洛娃医疗队抵达平庄后立刻投入防疫准备工作。当时汇集在平庄的各方防疫人员共 95 人，贺赫洛娃统一协调编组，仅用五天时间建起临时防疫医院，分设接诊、检查、化验、治疗、注射、解剖、消毒、捕鼠灭蚤等八个组，由苏联专家分别负责。

鉴于各路人员业务水平参差不齐，贺赫洛娃建议各组就各自专业特点学习基础理论和具体实践。动物学家依格菲德主讲捕、灭鼠知识和具体实施方法，玛利娅担任化验业务传授，贺赫洛娃亲自担任化验和解剖学的讲授，其他专家也分别担任各自的专业知识传授。学习过程非常紧张认真。贺赫洛娃为了给大家作解剖示范，在没有解剖室的情况下，打破世俗忌讳，在野外作解剖讲解，使学员受益匪浅。

通过这次战前速成学习，使中国防疫人员的业务水平得到很大提升，一些原来业务能力较差的人员都能熟练地完成本职工作，应该说这是一次极为必要的战前练兵。

平庄地区的群众历来处于贫困、文化教育落后的境况里，受封建社会迷信思想的影响，对苏联防疫队这些大鼻子、蓝眼睛的外国人所做的种种从未见过的防疫活动很不理解，甚至感

1949年6月摄于平庄防疫医院化验室前。前排：左一傅大为（河北省卫生厅厅长，原哈尔滨医科大学四分校教授），左四杨雨民（热河省政府副主席），左五贺赫洛娃（苏联防疫队队长），左八张玺阁（热河省防疫站站长）。后排左四李景星（平庄临时防疫医院化验员）。

到恐惧。于是谣言蜂起："打针其实是在抽咱的血"、"打了针要绝种断后"、说人体解剖是"挖人心做药"……还出现见到防疫队便躲，有病也不找防疫人员诊治，家里有人死亡偷偷埋掉等情况。甚至做出贴符、挂红布、提前过年吃饺子以禳解灾祸的种种怪事。

置身于误解甚至敌视的氛围中，贺赫洛娃没有气馁，她和其他队员团结和依靠中国防疫队员，知难而进，坚持开展防疫工作。下乡时随身背药箱给遇到的群众看病给药，治愈了很多患者。并每天坚持学习一小时汉语，以克服语言障碍。渐渐地和群众建立了信任，消除了隔阂，甚而建立了友情。一开始有少数农民患病后抱着试试看的心理住进医院，苏联医疗队人员除精心施术外，还把自己的面包、水果和香烟送给他们。经过诊治，这些人很快痊愈出院。他们以自己的亲身经历现身说法："防疫队的医道就是高，谁要是有病找他们看没差（错）。"慢慢地到防疫医院看病的人渐渐多起来，经过一段艰苦的努力，苏联防疫队终于取得了人们的信任。

李景星老人回忆，苏联防疫队在赤期间，身为中共热河省委常委、热河省人民政府副主席的杨雨民同志，对苏联防疫队的工作表示了极大的关注。当时正处在建国前夕，战争的创伤，民生的艰难，政务的繁忙，都让杨雨民承受着很大压力，但他没有忘记百姓的危难，没忘了消灭威胁群众生命的鼠疫疫情。他驾驶一辆缴获的美式吉普每周一或两次来到平庄，帮助苏联医疗队解决各种问题和困难，甚至举办小型晚会来舒解紧张而压抑的情绪。

1949 年 7 月，平庄地区的望甘池、五家、甸子等村落发生人间鼠疫，接到急电的杨雨民副省长星夜赶到平庄。在听取了当地有关部门的疫情汇报和苏联防疫队关于扑灭鼠疫的实施方案后，当即采取果断措施：（1）立即收容全部鼠疫患者，实行隔离治疗；（2）广泛发动群众消灭家鼠野鼠；（3）对疫区实行严格封锁，切断交通；（4）紧急注射鼠疫菌苗；（5）疫区内学校停课，禁止群众集会，串门，走亲戚及一切人群聚集的活动，关闭集贸市场。

强有力的措施被不顾自身安危忘我工作的中外防疫人员严格贯彻执行，杨雨民副主席也换上防护服昼夜指挥和参与各项工作，在党政军民的积极协同和支持下，平庄地区的人间鼠疫疫情很快得到控制，到八月中旬，扑灭鼠疫的战斗取得了关键性胜利。

李景星老人在谈及这帧保存了六十九年的照片时颇多感慨，他用“余悸犹存”来形容“文革”期间为保存这张照片引发的紧张心态，时任赤峰县卫生防疫站站长的李先生因“执行资产阶级反动路线”而遭到“造反派”的批判，随时有被“打倒”“专政”的可能，又值中国和“苏修”关系极度紧张，并在1969年爆发了“珍宝岛事件”，若此刻被“造反派”发现这张与“苏修人员”的合影照，其后果不堪设想。李先生将这帧照片藏在顶棚里，侥幸躲过一劫，使这帧照片得以保存至今，为那段鼠疫防治的历史留下了影像资料。

前段时间央视播出的寻人节目《等着我》曾让无数观众动容。因之笔者忽然有一个美好的想法：能不能通过《老照片》让两位经历过同一事件的老人在隔了六十八年后再通款曲呢？李景星老人今年八十八岁，当时是临时医院的化验员。高景玉老人今年八十六岁，当时是苏联防疫队的警卫战士。疫区五个月的相处，他们肯定是相识的，倘天公作美，这段缘分可能耄龄再续。

# 永盛中学医务班

郑文安

我毕业于上海第一医学院，1968 年分配到四川省凉山彝族自治州雷波县永盛区卫生所。永盛区是个山区，所属六个乡，人口两万，卫生所医务人员十八名，各乡有地方联合诊所医生若干，平均不到一千人配有一名医务人员。山区医生的工作秩序与城市不同，诊病、发药、打针，乃至收费采购、基建，等等，医务人员都得承担，没有专业的分工。除此之外，还要参加当地区委、区政府布置的中心工作，和其他政治任务。1975—1977 年，我当了两年永盛中学医务班的教师。

1975 年，永盛区党委领导同志受了电影《决裂》的启发，决定在永盛中学办一期赤脚医生班，学员由六个乡三十几个生产队各推荐一名贫下中农，共三十几人组成一个班，樊培秀老师任班主任，兼教语文。樊老师是资深小学语文教师，两年前创办永盛中学时转为中学教师。这个班的学生大多是小学程度，有的还仅是初小。我任西医教师，邓医生任中医教师，他是当地的一名医生。上课我不担心，我担心没有教材怎么办。樊老师搜索到一本《上海市工人红医培训教材》，问我如何？我说："我也没见过这本书。不管怎么样，有书就好办。"

当年“赤脚医生”滥觞于上海川沙农村，“两报一刊”（人民日报、解放军报和红旗杂志）一发报道，全国农村“忽似一夜春风来，千树万树梨花开”，各地都培训赤脚医生。我们这些旧医生在报道中被称为“皮鞋医生”。好在当年医患关系大多和谐，这一带侮辱性的称谓没有流行开来。为与农村赤脚医生相呼应，上海工人造反派提出“贫下中农有自己的赤脚医生，我们工人阶级也要有自己的医生”。因此，上海便产生了工厂里的“赤脚医生”，即平时不脱产，工人偶有小毛病，可以从他那里得到一些药，称之为“工人红医”。上海市革命委员会组织了一些专家编写这本培训教材。说实在，编写这样的教材真为难这些“专家”，写得深了，学的人读不懂；写得浅了，

永盛中学师生在池塘里举行游泳活动。

作者与永盛中学老师李怀彬（左）和曾志明（中）合影。

教的人（也包括写的人）讲不清。我拿到一看，编写的体例倒很清楚，一个病名，稍事解释，主要症状和体征，治疗方法（就是吃什么药）。我作为上海第一医学院的毕业生，以为既然是医生，“赤脚”也罢，“工人红”也罢，总要掌握一些基础知识，不然行医就像“开无轨电车”。第一天上课，我于课本外补充了一点人体组织结构的概念。“人体器官由组织构成，组织的基本成分是细胞和细胞外基质，人体的基本组织有四大类：上皮组织、结缔组织、肌肉组织和神经组织。”在讲解某病症状和体征时，增加了一些病理知识，希冀有助于他们对症状的理解和记忆。那天，好友李怀彬老师坐在教室最后排听我的课。

最后第二排左一是作者，第二排右五是樊老师，右六是邓医生。

下午他就请我去他家吃晚饭。我边喝酒边向他请教今天讲课中有哪些不妥的地方。李老师一针见血地指出这堂课不符合因人施教的原则，“你讲的内容很丰富，但是你的学生绝大多数不能掌握这些内容。”他具有十多年的教学实践经验，此班学生有些曾是他的学生，所以他对他们非常了解。他跟我分析内容深度应掌握的尺寸，特别提醒我在下一节课开始，要安排一定时间复习旧课。李老师虽然不懂医学知识，但他这些教学经验对我大有裨益。第二天，我先复习，问了一个问题：“人体有哪四种基本组织？”请一位同学站起来回答。他一脸茫然，想了一想，终于说出：“有上皮组织。”我说：“不错，还有呢？”

他实在想不起来了，就胡诌乱说："还有下皮组织。"这以后，我基本上照本宣科，不增加书外知识。有一点例外，讲用药时，我特别强调药物的副作用。我说："以后考试，我不会考你们去痛片能治什么病，而会考去痛片有什么副作用。因为你既然能给感冒病人开去痛片，当然知道它能治感冒的头痛。但是你忘了去痛片含有鲁米那，有些病人对鲁米那过敏，没有问病人过敏史，如果病人发生过敏反应就比感冒更恼火了。"为加强他们的记忆，我举渡口乡的易老师为例（很多学生都认识易老师），他就是对鲁米那过敏的。有一次，医生不了解也没有问过敏史，结果易老师过敏反应发作，痛苦不堪。

第二年开学不久，突然传来毛主席逝世的消息，不久，又传来"四人帮"被粉碎的消息，先是举行追悼会，后又召开欢庆大会。永盛中学师生在池塘（当地称堰塘）里举行游泳活动，主题定为"跟随华主席奋勇前进"。学生中医务班的学生年龄较初中生大许多，所以在这次活动中挑了重头。区委很重视这次活动，安排凡能放下手中工作的干部都到堰塘指挥和观摩。专门有人现场拍了几张照，我保存了一张。很快两年过去了，医务班的同学都完成了学业。当时没有考试，大家都毕业。樊老师安排了一场毕业联欢会，拍了一张集体照。原定叫做"赤脚医生"班，不知什么原因照片上写的是"医务班"。

国家形势发生了改变，很快开始招收研究生考试，笔者潜心于复习迎考，以后又读研离开了永盛，不知道这期学生回去后是否学有所用。这三张照片为我留下了这段生活的回忆。

# 胜利油田会战点滴

张鹏程

1960年我考入北京石油学院，经过五年的大学学习于1965年毕业。

1964年，继东北大庆会战后，从战略考虑，中央决定组织在山东开展一场大规模的石油会战，解决华东地区的能源问题。胜利油田是继大庆油田后我国开发兴建的第二个大油田，受到毛泽东和中央极大的重视，朱德、李先念、薄一波、余秋里、康世恩等中央和有关部委的领导曾前来视察。

会战上马时，恰逢我们行将从石油学院毕业，因此校方便将毕业设计和会战结合起来，帮助解决会战现场出现的各种技术问题。当时胜利油田会战还处于严格保密阶段，取名为“923厂会战”，以防止国内外敌人窃取我国能源发展的情报。会战指挥中心设在广饶东营，总指挥为石油部副部长张文彬。东营统称“基地”，到东营后，我被分配到黄河出海口面临渤海的R-3200钻井队。钻井队远离基地，任务是获取勘探区的外围地质资料，称为打“野猫井”，生活十分艰苦，几乎顿顿咸菜窝窝头。寒风呼啸，滴水成冰，生活用水全是由水罐车从基地运来，有时水罐车上不来，就只能饮用咸涩的近海井水。为节省水，

1965 年 2 月，作者站在地球物理勘探仪器车上。

每天只能够洗脸抹身，内衣内裤几个星期不换是常事。有时狂风来袭，将我们住的茅草房顶吹跑了，大家冒着刺骨寒风奋勇冲上去死命抓住屋梁，压住茅草，不让它刮走。狂风过后，再行修整。钻井工人都是露天作业，无论是炎炎夏日还是严寒腊月，都要挺着腰板操作钻机，还要随时警惕井中变化，防止井喷。

钻井队基本上是由解放军转业退伍军人构成，组织纪律严

根据现场试验后提出的整改意见，群策群力改进自动洗砂机。后排右为作者。

密，责任心强，一丝不苟。并且完全实行军队化管理，班排就是现今的班组，队长就是部队转业的连长，指导员就是原来部队上转业的连指导员。由四川、甘肃玉门、陕西、新疆等地老石油矿区来的石油钻井老师傅，以师带徒，培养新一代钻井工人，这些退伍转业军人经过一年培养，基本可以独立操作。四班制三班倒运作。

我们在渤海边打的这口井，是资料井，钻探的目的是为了取得地质资料，了解地下油气层纵横向分布情况。除取得地下岩芯外，主要通过钻井的录井工作来获得地下地质资料，在钻进过程中通过循环泥浆将钻头磨削岩层的岩屑带到地面，这些岩屑就是非常重要的地下地质资料，判断是否是油气层，是否有油气显示，在紫外光下是否有荧光反应。岩屑录井极为重要，必须取准、取全，岩屑录井工作非常辛苦，而且要连续地获取，不断用手将井内泥浆返出的岩屑捞出洗干净。渤海边的冬天，

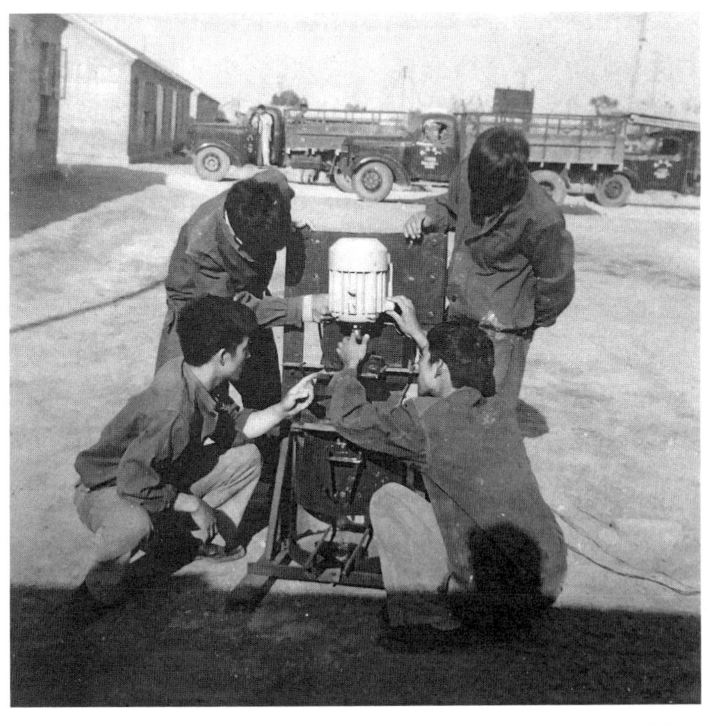

自动洗砂机经过现场多次试验多次整改，进入最后的安装调试。前排左为作者。

零下20余度，不一会厚厚的棉手套便结成冰块，手冻得钻心痛，浑身也湿漉漉地结满冰茬。到井队后，我毫不犹豫地投入了这项工作。

为了减轻劳动强度和提高效率，我反复考虑是否可能由自动取样洗砂机来替代手工劳作。我苦思冥想，利用换班休息的间隙构思设计，画出了草图。当初设想了两种方案：一种手摇；一种马达带动。还特别请老师傅提出建议和意见。我最终利用现场简单的零部件材料，集思广益，经反复试验，相继解决了诸如马达的转速、清洗水流强度、清洗过程是否会破坏软地层砂质结构、如何连续进行清洗取样诸多问题，制作出简单的自动洗砂机的样机。为了做进一步的改进，组织上将我调到牛家庄前线指挥所，专门从事这项工作，并调我的同学来协助我。不久低速马达、变速齿轮箱、电器原材料等都陆续到齐，又经过几次改装试验，总算让钻井工人摆脱了长期用手洗砂的繁重劳动。

后来在毕业生毕业设计成果展览会上，我的自动洗砂机设计图纸也被送去展出，我因此被评为优秀毕业生。毕业后我没有留在山东，而是去了更艰苦的四川。五十余年过去了，高科技技术飞快发展，电子产品一代一代的更新，我研制的自动洗砂机，也早就被新一代的更先进的自动洗砂机所替代。回忆往事，感慨万分，历历在目。今天，东营已发展成一座现代化城市。想想自己也曾在这片广袤土地上艰苦创业，为山东的石油工业的发展奉献了一份力量，颇感欣慰。

# 难忘的下乡岁月

管海寅

2018 年是全国范围大规模知识青年上山下乡运动开始 50 周年，回忆这段不寻常的历史，我们感慨万千。

1963 年，我考入天津市南开中学初中。南开中学是周恩来总理的母校，是一座具有光荣传统的市重点中学。1966 年初中毕业时，正赶上爆发“无产阶级文化大革命”。到 1968 年，毛主席发表了最新最高指示：“知识青年到农村去，接受贫下中农的再教育，很有必要。要说服城里干部和其他人，把自己初中、高中、大学毕业的子女，送到乡下去，来一个动员。各地农村的同志应当欢迎他们去。”全国知识青年上山下乡运动蓬勃发展起来。

1968 年 9 月，我们来到内蒙古自治区哲里木盟通辽县庆和公社利民大队（原帮统店大队）插队落户。同时插队的除了我们南开中学的十几名男生外，还有十几名女三中的女生，我们成立了第一集体户。庆和公社是离通辽县城最远的一个公社，我们利民大队又是全公社离县城最偏远的一个大队，到县城要走 90 里土路，坐马车要整整走一天，而且当时我们村和全公社都没有通电。

刚到农村时，我们这些年轻学生还是热情高涨的，真心实意想在农村干一辈子。领导对知识青年的要求是：做毛泽东思想的宣传员，阶级斗争的战斗员，生产斗争的突击员，科学种田的实验员，文教卫生的普及员；并提出要过三关：思想关、生活关、劳动关。我们这个集体户曾多次被评为县和盟的先进集体，还荣获过“吉林省知识青年先进集体”的称号（当时通

**图1** 集体户部分男知青在通辽市毛主席像前留影。摄于1969年。

**图 2** 我们村是半农半牧地区，学骑马是知青们的一大乐趣，看我骑在高头骏马上，多么神气！摄于 1972 年。

**图 3** 利民大队知青学习班留影。前左三为大队蒋玉海副书记，左四为公社知青干部盛永海，左五为老贫农户长杨大伯。摄于 1969 年 8 月。

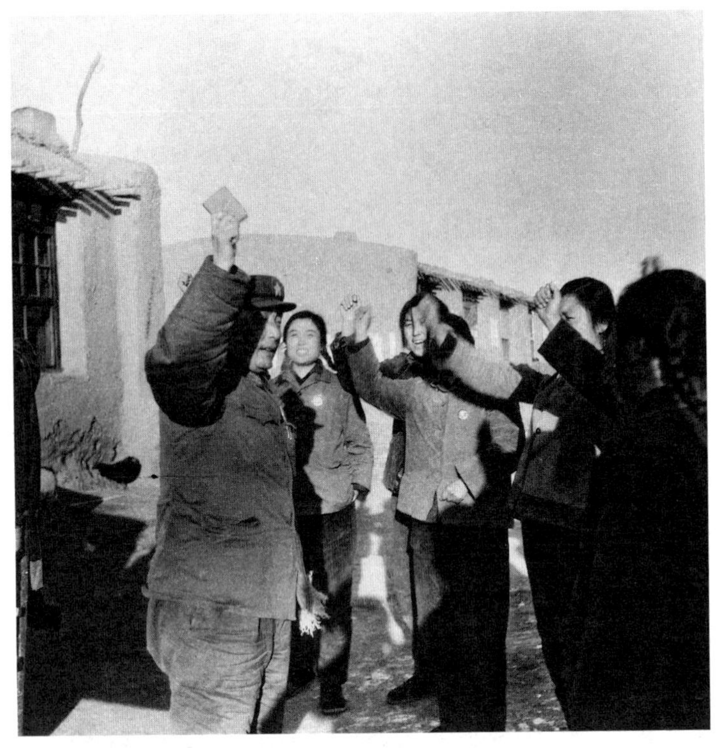

**图4** 通辽县革委会主任、解放军某部肖来瑞副团长等领导专程来看望我们集体户。摄于1971年。

辽县一度划归吉林省管辖），这是知识青年先进集体的最高荣誉称号。

我在上中学时就会照相洗相。插队后不久，看到农村新鲜的风土人情，就萌生了给大家照相的念头。于是写信给妈妈，妈妈很支持我的想法，花120元钱给我买了一架上海203型相机，托回津办事的同集体户知青给我带了来。当时这是国产120旁轴取景式相机里最好的一种，在那时是全公社知青乃至社员干部手里唯一的一架照相机，于是我就有了在农村搞摄影的那一段情结。

由于我们村离县城太远，交通不便，无法把胶卷送到县城照相馆去洗印，于是我就想方设法自己冲卷印相。当时的摄影冲洗配方，我手抄了好几本，又从天津买来洗相用的各种化学药品。正规配药需要天平和量杯，在农村没有这个条件，我先自制了两杆小秤，一杆称量为 3 克，一杆称量为 40 克。制作量

**图 5** 老贫农讲述自己解放前的苦难家史，对知识青年进行阶级教育。摄于 1970 年。

杯时我动了点脑子，本来在市里，找一个量杯，把不同容积的水倒到自制的瓶子里，记录下来就可以了。可是村里根本找不到量杯。我找了一只广口瓶，在瓶侧贴上了一张纸条，根据我中学里学过的知识，水的容重为每毫升 1 克，我用秤先秤出空瓶的重量，再往瓶里加水，秤出水的重量，这样就折算出了水的容量，制成一个 500 毫升的量瓶。冲胶卷时没有显影罐，就

**图 6** 第一集体户路线整风会，讲话者为蒋庆阳同学。摄于 1970 年。

**图7** 广阔天地，大有作为。老贫农户长杨大伯等和知青在一起。摄于1970年。

用三个大碗分别盛显影液、定影液和水，当然温度计是必不可少的。冲卷时的绿灯采用两层剪成圆形的绿塑料片加在手电筒前头，用闹钟定时。

最麻烦的是制作曝光箱。因为我们村没通电，市里卖的使用220伏灯泡的曝光箱根本没法用。自制曝光箱，一是尺寸要合适，我只印制6厘米 ×6厘米的照片，所以曝光箱可以做成小型的；二是发出的光线要匀，我设计了四只2.5伏的手电筒小电珠和一只放在红色塑料瓶里的小电珠做红灯，这样远比采用一只白光灯光线匀得多。开始时供电是用干电池，后来使用拖拉机用下来的旧电瓶。这些小经验、小发明，有些后来我写

**图 8** 1970 年，我们集体户的贾克明同学选调到公社，设计了由柴油发电机发电，500 瓦扩音机广播，筹建了内蒙古通辽县庆和公社广播站，使距离县城约 80 里的偏僻农村响起了广播声。图为贾克明同学在新建的广播站。

成短文，发表在《大众摄影》等杂志上。

正是因为上述种种努力，我得以给知青和社员干部拍摄了大量的照片，记录下了那段特殊的历史。当地老乡曾传说，照相会吸走人身上的血脉，因此不敢照相，随着我的摄影活动，这种说法也不攻自破了。这次发表的都是我们集体户知青劳动、生活的照片，这些照片有着鲜明的时代烙印，从中可以看到当年知青们虔诚的目光和青春焕发的面孔。当年火热的生活场景，现在已成为历史的瞬间。

**图 9** 高峰同学在田头读报纸。摄于 1971 年。

1974 年，我选调回津上学。回津后，我继续在摄影道路上前行。我参加了首届中国摄影函授学院的学习，并先后加入了天津市摄影家协会和中国摄影家协会，从“游击队”成了“正规军”。这些老照片，我一直珍藏着。我在农村整整生活了六年，深深地了解知青们内心的欢乐与痛苦，这段生活让我终身魂牵梦绕。

# 改革开放前的南宁机场

李 宾

2018年是广西壮族自治区成立60周年，也是改革开放40周年。现把手头保存的南宁吴圩机场老照片展示出来，摭拾碎影，和大家一起徜徉其中，一睹南宁吴圩机场在改革前的面貌。

最早的南宁机场是1951年建设的南宁邕宁机场，当时设计人员对候机室功能的认识还很粗浅且力有未逮，只从其基本功能——旅客办理手续、候机、交付和提取行李考虑。为适应当时机型小、业务量不大的状况，因而机场所建面积也不大。1952年开始正式航空运输，首条航线是昆明—南宁—广州，这也是新中国开通的第七条航线。但为了迎接中越两国航线开通，南宁邕宁机场于1953年迎来了第一次基础设施建设“大改造”，并且于1953年拥有了第一条通航的国际航线——中越航线。后在“大跃进”精神的鼓舞下，1958年开始筹备建设南宁吴圩新机场，新址坐落在离现在市区32公里外的吴圩镇。

南宁吴圩国际机场于1962年11月正式建成通航。这座航站楼在20世纪80年代进行了一次扩建，后来用作货运楼，目前该建筑仍保留着，成为了南宁的重要历史遗迹。现在我们就看看这所大楼昔日的面貌吧：图1是远眺机场候机楼，其突兀

**图 1** 远眺机场候机楼

地立于旷野之中，略显孤寂和偏僻。图 2 是候机楼，门楣正上方“毛主席万岁”五个大字赫然立于房顶，这是“文革”时的流行款。由图中可见候机楼和机场的简陋。

吴圩机场规模为民航二级机场，当时国内机场均是按军民两用设计的。跑道长 2400 米，宽 60 米，可以起降伊尔 –18 型及以下各类民航机型和空军米格 –19 型机。候机楼为三层，建筑面积 3405 平方米，可同时容纳和满足 300 多名旅客候机、休息的需要。一楼为旅客候机、用餐及贵宾休息、运输等部门办公之用，设有贵宾室、广播室、问询室、小卖部、电话间、餐厅等机构。图 3 是候机大厅，这是一般旅客候机的场所，由图可见候机室里有悬挂在墙上的“全世界无产者联合起来”的标语口号牌匾，这也是那时常见的宣传用语。

从照片中可见当时民航的服务设施确实简陋，候机楼面积也较局促。至于省部级以上干部和国外旅客候机则要在“贵宾

**图 2** 机场候机楼入口车道

室”候机，这是他们的专属。图 4 是贵宾室，可见贵宾室增加了衣帽架、窗帘等设施，其陈设明显要高于候机大厅。

图 5 是在候机大厅候机的旅客，虽然是黑白照片，旅客不同凡响的气质和神态却跃然纸上；当时飞机可不是谁想坐就能坐的，不仅要达到一定职级，而且要开介绍信。那时乘飞机的人，大都是因公出差，普通市民只能望机兴叹。购票时，乘客还要过磅，因那时飞机性能欠佳，不能超重，如果一航班多了几个胖子，可能就要下去一个，好比现在乘电梯。50 年代对购机票没有特殊要求，到了 60 年代后期，乘客级别要够行政 19 级（副科级），还要凭工作证和单位的介绍信。1983 年 5 月后的一个时期，介绍信上还需单位领导签字。可见那时坐飞机可是身份和地位的象征呀。

当时，机场跑道长满青草，在机场停机坪旁的铁架子上空，常年飘荡着 3 个 5 米长、1 米粗的白布口袋，当时飞机上没有气象雷达，飞行员驾机起落全凭白布口袋判断风向。

“文革”时期南宁吴圩机场一周有 13 个航班，平均每天还不到 2 个，一年的旅客吞吐量不到 10 万人次。经常可以看到航站接送航班那是全员出动，从站长到职工，既是值机员和行李管理员，又是服务员，还要收登机牌、引导旅客登机，人人都是“多面手”。他们说，接送航班就是战斗任务，事前要动员作准备，事后要讲评总结，做到保证安全，不出差错，让旅客满意。当年，就是这些民航人发扬艰苦奋斗、团结互助的精神，才保证了各项任务的圆满完成，并在条件差时创造了荣誉和辉煌。

那时南宁吴圩机场由于飞行区没有围界，当地老百姓随时可以进去放牛，有些工作人员的主要任务是捡牛粪，推着手推车，拿上铁锹，从吴圩镇十字路口到机场的友谊路上，每天都

图 3　候机大厅

图 4　贵宾室一角

能拾上好几车牛粪，路上拾完，再到飞行区去拾，这是南宁机场的特殊之处，可惜没有这方面的照片留存。

1969年11月20日，国务院、中央军委批准并转发中共民航总局委员会《关于进一步改革民航体制和制度的报告》。决定把民航划归中国人民解放军建制，成为空军的组成部分，各项制度按军队的执行；实行义务工役制，服役和超期服役年限、干部复员转业，均按国家对空军的有关规定执行。大家这就不难理解开头所说的机场的军民两用性了。

**图5** 在大厅候机的旅客

**图 6** 机场小卖部

所以那时机场工作人员都是空军编制，因此常有旅客反映在机场候机室找不到服务员。后经了解，并不是没有服务员，而是服务员穿的服装和大家一样，都是上黄下蓝的军装，虽佩戴有标牌，旅客却不易辨别。

民航初建时飞机上也没有专职乘务员，旅客服务工作由机组人员担任。机上的服务条件也差，一把水壶，一个塑料盘，只提供水和报纸。飞机上的女乘务员那时不叫“空姐”，不化妆，不穿套裙。她们梳短辫，平跟鞋，肥裤子，举止大方，服务热情，也给那时的旅客留下了深刻印象。乘客登机后，女乘务员会给乘客发香烟和糖果（中华牌 5 支硬包装香烟 1 盒，水果糖随意抓）。乘客凭机票，还可在机场小卖部买到平时只可凭票供应的地方名酒、名烟等紧俏商品。图 6 为机场小卖部，在物质匮乏的年代，其橱窗堪为琳琅满目，在那个什么物品都要凭票供应的年代，所有旅客都不会放过这免票购物的机会。

当时的民航机，大都是苏联飞机，主力机型也就是苏制的伊尔 –14、伊尔 –18 和安 –24 三种苏制螺旋桨飞机。载客少，油箱容量小，飞行速度低。比如苏制里 –2 型客机，是一种活塞式双发动机运输机，起飞全重 11 吨，载重 7.65 吨，载客 20 至 24 位，其最大时速 325 公里，巡航时速 240 公里，最大航程 2650 公里，升限 6400 米，速度还不如现在的高铁。伊尔 –12 在 40 年代后期和 50 年代前期是高空飞行性能较好的运输机，作军用运输机时可空运或投送兵员、轻型装备。那时最令人不能忍受的是飞机噪音大，飞行颠簸，如同坐拖拉机在颠簸不平的马路上行驶，让人头晕脑胀，即使是年轻人下飞机后，也要坐在椅子上缓缓神休息会儿。

---

# 严冬里的暖意

冯克力

这辑《老照片》发稿时，正值 2018 年岁末。二十二年前，即 1996 年，《老照片》的诞生也是在岁末。对这一巧合，起先并未在意，是看了“《老照片》粉丝俱乐部”的几位网友在群里晒自己书架上的《老照片》，才蓦然想起的。在晒《老照片》的同时，他们还回忆了与《老照片》的相遇，以及阅读的体验，情真意笃，令人感佩。

交流中，大家都觉得孙国辉先生说的几句话道出了他们共同的心声，孙先生是这样说的："《老照片》仿佛一只温暖的手，轻柔、熨帖地抚摸我们心灵中深邃的地方，那恰是人性中基本的良知以及对曾经的人和事和时境的缅怀和懂得，亦是对历史的审视和认知。其在我们头脑中引起的共振有无尽的内涵和外衍，深刻而隽永。"

今年的冬天，似乎来得格外凛冽，三九未到，并非寒地的本埠，气温已降至零下10多摄氏度，为多少年来所仅见。在这样一个严酷的季节里，孙先生及众多读者的倾情鼓励，热乎乎地，让我们倍觉温暖。

作为百姓史述的园地，在每一辑《老照片》里都不乏平民家族或家庭的感人故事，本辑亦然。王冬梅在《祖父辈的故事》里围绕一张近七十年前的家庭合影，娓娓道来，逐一介绍了祖父辈的人生遭际，堪为一部跨越了半个多世纪的平民史诗。吴华民的《一张照片，几多悲欢》再现了一个被打入"另册"的家庭，在饥饿岁月里的相依为命、苦中寻乐，不失为一曲不向命运低头的生命礼赞。而许学芳《女儿的童年》则述说了匮乏年代的聚散离合，父女情笃……

坎坷也罢，命舛也罢，匮乏也罢，他们的讲述，不正是那一只只"温暖的手"么？在这罕见的严冬里，向世间传递着融融暖意。

图书在版编目（CIP）数据

老照片.第123辑／冯克力主编. —济南：山东画报出版社，2019.2
ISBN 978-7-5474-3079-8

Ⅰ.①老… Ⅱ.①冯… Ⅲ.①世界史—史料②中国历史—现代史—史料 Ⅳ.①K106 ②K260.6

中国版本图书馆CIP数据核字（2019）第021639号

老照片.第123辑
冯克力主编

责任编辑 冯克力 赵祥斌
装帧设计 王 芳

出 版 人 李文波
主管单位 山东出版传媒股份有限公司
出版发行 山東畫報出版社
社 址 济南市市中区英雄山路189号B座 邮编 250002
电 话 总编室（0531）82098472
市场部（0531）82098479 82098476（传真）
网 址 http：//www.hbcbs.com.cn
电子信箱 hbcb@sdpress.com.cn
印 刷 山东临沂新华印刷物流集团有限责任公司
规 格 140毫米×203毫米 32开
6印张 145幅照片 120千字
版 次 2019年2月第1版
印 次 2019年2月第1次印刷
书 号 ISBN 978-7-5474-3079-8
定 价 20.00元

**1956 年的辽宁抚顺**（参阅本辑《中国见闻 1956》）

（约翰·特纳　供稿）

国内订阅：全国各地邮局
邮发代号：24—177

地　址：山东省济南市英雄山路 189 号 B 座（250002）
E—mail：laozhaopian1996@163.com
网　址：www.lzp1996.com

责任编辑／冯克力　赵祥斌
装帧设计／王　芳

扫码听书　《老照片》微商城

微信公众号　《老照片》网站

ISBN 978-7-5474-3079-8
定价：20.00 元

第一二四辑

# 老照片

OLD PHOTOS

定格历史 收藏记忆

山东画报出版社

**梁秀娟《小放牛》剧照，饰演村姑。1933 年摄于北平。**（参阅本辑《母亲梁秀娟的舞台生涯》）



（白其龙　供稿）

OLDPHOTOS
老照片

出版人　李文波
主　编　冯克力
执行编辑　赵祥斌
特邀编辑　张　杰　丁　东　邵　建
美术编辑　王　芳
特邀校对　王者玉

第一二四辑

目录

封　面　梁秀娟十一岁时留影。1930年摄于北平。（白其龙）

封　二　梁秀娟《小放牛》剧照，饰演村姑。1933年摄于北平。（白其龙）

封　三　炒米粉摊贩（秦风）

# 上海“二·六大轰炸”始末

刘　统

几年前，我到上海市档案馆查阅资料，意外发现了一组1950年上海遭遇国民党空军轰炸的历史照片。其清晰的画面，为我们再现了七十年前那个惊心动魄的时代。

从1949年6月23日起，败退台湾的国民党当局宣布对长江口及其以北直至山东半岛的沿海实行封锁。执行封锁长江口任务的国民党海军第一舰队司令刘广凯指挥“太和”“太平”等四艘驱逐舰及小型炮舰，从舟山出动百余次，拦截过往的外籍货轮。为了遏制外轮进入上海港，国民党海军于12月24日在长江口布雷。水雷深度为低潮水面下一米，错综敷设。当时上海主要工业生产原料大部分依赖进口，如棉纺业所需原棉的60%，面粉业所需小麦、造纸业所需纸浆的全部，上海人赖以为生的粮食的半数以上，动力生产所用的80%的油料和20%的煤，等等。上海的产品也需要国外的市场。国民党海军封锁长江口使上海经济陷入巨大困境，以“卡脖子”来形容毫不过分。

为了生存，中共上海市委动员全民力量展开反封锁斗争。用国产原料取代进口原料恢复生产，开拓国内市场销售上海产品。其中最困难的是能源问题，中国当时石油资源极为缺乏，燃油全部依赖进口，储存的燃油是烧一升少一升。市政府宣布对汽油、柴油实行严格控制，统购统销，节约燃油资源最重要，石油管理处积极推动各用油大户将燃油设备改装成燃煤设备。

上海公交公司汽车用的是汽油，在反封锁斗争中，公交公司经过工人和工程师的共同努力，改装了20辆木炭汽车和40辆白煤车。炉子的设计是一个庞大的圆柱体，装在车子后面。改装后行驶速度与汽油车相差不大，尚能满足在市区内行驶需要。这种拖着锅炉的公交车，成为当年上海一景，运行了一年左右。

就在上海各界人民进行反封锁斗争时，一个意外事件使东南沿海军事形势发生了很大的转变。

**图1** 改装后拖着锅炉的上海公交车

**图 2** 1949 年 11 月，在长江打捞“长治”舰。

1949 年 10 月 25 日，中国人民解放军进攻金门岛失利。几天后在舟山登步岛，解放军登陆作战再次失利。金门、登步战斗虽然只是师级规模的作战，但对一再败退的国民党军却犹如注射了强心针。登步岛战斗后，粟裕指示华东野战军暂时停止了进攻，总结经验，调整部署。蒋介石认为解放军无海空军，一段时期内不可能对台湾和沿海国民党军构成威胁，于是开始转守为攻。在他亲自督促下，国民党空军扩建舟山机场，调集大批飞机，对上海、杭州等城市进行空袭和轰炸。

在此之前，舟山国民党海军封锁长江口的同时，空军即不断对长三角地区进行空袭和轰炸。1949 年 8 月 3 日上午 11 时

40分，六架国民党空军B-24型轰炸机空袭上海。在江南造船厂投弹30余枚，命中20余枚。伤9人，造船厂各船坞、内燃机、翻砂厂、机器厂、木工厂、电焊厂、电气厂均被炸毁，损失甚大，据记者探悉，该厂已很难复工。1949年9月19日凌晨，国民党海军“长治”号驱逐舰在长江口外起义，拂晓驶抵上海外滩码头。为了防止国民党飞机轰炸，当天下午“长治”舰溯江而上开往南京。舟山国民党军出动飞机搜索，并于22、23日连续轰炸停泊在燕子矶江面的“长治”舰。在危急情况下，上级决定“弃舰保人”，于24日晨将“长治”舰自沉于长江江底。1950年初，台湾国民党当局军事会议决定：对上海及其他城市的发电厂、码头、仓库、船只、车站、铁路、桥梁等重要目标

**图3** 遭受轰炸前的杨树浦发电厂

进行广泛轰炸。意图是全面破坏上海的重要设施，造成上海经济和生活的瘫痪。国民党飞机对上海的空袭更为频繁，轰炸规模不断升级。

1950 年 2 月 6 日，上海遭受了国民党飞机最猛烈的袭击，史书称为“二六大轰炸”。官方记载的情况：“1950 年 2 月 6 日从中午 12 时 25 分到下午 1 时 53 分，国民党飞机出动 4 批 17 架（机种为 B–24 型 12 架、B–25 型 2 架、P–38 型 1 架、P–51 型 2 架），投弹 48 枚，对上海市区进行狂轰滥炸。”

这次轰炸的重点是上海杨树浦发电厂。杨树浦发电厂当时属于美国商人经营的上海电力公司，早期为上海公共租界工部局电气处。民国初年，工部局在杨树浦路黄浦江边建造新电厂，占地三百余亩，安装了汽轮发电机及锅炉设备。1925 年杨树浦电厂装机容量达到 12 万千瓦，成为当时远东最大的火力发电厂。1929 年工部局电气处将其全部资产及经营权以 8100 万银元的价格转让给美商，更名为上海电力公司。到 30 年代，杨树浦电厂已拥有锅炉 30 台、汽轮发电机 15 部，发电量约 19 万千瓦，占当时上海总发电量的 80%。上海解放后，由于经济封锁，燃油的进口断绝，造成发电困难。上海市人民政府命令当时仍属美商的上海电力公司将燃油锅炉进行改造，恢复烧煤发电，以维持上海工业和民用所需用电。2 月 6 日的轰炸使杨树浦发电厂遭受了毁灭性的破坏。据英国籍管理人员行政副总裁亨脱（Willam Hunter）、厂长顾问帕礼司（Clifford Please）和行政主办退脱（George Tate）3 月向上海市政府提交的《上海电力公司 1950 年 2 月国民党飞机轰炸杨树浦发电厂之报告书》陈述，我们看到轰炸造成的具体结果。

下列事项可说明，此次杨树浦发电厂之被炸确系蓄意及有预谋之行为：

1．空袭时气候及视线极佳，来攻击之飞机由地上可用人目清楚见到。

2．至少有飞机两架参与发电厂之轰炸。

3．杨树浦发电厂有15架高烟囱，集中在一较小地区上，其中一具高达350英尺，此外电厂之西贴邻有5座能容11万桶燃油之油箱，可以作为无可错误之轰炸目标。

……

6．在共约14枚炸弹中，有10枚系投掷在上海电力公司之资产上，其余投掷在发电厂南北之50码距离内。

根据事后的调查和《报告书》中附录的英国籍技术人员培

图4　被炸毁的厂房俯瞰

卡、李嘉杰、曼敦、麦克莱及中国管理人员冯国祥的证词，杨树浦发电厂的损失为：

被炸房屋建筑：1、2、3、5号锅炉间，涡轮机间及给水泵间，办公室，循环排水渠，铁匠间和围墙。

被炸机器设备：8、9、11、14、15号涡轮发电机，12、14、17、18、19、20号锅炉，6600伏辅助配电板，运煤及运灰驳船，燃油加热器，照明及示热线路，运煤皮带。

电厂开列的罹难职工名单：

死亡24人，为首的是机械金工领班张来发，63岁，工龄32年，家属7人依靠其生活。失踪的有电器漆工舒富才、电器金工孙根堂等4人。受伤的有锅炉间服务员胡骏之等31人，其中10人伤重住院。

《报告书》说："杨树浦发电厂被炸之损失，根据目前所能确知之情形，按恢复被炸前之原状及死伤职工赔偿费计算，估计约需450万美金。"

《报告书》附有厂方拍摄的照片。我们可以看到发电厂的厂房、发电机及相关设备被炸毁的情况，以及消防队抢险灭火的场面。此前一天，国民党军飞机在上海市区上空撒下了中英文对照的传单："各同胞注意：凡居于上海、南京、杭州、青岛、天津、北平、汉口、福州、厦门、广州各地之造船厂、发电厂、码头、车站、工厂、仓库、兵营及其他一切军事目标附近之居民，请即刻离开，以免遭受轰炸之损害。"国民党空军之所以敢这样做，就是欺负解放军没有空军和防空体系，他们可以为所欲为。

“二六轰炸”是上海解放后遭遇的最严重的灾难，使新生的上海遭受全面的打击和重创。如陈毅后来所说：“各种矛盾和问题一齐爆发出来，正如大病初愈的人，又染上了新的病痛。”此次轰炸，共炸死市民542人，致伤836人，毁坏厂房、民房2500多间，受灾市民达5万多人。大轰炸造成上海的电力设施损坏高达80%，给上海市区的工商业和人民生活造成了空前的灾难。市区工厂几乎全部停工停产，绝大多数街区没有电力供应，高层建筑的电梯因停电而悬在空中，许多商店关门停业，市场萧条，物价波动。由于自来水供应困难，市民的马桶、厕所都无水冲洗。

寓居上海的宋庆龄在致友人信中说：“目前我们在上海所面临的主要问题之一是最近国民党轰炸所带来的后果，造成大面积破坏，并给人民带来不可言状的苦难。人们看见自己的朋友和亲戚被卑劣的空袭夺去了生命。人们不断地从虹口及苏州河一带涌过来。长长的三轮车队载着那些离开家园的人们，不知奔向何方。见此情景，不禁使人感到心酸。”从宋庆龄的信中，可以深切感受上海民众所遭受的苦难。

轰炸后第二天中午，陈毅市长（兼任华东军区司令员）和潘汉年副市长、公用局局长叶进明来到杨树浦发电厂。在了解了轰炸和损毁情况后，陈毅紧急部署，组织抢修电厂，动员全市力量支援上电，争取在48小时内部分恢复发电。中共中央华东局和上海市军管会连夜开会，向中央汇报情况，研究防空和善后措施。大家痛苦地认识到，因为没有防空能力，无法遏制国民党飞机的空袭，只能采取被动的防御措施，尽量减少空袭造成的损害。

**图 5** 被炸毁的杨树浦发电厂厂房

上海市供电量在 2 月 6 日轰炸以前是日均 15 万千瓦，被破坏后，当日上海电力公司及华商电气公司均不能发电，闸北水电公司只能部分发电约 2000 千瓦。仅法商电车电灯公司及浦东电气公司未遭破坏，合力供给约 2 万千瓦之数。这点电力连本电厂应付正常生产都困难，更不要说满足市区居民的日常生活用电。据宋庆龄信中说，那时一个月每家只允许用十五度电，她只能在煤油灯下看书和工作。

2 月 23 日，国民党 P–51 型及 B–25 型飞机各两架，于上午 9 时 40 分及 10 时 15 分由浦东、沪杭线袭击上海市区，在爱多亚路（今延安东路）外滩至十六铺、蓬莱区及浦东等处江面共投弹15枚，附近船户及行人被炸伤5人，由广东路至金陵路沿外滩一带各大楼玻璃门窗被气浪冲击而破碎的很多。公安局黄浦分局救护队、警备车、担架及中央消防区队救护车均立即出动抢救，永安坊里弄救护队员亦赶至灾区帮助包扎救护。这两次轰炸虽然也造成破坏和伤亡，但上海市民经过防空组织，已经有了应对轰炸的生存能力和迅速抢险的本领。1950年2月到5月初，是上海解放后最困难的时期。华东局、上海市委虽然一再号召全市人民团结奋战，克服轰炸和封锁造成的困难，但如果没有强大的防空力量，就无法保证上海人民的生命安全。陈毅心中一直是痛苦和沉重的，他期待着军事援助早日到来，彻底解除上海的空中和海上封锁。

上海防空最大的问题是雷达发现不了飞机。“二六”大轰炸后，防空处经陈毅司令员批准，2月16日从上海交通大学将要毕业的学生中借来21人帮助工作。这些学生来自电机系，虽然学了不少无线电方面的理论，但都没接触过雷达。开始时工作并不顺利，国民党飞机来袭击，地面观察哨用眼睛都看到了，但雷达仍未发现。上级领导和学生们都很着急。交大的蒋大宗老师建议把上海市国际电台总工程师钱尚平先生请来帮助调试，钱总准确判断出问题出在发射机与接收机的工作频率不一致。经过调试，使雷达在3月20日9时第一次发现了来袭的飞机。原来商定交通大学同学帮助工作三个月，5月底到期，但为了更深入地掌握雷达技术，防空司令部决定动员他们参军。华东局、上海市委有关部门与交大联系，让学校动员这批学生直接毕业参军。经过各方努力，交通大学的21名学生除1人外都参军了，这批学生后来成为解放军防空部队雷达技术的骨干，

**图 6** 空袭中被炸毁的发动机

做出了巨大的贡献。

得知上海连续遭到轰炸的消息，正在苏联访问的毛泽东也十分焦急。2 月 14 日，《中苏友好同盟互助条约》在莫斯科签字，第一条规定：“一旦缔约国任何一方受到日本或与日本同盟的国家之侵袭因而处于战争状态时，缔约国另一方即尽其全力给予军事及其他援助。”毛泽东收到刘少奇转来饶漱石的电报，中国领导人紧急约见苏联领导人，请求苏联出动空军协助上海防空。

2 月 17 日，苏联正式通知中方，将派出一支强大的防空混合集团军援助上海防空。毛泽东非常高兴，致电刘少奇、饶漱石：“积极防空，保卫上海，已筹有妥善可靠办法，不日即可实施。

上海工厂不要勉强疏散，尽可能维持下去。但对上述防空办法，务须保持秘密，以期一举歼敌。我们今夜动身回国。”毛泽东所说的“妥善可靠办法”，是应中国政府的邀请，苏联派出一支防空混合集团军，由巴基斯基中将指挥，来上海协助防空。

得知苏联防空部队即将来上海的消息，上海党政军负责人极其振奋，他们立即部署准备工作。上海警备司令部调来三个师官兵，并动员上万民工，连夜突击扩建江湾、大场、龙华三个飞机场，迎接苏联空军的到来。

3月初，苏军混合集团军的部队陆续到达上海，最先来的是雷达部队。苏军独立雷达营带来10部П-3A型警戒兼引导雷达，20余部500W发报机，数十部收报机，20余部汽油发电车，还有一套雷达营情报站收集处理、报知雷达情报的设备。独立雷达营到达上海后，用三天时间了解上海周围情况。苏军雷达技术人员到达阵地后，当天就架起雷达、电台，开始担负战备值班任务。到3月10日前后，以上海为中心，由五个雷达站组成的地区性雷达情报系统已经形成。距上海250公里的高空飞机、150公里的中空飞机都可以及时发现、连续跟踪了。安国路的防空处雷达队经过加强技术力量，请国际电台总工程师钱尚平先生帮助调试后，也可在300公里有效范围内发现飞机。江湾、虹桥两个机场的雷达站也开始执行引导苏军飞机的任务。3月7日，巴基斯基等将领到达南京，受到华东军区粟裕副司令员的迎接。3月9日15时，苏军指挥班子抵达上海，与华东军区陈毅司令员会晤。陈毅着重介绍华东军区保卫上海兵力和装备，上海这座城市有哪些特点，最需要保护的重要工业区和运输枢纽的分布情况，使苏军指挥员尽快熟悉和掌握情况。

随后，苏联防空部队混合集团军各个梯队3500余人，至3

**图 7** 遭轰炸后消防员们前来救火。

月 27 日陆续到达上海。马卡罗夫上校的歼击机团有 45 架拉 –11 型歼击机，他们从大连机场起飞，飞越渤海湾，经青岛抵达徐州，在短暂停留后到达上海。谢苗诺夫上校指挥一个有 30 架图 –2 型和 30 架伊尔 –10 型的混成轰炸机团，也沿上述飞行路线到达上海。与此同时，帕什科夫上校的米格 –15 型飞行团也从莫斯科经铁路抵达徐州。当时苏联空军刚刚开始配备喷气机，帕什科夫团是苏联首个投入实战的部队。

苏联空军的米格 –15 型歼击机是当时世界上最先进的亚音速飞机，最大速度 1070 公里 / 小时，最大飞行高度 15200 米，航程 1782 公里，机上装有一门 37 毫米、两门 23 毫米机关炮，备有 200 发炮弹，1948 年底才交付苏联空军使用。巴基斯基部队来上海的一个飞行团拥有米格–15型歼击机38架，飞行员多数有参加第二次世界大战的作战经验，是一支战斗力极强的飞行部队。而国民党空军当时使用的最好的战斗机是美制P–51型歼击机，为二次大战期间研制的活塞式螺旋桨飞机，最大飞行速度704公里/小时，最大飞行高度12800米，航程3700公里，配备12毫米机枪6挺，炸弹450公斤。执行轰炸任务的B–25型轰炸机最大飞行速度467公里/小时，最大飞行高度8540米，航程5960公里，配备12毫米机枪10挺，炸弹4000公斤。对比这些参数可以看出，苏军喷气式战斗机在高空、高速性能方面比国民党空军的飞机都要优越得多。

了解到中国东南沿海地区的严峻形势，巴基斯基部队这次调动采取了临战非常措施，空中梯队在转场过程中随时做好战斗准备，地面梯队则要求随到随展开随参战。3月13日，米格–15型飞行团第一梯队到达徐州机场时，突然遭遇国民党P–51型战斗机空袭，苏军米格战机起飞迎战，当即将其击落。次日国民党空军又派一架B–25型轰炸机临空侦察情况，苏军飞机又起飞迎击，将其击伤后迫使其降落在徐州东大湖车站附近。一名射击员在空中被击毙，国民党空军分队长孙希文上尉等六名机组人员全被俘获。

3月20日，巴基斯基部队歼击机团先遣队刚到上海，立即领受了随时起飞作战的任务。23日国民党飞机入侵上海，苏军战机迅即起飞，将正在轰炸扫射的一架P–51型飞机击落，首战告捷。

4月1日，上海防空司令部于淮海中路1189号建立人民解放军第一个要地防空合成指挥所。至此，上海完成了有诸军兵种参加的现代化要地防空和空中设防。上海空中设防后，苏军

**图 8** 遭轰炸后的救火现场

巴基斯基防空集团与解放军地面高炮部队密切配合，在保卫上海的防空作战任务中连续取得重大战绩。

4 月 2 日，国民党空军派出 P–51 型战斗攻击机两架袭扰上海市区，轰炸扫射。苏军歼击机立即起飞迎战，在追击过程中精确攻击，将其中一架击落于杭州湾海中，又将另一架击成重伤，坠毁于浙东四明山区。4 月 18 日国民党 P–38 型飞机两架从海上进入上海地区，长机未及投弹即被击落于横沙，飞行员王宝翔毙命。僚机亦被击伤，机身发动机起火，最后坠落于国民党空军岱山机场海边，飞行员李长泰跳伞落于岱山岛以西海面。

两次空战连续击落国民党飞机四架后，引起了国民党军将领的震惊。他们难以想象：解放军怎么一下具备了先进的飞机和防空装备？因此，国民党空军一改以白天轰炸为主的空袭方式，转为夜间偷袭。5月11日夜21时，国民党空军B-24型轰炸机四架，分三批携带重磅炸弹企图趁黑夜轰炸上海，被地面雷达发现之后，防空部队全部进入一等战斗准备，严阵以待。第一批飞机遭到防空部队高射炮射击掉头逃跑，当第二批的一架飞机刚进入上海市区，就被苏军探照灯照中和不间断地跟踪。苏军拉-11型战机起飞迎战，地面高射炮紧密协同，交替轮番射击，一架轰炸机被击中，坠落于浦东塘桥，机组人员全部丧命。另一架B-24型飞机未进入到上海境内即仓促投弹，然后调头逃窜。上海市民目睹了这场夜间空战，陈毅命令公布战绩。第二天的《解放日报》以“血债必须血还，一架匪机被击落”的大标题，报道了国民党轰炸机被击落的消息和飞机残骸的照片。但为了保密，不能暴露苏军的行动。报纸只笼统地说国民党飞机“被我防空部队击落”。在陈毅市长举行的记者招待会上，外国记者问是用什么武器击落飞机的，陈毅说是用高射炮打下来的。有的记者问：“高射炮能打这么高吗？”陈毅风趣地说：“它能飞多高我们就能打多高！”

上海空中设防短短两个月的时间，苏军巴基斯基部队在中国人民解放军上海防空部队配合下，四战四捷，先后击落国民党空军各型飞机六架，制止了国民党空军对上海的轰炸破坏。国民党空军被迫从空袭转为防守。

国民党将领百思不得其解，解放军怎么会在如此短的时间内具备防空和空中打击力量？最初国民党军侦察机经常执行空中照相，各机场上都未发现飞机。不料没有多久，就有一架P-51型在杭州附近被击落。接着是飞往上海准备轰炸的一架B-24型被击落，负责掩护的八架P-51型曾发生空战，这就说明解

图9 被击落的国民党空军飞机

放军已有空军了。但究竟是何种飞机尚不清楚。于是国民党军派了一架P-38型照相侦察机前往侦察，落地后将照片冲印出来，立马惊呆了。原来解放军的飞机竟是当时苏联最新的喷气式战斗机米格-15型，仅虹桥机场上就停了数十架。这种飞机的性能比P-51型好得太多。这一张空中照相决定了舟山群岛国民党军的命运：没有制空权，无法再防守。

当时舟山国民党军有十五个师，加上海军陆战队、装甲兵、炮兵、工兵，陆军总兵力12万余人。海军第二舰队有3艘驱逐舰、2艘扫雷艇、2艘炮舰、15艘炮艇、5艘巡防炮艇。空军有B-25型轰炸机8架、B-26型2架，P-51型战斗机32架，还有部分运输机、侦察机。国民党舟山防卫司令石觉自恃海空优势，本来想打“总体战”，使舟山成为反攻大陆的前进基地。但是 1950 年 3 月苏联空军进驻上海机场后，国民党空军的飞机在苏联喷气式战斗机的打击下，连连受损。石觉感到大势已去。基于“空中优势不能确保”“敌近我远，支援不易”和“补给线长，运输困难”三大原因，国民党统帅部开始考虑撤军。5 月 9 日，石觉奉命秘密飞往台北，参加蒋介石召开的军事会议。会上，蒋介石做出从舟山撤军的决策。5 月 13 日黄昏，第一批部队开始登船。那几天舟山持续大雾，给国民党军的撤退提供了掩护。5 月 20 日部队全部到达台湾各港口登陆。共计撤出人员 12.5 万人，及大批武器装备。国民党空军在撤退之前，用炸药将岱山机场跑道炸毁。岱山岛分南北二山，中间淤积为平地，星罗棋布些小山头。国民党空军工程队使用机械和人力平山填海，花了 4000 万银元，修了将近半年，完成了 2000 米长的跑道，本来是供 B-29 重型轰炸机起降攻击大陆的。没想到才使用了仅仅四天，就在瞬间被彻底破坏了。

在宁波的解放军部队监听到舟山群岛的动向，推测国民党军可能撤退。粟裕命令三野七兵团二十一、二十二、二十三军紧急出动，进军舟山本岛。舟山解放的消息，使上海人民感到欢欣鼓舞。《解放日报》5 月 21 日在头版以套红标题报道：“舟山群岛全部解放，上海封锁宣告解除！”几天后，来自舟山的渔船陆续到达上海十六铺码头，满载新鲜的大黄鱼、带鱼，上海百姓的饭桌又摆上了久违的舟山海鲜。战争和空袭的阴霾一扫而光，人民真正开始了和平安宁的生活。

（上海市档案馆供图）

# 一张青岛老照片引起的回忆

王　平

不久前在网上浏览，偶然发现一张祖父的照片被拍卖，颇为惊讶与感慨。这是一张我从未看到过的照片。照片上的祖父全身戎装，理平头，留八字胡，目光威严。两侧还有他的亲笔题字：安德河先生惠存，王时泽敬赠。中华民国廿四年八月，摄于青岛。并钤盖了一方印章。

兹将拍卖信息录于下：

王时泽像

作者：佚名

1935年摄

尺寸：17.5cm×26cm

银盐纸基

作品分类：古籍善本>老照片

拍卖公司：北京华辰拍卖有限公司

拍卖时间：2014-11-20

拍卖会：2014年秋季拍卖会

估价：RMB 9，000元—10，000元

祖父王时泽像。摄于1935年，时任青岛市公安局局长。

作品简介：王时泽像。拍摄于1935年任青岛公安局局长时，赠予安德河先生的珍贵肖像。粘于卡纸上，品相尚可。

王时泽（1886—1962），湖南长沙人，留学日本时加入同盟会，与近代民主志士秋瑾等人关系密切。秋瑾的豪言“吾自庚子以来，已置吾生命于不顾，即不获成功而死，亦吾所不悔也”，正是出自她写给王时泽的信中。

看来拍卖者对祖父的背景还有些了解，秋瑾给祖父的信就是一份比较重要的史料。而我，却对照片上题赠的安德河先生产生了兴趣。看上去像个外国人的名字,但不敢肯定。于是当即将这张珍贵的照片拷贝下来，并打电话询问在北京的表哥陈漱渝，问他是否知道安德河乃何许人。表哥大我近十岁,且写过多篇有关祖父（即他外公）的文章。果然他清楚此人。他告诉我，安德河是个德国人，是当年祖父为青岛市公安局聘请的警犬教练。另查网上相关资料记载：“作为德国前殖民地的青岛市公安局也聘请德国人安德柯（河）帮助训练警犬，至1930年开办警犬训练班，培训一批警犬技术人员分往各地”。如此看来，祖父与这位警犬教练私交还不错，以至于赠签名照片给他。

1909年10月，祖父就读日本横须贺炮术学校时留影。

但这张“民国廿四年”赠送给安德河的照片，为何近八十年后在中国被拍卖，实在有些匪夷所思。

祖父于1902年秋考入善化学堂（按：善化县于1912年并入长沙），受名师皮鹿门（皮锡瑞，字鹿门）先生之教，得知世界大势。其时黄兴等人在湘提倡革命，祖父耳闻其说，深感中国瓜分之祸迫在眉睫，而清廷昏庸，因之在同学中屡屡慷慨陈言：“非自强无以御外侮，非排满革命无以图自强，非唤醒同胞无以革命。”终因言论偏激，年少莽撞的祖父于1903年冬被校方除名。幸得学董俞藩同先生资助，于1904年春自费赴日本留学，其时尚未满十八岁。

诚如拍卖信息中所言，祖父留学日本后，在一次湖南同乡会上结识了秋瑾。两人意气相投，很快成为知交，且以姐弟相称，多有书信往来，并且共同在日本建立了反清秘密组织“三合会”，取合天、合地、合人之意，并歃血为盟。祖父本人在《回忆秋瑾》一文中曾有生动记述。入会者除祖父之外，还有秋瑾、刘复权、刘道一、仇亮、龚宝铨等十人。按照洪门的会规，刘道一被封为“草鞋”，俗称将军，秋瑾被封为“白扇”，俗称军师。入会宣誓开始，主持人梁慕光手持一柄钢刀，架在祖父的脖子上。梁问:“你来做什么？”祖父答:“我来当兵吃粮！”梁又问:“你忠心不忠心？”祖父答：“忠心！”梁再问：“如果背叛，怎么办？”祖父答：“上山逢虎咬，出外遇强人！”十人依此例一一宣誓完毕，梁慕光跟冯自由各站左右，扯开一条两米多长的横幅，上书“反清复明”四个大字。宣誓人先在横幅下面鱼贯穿行，而后另燃一堆篝火，宣誓人从火上跃过，表示赴汤蹈火，在所不辞。最后杀一只大公鸡，歃血盟誓，仪式结束。

1905年8月，同盟会成立于东京。祖父与秋瑾及其他三合会的成员均转入同盟会。

更令人叹服的是，1905年暑假期间，年仅十九岁的祖父由东京回国省亲，居然说服了一直居住在长沙的曾祖父、曾祖母及其兄王时润随他一起去了日本。但曾祖父不适应日本的生活，很快就回国了，王时润则进入日本法政大学攻读法学。王时润学成归国后，曾先后在清华大学、湖南大学等高校任法学教授。

秋瑾因与祖父结为姐弟，在东京见到祖父的母亲，当然非常高兴。且与她多次谈到男女平权、女子要受教育的问题，怂恿曾祖母留在日本和她一道求学。在秋瑾力劝之下，曾祖母决意留在日本读书了，并与秋瑾一起就读于东京东青山实践女校附设师范班。那时她已经四十三岁，与秋瑾同居一室。秋瑾对她照料很周到，遇到劳动的事情，总是抢先代做，尽力而为，不让曾祖母操心费力。曾祖母也多次向祖父谈及，秋瑾在学校顽强苦学，毅力惊人。每晚做过功课，人家都已熄灯就寝，她仍阅读、写作到深夜。每每写到沉痛处，捶胸痛哭，愤不欲生。直至曾祖母再三劝导，方才停笔。

曾祖母谭莲生像，1906年左右摄于日本东京。可见曾祖母所穿为日本和服。其时与秋瑾一起就读于东京东青山实践女校师范班，两人同居一室。

后来秋瑾回到湘潭王家探视子女，并告其夫说：“我已以身许国，今后难再聚首，君可另择佳偶，以为内助。”居住几天，即行返浙。秋瑾回湘潭，往返经过长沙，都住在通泰街忠信园祖父的家里。其时曾祖母已经回国，在周南女校教书。祖父六岁的侄女孟明（伯祖父王时润之女），看见她穿的长袍马褂，一派男装，称之为“秋伯伯”。

秋瑾的就义，也更加坚定了祖父反抗暴政、推翻封建统治的决心和信念。1911 年武昌起义爆发前夕，年仅二十六岁的祖父毅然回国，在上海策动了海军舰队的起义。祖父面对当时的上海临时总司令李燮和慷慨陈词："海军不起义，上海光复的成果就不能保证，烈士们的鲜血就可能白流！"

研究中国近代海军史的黄海贝女士在《王时泽与辛亥前后的中国海军》（载 2008 年第 4 期《传记文学》）一文中对祖父做出了很高的评价："王时泽策动驻沪海军起义成功，不但改变了上海的革命形势，而且对清王朝的海军舰队产生巨大影响。此后，镇江、南京和武汉的海军先后效法驻沪海军，宣布易帜，投身革命。这一连串的起义打击了清王朝的气焰，彻底改变了长江沿线的形势。论说起来，王时泽策动的上海海军起义真是首功不可埋没。"

1912 年秋瑾就义五周年之际，祖父曾在长沙出版《秋女烈士遗稿》，并为之写序。此版本如今已极罕见，坊间有人将其称为"长沙本"。汨罗藏书人陈吉于 2015 年曾撰《湖南汨罗市发现民国元年长沙版〈秋女烈士遗稿〉》一文，若所述史料属实的话，《秋女烈士遗稿》现今存世仅三册。

祖父后来著文回忆，"民国元年，烈士之子王沅德与湖南各界人士谋在长沙立秋女烈士祠，并发起追悼会，公推余经办其事"，"我除主持建祠事宜外，并将辛亥前陶成章在东京交给我保存的烈士诗词手稿编为一集，以长沙秋瑾烈士纪念委员会名义出版，题名为《秋女烈士遗稿》"，并为此书写序《秋女烈士瑾传》，称誉秋瑾"洵可谓革命巨擘，巾帼英雄。虽法之罗兰夫人，俄之苏菲亚，又何以复加哉！"

我在《书屋》做编辑时，也曾在 2000 年第 7 期上刊登了

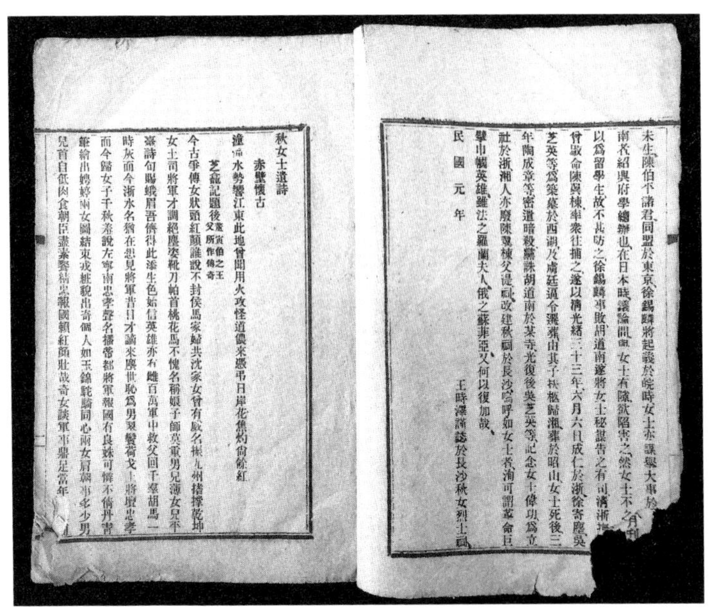

未生、陳伯平諸君、同盟於東京、徐錫麟將起義於皖時女士亦謀舉大事於
南省紹興府學總辦也、在日本時、議論間與女士有隙、欲陷害之、然女士不之
以爲留學生故不甚防之、徐錫麟事敗胡道南遂將女士秘謀告之有司、清浙撫
曾敭命陳翼棟率衆往捕之、遂以清光緒三十三年六月六日成仁於浙、徐寄塵吳
芝英等爲築墓於西湖、及虜廷遍令毀葬、由其子扶柩歸湘、葬於昭山、女士死後三
年陶成章等密遣暗殺黨誅胡道南於某寺、光復後吳芝英等、記念女士偉功、爲立
祀於浙、湘人亦廢陳翼棟父祠、改建秋祠於長沙、嗚呼如女士者、洵可謂革命巨
擘巾幗英雄、雖法之羅蘭夫人、俄之蘇菲亞、又何以復加哉、
民國元年
王時澤謹誌於長沙秋女烈士祠

秋女士遺詩
赤壁懷古
潼潼水勢響江東此地曾聞用火攻怪道儂來憑弔日岸花焦灼尙餘紅
芝龕記題後 董寅伯之父所作傳奇
今古爭傳女狀頭紅顏誰說不封侯馬家婦共沈家女曾有威名振九州搘撑乾坤
女士司將軍才調絕塵埃靴刀帕首桃花馬不愧名稱娘子師莫重男兒薄女兒平
蠻詩句賜蛾眉吾儕得此添生色始信英雄亦有雌百萬軍中救父回千峯胡馬一
時灰而今浙水名猶在想見將軍昔日才謫來塵世恥爲男翠鬢荷戈上將壇忠孝
而今歸女子千秋羞說左寧南忠孝聲名播帝都將軍報國有良姝可憐不倚丹青
筆繪出娉婷兩女圖結束戎裝貌出奇偶人如玉錦駝騎同心兩女肩蹦事多少男
兒首自低肉食朝臣盡素餐精忠報國賴紅顏壯哉奇女談軍事鼎足當年

民国元年（1912）长沙版《秋女烈士遗稿》书影，系祖父亲自编辑出版并为其写序。

株洲谢文耀先生所写《得而复失的〈秋瑾集〉长沙本》一文，此文也详细记载了《秋女烈士遗稿》出版的情况，并多处提及祖父。文中还具体说明《秋女烈士遗稿》刊行于 1912 年（民国元年壬子），版权页上署有“长沙秋女烈士追悼会筹备处发行，长沙南阳街振华机器印刷局排印”等字样。这样看来，南阳街的确早在清末民初时即为一条以书局、印刷局为特色的老街了。

另据北大中文系夏晓虹教授撰写的《王时泽与〈秋女烈士遗稿〉》一文披露：1912 年 7 月 19 日（阴历六月初六），为秋瑾就义五周年纪念日。此前，浙江与湖南两省已开始为秋瑾灵榇安葬何方发生激烈争执，背后则隐含着对民国革命史政治

祖父像。时任东北航务局局长兼东北商船学校校长（1922—1931）。

资本的争夺。在此背景下，民国肇建后，首次在长沙举行的秋瑾追悼会于是格外隆重盛大。会场设在秋女烈士祠，现场实况，各报多有记载。综合《申报》与《民立报》通讯可知：

长沙各界于7月19日上午十时开追悼秋女士大会。自八时起，祠前街道已拥挤异常。来宾均持入场券，换白花一朵而入。既入，男宾就左席，女宾就右席。祠中栏杆、楹柱，均扎松叶缀以彩花，匾额、挽词悬满堂壁。来宾约三千人，而以女宾为夥。有顷，军乐队导女士神主入祠，极为整肃。安主毕，即继续开会。由公推临时会长王时泽君报告开会次序：首，军乐队奏乐；次，鼓风琴，男女宾合唱《悲秋词》；次，来宾及发起人行三鞠躬礼，均由女士子王沅德答谢；次，体育会会员开跳舞会；次，某君演说女士之历史；次，王君沅德致辞，谢各界诸君光顾之盛心，遂复奏军乐。散会以后，男宾发起人及代表，女宾招待员及代表，各摄影以志纪念。

追悼大会正厅内亦悬挂有祖父所撰挽联：

秋雨秋风　女豪杰为国殉难
新元新纪　革命党立庙昭忠

最后一个节目则是“散会后有事务所办事人发《秋女烈士遗稿》，为纪念品，各来宾争取一空”。由此可以知晓，长沙追悼会的主持人正是祖父王时泽，《秋女烈士遗稿》亦是作为此会的纪念品而编印、散发。祖父之得以被公推为秋女烈士追悼会临时主席，自然是因其为秋瑾在湖南的知交。

1955年，秋瑾之子王沅德病危，临终前将秋瑾遗照数帧及《秋女烈士遗稿》一本托付给祖父保存，以为纪念。祖父随即转赠湖南省博物馆。现在看到的一些秋瑾遗照即来自于此。秋瑾在赠女友徐寄尘诗中，有“惺惺相惜两心知，得一知音死不辞”，我以为祖父跟秋女烈士的友谊同样达到了这一境界。

至于祖父在青岛的历史，则只能依据有限的资料，勾勒出一个大致轮廓。无意间在网上发现被拍卖的这张照片，尤显珍贵。凑巧的是，不久前青岛友人李洁又从微信上转发给我一张照片。据他说，这张照片摄于二十世纪三十年代的青岛崂山北九水。上面五个人，从右至左为宋美龄、孔祥熙、沈鸿烈，第四者不知何人，但第五人身着军服，蓄八字胡，他问是不是我祖父。我看着有些像，但不能确认。随即李洁又转发来一条微信，说照片中确认第四人叫邢契莘，时为青岛市工务局局长，最左者即是祖父王时泽，时为青岛市公安局局长。

从辛亥革命至北洋乃至国民政府时期，祖父曾辗转于国内多个城市担任不同公职，尤以在哈尔滨任东北航务局局长兼商船学校校长的时间为久。但就我而言，值得特别纪念的却是青岛。因为我的父母是在青岛结的婚。

青岛在民国时期为特别市，相当于现在的直辖市。祖父于二十世纪三十年代初起，先任青岛海军学校校长，后又任青岛市公安局局长，均系当时青岛市市长沈鸿烈推荐的。祖父与沈是在日本学海军时的同学，是至交。沈鸿烈对祖父多有提携。更早之前祖父在哈尔滨的任职，也是为时任东北海军总司令的沈鸿烈所荐。并且，沈亦是父母在青岛结婚时的主婚人。

我家原来有好几本老照片簿，里头就有一张父母结婚时的大照片。父亲西装革履手持礼帽，母亲一袭洁白的拖地婚纱，两边还有男女傧相和男女花童，好不气派。作为主婚人的沈鸿烈与祖父，应在其中。直至“文革”初期，照片簿遭红卫兵悉数抄去，我们居然都以为这些东西属于地道的“封资修”，抄了就抄了，无所谓。

在被抄去的相册里，就有不少父母在青岛时的照片，那恐怕是他们一生中最为难忘的幸福时光。并且小时候我在相册里就知道了，青岛有大海，有崂山，有教堂，有总督府，有德国人建的漂亮的别墅。祖父及家人即住在八大关的一幢别墅内。

年轻时父亲喜欢照相，还喜欢在影集上题些或长或短的句子。记得在给母亲拍的一张照片下就题道：“待鸟儿的歌曲唱尽，

祖父与沈鸿烈等人合影。1935年左右摄于青岛崂山上九水。从右至左为：宋美龄、孔祥熙、沈鸿烈、邢契莘、王时泽。

大海也停止了翻波，我的思念也许到那时才会停止，停止在永恒的幽默里”。不知这是他自己写的，还是抄录了哪位诗人的。但另有两句“使生如夏花之绚烂，死如秋叶之静美”，后来知道是出自于泰戈尔的《飞鸟集》。

幸亏“文革”结束后，父亲单位又退还了极少部分残存的照片，其中居然包括几张父母在青岛时的留影，堪称劫后余生吧。只是可惜，小时候印象深的无一张在里面。

因青岛友人微信发来祖父与沈鸿烈、孔祥熙、宋美龄等人的合影，令我产生了想去青岛怀旧的心思，同时想请青岛诸友帮忙找找，看还有没有祖父在青岛时期的一些资料。尽管希望渺茫，毕竟已是八十多年前的历史了，未料还不虚此行。青岛的友人如大海捞针一般，竟然找到了若干件祖父当年的资料。

如民国十二年（1923）的《海事杂志》第一卷第六期上，刊载了祖父任东北商船学校校长时在开学典礼上的报告，开首云：

> 今日为本校补行开学典礼之日蒙上将军特派宋处长莅校并承张长官及来宾诸公惠临实为本校之光荣　时泽　代表全校员生敬谨致谢并将本校经过情形及教育方针报告如次……

此报告中所提“上将军”应为张作霖，而“张长官”则应为张学良吧。

然而九一八事变后，日本出兵东三省，1932年2月哈尔滨沦陷。日本人要求祖父继续担任东北联合航务局总经理，被祖父拒绝。于是日军先派宪兵至航务局将其监视，旋又派南满铁

父母在青岛的结婚照

道职员岛一郎等人至航务局，诡称派宪兵系保护性质，今奉令请其继续任职，同时出任航运局长，待遇较前增加十倍，并提供其他一些优越的工作条件，且软硬兼施："如不同意即是反抗，军部当予以断然处置。"面对日军的威逼利诱，祖父以家小均在南方，欲回乡探亲为由，进行拖延。于是年农历元宵节，趁大街上民众燃放花灯之际，祖父只身潜逃出哈尔滨，径赴青岛。1932 年 5 月，祖父由沈鸿烈推荐，被张学良派任青岛海军学校

父母在青岛寓所门口合影。

校长。趁此机会，祖父也尽力收容了不少九一八事变后，被迫流亡关外的原东北商船学校学生。

又，据《王时泽与辛亥革命前后的中国海军》一文披露，青岛海军学校分设驾驶、轮机、测量等课程，先后培养了航海生 200 余人，轮机生 100 余人，多种水兵 1000 余人。有的人后来成为新中国的海军骨干，而祖父的学生马纪壮、宋长治等到台湾后，曾分别担任过“海军总司令”与“总统府秘书长”。

又，资料中还有《申报》上先后登载的关于祖父出任青岛市公安局局长（1933 年）与葫芦岛商船学校校长（1947 年）的报道，以及祖父给《青岛警察沿革》一书所写的序言等资料。

引其一（载《申报》民国二十二年九月十八日）：

## 青岛公安局长就职

青岛公安局长王时泽十六日晨八时就职，并召全局职员训话，略谓凡有益于地方之举，决极力迈进，望各安心服务。（十六日专电）

尤其有意思的是，在找到的若干资料当中，还有祖父当年给东北商船学校学生曹占荣开具的一张遗失证明。原文如下：

## 证明书

为证明事查曹占荣现年二十四岁河北清苑县人于民国十六年七月考入哈尔滨东北商船学校轮机班肄业至二十年三月期满毕业该生应领之毕业证书确经本员在东北商船学校校长任内亲手发讫兹据该生函称占荣之东北商船学校轮机班毕业证书因九一八事变遗失在哈恳请证明等情前来经查明属实相应缮发证明书一纸俾资收执此证

前任东北商船学校校长<br>现任青岛市公安局局长　王时泽

中华民国二十三年十一月

证明书并钤有王时泽私印及青岛市公安局大印各一。

这张遗失证明，再次印证了祖父对他的下属及学生一贯关爱有加。在担任哈尔滨商船学校校长期间，祖父曾聘请了一位叫冯仲云的数学老师。王时泽在得知冯是中共地下党员时，却一直对他进行保护。祖父认为冯仲云会教书，且为人正派，不

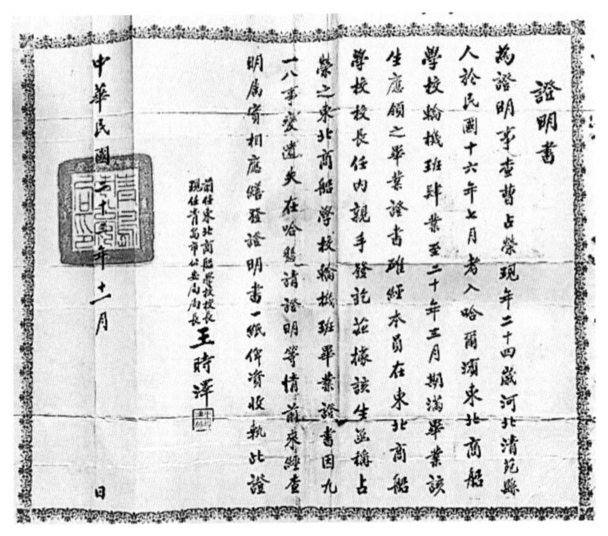
證明書

為證明事查曹占榮現年二十四歲河北清苑縣人於民國十六年七月考入哈爾濱東北商船學校輪機班肆業至二十年五月期滿畢業該生應領之畢業證書雖經本員在東北商船學校校長任內親手發訖並據該生述稱占榮之東北商船學校輪機班畢業證書因九一八事變遺失在哈懇請證明等情前來經查明屬實相應繕發證明書一紙俾資收執此證

前任東北商船學校校長
現任青島市公安局局長王時澤

中華民國二十三年十一月 日

1934 年，祖父给东北商船学校学生曹占荣开具的一张遗失证明。

会干坏事。在冯仲云的影响和培养下，商船学校不少学生加入了中共，其中就有后来成为抗联骨干的驾驶甲班学生傅天飞，以及后来成为第三国际情报员、著名作家的驾驶丙班学生舒群。

《王时泽与辛亥革命前后的中国海军》一文亦记载，当时日伪政权在哈尔滨大肆搜捕共产党人，傅天飞也被列入了黑名单。祖父闻讯后，即把傅天飞叫来，开门见山对他说：“如果你是中共地下党员，就赶快逃走；如果不是，你就坦然留下。”傅天飞迟疑片刻，说：“我没有盘缠。”祖父当然明白其意，马上送给他一笔路费，帮助他逃离了哈尔滨。

傅天飞后来追随杨靖宇将军，加入了东北最早的抗日武装磐石游击队，于 1938 年 3 月壮烈牺牲。现代作家萧军的抗战名著《八月的乡村》，其主要素材便是来源于傅天飞在磐石游击队的亲身经历。傅天飞在青岛时，通过舒群的介绍，将其酝酿已久的“腹稿”向萧军生动讲述了一天一夜。其时，萧红也在一边听得入神，竟然忘了厨房里还在煎饼，结果烧得满屋是烟。或许可以这样说，没有傅天飞，就没有萧军《八月的乡村》。

母亲在青岛。

晚年的舒群也著文回忆过，当年商船学校虽是官费，可以养活自己，但养不了他的穷家。直到祖父帮助他去航务局做俄文翻译，家境才有所好转。但未料几年后舒群在哈尔滨也陷入险境，被迫南下逃亡。他首先选择各种势力并存的青岛作为暂栖地，主要就因为当年的校长其时已在青岛任公安局局长，而原东北海军司令沈鸿烈担任青岛市市长。他们的旧部也有不少人在这里，相对安全。

然而由于当时山东的中共地下组织受到严重破坏，舒群和地下党青岛市委书记高嵩还是被捕。据了解，当时蒋介石钦定了三个“要犯”高嵩、倪鲁平和倪清华（舒群的妻子），要求将他们三人押解到南京陆军监狱。但最后却是倪家兄妹被解往济南监狱，而高嵩和舒群在祖父及沈鸿烈的多方奔走干预下，被留在了青岛监狱。且关押条件较好，还可以看书写作，舒群

父母在青岛合影。

因之在狱中创作了他的成名小说《没有祖国的孩子》。其间祖父还亲自探监，给舒群送去衣物。最后在祖父与沈鸿烈的斡旋下，舒群终于得以获释。

舒群出狱后到了上海，不仅很快找到了萧军和萧红，还在周扬的帮助下恢复了中共的组织关系。并且凭借《没有祖国的孩子》跻身上海文坛并引起轰动，从而完成了从第三国际情报员到左翼作家的角色转换。

祖父任公安局局长期间，青岛日本侨民颇多，浪人屡挑事端，与中国官民相冲突。可是当时青岛没有中国驻军，祖父曾回忆道，“防范责任均在警察，其间所经艰苦，非笔墨所能尽述”。1936 年 11 月，日方因青岛日本纱厂工人罢工提出抗议，要求公安局进行镇压，身为公安局局长的祖父却同情和偏袒工人，且出于民族气节，未按日方意图处分工人，招致日方不满。同年12月3日拂晓，日海军陆战队1000余人武装登陆，逮捕中国工人，并包围捣毁有排日嫌疑的青岛党政机构，且向南京政府外交部提出照会，祖父因此被迫辞职。

父亲摄于青岛鸿新照相馆，照片右下方可见凸印“青岛鸿新”字样。

1938年，沈鸿烈当上了山东省主席，再任祖父为山东临时行辕主任。这个职务并未经国民政府正式任命，只能算是沈氏幕僚。但身处抗战之际，祖父并不计较，继续奔走国事。至1940年后，祖父终于脱离政界，偕全家避居湖南湘西边城凤凰。但即便暂寄宁静的青山绿水之间，仍“自九一八后刻刻未忘东北”。抗战胜利后，祖父又复出。先是国民政府派任在辽宁葫芦岛恢复的东北商船学校任校长，后又派任东北航政局专门委员、局长，直至1948年卸职归乡。

1951年，年逾花甲的祖父被聘为湖南省文史馆馆员。记得闫幼甫先生在《辛亥革命湖南光复的记忆》一文中说，辛亥革命前，湖南的革命团体和革命志士很多，但民国建立之后他们不谈往事，既不居功，也不邀名，以至于中华民国临时政府稽勋局局长冯自由想表彰功臣却找不着受勋的人。

祖父也是这样的人。他晚年与我们全家住在长沙南门一条

祖父晚年与我们全家合影，1953年左右摄于长沙。后排母亲所抱的幼儿为作者，后排左一为表哥陈漱渝。

叫倒脱靴的小巷里。小时候，我见过他跟黄兴之子黄一欧的交往，但极少听他谈过辛亥革命及民国时期的往事。这种状况直到二十世纪五十年代末才有所改变。1959年，政府有关部门提出要广泛征集民国时期的文史资料，从那时起，在湖南省文史馆任职的毛居青先生便经常来家拜访祖父。毛先生是一位饱学之士，曾经担任过湖南省省长程潜的秘书，协助黄一欧编写过《黄兴年谱》。当祖父向毛居青讲述他过去的经历时，毛居青连声说："这很有史料价值，这很有史料价值！"以前从不轻言个人历史的祖父幽默地说："原来我一肚子都是屎(史)呀！"

1962年正月初九清晨，祖父因突发脑溢血逝世，享年七十六岁。

# 陈宗娥与山东省立剧院

梦　月

关于我母亲陈宗娥与山东省立剧院，她在1956年所写的“自传”里是这样叙述的：

我的父亲是大学教授，在北京师范大学、燕京大学及天津汇文学校任教四十多年。在八十三岁那年仍在天津国学研究会开讲座，于该年（1948年）春季无病而终。他的思想开明、民主，劳动观点很强。在教育我们成长的过程中，总鼓励我们一生自食其力，钻研一门。我家兄弟姊妹众多有十三人，而成长起来的只有六人（现均有工作，自食其力）。家无恒产，全靠我父亲一个人的薪金收入过活。他的薪金虽然较多，但是生活还相当清苦。我是他的第六个女儿，父母比较偏疼我。我自幼虽然多病，但在性格以及意志培养方面得父亲的帮助影响很大（如性格开朗、诚实、意志坚强，对文艺的爱好上也得到他的熏陶与启发，以及成长后在择业问题上专攻一门等都是受父亲影响）。他主张男女平权，共同劳动解放自己。他主持过天足会，反对轻视妇女，也鼓励子女说结婚不是出路，所以我自幼

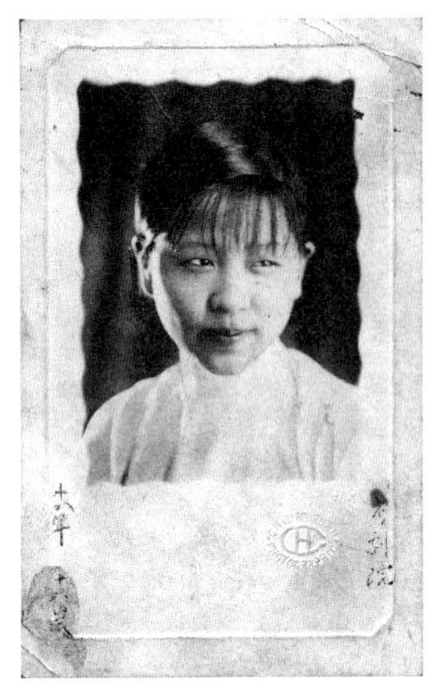

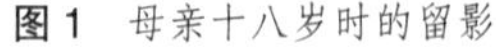
图1　母亲十八岁时的留影

图2　年轻的母亲

就要强，没有娇弱的劣根性。成长后虽然在旧社会生活，但是也很难染上女子的浮华和虚荣心，名利思想也从未在我身上萌发。这都是由他得到的较好的影响。

我七岁在北京入学，高小毕业后就考入天津中西女中读了两年，因无力交纳学费，就转入天津市立师范续读。

我最感兴趣的是文艺，1929年有山东新成立的省立剧院来天津招生，我得天津南开大学教授张彭春先生的鼓励，参加考试被录取，即赴山东该院学习表演课程。后逢军阀混战而解散。即由当时的院长赵太侔先生组织了海鸣剧社率领我们来北平公演维持，生活虽苦，但体会到了钻研业务的快乐。当时学员有李云鹤、魏鹤龄、赵慧深、田烈、朱风林等人，在京筹备公演并学习业务。因当时社会对话剧重视不够，公演几次后亏空积累甚巨。只有一年多即宣告解体。我即回天津补课准备升学。后因病体弱，医嘱休养。

至1934年山东省立剧院又在济南旧址成立。因为当时戏剧专科学校很少，我又不肯半途而废，所以院长王泊生约我前去工作并学习时，我又回去，一直留在那里，至1937年抗日（战争）爆发始离院。

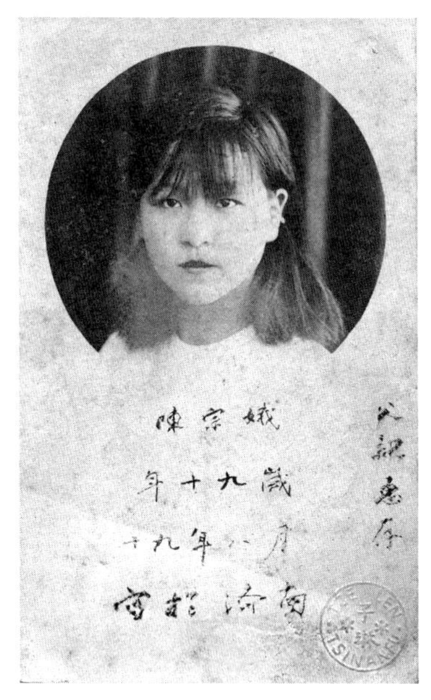

**图3** 十九岁的母亲送给她父亲的照片

1958年大舅曾经对我们说，你妈妈的黄金时代就是在济南度过的。

在山东妈妈认识了爸爸，秋日的一天，爸爸初到山东，身穿白色西服向她点头微笑，后来妈妈听说这个年轻人就是黄自的大弟子陈田鹤。王泊生设宴招待陈田鹤，同时特意介绍母亲和陈田鹤谈朋友。他们经常携手到大明湖去散步，父亲在一首自己作词作曲的歌曲中写道：“在星光下并肩默坐，细认那灿烂的仙女星座。静夜里同看那湖畔的渔火星星。”

这是多么浪漫的一对啊！

妈妈觉得在山东的时候自己很独立，但是她认为也有很多

**图 4** 坐在台阶上的母亲

不顺心的事情。她写道：

> 我在山东省立实验剧院（1929 年）以及山东省立剧院前后共有五年时光，曾多次参加演出。前一年做学生时期有例行的每周一次话剧实习公演，以后均是不定期的话剧以及旧（京）剧公演（该院 1935 年秋编的年刊中有记载，本院中央实验歌剧院图书室中有此刊物）。话剧我曾演出过的有国内作家及世界名著剧本选译的戏剧作品。如丁西

**图5** 在大明湖打着油纸伞的母亲

**图6** 在大明湖游玩的母亲

林的《压迫》《瞎了一只眼》、田汉的《获虎之夜》《湖上悲剧》等，翻译名著有莫里哀的《伪君子》《悭吝人》，契诃夫的《蠢货》《求婚》等，根据俄译英国剧本《街头人》，席勒《女人》（原名《强盗》）译本《软体动物》洪深改编本。我曾经演过一个戏剧叫做《屋漏》，是国民党教育厅视察专员（笔名周无盐）所作，剧情抄袭日本作家菊池宽的《父归》故事，是一个浪荡子遗弃结发妻子的家庭悲剧，因为脚本写得幼稚可笑，我们都不肯排演，他即施用压力，院长为逢迎他，勉强让我们代他演出一次。周某指定我饰演那舞女，我气不过，结果他退一步，让我演那妻子。我

**图7** 和友人一起

**图8** 穿旗袍的母亲

也演过日本进步作家的戏剧《婴儿杀戮》。老同学李云鹤于1936年春天返回济南，故人重聚，借山东剧院舞台组织了一次演出，我参加了筹备及演出工作。

该院自1934年王泊生接手做院长后，逐渐失掉了1929年赵太侔院长时期的较民主的风气，他常对我们说“我与陈立夫如何如何”，对学生教职员极尽剥削压榨之能事。我的名义虽然是演员，但他把我们当成养成工看待，又学京剧又演话剧，又参加各项舞台的设计与制作又坐办公室

**图 9** 母亲二十四岁时留影

又教书，一个人当几个人用。剥夺掉我们整个时间，反说可以多方面锻炼我们的能力。更恶劣的是他明知我们一时无处可去，所以越来越凶狠，有反抗他的，他就给开除，说是危险分子，他先后开除了两批学生，我们看了很寒心，情绪低落，他即说你们小孩子脑筋简单，他们这样闹是没有作用的。结果我们有的想离院他去，我即与同学们商议准备转到南京剧专，学习并工作。他们不赞成，说弄不好半途而废，还不如待机而动一齐离院（上海市立一中林刚白可以证明），家里也不赞成我去南方，恐怕堕落了。只得留下来。我们提出要求，得减轻不该做的工作，在话剧方面要大力发展，不学不演京剧（京剧虽然已经学会几十出），所以过去我虽然演出过几十场旧剧，自那时后，即谢绝参加旧剧演出。

在话剧筹划方面他虽有种种刁难，但总算放开了手，让我们自排自演。现在想来这对他仍是有利无损，他可以坐收票款。我从 1935 年底即开始导演工作及业务教课。

1937 年抗日战争爆发，当时一般人的心里都认为，这不过是一时之乱，不久即会平息（指的是国民党让步

**图 10** 陈田鹤在山东省立剧院工作时于大明湖留影。摄于 1937 年。

妥协），大家不必四散，剧院为了盈利和骗取省方财产（院产），提出组成剧团做巡回公演，内定约我参加。我因为几年的压抑，趁此时机即毅然离院，心想抗日战争不会很快平息，戏剧是宣传的武器，我得用这武器去打击日本，青年人生在这大时代多光荣，要多贡献力量，自己纵然牺牲了也是痛快的，我就脱离了该院去了南京（我父亲在南京冯玉祥家教书）。恋爱也就不了了之，国之将亡，何以家为。

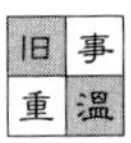

# 日本的“娇声卖国奴”长谷川照子

长谷川晓子

1938年11月1日，日本东京《都新闻》第18379号刊以“娇声卖国奴的真面目，操流利的日语，面向祖国恶言毒语，赤色败类长谷川照子”之醒目标题，登载了汉口广播电台对日军进行反战宣传的日语播音员的消息，报道登载了该人物的照片并特意言及其家庭。报道文章如下：

本报前不久曾报道过在汉口广播电台用流畅的日语进行反日宣传的蒙面人物。今天，这个向祖国发射毒箭的卖国女人的面具随着武汉的攻破被揭穿了！据上月三十日傍晚当局收到的警视厅外事科汇报，该女人是住在东京杉并区三谷町十五号的前任市役所土木科科长长谷川幸之助的女儿，曾在奈良女子高等师范就读，中途退学回乡后，摇身一变成为“赤色女斗士”活跃在暗中，后来与中国留学生发生“赤色之恋”，婚后渡往中国。

今年二月上旬，香港广播电台突然传来女子反战演说，竟然是口齿清楚流利的日语！听到该广播谁都会不禁想知道这个站在麦克风前面的女人是谁？当局为了弄清该人物

**图1** 长谷川照子全家福

的真相竭尽全力进行调查，然一直没有结果。而那广播却频频传来。今年夏天，正当所向无敌的皇军集中火力攻克武汉的前夕，这一反日宣传又以汉口为舞台每晚播出，对我军部肆意进行诽谤，向日本的经济政策发动赤色毒舌。

上月二十七下午五点半，皇军威力神速牵制武汉，与此同时，这个恶毒至极的广播也戛然截止，蒙面女人长谷川照子的真面目暴露无遗。

……

该女人的父亲长谷川幸之助悲痛诉说自己对女儿的卖国行为一无所知，他说："此事着实出乎意外！自从去年

**图 2** 长谷川照子在读奈良女高师时留影。

元旦接到女儿从香港寄来的短信后，再也没有收到她的消息。我相信女儿不会是向自己的祖国发射毒箭的人。倘若这是事实的话，我宁愿以日本一臣民的名誉挺身自尽。吾儿（照子的弟弟）患胸疾，无奈地从东京大学土木系退学在湘南疗养，大女儿（照子的姐姐）之夫也卧病在床。为此我老夫妇常感叹在皇军连战捷胜中的自身不幸。照子绝非不忠之女。”

**图3** 1936年，长谷川照子与刘仁在日本东京合影。

长谷川照子是幸之助的第二个女儿，在东京名门麻布府立第三女子高中以首席优秀成绩毕业后考入奈良女高师（现在的奈良女子大学）。在学期间与友人长户恭成立文学小组，热衷于吟诗作歌。因不满当时的对外侵略和对内压制政策，涉足奈良县左翼文学活动，热衷社会活动。

时值日本正疯狂地走向法西斯军国主义的迷途之际，无论是政治、文化还是生活，都熏染了国粹主义、军国主义和极端民族主义的色彩。1932年秋天，临近毕业的照子和友人长户恭

**图 4** 1941 年，长谷川照子与刘仁在重庆合影。

因受奈良左翼文学活动的牵连，在全国性检举“赤色分子”组织的白色恐怖中被警察拘留，其后被迫退学。

照子回到父母身边后开始学习第二次世界大战前盛行的世界语，不久参与杂志《世界语文学》的创刊编辑工作，用世界语写出了许多诗歌散文，并翻译了大量的外国世界语文学作品。照子在这一提倡人类和平、国际和睦、自由平等、尊重人权的世界语活动中燃起了青春的火焰。其后，她与同样热衷于世界语的中国留学生刘仁相识，进而相恋互爱。

1937 年的春天，照子不顾家人的反对和朋友的劝阻，只身渡海赴大陆与恋人刘仁会合，以世界语者的身份投入反对日本侵略的斗争中。第二年的夏天，经著名人士郭沫若的介绍，她在国民党中央宣传部国际广播科开始了对日军的反战播音。

“日本的兄弟们，我诚恳地请求你们不要把自己的鲜血白白地洒在这里，你们的敌人不在大海的这边！”（引自高杉一郎著:《中国的绿星——长谷川照子的反战生涯》，朝日新闻社，1980 年）

照子把自己对和平的诚意、对祖国的真挚之爱寄托于无线

**图5** 长谷川照子在街头举行反战演讲，右为翻译。

电波，她由衷地希望被卷入黑暗深谷里的日本士兵们能觉醒。

照子在日本历史上被称作“黑暗的深谷”时期离开祖国，与刘仁相伴战斗在中国大地，以“绿川英子”为笔名写下了许多评论、随笔，登载于中国世界语杂志《世界》和《中国在怒吼》。其中一些文章由刘仁和其他友人翻译成中文，转载在当时的抗日报纸《新华日报》和《解放日报》上。此外，还在东北抗日救亡运动名士高崇民主办的《反攻》杂志社，刘仁负责主编、照子担任编辑，积极参与日本傀儡政府统治下的故乡救亡运动。

日本侵略者把中国大地化为战场，肆意占领城市，骚扰乡村小镇，掠夺民财，放火烧房，杀害无辜百姓。对此，日本国内视之为“辉煌战果”，每取一胜，举国上下高挂彩灯，集会庆贺。大多数日本人都沉醉于胜利，确信中国不久将要屈服。而正是在这一时期，照子却站在中国一方，坚持反战，力求和平。

**图6** 1980年中日合拍电视剧《望乡之星》剧照。中国演员高飞饰演刘仁，日本演员栗原小卷饰演照子。

“如果您愿意的话，尽管称我为卖国贼好了，我丝毫也不畏惧。而实际上反以作为不仅侵略他国，甚至不以为然地屠杀手无寸铁的平民，把他们驱向地狱的日本人感到羞耻。”（引自高杉一郎著：《中国的绿星——长谷川照子的反战生涯》）

正如日本女作家泽地久枝所说：“照子被打上了‘卖国贼’的烙印，而这却是任何其他日本人得不到的勋章。”

1941年7月27日，周恩来在重庆抗日文化界集会上对照子说：“日本军国主义者骂你是卖国贼，事实上你才是日本人民忠实的女儿，真正的爱国者。”

日本投降的第二年，按周恩来的指示，照子随同刘仁北上佳木斯从事战后复兴工作。1947年1月，照子不幸因绝育手术失败而逝世，同年4月，刘仁亦旧病复发故去，留下两个孩子，男孩儿刘星六岁，女儿晓兰（长谷川晓子）刚满一岁。

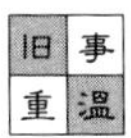

# 1974年：我陪冯牧进独龙江

王端阳

1974年5月10日，我搭昆明军区副司令吴效闵的专机到思茅，之后到西双版纳参观十四军的军事演习。这时军区内部都在传说“冯部长”到云南来了。冯部长即冯牧，1949年他随四兵团（陈谢大军）进军云南，后任昆明军区文化部副部长，原昆明军区的老人都习惯地称他冯部长。此时他还“挂着”，但时任昆明军区副政委的雷起云把他邀来“散散心”。此时他仍处于“逆境”之中，社会上在传要追查“是谁把周扬的黑干将冯牧弄到昆明来了”。在这种风声下，有胆小的人为了避嫌，也开始和他划清“界限”，他只好心情黯然地走了。关于此次云南之行，用冯牧后来的话说是“避难”。了解这个背景，才能更理解他在云南的言行。

5月19日，冯牧从金平、个旧转过来，此时是十四军的文化干事蔡平陪他。晚上我第一次见到他，他穿着一身蓝色的中山装，在军营中很显眼。以后几天，虽在公开场合时有接触，但他毕竟是个大人物，没敢主动交谈。23日晚，我因事到冯牧处，聊了起来，谈到天津的作家，先是方纪、孙犁，接着说到王林（我父亲），他笑了起来，说：我早就知道你是谁了。他讲：

与独龙江前哨排合影。

1937年他和吴力扮作兄妹从北平出来，在冀中见到我父亲，还听了我父亲的演讲……后吴副司令和高副军长也来了，一直聊到十一点半。

有了这层关系，以后我就常到冯牧那里去，谈了许多事，如范瑾等，冯牧也和我讲了关于吴效闵、决死队的事，以及楚大明、周希汉、陈赓等。有一次我去冯牧的屋里，看见冯牧和吴效闵就那么干坐着，谁也不说话，也不互相看。坐了很长时间，吴效闵起来走了，冯牧也没送他。我回来时路过吴的住处，吴正站在门口，看见我突然说道："冯牧是个好人，就不知道想通了没有？”晚上我把这话告诉了冯牧，冯牧沉默了一阵，说：“有什么想不通的？我干了几件好事，比如1965年全国工农兵业余作者代表大会。可是周扬拿它向中央说：你们不是说我是文艺黑线吗？这总不是黑线吧！等于给文艺黑线贴了金。”我当时就想，原来是这么绕了一个圈想通的。

翻越高黎贡山垭口（冯牧摄）

回到昆明后，我更是经常到九号（军区招待所）找冯牧。在7月10日的日记中记下了这样几句话：他（冯牧）讲，本来还要来云南，这次来一看，很复杂，不是把全部精力放在党的事业上，而是些人事关系上。不想来了，可怕呀！不过像云南这种地方，不出作品，不出人才，可惜呀！又说：一个人要能适应各种环境，受冲击，蹲牛棚，对意志也是一个锻炼。

还有一件有意思的事值得一提，当时云南的派性闹得很厉害，军区内也分几派。可不同派别的人都来看冯牧，包括一些还“挂着”的前军区领导，如胡荣贵、张子明等。他也去看望一些正在受“冲击”的人。7月20日，我陪冯牧去四三医院（军区总医院）看崔建功（时任昆明军区参谋长，在地方好像还兼职），他正在输液，一见面就讲："我这是小病大养，逃避运动。"冯牧讲："我早在大字报上看到了，大标语贴到了国防剧院门口。"说完哈哈大笑。类似的事很多，有些我就在场，有些事后冯牧和我谈及，当时也没有特别在意，所以绝大部分没有记，现在真有点后悔莫及。

我后来翻阅《冯牧文集》中这一阶段的笔记，希望能看到一点这方面的记载，可除了对自然景观和采访对象的记述外，基本上没有提到任何他所见过的"老人"和社会上的敏感事件，看得出他是有意回避这些。这恐怕不光是怕给自己惹"麻烦"，更主要的是怕给别人添"麻烦"。没经过那个年头的人是很难理解的。从这个角度讲，我的日记多少弥补了一些遗憾。

8 月 8 日到 10 月 30 日我又陪冯牧先后去了怒江、独龙江、腾冲、瑞丽、大理、丽江、中甸等地，一路朝夕相处，我都做了笔记和日记，大致可看到冯牧在这个时期的一个轮廓。当然冯牧的情况绝不仅如此，别人也一定会有记述，这只是我个人的视角而已。

最近丁东向我约稿，我说就发表进独龙江这一段，照片是现成的，文字干脆就用我的日记好了，这样也比较真实。他表示同意。

## 王端阳日记

### 1974 年 8 月 18 日

去贡山县城看了看，有个百货公司，食品店，新华书店。县城很小，这个县才两万多人口。

注释：

独龙江属于贡山县，但隔着一座高黎贡山。此次去滇西，昆明军区专门派了一辆北京吉普车，同行者还有军区宣传队的导演梁晨和《云南日报》的张昆华。张昆华也是当年冯牧培养的那批云南军旅作家之一。他们都曾是冯牧的老部下。司机叫小林。

这条路线正好有当年徐霞客游历的地方，冯牧就沿途给我们讲述徐霞客的故事。快到大理时，他又讲起南诏国的典故，甚至能把南诏国的十几个国王的名字一一背出。这些国王的名字很有趣，第一个国王的最后一个字是下一个国王的第一个字。所以印象很深，但至今我也没记住。

8月19日

中午离开营部，走了两个小时，到达双老洼。这次是独立营王月堂副政委跟随我们上来，他是老一连的，我早就听说过他。这次一起进独龙江，确是机会难得。

在双老洼看到一个从中甸来的马帮，有几个藏族赶马人，很有特点：头上戴着毡巴帽，只放下一只耳朵，还是歪的。穿着藏袍，靴子，一把藏刀横在腰前，藏袍就卷在刀上，只把刀把露在外面。刀鞘是银做的，相当精致。我想看看，可手刚一摸到刀鞘，他马上躲开了，可能是件珍宝，不轻易给外人看的。有的也打着绑腿，腰中系着一溜钱包，都是鼓囊囊的。他们晚上就搭个帐篷住，烧起一篝火，冲上酥油茶。看上去非常强悍，野蛮。可是谈上几句，送上一支烟，才可感到他们的淳朴、善良。

晚上，在收音机里听到挖掘马王堆三号墓的情况，大家都很激奋，我们的祖国真是太伟大了。特别有意义的是我们此时

冯牧在高黎贡山的瀑布前

正在祖国边疆，内心更是激奋，拿战士的话说就是没有边疆就没有内地。

夜里，我和冯部长睡在一个小屋里，点着蜡烛，“天花板”低低的，屋里昏暗，此景此情引起人的很多联想。谁会想到，我竟和冯部长睡在边防线上一个傈僳族的小屋里呢？我们谈了很长很长时间，谈到林（彪）自行爆炸，我当时是吃惊的，对他盲目崇拜，以后才感到大快人心，思想上一个大解放。像我这样的情况，在青年中是很典型的。冯讲他一听到，从心里感到高兴。又从马王堆谈到中国的艺术遗产，我希望他能再写一写。他深有感触地说，难道我就这样完了？他们确实还想为党做些有益的工作。他还讲当时写那些评论文章干什么，应搞点创作。他给我多次讲起过徐霞客的事，当时有人让他写部电影，徐当年也是五十四岁，就是为了理想，吃了不少苦。我讲我只是从概念上知道徐，他在科学上的成就比艺术上高。他讲你不了解这个人，徐也是我崇拜的人之一。我总是把徐与冯联想在一起，不知为什么。以后就不谈了，只听到泉水声，如诉如怨……

注释：

独立营属怒江军分区，就驻守在贡山县，独龙江就在它的防区内。值得一提的是，这里所说的“老一连”，指的是“独龙江一连”，是全军的一个标兵连。1970年林彪提出“我们的边防是搞政治边防”，又把这个连队当成典型，军委也准备正式命名。林彪事件发生后，此事不了了之。此时连队已调防到陇川县的章凤。1970年8月到1971年9月我曾到这个连队“锻炼”一年，所以对王月堂的事迹很了解。此次去独龙江，我有一种“回娘家”的感觉。

独龙江在高黎贡山的西南面，每年有半年大雪封山，和内地完全断绝联系，进山是很危险的。到了怒江分区，分区的司令员、政委都劝冯牧不要去，怕他中途出事。当时别说是分区的领导，就是所在团的团级干部很多都没进去过。可他执意要去，我们乐得“奉陪”。

冯牧主要是以文艺评论家为世人所知，其实他的散文写得也很美，特别是关于云南的那几篇。一路上我们多次谈到这个话题，他觉得由于“十七年的文艺黑线”，他的那些评论文章都“不行”了，可那些散文还“立得住”，当初真还不如多写些散文。他认为写小说、散文、剧本那是创作，评论不能算，

看见独龙江了。左起冯牧、张昆华、藏族战士阿珠、其他战士。

那只是评人家的东西。他还告诉我，其实他还收集了很多云南的素材，还没来得及写，写出来的只是一小部分，可惜了。（后来他居然把这些笔记“借”给了我们创作组的陈本仁，有好几本，密密麻麻。）我劝他继续写时，他感叹“难道我就这样完了？”反映出他对当时全国形势和个人前途的悲观，同时又心有不甘。

8月20日

从双老洼到东哨房。今天的路特别长，走了11个小时，中午在漆溪吃饭。

两岸青山，中间不时有泉水直挂下来，水如涌出，甚为壮丽。有时路边有一巨岩突出，人过要低头，马过要下鞍。在一深箐中，全是原始老林，树上长着各种植物，像穿了件绿毛衣。林很深，不可测。突然出一巨岩，如刀削，侧立着，从里面出来一股寒气，阴森欲搏人。不可久留，马上离去。

上来时，冯部长拿了一根独龙江产的雪竹做的拐杖，头似鹿，我们称之“独龙杖”。

今天，一直爬到海拔三千米以上，路上，植物也在变，由阔叶变成针叶，似乎经历了几个地区，过了几个季节。过了漆溪，是高大的松树，树有的高三四十米，树枝上挂着木流苏，似绿色的轻纱，随风飘动，又像少女的鬓发，那样迷人。

一路上很少见行人，只见一个个马帮。

路上和张昆华谈起冯部长的事，正巧他在休息，问我们谈什么。张讲，谈到一个老前辈，培养了不少年轻人，他们在心里为他立了一块纪念碑。冯马上打岔说，这棵松树长得直，好看。

沿路上也有各种杜鹃花，有的大如树木。到了哨房，门前门后，全是杜鹃丛，可惜我们来得不是时候。可想杜鹃花开时一定充满诗意。这里海拔也有三千米以上，树木比较矮小，据说是被雪压的，这已经是雪线以上了。有一种松就叫雪压松，枝子压弯下来，奇曲古怪。

哨房是往来战士、老百姓歇脚的地方，东哨房就设在垭口东侧的山洼里。这里离垭口还有一个多小时的路，一般人到这里都要休息一天，准备第二天翻越垭口。从独龙江来的翻过垭口也要在这里住宿。这里已经很冷了，哨房对往来行人真是太温暖了，特别是走长路的人、马帮，提起哨房都有着特殊的感情，也称“救命房”。特别是大雪要封山的时候，人在路上是会被冻死的，路上就这么一个哨房，远的不管怎么艰难也要赶到这里住，近的到了这里也不敢再往前去，因此晚上篝火一升，总是围着许多人的。

我们刚一进哨房，战士们（部队在这里新建一个哨房，派

去独龙江途中

了两名战士接送往来的首长和同志们）立即把你拉向火塘，马上又给你端上一杯茶水。这时一个战士提了个小布袋过来，说："首长辛苦了！"说完，一大勺白糖就倒进茶水里。如果路上经了风雨，喝上这么一杯，会打心里感到温暖的。这上面青菜少，他们给我们炒了木耳及罐头。饭后，又烧上开水烫脚。走了一天路，能喝上热白糖茶，又烫上脚，还能要什么呢？！

哨房还养了一只狗和一群鸡，狗一见军人就摇着尾巴过来表示亲昵。可惜梁晨怕狗，狗一过来他先叫起来，然后躲开，这一下可引起狗的不满。

晚上，因人多，他们把最好的铺位让给我们，他们几个人合盖一床被子，围着火塘睡了。多么好的战士啊！在这风雪高原，才更体会到部队的温暖。

今天的路太难走了，简直不像路，只是碎石、乱石堆成，山水在石中流着，有的地方用木料铺成，似古时栈道，走长了，脚板很疼。

一路上瀑布很多，过了漆溪，有一大瀑布，刚到那里，就有一股寒气，水花扑面。我们从瀑布中间走过，真有点惊心。在这里照了相。

每日爬山，这么辛苦，为了什么呢？这种趣味是最高尚的。一个人总是要有理想的，为了实现这个理想，跋山涉水，吃尽千辛万苦，就是最大的乐趣。徐霞客当年在交通那么不便的情况下，也到了这些地方，跟他来的人因太艰苦，偷了他的东西跑了。他很穷，又雇不起脚夫，雇不起乘骡，只好一个人走，每顿饭只吃点稀的，可每条江他都要追溯到发源地，考证个水

去独龙江途中，冯牧坐在岩间观瀑、小憩。

落石出，纠正了许多传统的错误看法，还不是为了一个信念！这个人物在我心中逐渐高大起来。

记得昨天夜里，冯部长还讲过，一个人一生有几次特别令人难忘的时候。他讲，解放战争中，部队都往前冲，散了。那天淋了一天雨，到了夜里，突然找到了部队，一进屋，一塘火，同志们马上把衣服脱下来烤干，给他吃点热东西，然后用大衣一包，往干草上一躺，真是太舒服了。为什么在这个小屋里想起这件事，也是触景生情吧！

据说，大雪封山时，连电线杆子全埋上了。今年老兵复员，有两个独龙民兵送部队过山，被雪埋住，牺牲了，就在垭口上。

明天就要翻越高黎贡山的垭口了，这个垭口还像谜一样在心中缠绕。

注释：

这只独龙杖拿回昆明后，由我弟弟王克平在上面刻了独龙二字，并被冯牧带回北京，保存起来。

冯牧特别给我介绍了许多杜鹃花的知识，他说云南杜鹃花的品种最多，三十年代曾有一位英国植物学家（他说过名字，我忘了）专门到云南采集植物标本，带回英国皇家植物园。那里的杜鹃花可以说是最全，但有一样，不能作为研究的样本。比如在云南雪线以上，有一种雪压杜鹃，比较矮小，由于常年积雪的压迫，枝条是弯曲的。移到了英国，失去了积雪，枝条全变成直的了，长得也很高大，失去了原生状态，也就失去了研究价值。这件事对我启发很大，让我联想到其他方面。其实我们在垭口看见的杜鹃，就属此类。

东哨房其实很低矮，墙上还糊了一层旧报纸，早已斑驳脱

去独龙江途中，冯牧在拄杖远眺。

落。我无意中发现一条标题中有“范瑾”两字，字体很黑很大，还是倒的，于是扭过脖子细看，原来是批判范瑾的报道。此时冯牧已经躺下，当我把这个发现告诉他时，他没有吭声，尽管他的脸背着油灯，但我感觉得到他内心的激动。我知道他知道我父亲和黄敬的关系，于是谈到1966年5月我去范瑾家的一些情景。冯牧静静地听着，突然说了一句：范瑾是一个少有的女才子。接着就不说话了，我把油灯也吹熄了。

又过了很长时间，我以为冯牧睡着了，他突然翻了个身，问我，你知道《东方红》原来是什么样吗？其实他知道我不知道，接着自问自答，《东方红》原来叫《白马调》，接着他就用《东方红》的曲调唱了一遍：

骑白马，挎洋枪，
哥哥吃了八路军的粮，
有心回家看姑娘，
呼儿嘿呀，
打鬼子顾不上。

我听了，心灵上受到极大的震撼，《东方红》对我们这一代来说，那可是“神曲”呀！居然原来是这样，还有“看姑娘”之语。我还没缓过神来，冯牧又说，这词多朴实啊！可能是怕我没听清楚，他又念了一遍，并重复说，本来想回家看姑娘，可打鬼子顾不上了，多朴实啊！此后没再说话……

**8月21日**

早上起床，吃了饭就开始往顶峰爬去。一个半小时才爬上垭口。

这个垭口并不险峻。可是路太陡了，我们又走的小路。山顶上有许多小花，不注意看不见。因走时双眼要紧紧盯住路面，否则要被乱石绊倒或鞋子灌进了水。有时停下来，可采上几朵。样子各式各样，从未见过，美丽极了。样子和平常见的全不一样。在山顶，又发现红红的一片，原来是杜鹃科的一种，贴着地皮长。

垭口上立着一块石碑，写着1964年修通马路。这里海拔已是3800米了。往下，全是陡坡，一直下，一连几个小时，我的腿都受不住了。中途下了场雨，衣服也湿了。

有两个哨房的战士，为了照张相，专程也爬到垭口。可惜雾很大，我们很遗憾，觉得对不起他们，可还是照了几张。他们常年驻守山上，照张相真不容易，有的当兵进独龙江，三四年复员时才出独龙江，出来时有两个要求，一是和独龙江照张相，一是见见团首长。

垭口西面的松树很好看，和下面的不一样，长得很高。有两种，一种枝叶稀疏，一种相对茂密一些，但枝条都是往下的，然后又挺起。在舞台上出现一下很有特点，可惜舞美分队的人不曾到过这里。小孔应来一下的。在山顶我还拿出她的照片看过呢，让她也看一看这大好江山。

到了生产基地，别有一番“春意”。在独龙江突然有这么一片葱郁的庄稼和蔬菜，可是不容易。战士们给我们摘了几只黄瓜，特别是梁晨，赞不绝口。

总算看到独龙江了，江比想象的要小，水也是碧蓝色的，卷着白色的浪花。

住在二连，营长也在这里。晚上放电影。

独龙江终于展现在我面前了，峡谷中神秘的雾突然消散，独龙江露出了真面目。

腿也疼起来。

去独龙江途中合影

8月22日

上午翻看材料。下午、晚上请营长黄定祥和王月堂介绍情况。

到公社看了看：公司货物挺多，看出内地对此地的支援；群众卖贝母，得了130多元；妇女文面。

晚饭后看了一场精彩的排球赛，公社干部对连队，连队输了。这是独龙江有史以来的第一场排球赛，是最近县里派一个体委的人招生带进来的。规则就不能讲那么多了，但很热烈。

几个人腿都疼得厉害，明天也去不成马库。

8 月 23 日

斯淑英明天要到县里，准备去云南民族学院。这次大学招生，贡山县要九名，其中独龙族就要四名。下午见到斯，她还挺害羞的。她姐姐已在云南民族学院毕业，原县里要留用，后州里又要，最后被省里留下，在民委。县里最近还提了一个独龙族副书记，一个傈僳族副书记，可看到党对培养民族干部是多么关心。

这里有个张医生，昆明医学院毕业，1967 年分配到这里。同时分来七名，那六名以各种名义全走了，只剩他一人。他经常背个木药箱去巡诊。他爱人却在文山县。

8 月 24 日

早饭后离巴坡去马库，路上照相，走了五个小时到达。

马库也在个大坡上，稀稀落落的几个寨子，在最高处，水冬瓜树后面出现一角新房，上面画了个国徽，很是美观，有我们伟大祖国边防前哨的尊严。这所房子是战士自己盖的，样式也全是自己设计的，有的战士还搞了不少很美丽的图案，国徽就是他们自己做出来的。边防，还不就是战士们按照自己的心意一笔一笔画出来的吗？这些对我们有强烈的感染。

站在哨卡，对面山与我们齐高，白云从一个峡谷中飘出，成一白带，绕在山腰。我们发现，云全是从这个峡谷中飘出，这可是条云的路，风从这里吹出。

我们又到寨里转了转，王副政委带头，到一老人家，我们先进去，主人对我们倒是很客气，但王月堂后脚还没跨进来，老人眼睛突然一亮，感情立即在脸上洋溢出来，情不自禁地叫了声："老王！"我们被这情景感动了。王月堂和马库人民之间的感情有多深，恐怕谁也说不清。

之后又到军民小学参观，有个傈僳族的老师，部队还派了一个战士。这所小学是王月堂1965年办的，他当时兼任校长，并讲了第一堂课。

**8月25日**

上午找前哨排的同志座谈。午饭后我给前哨排照了一卷照片就动身回巴坡了。这次只走了三小时四十分钟。

**8月26日**

下午去小学校前看藤索桥，站在上面，摇晃得厉害。这还是比较先进的呢。

找公社杨书记、陈书记、木干事座谈。

腿疼得厉害，寸步难行，去卫生所看。真担心明天走得动走不动了。

**8月27日**

上午与副指导员座谈。

下午动身，到生产基地住下。

**8月28日**

从米拉洼（生产基地）到东哨房，走了十个小时。几天来雨就没断过，山水也大了，路简直不是路了，就像河床一样，

冯牧在独龙江的藤索桥上。

下面是乱石，水在上面冲下，溅起几尺高的浪花，鞋子、衣服一下子就湿透了。越往上面走，风也越大，快到垭口时，风夹着雨水打在脸上，身子冻得发抖，手也冻得发麻。到了垭口，人都站不稳了。这还是八月天，可想冬天，风雪交加的情景了。开始别人讲能冻死人，我还不大相信，现在看来确实如此。

从垭口下来，只要一个小时的路，我和张昆华走了两个小时，主要是我脚扭伤了筋，上山行，下山不能弯曲，腿好像是拖着来的。这时进了哨房，往火边一坐，那感觉和上次又大不一样，更感温暖。衣服湿透了，又冷又饿，在火塘边一烤，又能喝上一杯糖开水，真是太安逸了！

晚上，很冷，战士们把被子让给我们。有几床已被雨水打湿，不能用，他们几个人也不说话，自己在火塘边烤火，过了一夜。多么可爱的战士啊！他们日夜守卫在祖国边防，过着这么样艰

去独龙江途中合影（冯牧摄）

苦的生活，又有着多么高尚的情操和乐趣，多么平凡又多么伟大啊！

夜里，听着他们架柴烤火的声音，久久不能入睡。一会儿，听到哨房四周的流水声，又好像坐在一只船上，在大海上漂荡……

**8 月 29 日**

一身泥水，行军十二个半小时，终于到了贡山。

今天全是下坡，路程又最远，被子已湿，在双老洼也住不成，吃点东西就往回赶。

雨中的高黎贡山又成一奇景，开始，大雾填满山谷，什么也看不见。突然，雾聚成一条条白云，绕在山中，青山更加苍翠，古松挺拔，特别是原始森林，松树和岩壁一样险峻，雾从林中冒出，山一层一层，之间雾气蒙蒙，构成丰富的层次。远山、白云上面，突然露出一个山的角，有几棵松树直刺苍穹，一会儿又没了，时隐时现，神奇莫测。一会儿这一切又全被大雾遮住了，似乎一个美妙的少女，刚刚揭开面纱，又马上遮上了，使人心神不定。有的地方，从山中间突然有一股涌泉喷出，更为奇观。这一切真难以用笔尽记。

一天的路是太辛苦了，咬着牙走。冯部长讲：你如果真的理解了生活和创作的关系，那就不会觉得苦了，反而会得到一种乐趣。这个地方，正是因为太艰苦了，所以来的人少，这才是傻瓜呢。

最后，只梁晨一个人留在双老洼住一夜，他实在走不动了。我们回来洗干净，烫了脚，躺在暖和的被窝里，真像“天堂”一样。

---

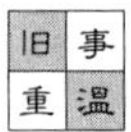


# 华年碎影

## ——忆山村学校文艺队

张 琦

人无爱好，便无趣儿；人无爱好，就活得百无聊赖。

我五音不全，偏偏从小喜欢文艺。原因大抵有二：一是家里有乐器，二胡、小提琴、手风琴等。我喜欢抚琴时的那份闲情逸致，生活总得有一抹色彩。二是我入小学后，读课文有点声色，常被老师表扬。上二年级时，学校排演大合唱《歌唱二小放牛郎》，其中穿插大段诗朗诵，老师推选我领诵，激发出参与表演的热情。五年级时，当上学校广播员，多了几分自信。我唱歌音准有时跑偏，但肢体动作协调，节奏感不错，喜欢跳舞和与文艺沾边的活动。有参加学校文艺队的向往。

1970 年 1 月 12 日，母亲走“五七”道路，携家带口到辽宁省西丰县振兴公社枫树大队插队落户。我转入公社中学住校读六年级。虽是山里学校，师资并不差，老师大多科班出身，水平能力都不差。学校各项活动有模有样，文艺活动尤为突出。主管文艺队的高远大老师，在新来的“五七子女”里广罗骨干，身边的同学悉数入选，唯独没有我。我怅然地回家拿来一把二胡，在宿舍里吱吱嘎嘎地拉，初学又是自学，知道难听，就是不肯放手。日久，高老师听出了弦外之音，念我痴心不改，一

**图1** 1974年7月12日，西丰县振兴中学文艺队合影。那时候，每年暑期，西丰县照相馆专程下乡，为山里学校拍毕业照。这一年我高中毕业，照完相半个月后就离开学校回生产队干活儿去了。前排右二是本文作者。

年后，吸收我进了学校文艺队。拉二胡、报幕、朗诵、演小话剧，我乐在其中。因为经常演出，十里八村都知道学校里有个女孩会拉二胡，其实是滥竽充数。

那个年代，当地教育部门对学校文体活动的重视程度，远重于抓教学质量。各级学校经常组织文艺汇演和体育比赛，文体活动比赛的名次成为各学校的门面。1973年，我家插队的枫树村学校成立初中部。村里刘校长允诺我来年毕业回村当老师，希望我为村里学校组建文艺队。

我成长于理想破碎的年代，又出身不好，不敢奢望未来。按当地政策，我毕业后将被划为还乡青年，不享有知青的招工、招生待遇，回城的概率基本为零，扎根山村务农，是我不容选

**图2** 1975年7月27日，枫树中学全体教师合影。后排右一是作者，彼年十九岁。前排左二是刘金山校长，力荐我当老师的伯乐。

择的前程。人生格局初定，前路渺茫，能当一名乡村教师，我求之不得。图的是可以摆脱繁重的劳动，还有不要让文化与生命绝缘。

1974年我高中毕业，回生产队干活儿。我当代课老师的事，因为出身问题，一波三折。学校数次报批，村领导政治立场坚定，按下不准。直到非用不可时，才勉强同意试用。

1975 年 4 月 12 日，我走上三尺讲台。

学校急于组建文艺队，备战全公社中小学暑期汇演。刘校长要夺名次，寄希望于我。我的工作重点是组建文艺队，兼教初中化学课、音乐课，外加学校现金保管。

七月份参加汇演，准备时间只有三个月。全公社十四所学校，校长要求比赛名次必须进入前五名，否则，后果我懂的。

**图 3** 1977 年 7 月 27 日，枫树学校文艺队参加汇演结束回到学校，正巧照相馆来拍照，留下合影。后排右一女孩名叫马祥珍，高中毕业后回村当民办教师，后转为公办教师，曾担任枫树小学校长。乡村小学集中合并后，任振兴乡小学高级教师。后二排右二男孩刘仔良现任枫树村村主任。

机会来之不易，我不能辜负这份信任。

枫树学校初次组建文艺队，一切从零做起。我提出需要服装、道具、化妆品等，校长说你自己想办法，因陋就简吧。学校财务账上只有67元钱，不能动，得留着买粉笔墨水。

好吧，好吧。

我迅速进入角色。白天教课，策划、取材、选人、编排，晚上带领学生排练，后半夜自己做道具。我通宵达旦，使出浑身解数。一个人用白纸做了四十朵葵花，大如脸盆，能开能合，合上是半圆扇面，打开是凸起的蜂窝状葵花，花蕊染黄，花盘染红，边缘贴绿叶。还自费买皱纹纸，沾成五彩花棍。小道具或做或借。二重唱《逛新城》里"阿爸"戴的胡子，是把麻荆梳细了，染墨做成的；小孩子头上的蝴蝶结，是用皱纹纸扎出来的；我把一首老歌《毛主席把珍宝撒出来》编成碟舞，需要二十个完全一样的小碟，借了十几家才够数；全体队员服装，定为当时风行的草绿色套装，借遍全村甚至邻村，勉强凑齐。虽然颜色深浅不一，样式也不尽相同，好歹算是一个色系。没有乐器，校长去当地驻军借来手风琴、锣、鼓、镲。

山里孩子，初次参加表演，有积极性，但没经验。克服羞涩、胆怯需要过程，启发、指导耗费了大量的时间和精力。记不住台词，表情动作不到位，个别学生调皮不听话，反复排练不见成效，我心急如焚。他们十六七岁，我十九岁，没有章法难以服众。学着当年我的老师的套路，亦步亦趋，呕心沥血，浑然忘我。历时两个半月，一台小型多样的文艺节目突击成型。快板、数来宝、相声、对口词、诗朗诵、小魔术、歌舞、表演唱、独唱、样板戏选段等，五花八门，应有尽有。时长两个小时。

校长看过彩排异常兴奋，说要先给村民试演一场。

**图 4** 1977 年 7 月 27 日，作者与枫树学校文艺队里最小的孩子高艳芳合影。高艳芳现在是枫树村妇女主任兼会计。

学校院儿里搭起了舞台，挂上雪亮的汽灯和从部队礼堂借来的幕布。舞台简陋，凹凸不平，但那深紫色丝绒幕布，雍容华丽，十分添彩，我很受鼓舞，信心大增。

当年的山村，农民难得娱乐一回，那天提前收了工。吃过晚饭，在稠紫的暮色里，人们三三两两，说笑着赶往演出场地。开演前一个小时，舞台下已然人头攒动。院墙上、树杈上早早站满了人，那热闹的场面，使我兴奋、激动，心怦怦地跳。我知道，接受检验的时刻到了，成败在此一举。

我在教室里忙着给学生化妆。红粉笔末代替胭红，烧黑的树枝画眉画眼，红纸沾湿代替口红，再薄涂一层豆油。一个小时我抹画了近三十张脸的彩妆。全体队员身穿草绿套装，白衬领，腰扎武装带，列队在台下候场。豆蔻年华，一经装扮，个个神采飞扬。

演出开始。演员站成四排阶梯队形。前排下蹲手持花棍，后三排持半圆扇面，分别站在台面、条凳、条桌上，逐排加高。开场锣鼓响过，大幕徐徐拉开。随着手风琴前奏，全体唱响《东方红》，四十朵葵花瞬间打开，十个弧形五彩花棍编成彩虹造型。雪亮的灯光下，花团锦簇，色彩缤纷。山里人少见这般阵势，台下一片惊赞声。家长们在舞台上看到了自家孩子不曾有过的风采。

演出结束，许多人不肯散去，对小演员们评头论足。家长为孩子的演出而感动，笑嗔中透着得意。校长乐得合不上嘴，说没白费劲，成功了！让我再接再厉，争取比赛进入前三名。连日里，那场演出成了村民热点话题，好评如潮。

汇演如期举行，我们一举夺得第二名，枫树学校文艺队一夜之间名声翻卷，风生水起。

1977 年初，枫树中学与邻村的沙河中学合并，我随之转入沙河学校。全校近三百名学生，小学部教师十名，中学部教师八名。我依然教七年级化学课、全校音乐课，主管文艺队。一个人吃住在学校里，过着孤苦的日子。工作是我生活的全部内容。每年排出一套新节目，带领学生到田间地头、邻近村落、驻军部队等地演出。锻炼自己，娱乐别人。

1977 年暑期又参加公社汇演，我去西丰县凉泉干校文艺队找老同学，借来一批最好的演出服装。学生们穿上专业演出服装，士气大增，那次汇演取得了与公社中学并列第一的成绩。

我奋然前行，不知前方的路还有多远。

直到 1978 年末，那个艳阳高照的中午，突然一纸调令，

**图 5** 1978 年 7 月 25 日，作者与沙河中学文艺队学生在学校门前排练时合影。左一金桂芹，左二作者，左三赵明娟，左四万淑芹。半年后，作者离开此地返城工作。

毫无预兆地送到了我的手中。彼时，国家为历次政治运动的受害者平反，落实政策，弥补过失。父亲是受害者。父亲命薄，没能熬出那个沧海横流的大时代，1976 年突发心衰，猝然离世。枫树村的南山坡上，一座孤坟掩埋了他的全部岁月。我顶替父亲生前的岗位编制，结束了长达九年歌哭异乡的日子，回到沈阳市，在父亲工作过的医院里开启新的人生。

之后我考学读书，成为内科大夫。

倏忽四十年，因循时间流淌的痕迹，依稀可见斑驳碎影。虽流年一景，却镌刻永久。这么多年里，我忙着过眼前的日子，偶尔回首那些奋进的青春岁月，心到底是安的。

# 教书逸事

小 非

谷雨过后，大队李副书记找到了我，我不知何事，心里有点紧张。插队已经大半年了，日子单调而重复。

这是1975年的暮春，到处都在批判资产阶级法权，我们也搞不懂究竟是什么名堂，但针对知青的两句话——“扎根农村干革命，铁心务农谱新篇”——却成天在耳边响起，弄得大家心里有点紧张，担心这辈子就窝在这个小山村了。我们那个村子的名字倒是很响亮——蓬莱县龙山店人民公社正晌大队。不过却窝在一条比较闭塞的小山沟里，虽然地理概念上属于胶东半岛，但离海边挺远。

没想到，李副书记找我是好事。他让我到村里小学代两个月的课，因为有位女教师要休产假。我挺高兴，觉得这是一个机会，真是走不了，也算是一条出路。但一转念，又有点担心自己“可以教育好的子女”这个身份。没想到李副书记看出了我的忧虑，安慰我说，没关系，这个事儿咱村自己说了算！我不知为什么选中了我，大概是经常办黑板报的缘故吧！

说实在的，村里的乡亲都挺厚道，平日里并没有歧视我这样的人。当然，入党、当兵、推荐选拔上大学则是另外一回事。

出席蓬莱县知青代表大会的龙山店公社正晌大队代表合影。前排居中者为大队党支部副书记李丹仁，前排右一为作者。

还没代课，就赶上了县里要召开知青代表大会，知青点的带队干部老呼推荐我去县里搞材料。人一熟，知青办竟让我在会上宣读致全县上山下乡知识青年的一封公开信，号召大家当“扎根”派。我虽然知道这是人家瞧得起我，但依然左右为难。读吧，那是自套绳索，当着大家的面说了大话，以后招工怎么开口？不读吧，又辜负了上级的“厚爱”。但最后还是没敢悖逆领导。

回来以后，我心事重重。李副书记劝我说，走不了也没关系，咱村挺好的，干上民办教师，别人会高看一眼，将来找媳妇也容易。其实，这也正是我的想法，只能循着李副书记设计的人生轨迹慢慢前行了。

民办教师不拿工资，大队按整劳力上工分。但小学教师每月有 5 元补贴，联中能拿到 8 元，高中则有 10 元，也许这就是李副书记说的“高看一眼”的原因。

村小的负责人唐老师是唯一的公办教师，当时没人叫她校长，兴许是学校太小了吧！她的爱人在胶南工作，相距几百里地，一年只能见两次面，秋假她去，春节她爱人来。她在村里找了一个住处，孩子交给了婆婆，她最大的心思就是调到胶南与丈夫团聚。

我代课的班级是复式教学，一年级和四年级在一个教室，教完低年级再教高年级，循环往复。而且语文、数学、音乐、

出席蓬莱县知青代表大会的龙山店公社代表合影。第二排左二为正晌大队党支部副书记李丹仁、左五为知青带队干部老呼，第三排右二为作者。

蓬莱县龙山店公社正晌大队全体知青合影。第二排左四为大队党支部书记宋世惠、左三为大队团支部书记毕兴亚、左二为作者。

体育全是一个人，好在那个时候不讲升学率。

很快，那位女老师56天的产假就要到了，我的代课生涯即将结束。不知怎么，竟然产生了一丝留恋。我虽然也是半瓶子醋，但学生却对我比较认可，也许我身上有些青春的活力吧！村子不大，学生们的反映很快传到大队干部的耳里，关键是唐老师比较欣赏我，虽然她说了不算，但可以上达。

那位女老师白白净净，但教学水平确实有限，压不住堂。村上的人给她起了个绰号“地瓜芽子”，意思是太嫩，水平不行。她也挺不容易的，爱人在七机部研究院工作，她是农业户口，几乎没有到北京团聚的可能，挺孤苦的。但村里的妇女们对她并不同情，鄙夷地说，活该！非得找个“外头的”，嘚瑟得不轻！

这样的说法似乎有些“葡萄酸了”的意思，因为“外头的”还是有些吸引力的。我们这一带的大姑娘曾经的择偶标准是“一军官，二区干，小学教师等等看”，而这些人恰恰都是“外头的”。村里有个人当兵提干后，想要蹬掉以前定好的对象，结果女方要死要活，到部队一闹，男的不久就复员了。姑娘们心里巴望着飞出山沟，只是不少人刚刚起飞就又落了下来，还不如在乡下踏踏实实过日子。

慢慢地，那位女老师听到了风言风语，说是大队要让我替换她。夏日的一个傍晚，她来到知青点找我，还没说话，眼圈就红了，接着眼泪就流了下来。我见不得这样，心里清楚她的意思，立刻表态说，你坐完月子，我就回知青点劳动，你还回去当你的老师。她感激地朝我点点头，走到门口，又回过头来，似乎有些怀疑。我赶忙补上了一句：放心！

唐老师不高兴了，把我叫去好一顿“呲”。虽然当时不讲升学率，但多少还是要顾及一下教学质量，唐老师要考虑学校的口碑。她去找了大队书记，但我却不愿与女人争饭碗，那样会背上骂名。唐老师又找到了文教助理老柳，结果还是人家公社领导水平高。柳助理告诉唐老师，各村马上就要办“育红班”了，回头告诉你们大队把她调到“育红班”，还是当老师。

我心里很高兴，以为这个办法两全其美。没想到，还是得罪了她，因为“育红班”的老师没有补贴。碰面时我一看到她那有些怨艾的眼神，心里就有点发怵。我曾经找到她，说五元补贴干脆一人一半算了，但被拒绝了，我知道她不会要，不过这样做我会好受些。

“三秋”到了，学校放了秋假，唐老师去了胶南，我也回

蓬莱县龙山店公社正晌大队知青在打麦场表演节目，拉二胡居中者为作者。

到知青点参加劳动。其实，我是可以找个借口赖在学校的，但我不敢，害怕别人说我偷懒，将来招工没我的份。我那每月5元的补贴，也都拿回知青点让大家打了牙祭，希望以此换个好人缘。

开学的头一天，唐老师把我叫到家里，显得有点庄重。她炒了两个菜，还给我倒了半碗地瓜干酒，请我吃了一顿饭，饭后又给了我两块青岛“高粱饴”。然后很神秘地告诉我，你要走了！我一愣，不知究竟。唐老师说，上次代课的事，柳助理对你印象不错，这次联中增加教师，点名让你去。我知道，这一切都是唐老师说的好话，我根本就不认识柳助理。离开唐老师家，我剥了一块“高粱饴”放到嘴里，那种甜甜糯糯的感觉让我在压抑中感到了一丝温暖。

联中是另一片天地，它是几个村合办的初中，一个公社有好几处。学校有不少公办教师，不过家都是外公社的，平日住校，周六傍晚回家，周日晚上返校。民办教师大多也是如此，但他们基本上都是本公社的。

我们四个人一间宿舍，其中一位是炊事员老王，长得膀大腰圆，第一天我就领教了他的鼾声。第二天，打完早饭后，同宿舍的一位老师很神秘地对我说，老王是俘虏兵，解放战士。我觉得这是个禁忌的话题，不愿触及。没想到，当晚老王就吹开了。他说在那边的时候，他们是中央军，后勤好，大米白面猪肉管够。到这边后，条件差多了，尤其是在朝鲜，物资送不上来，经常就是炒面，弄得他这个火头军常常不知干什么？我们问他摸过枪没有，他说，我就摸过烧火棍。

老王这人不太讲究，他剁包子馅，嘴里叼着锥子把烟，两把菜刀左右开弓，舞弄翻飞。但剁着、剁着烟灰就掉到了菜上，别人告诉他，他用菜刀贴着案板一翻，然后反问，我怎么就没看见？他炒菜时双手拿着铲子搅动，汗水不断地滴在锅里，别人说他，他左手把锅铲往菜里一插，右手一抹额头上的汗珠，随手就甩到了锅里，嘴里还大声嚷嚷，不吃拉倒！

老王天不怕、地不怕，但只要校长一句“那边的老毛病又犯了？”他立马就老实了。但其他人如果这样说，他立刻反击：老子是解放军！

学校有个猪圈，老王是兼职饲养员。每年寒假前，学校要杀头年猪，教职工都能分点肉，但那挂下水据说从来不分，连校长都捞不着。

第二排右二为蓬莱县龙山店公社正晌大队党支部副书记李丹仁。1965 年在内长山要塞守备区服役时，于黑山岛留影。

这一年，猪养到六七十斤重的时候，不知怎么突然死了，怪可惜的。校长去看了一下，让我们几个年轻教师挖个坑把猪埋了。老王嘟囔说，瘟猪不瘟人。校长瞟了他一眼，没有搭理他。有位老师逗老王，是不是你嘴馋故意弄死的？老王立刻翻了脸。他历史上有短，这种玩笑开不得。

当天晚上，老王在宿舍鼓动我们，那猪埋了太可惜，应该把它挖出来。反正现在天气也不热，估计坏不了。化学老师说，高温消毒以后应该没事，但下水就别要了。

第二天就是周六，我们宿舍这几个人磨磨蹭蹭，待校长和其他教师走后，立刻跑到地里去挖猪。不知谁走漏了风声，又有几位年轻教师折返回来。我们把猪抬到厨房，老王一直忙到七点多才下锅炖上，虽然扔掉了下水，但还是差不多把那口

蓬莱县龙山店公社正晌大队小学负责人唐老师

十二印大锅填满了。很快，屋里飘出了肉香。

我们很久没有闻到肉味了，一个个像馋猫似的流着口水。正准备动筷子，校长突然推门进来了，人家一下子愣住了。校长说，我约莫老王闲不住，有点不放心，走到半道又回来了，我是怕你们吃坏了肚子！接着，又从背在身后的手中拿出两瓶地瓜干酒往桌上“咣当”一放，说，都喝点，消消毒，我刚从代销点老矫那里赊来的，回头老王你给人家送点地瓜干去，钱我已经付了。那时候，供销社可以兑换地瓜干酒，一斤酒三斤地瓜干，外加三毛五分钱。我们突然觉得平日严肃的校长亲切了许多。那晚，校长也吃了不少肉，而且还有了酒意。

校长恋家，第二天还是回去了一趟。我头天晚上喝多了，一大早爬下床在门口呕吐，恰好看到老王递了个纸包给校长。起床后我问老王送了什么？老王说，兄弟，本来我留了点肉，准备中午大家再撮一顿，没想到人家校长把酒都拿来了，咱也不能不懂事！你说对不对？

我就这样和联中慢慢有了感情。当然，还有一些男女俗套的故事，但我还是把持住了自己。我怕一旦放开，就会永远失去回城的机会。李副书记一直惦记着给我保媒，是他本家的侄女，我总是找理由推脱，他有点生气，骂我是白眼狼。

唐老师到公社开会时一定会拐个弯来看看我，我们像姐弟一样互相有了依赖。唐老师说，你不是这里的人，我有感觉，这里留不住你。后来招工指标果然下来了，李副书记还是推荐我进了工厂。20 多年后，我回到村里看望李副书记，他已经记不得我了。而校长和老王据说 20 世纪 70 年代末就退休了，我们实际上是两代人。

我和唐老师一直保持着通信联系。20 世纪 80 年代，她调到了胶南，我们再也没有见过面，不过心里却始终默默地珍藏着那份感情。我很想去看她，不过当时太忙，交通也不方便，咫尺天涯，让我想起了杜甫的那句古诗："人生不相见，动如参与商。"后来条件慢慢好了，我借去青岛的机会转到了胶南，但在此之前一个多月唐老师就去世了，我不禁潸然泪下……

很多年过去了，许多往事渐行渐远。但在某个黄昏或者夜晚，一些沉淀的片断又在不经意间被忽然唤醒，从记忆深处潮水般涌来……

# 街头人生

## ——岁月台湾1960之六

秦　风

人生耗费的时光，大体上一半在室内，另一半在室外。而室外，又有一半时间是在房屋与外面世界衔接的地带，或在街边，或在邻里之间。早年住宅紧密相连，对外开放，没有警卫门禁，加上机动车辆稀少，较少交通安全的顾虑，屋子与马路的中间地带，虽不宽敞，却像是繁华的世界，集中商业、休闲与交际活动，它们虽是琐碎无华，却一样反映了人生的追求和浮沉。

薛培德牧师拍摄的台湾生活影像中，相当多是关于街边的活动。首先，小孩子口中所称的“娶新娘”就是轰动街头巷尾的事情。在噼噼啪啪的鞭炮声中，绑着红色大花球的礼车驶来了，新郎开门步出，平整的西装，爽朗的神色，走进新娘的家门。四邻的大人们站在远处好奇地瞧，不谙人情世故的孩子们，则大大方方地跟进了新娘家，挤到最前面，肆无忌惮地盯着这一切。等到新郎新娘一起现身，走出家门时，这短短的几分钟，无疑是整个剧情的高潮。新娘惊鸿一瞥的容貌，哪怕她已是邻居认识多年的女孩，都能引起围观人群阵阵的惊叹！这惊叹声对于不同人，都隐含了不同的隐秘心情，难免联想到已经走过

人津津乐道的话题之一，吸引众多大人小孩围观，尤其妆扮完好、几分羞涩的新娘子现身时，

## 发水灾的那一天

刮大风、下大雨、发水灾，为台湾夏季生态的写照。一条街道成为溪流，汽车驶过，激起使商家暂时歇业，货品泡在水中，也会造成严重损失。

味，均仿佛沐浴在优美的诗歌中，既庄严，又似生命的飨宴。

## 街边烧沥青铺柏油

马路铺柏油的作业情形。传统铺柏油是先在路边燃烧沥青，黑烟冲天，而且散发臭味，然
工人们路边燃烧沥青，并用接管洒沥青的现象，四处可见。

而石子路铺了柏油，可供汽车行驶，在人们心目中却又是进步的象征。由于城乡道路设施不断改善，

## 生命的飨宴

一间小教堂的婚礼，阳光照射进来，形成迷人的光影画面，无论新郎新娘、花童、家属或弟兄姐妹

阵阵波浪。由于下水道设施不完善及人口增长，夏秋台风来时几乎逢雨成灾，城乡一片汪洋。大雨迫

## 大家来看娶新娘

一处市场内停着一辆娶新娘的大轿车，新郎捧着大束鲜花，开门而出。迎亲活动是街头巷尾最令围观者兴奋不已，不断评头论足，窃窃私语。

**省公路局长途客运站外**

南部一处城镇省公路局车站外，几名水果小贩在车窗外叫卖。一般人往来西部大城市，主要依赖纵贯铁路，至于各县市乡镇之间，则搭乘省公路局长途客运。每次停车时，都有许多水果贩蜂拥而上，卖的水果可当场进食，或用竹篮包装好以备送礼用。

或是即将步上一样人生旅程的自己。

相对于喜气洋洋的迎新娘车队，阵势庞大的送殡队伍也经常经过街边，令人不禁驻足观看。尽管人们不自觉地与之保持着礼貌的距离，然而哀凄的曲乐与长长的人龙，阻碍了交通，让人很难转移视线。婚礼和丧礼这两出人生的悲喜剧，交互地在街边上演，虽不是任何人刻意的安排，但却十分贴近生命之歌的起伏节奏。除了街坊的戏梦人生之外，流动摊贩也是重要的街头风景。孩子们聚集在门口游戏，大人们站着跟邻居聊天。

只要大人小孩站到一块，自然就吸引了各种流动摊贩，有卖豆花、杨桃汤、枝仔冰和烤玉蜀黍，还有每次都能吸引大批围观人群的“爆米香”。每一个站着看的人，都在等待那一声砰然炸响……

再就是附近的夜市了。通常夜市都是跟一座历史悠久的寺庙连在一起。薛培德牧师拍了一组夜市的完整影像。早年那些稀松平常无人关注的事情，几乎都进入了他的镜头。夜市不仅提供饮食，供娱乐，还像是大型的夜间园游会。当时没有电视，只能到夜市听卖药人东扯西扯，或看歌仔戏和木偶戏。尽管声

**游走尺度边缘的电影宣传**

花莲市一个脚踏板车改装的广播车。宣传的新片是《江湖恩仇》，由牛哥小说《赌国仇城》改编，天山、张仲文、王引主演。广告词写着“张仲文大胆解开胸脯勾引了王引”。在保守年代，这已是游走尺度边缘的宣传技法。

**描绘往生者的遗容**

一处夜市的写真画师，写真属于传统美术技能，多半由师徒制传授。尽管墙上挂着画师绘制的外国美女写真，不过仅为展现画技，并增添现代流行气息。他们主要的订单还是描绘长辈或者往生者的遗容，有的作为家庭纪念照，有的则为丧礼悬挂之用。

**市场里的老戏院**

一处夜市的绿豆汤摊贩，夏日夜市生意兴隆，市场里还有一间老式戏院，通常用木板隔上下两层。夜市、老戏院以及逛街的人潮，为台湾各地共同的生活经验。

**爆米香的美味**

乡下爆米香，两名小商贩中午休息吃便当。爆米香为流动商贩的一种，带着机器游走大街小巷，有意者自备食米和糖，由商贩代工制作米香，索取工钱。由于制作过程有趣，通常吸引大批儿童围观。爆米香虽是甜食的生产活动，但在实际生活中也充满了童趣。

光效果不能跟今天比，但当年看的人远比今天多，且无不津津有味。

薛培德牧师的街头影像还有一组是水淹的照片，这也是台湾人很常见的景观。每年秋夏两季台风，必然会淹水。大人们苦恼，孩子们则天生顽皮，水中作乐。就是这些街头琐琐碎碎的事情，看似漫无章法，放在一起，竟又呈现了某种生活的秩序，并隐含了许多世间道理，如同一系列密码存放在社会记忆中，等待日后的人逐一解开，重新领悟，并发出会心的一笑。

# 在山中神游华夏

## ——故乡雁荡杂忆之十

傅国涌

### 一

我的整个少年时代都在雁荡山中，抬头是山，低头也是山，山中岁月寂寞极了。正是这种深入骨髓的寂寞，让我对书本有了一种似乎与生俱来的迷恋，我极力在书中寻找一个个新的世界，可以胜过眼前的寂寞的世界。大约从1980年起，我二姐傅彩茗开始出门经商，足迹遍及南北，每次回来，总会带回一些书，其中就包括了她顺便出游的景区小册子、图册之类。她去过的地方还真不少，近如绍兴、杭州，远如桂林，北方的泰山、水泊梁山、故都开封、嵩山少林寺，乃至山海关、秦皇岛、丹东等地。那时候，我依旧在山中经历着日复一日的寂寞，相距数十年，蓦然回首，却发现那些岁月，我似乎也跟着她神游了大半个中国。凡她去过的地方，早已成为我生命中熟悉的地方。因为我少年时就一遍遍地翻过关于这些地方的文字与图片。古人早就说过卧游之乐，我更喜欢用神游这个说法，苏东坡的名句“故国神游，多情应笑我，早生华发”，我在少年时靠着二姐带回来的小册子，在山中神游华夏，哪怕有些地方我至今也

**图 1** 1981 年，作者二姐在杭州。

没有去过，但也并不觉得遗憾，因为心中早已熟悉。有些地方，多年后当我抵达时，我想寻找的更多是少年时朦朦胧胧却又真真切切的印象。我曾读过一篇《论神游》的文章，主要是讲身游中做一番神游，而我却以为未及身游的神游更为美好。

我最早从传奇小说《说岳全传》和连环画知道岳飞的故事，但对岳飞有了更多的理解，是在 1981 年，我二姐到杭州，游览了西湖，特别是看了岳庙，带回三本小册子，一本橘色封面的

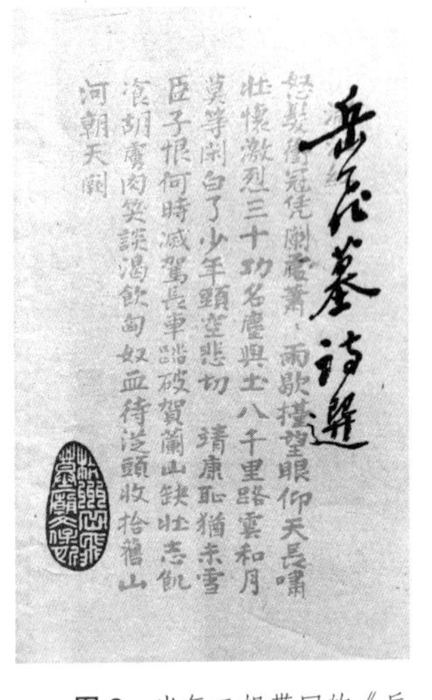


**图2** 当年二姐带回的《岳飞墓诗选》

《岳飞墓》，一本黄色封面的《岳飞墓诗选》，一本蓝色封面的《岳飞墓庙楹联》，书名都是书法家沙孟海写的。写过“春色满园关不住，一枝红杏出墙来”的南宋诗人叶绍翁，为岳飞写下了“万古知心只老天，英雄堪恨复堪怜”这样的诗句，元代书法家、诗人赵孟頫的“莫向西湖歌此曲，水光山色不胜悲”，也曾是我常常念叨的句子，明代的于谦、明亡之际的张煌言都有诗，他们也是史书上的忠烈人物，和岳飞一起成了西湖边千年来牺牲的象征，虽时代相隔，却一脉相通，我第一次读到因抗清而殉难的张煌言（张苍水）的那首《入武林》就是此时，“国破家亡欲何之？西子湖头有我师；日月双悬于氏墓，乾坤半壁岳家祠。……”只觉得正气浩荡，好男儿生当如此。毫无疑问，这些诗句曾激动过一个山中少年，让平静寂寞的山中岁月平添了几分英雄气。张苍水墓在西湖边、南山路上，与章太炎墓比邻，成为我日后常去徘徊之处。

岳庙、岳墓的许多楹联那时也看得眼熟了，最有名的诚然是那副不知出于谁人之手的旧联：“青山有幸埋忠骨；白铁无辜铸佞臣。”

自明代以来，秦桧夫妇和万俟卨、张俊被铸成铁人长跪在岳飞墓前。到底秦桧还是宋高宗赵构，才是杀岳飞的主谋？千古以来不乏争议，我后来读史家邓广铭的《岳飞传》，他认定秦桧是主谋，但我少年时就从小册子读到过明代人文徵明的《满江红》，“岂不念，中原蹙；岂不惜，徽钦辱，但徽钦既返，此身何属！千古休夸南渡错，当时自怕中原复。笑区区一桧亦何能，逢其欲。”对此深以为然。清代诗人袁子才说“赵家天子可怜虫”，我却觉得更可恨。对于历史的复杂性，我那时还难有更深的体悟，但这些小册子将我带进岳飞被杀以来近千年的反思、追问之中。一个岳飞救得了大宋王朝、万里江山吗？在岳飞身上，人们不断咀嚼、反复肯定的就是他的忠，“精忠报国”的忠，就是“忠臣”的忠，“愚忠”的忠，当然也是一个中心的忠。明代董其昌书写的那副楹联：

> 南人归南，北人归北，小朝廷岂求活耶？
> 孝子死孝，忠臣死忠，大丈夫当如是矣。

可以说一语道破。千年不磨的价值体系，一直受忠奸二分的模式主导，忠臣忠于什么是清楚的，忠臣为忠而死才能获得忠的定评。这也正是维系了农耕帝国超稳定结构的密码之一。只是那时候，山中少年还不是很明白而已。

我要等到很多年后，才第一次进岳庙，但进还是不进，似乎都已不重要，关于岳飞，我从少年时就已熟悉他的故事，关于岳庙、岳墓，我也早就从小册子中熟悉了。十几年前，我经常到西湖边爬山，有时便从黄龙洞上山，再从岳庙附近栖霞岭下山，每次路过那一带，心里想到的总是那几本小册子的样子，和里面的诗词、楹联。

## 二

大约 1982 年，我二姐自绍兴回来，从鲁迅纪念馆买回一个陶瓷的半身鲁迅像，白色，小小的，一直摆放在我的书架上，还有一本小册子《语文教学》1981 年第 2 期，封面还有一行字：纪念鲁迅先生一百周年诞辰专辑。绍兴和鲁迅故居，我都要等到二十多年后才真正走近。但读鲁迅的作品和与之相关的文字，那里的一切似乎早已熟悉。这本小册子我一直保存着，其中的文章今天读来当然都觉得粗浅，但我还是不舍得扔掉，这毕竟是从鲁迅故居来的，陪了我几十年。小册子是和百草园、三味书屋牵连在一起的。

我最早读到郁达夫的作品并不是他的小说，也不是他的旧体诗，而是他的游记，那是我二姐从天津带回来的一册《郁达夫游记集》，其中有一篇《雁荡山的秋月》，他在 1934 年秋天到过山里，呼吸了数日我千万遍呼吸着的空气，这就一下子拉近了他与我的距离。

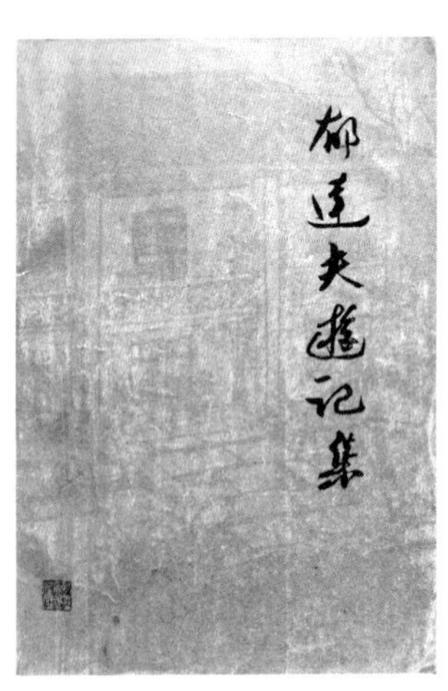

**图 3** 作者当年读过的《郁达夫游记集》

他在书中写的多半为江南特别是浙江的山水，常常引我远想。尤其是他家乡的富春江水从此让我念兹在兹，《钓台的春昼》《桐君山的再到》，我在少年时就一读再读，以后又曾一次次地走近，桐君山就在我妻子的家乡附近。

前年秋天，我还带了童子到桐君山和钓台去上过课。郁达夫的笔带着些古典的气味，却又是清爽明白的白话文，“两岸全是青青的山，中间是一条清洗的水，有时候过一个沙洲。洲上的桃花菜花，还有许多不晓得名字的白色的花，正在喧闹着春暮，吸引着蜂蝶。”“向天上地下四围看看，只寂寂的看不见一个人类。双桨的摇响，到此似乎也不敢放肆了，钩的一声过后，要好半天才来一个幽幽的口响，静，静，静，身边水上，山下岩头，只沉浸着太古的静，死灭的静，山峡里连飞鸟的影子也看不见半只。”这些文字我曾一次次地重读，每次读到，都有一种久违的心动。

许多的小地名，我最初是从他笔下接触到的，是地理课本中常常没有的，比如他的那篇《屯溪夜泊记》就让我对屯溪至今念念难忘，《浙东景物纪略》中有一篇《仙霞纪险》，除了写仙霞岭之险，还写了仙霞关外的廿八都，这是浙江、江西和福建三省交界的地方，一声鸡叫，三个省都能听见，他去时却发现空空荡荡，没有人，“活的生动着的人哩，人都到哪里去了呢？”原来国共双方的军队在此地刚有过战事，一个富庶、繁华了几百年的山中小镇转眼成了这个样子。郁达夫当时语焉不详，我也没有太明白，但记住了廿八都，记住了弯里有弯、山上有山的仙霞岭，以及一夫当关、万夫莫开的仙霞关，二十多年后，我来到世外桃源般的廿八都，并写了一册《发现廿八都》，其实伏笔就是少年时埋下的。

富春江畔的新登、窄溪、岘口，从 1993 年起就成为我常去之地，那年秋天我第一次到我妻子的故乡去，一心想寻找的就是十多年来梦里依稀出现过无数次的富春江，包括这些地名，郁达夫笔下的桐君山从此也成为我的桐君山，书中的地名从此进入到我日常的生命中。

人生就是一个织网的过程，许多的线头慢慢地就串在了一起，日久天长，就成了网，起初看似无关紧要的一些相遇，一些偶然的东西，后来才发现一切都不是无缘无故的。

## 三

我最早认识泰山，想来是杜甫的那首《望岳》，“岱宗夫如何？齐鲁青未了”足以让我对“一览众山小”的泰山想入非非。1984 年我第一次远行，北上的绿皮火车路过泰安，看见那山气、山骨，猜想那就是泰山一带，此前二年，1982 年，我二姐从山东回来，带回一册《东岳泰山》，是科学出版社出版的，多从地理的角度着眼，由《诗经》中的一句“泰山岩岩”而及“岩石展览会”，还专门解释了泰山这一“巍巍断块山”的形成。我在雁荡山中读此书，心中常常将泰山与雁荡做比较，两山太不同了，泰山是平地拔起，巍然横亘在山东的千里沃野之上，秦皇汉武以来，泰山的地位在中国历史中不可撼动。后来有人将山分为庙堂之山和村野之山，泰山无疑就是庙堂之上，高高在上，让人膜拜。

泰山拔地通天，山固然高峻，到了峰顶却又显得平缓，书中写到人们攀越十八盘天险，登上南天门时，禁不住要问：怎么地面反而平缓了？在顶上向北眺望，重重叠叠的山脊，像一层一层的波浪，由近及远，渐次降低，而又能连成一气。这在雁荡是看不到的。三十多年后，我登泰山，走在“天街”上，体会少年时书中写到的这一节，一点也不觉得是第一次登山，反而觉得早就来过一般。

至于泰山的松、泰山的摩崖石刻，也一点都不觉得陌生。我登山时想寻找的“五岳独尊”那一处石刻，却不料只是在一块并不雄伟的石头上，这与我当年从插图上看到的落差很大，未免有一点小小的失望。玉皇顶上，我看到那块六米高的无字碑，默然良久，有字还是无字，放在更长的时间尺度下真的毫不重要。二千年对于泰山而言，真的不值一提，人类的踪迹放在地壳运动的尺度下几乎可以忽略不计，我们所珍视的一切都是在一个短暂的时间尺度里形成的。但是转念一想，对每个人而言，属于人类的这部分岂不是更珍贵、更值得珍惜吗？其中带着人的情感、思想、意志、愿望，离开了这些，除了石头还是石头，正是人赋予了石头全然不同的意义。泰山早已不仅仅是一座可以攀登的山，更是文化中的山、历史中的山。几千年来，一代又一代的人与这座山对话，逐渐累积成了这座山的灵魂，只是今天已完全庸俗化了，比如高音喇叭无休止地滚动播放防火规条。

我心中的泰山，与我登临的泰山之间因此有了巨大的距离感。心中的山并不是现实的山，那是当初我在雁荡山中读《东岳泰山》，背诵杜甫的诗，读姚鼐等许多作家的文字，不断累积起来的。

对于桂林，我最初的印象只是那一句“桂林山水甲天下”。1982年夏天，二姐从桂林回来，带回的小册子有《桂林旅游》《阳朔山水》和《灵渠传说故事》等。桂林、阳朔的山水之美自那时起便在我生命中生了根，后来我几次到桂林、阳朔，心里面牵连起的都是数十年前山中的那个夏天，我读这些书时的惊叹、想象和向往。“五岭皆炎热，宜人独桂林。”“江作青罗带，山如碧玉簪。”杜甫、韩愈的这些诗句离我毕竟遥远，读到南宋诗人周去非对桂林之山与雁荡山的比较则觉得特别亲切，“桂

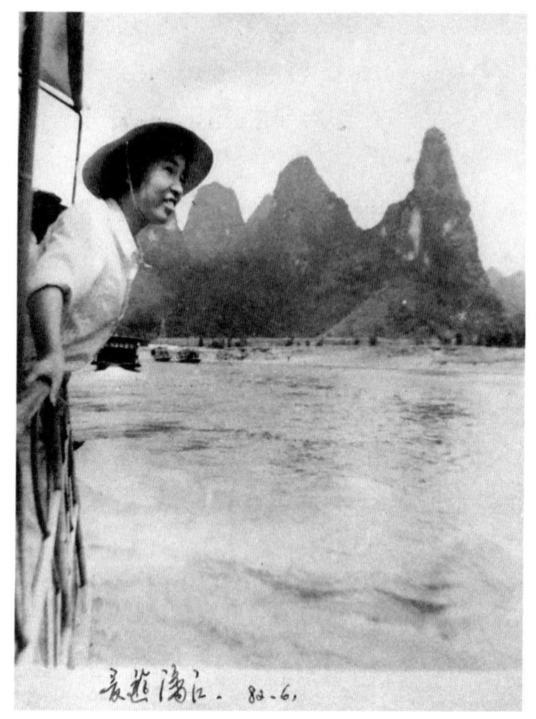

**图 4** 1982 年 6 月，作者二姐在漓江的游船上。

山得雁山之秀，雁山不若桂山之多。若置诸大龙湫、龙鼻泉之侧，则雄伟之气亡矣。桂山之高，曾不及雁山之半，故无尊雄之势……”他是温州人，做过静江府（桂林）的通判，曾多次到过雁荡，笔下是他自己的体验。

叠彩山、伏波山、象鼻山、独秀峰、芦笛岩这些名称也从这些册子中看熟了。还有碧莲峰石壁上那个巨大的“带”字，龙飞凤舞，引发过许多人的猜想，那是清代做过阳朔知县的绍兴人王元仁书写的。有人从中读出“一带山河，少年努力”，有人觉得言犹未尽，认为是“一带山河甲天下，少年努力举世才”，又有人揣摩含着一首四言诗：“一带山河，举世无双。少年努力，万古流芳”。等我真的看到这个“带”字，这些猜想似乎都变得有点多余。我最喜欢去的地方是李宗仁送给画家徐悲鸿的那个小院，抗战岁月，他曾在此住过，那两棵高大的白玉兰如今还在。无论漓江边上，还是白玉兰下，却都连接着我少年时的山中岁月。

1983年初，二姐到河南，去过嵩山少林寺，也去过开封相国寺，带回的书中有一册《古都开封》，我从《清明上河图》知道开封在宋代的繁华，也从“直把杭州作汴州”的诗句中体会过北宋灭亡的遗恨。那时我已读过《三侠五义》等书，知道包拯的故事，对与他相关的开封自然充满了好奇，还有千年铁塔带来的那份凝重与力量，自宋以来九百多年间，不完全的统计，它已经历过地震四十三次、暴风十九次、水患六次、雨患十七次、冰雹十次，还有炮击等，天灾人祸不断，它仍屹立不动。所谓“擎天一柱碍云低”“高插云霄客倦登”这样的诗句都配不上古塔的分量。相距三十几年，我第一次来到开封，在细雨中站在铁塔面前，想到的却是当年书中说的“铁塔燃灯”，那是古代开封生活中的一大盛事，可惜我看不到了。即使看到模拟版，也已失去原初的意义，时代的更替不可抗拒，昔日的铁塔是古都生活的中心，是与当时人的生活呼吸相关的，而今天它只是文物，从生活进入文物，这是无法挽回的时间变化。

## 四

那时候，二姐还去过山海关，带回的小册子有《万里长城·山

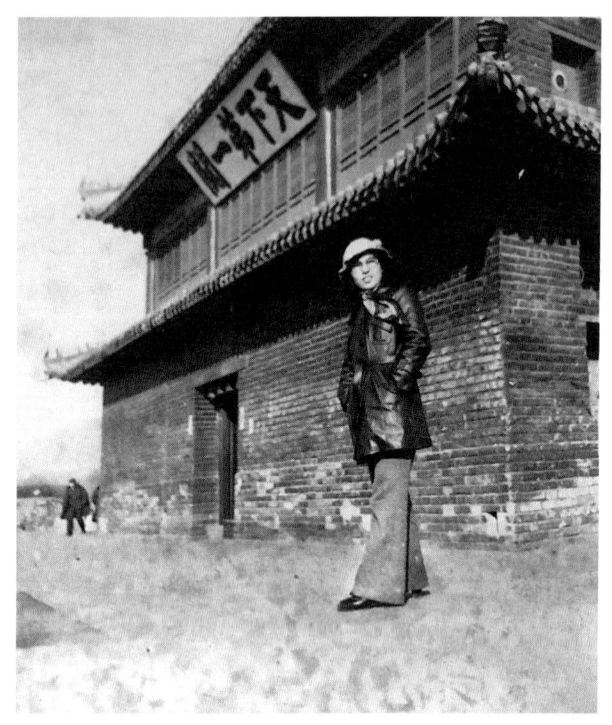

**图 5** 1982 年，作者二姐在山海关。

海关》《山海关　北戴河　秦皇岛》。“天下第一关”那几个浑厚有力的大字，每个字高一米六，给我很深的印象。还有孟姜女庙的那副对联：

海水朝　朝朝朝　朝朝朝落
浮云长　长长长　长长长消

不知出自何人之手，却比文天祥写的“秦皇安在哉，万里长城筑怨；姜女未亡也，千秋片石铭贞”有吸引力多了。温州江心屿也有一副类似的对联，据说出自南宋状元王十朋之手：

云朝朝　朝朝朝　朝朝朝散

潮长长　长长长　长长长消

所以，有人认为孟家女庙的那副可能是明代名将戚继光的部下从南方带来的，只是有所改动。山海关，我至今还没有去过。去不去也早已无关紧要。

整个八十年代，我跟二姐一起去过的地方其实很少，1990年，她在大同，我跟她登过北岳恒山，看过悬空寺和应县木塔，恒山风大，黄土飞扬，并无奇特之处，倒是悬空寺让人惊叹不已，除了用“巧夺天工”这个被用滥的成语，还真想不出什么更恰当的词来。

这是我们姐弟十分难得的一次同行。但在此前的十年间，她在大江南北带回来的书，让我的山中岁月变得饱满而充实，我不用出门，就可以跟着前人的脚步丈量外面的世界，不仅亲近自然风光，而且咀嚼人文风光。在她带回来的书中有《徐霞客游记》《古代风景散文译释》《历代旅行家小传》《中国当代游记选》《中华名胜古迹趣闻录》等。这些书都

**图6**　当年作者二姐带回的介绍万里长城、山海关的小册子。

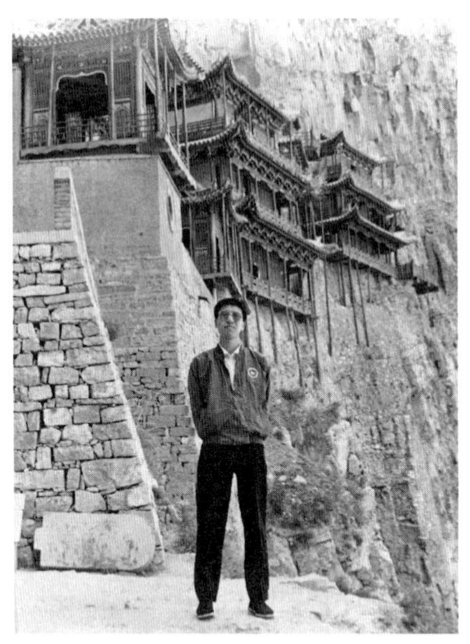

图 8 1990 年，作者在北岳恒山悬空寺。

把我带到许多我从未到过的地方。

昆明滇池边大观楼的那副长联最初就是在《中华名胜古迹趣闻录》中读到的，从“五百里滇池奔来眼底……”到“数千年往事注到心头”，上下联各九十字，如此长联，却如一气呵成。数十年后，我第一次到昆明，看了西南联大的旧址，最想去的就是大观楼，我想重温这一长联，这也是只有象形文字才能提供的一种表述，在我心中潆洄久矣。作此联者孙髯翁生活在清代康乾年间，自称“万树梅花一布衣”，却凭着这一百八十字的长联留在历史中。

我很感念年少时光，山中的日月悠长，却因二姐带回来的这些书，我几乎将华夏大地神游了一番。在一个交通不便、资讯匮乏的时代，一个山中少年竟然能以这样的方式遍游各地，画出自己心中的一张华夏人文地图。虽然那时我眼前的世界很小，还被重重叠叠的山包围着，我心中的世界却越来越大，无论如何，是一座山都装不下了。

# 大山四季与知青挚友

周　建

1969 年底，我中学毕业和同学组成集体户，从省城长春奔赴通化地区集安县花甸公社的钓鱼台大队插队落户。后来，由于生活十分艰难并得了大骨节病，上级有关部门把我们全集体户调到荒岔大队。图 1 是我们几个女生在荒岔大队的合影，我在中间，左边是刘丽荣（已故），右边是王桂芝。遗憾的是没有男同学，他们是郝宪义、赵立新、陶子新、李洪军等。我与他们共同在大山里接受“贫下中农再教育”。尤其在“钓鱼台”的那段特殊知青岁月，仿佛定格在昨天。

钓鱼台大队距离通化市有一百多里，属于山区，森林覆盖率达百分之八十二，植物以红松、柞、椴、楸、桦、曲柳为主针阔混交的原始森林。钓鱼台大队处在深山沟里，山高林密，山崖陡峭，有些山路根本无人攀登。

当时我们只有十六七岁，青春如火、意气风发。大山对于城市里长大的我们，有无限的吸引力。虽听农民说，山上有蛇、野猪、野狍子，还有老虎，可我们还是在农民大伯的建议下，穿上草绿色胶底薄帆布面的高腰登山鞋，学着大伯在腰间绕几圈麻绳后，随着大伯出发了。“怕不怕？”“大伯您在，我们

图 1

不怕。”王桂芝随后回应。

大伯在前用镰刀开路，我们紧随其后，各种形状的叶子，藤蔓绕得腿脚难拔。还没走几步我小腿就似乎被什么勒住了，我下意识“呀”的一声，王桂芝和刘丽荣也惊讶地呼出：“草！”一株草把我小腿缠绕紧紧的。大伯“啪”的一巴掌下去，那草才卷了回去，这时我们开始有些恐惧。森林被树木、杂草包裹，只有从杂草藤蔓缝隙间望见淡蓝色的天空。眼前已无路可走，我们像是被蜘蛛网裹住的小昆虫，无奈，只好择路回屯。这是盛夏的大山沟里。

地处鸭绿江边的钓鱼台，春季土地复苏，大约在4月5日清明前后，队长发令早晨3点半在生产队集合开始播种。梦中我们听见铃声大作，迷迷糊糊从炕上爬起，出门见繁星依然在高高的天空中闪烁，跌跌撞撞走到队里，此时种子已由队长搬到马车上。随着一声鞭响，我们一路颠簸、晃晃悠悠地驶向大地。

男人刨坑，女人点种，一个坑要撒五六粒种子，后面又是男人埋坑，一步一坑，每人都要一次性完成这些播种步骤。大约到早7点钟完工，一定要在几天内把全队的玉米种子播种完。记得有位大伯告诉我们“春分早、谷雨晚，清明正适时”，清明时节第一场雨“贵如油”。我们才明白，为什么要早起抢种。

我当时身体薄弱，臂力不足。5月的时候，要对种植的玉米进行定苗补苗，必须铲掉弱小秧苗，留住壮硕的，对分散的苗铲除不费力，但对那些紧挨在一起的苗，则困难得多。这种情况多的话，我就被落在后面了。集体户同学都比我早铲到地头，同学们只好接过我的垄沟，帮我接到地头，休息一会儿又一垄开始。

盛夏时节，我们知青菜园里有青椒、豆角、黄瓜、西红柿，都能上餐桌。尤其轮到刘丽荣做饭时，她会在大锅下面煲汤，上面贴玉米面大饼子，大饼子底个个都是橙黄色的，她又配上我们自己收获的菜特制成凉菜，大家吃得香喷喷的。轮到男同学做饭，他们会把柴火备足，以便轮到女同学做饭不用自己砍柴。

秋天，在大山里除收获高粱、玉米和黄豆外，还要采核桃、蘑菇，而这是我们最喜欢的事，我们学着队上妇女们的样子拿个布口袋上山了。我们兴奋得不停地问，核桃树什么样子？话

图 2

音未落，“叭”的一声，掉下一个青绿色满身刺的果子，“山核桃”，大妈声音干脆，顺手就拨开了。“啊！原来核桃还有一层外皮”。

女社员们干起活来飞快，一会儿一袋子蘑菇装满了。我们知青较迟钝，一个多小时过去，我的袋子还只装了四分之一。“这大花斑蘑菇真漂亮”，我有点小得意 。“不能吃”，大妈立刻制止，随后讲什么样子的是毒蘑菇。我们干活的速度还是慢，大妈看我们情绪低落，忙说：“昨天下过雨，今天是采摘木耳的最佳时令。”还告诉我们最好的都集中在柞木根下。走不多远一根柞木横卧在山坡上，我看到了一大堆木耳，我和知青挚友们大把地采摘，真过瘾呀！

冬天的大山，伐木是主要活计，两人一棵树，长长的锯条每拉一个来回都得使出浑身力气，几个来回便大汗淋漓。第一次看到一棵棵大树倒下的景象及声音，心灵感到无比震撼，七八丈高的大树在我们挥汗如雨中倒下，像是改变自然似的欣喜。然后将每棵树修得光溜溜且笔直的，再用铁钩钉在木头粗的一端，将麻绳系在铁钩里，每人一根木头拉着下山。山上山下穿梭不停，男社员再把每根木头扛到大卡车上，大家忙得热火朝天，卡车直奔通化市，再装上货车发往祖国各地。

次日，积雪成堆，深一脚浅一脚，不知何时，脚踩到坑里，随之全身摔倒在深深的积雪中。全队人马终于爬到山顶，开始将昨天砍倒未运到山下的木头拉下山。当我和王桂芝、刘丽荣和苏伯娣四人，拉一根木头送到山下后，再次返回约 40 度陡峭的半山腰时，突然山上一根木头奔向较胖的苏伯娣同学那边，只有十几米远时，木头撞到一块石头突然改变方向直奔我来。王桂芝大喊，我抬头看，那速度太快，木头在跳跃式地飞快滚下来。当时头脑清醒，知道已没有时间躲闪，只好原地腾空而起，此间又听到刘丽荣和王桂芝还在不停地狂喊着“周建”。刹那间，我落地了，旁边三人面部表情呆滞，片刻唏嘘后，同学都围拢过来问碰到哪儿了，我这才小心翼翼地看，右脚跟被木尾端擦破皮，大腿部位有一点翘起小毛刺皮，无碍大事。王桂芝说：

“也就是你呀周建，换别人谁都完蛋了。”刘丽荣打趣地说：“简直是体操动作的双腿横叉。”事后分析，若跳得低一点，后果不堪设想，一场有惊无险。

大山、挚友，往事距离我已渐行渐远，但回顾大山知青生活和挚友对我的帮助似木头一圈圈年轮永远镌刻在我心中。我知青生涯的诸多困难和遇险若不是挚友无私帮助，就没有后来的种种命运转折，也没有我现在淡定从容的人生态度，珍藏大山恩典和遇见她们！

---

## 征 稿

《老照片》是一种陆续出版的丛书，每年出版六辑。专门刊发有意思的老照片和相关的文章，观照百多年来人类的生存与发展。

对稿件的要求：所提供的照片须是20年以前拍摄的（扫描、翻拍件也可），且有一定的清晰度，一幅或若干幅照片介绍某个事件、某个人物、某种风物或某种时尚。文章围绕照片撰写，体裁不拘，传记、散文、随笔、考据、说明均可。

编辑部对投寄来的照片，无论刊用与否，都精心保管并严格实行退稿，文字稿恕不退还，请自留底稿。稿件一经刊用，即致稿酬。

来稿请寄：山东省济南市英雄山路189号B座　山东画报出版社《老照片》编辑部

邮　编：250002

E-mail：laozhaopian1996@163.com

网　址：www.lzp1996.com

电　话：（0531）82098460（编辑部）（0531）82098460（邮购部）
　　　　（0531）82098479（市场部）（0531）82098455（市场部）

邮购办法：请汇书款至上述地址，并注明所购书目。

邮发代号：24-177

## 《老照片》网站与微信公众号

官方网址：www.lzp1996.com
微信公众号：山东画报出版社老照片

# 额尔古纳河右岸的女人

果德永

这两张照片摄于1937年，记录了我的父亲和母亲年轻时的样子。我的母亲是北山里人，那儿是“绿色宝库”，森林茂密，动物繁多。母亲也是迟子建笔下的额尔古纳河右岸的鄂温克人。按当年清太宗皇太极北伐黑龙江时，将鄂温克人编旗来算，母亲属正黄旗下的旗人。

《卫善堂果氏宗谱》记载，康熙二十二年（1683），果氏家庭五世族果有功兄弟五人率族人随萨布素北征罗刹。雅克萨之战胜利后，果氏一族俱编入镶黄旗第五牛录汉军佐领下。父亲的果姓人家是镶黄旗，母亲的莫姓人家是正黄旗，所以父亲与母亲的姻缘是门当户对。

康熙三十八年（1699），果姓人家随军移驻齐齐哈尔，兴建果氏家族宅府卫善堂，成为卜奎官宦家庭名宅。

我的母亲莫淑媛20世纪30年代初嫁到果家，见证了果氏家族宅府卫善堂当时的辉煌。

卫善堂，又称令德堂，坐落在卜奎北关东二道街，总占地面积六千平方米，院落分南北四合院，北院南开门，南院属倒座北开门。临街朝东，由北向南有六间柜房。三座门楼分别悬挂着“大夫第”“天宝号”“天宝档”三块大匾，依次由北至南而排列。那时潮商回报朝廷，把赚的钱再进口粮食，捐给朝廷。朝廷则以赐官作为奖励，所以潮汕有很多“大夫第”牌匾都是皇帝赐给的。卜奎果姓人家卫善堂宅府所悬挂的“大夫第”牌匾也是皇帝赐给的，在黑龙江有这样的牌匾是非常罕见的。该牌匾蓝底金字，显得格外高贵典雅，几曲迂回，檐角雕花，古朴气息回旋萦绕，“五蝠”飞动，小鹿神态逼真；宅院及屋内，有“世有令德”“德留去思”“善与人同”“继光祖一脉直传克勤克俭，教子孙两行正路惟读惟耕”等牌匾。卫善堂藏有清代帝师、书画第一家翁同龢给果松禄题联：“当官思于物有济，凡事求其心所安。”

母亲给了我生命、关怀，还有慈爱，以及作为留念的清代小瓷壶。令我铭记于心的是母亲的一句话：“孩子！记住，无论穷富都要念点书。”母亲的小瓷壶，伴我度过了岁岁年年，母亲的这句话，伴我走好人生路。

卜奎古驿，地老天荒，“夕阳巷冷牛羊气，平野天低狐兔秋”，原始未凿，人烟稀少，“初开原领处皆胡地，无读书识字者……”我母亲的娘家是北山里的索伦人，那儿更是偏僻荒凉，只知骑射。母亲就是生活在如此恶劣的环境之中，但是，在我刚刚记事的时候，目不识丁的母亲常常跟我说：“孩子，无论穷富都要念点书。”在母亲念点书的想法的影响下，我们兄弟姐妹都上了学。

母亲没有文化，但她却有讲不完的故事。她讲清朝卜奎水师营朝廷命官果德兴任第一任汉官学学长，那年他三十岁，曾向汉人蒙师学习“四子书”，听到谁讲得好就啧啧称赞，并让自己的晚辈终日跟随他的左右，学而不倦。她讲果寿祺在卜奎

**图1** 年轻的母亲怀抱着哥哥。

建孟母庙，讲孟母三迁的故事时绘声绘色。母亲让我们念点书的想法，不能说与果家尊师重教的家庭传统没有极其密切的关系。

我第一次上明月岛，是六十多年前和三哥一块儿去的。那时，家里养了几头奶牛，哥哥每天都要到这里放牛。那天，我没有告诉母亲，就偷偷地跟着哥哥走，直到江边哥哥才发现我，他撵我回家，我执意不肯，他只好狠狠地拉我一把上了摆渡，我知道他是怕我自己回家会迷路。到了明月岛，眼前的一切把我惊呆了。望望晴朗的天空，看看身边哗哗流淌的江水，手摸摸青草，湿漉漉的，用脚碰碰流水，瞬间全身都感到清凉。这时，哥哥又拉了我一下，冲我一笑，我也轻松起来。晌午的烈日开始流火，我脱得精光浸入江中。就在我回岸上的时候，发现自己的短裤被江水冲走了，急得哭了起来。哥哥立刻将他那已经露出好几个洞的背心脱下来，围在我的腰间遮羞。

当我们回到自家院里的时候，屋里传来哭声，只见全家人围着躺在炕上的父亲，泣不成声。父亲因病突发去世。

无论家中发生了什么事情，日子总要过下去。悲痛之后，父亲工作的印刷厂为解决这个无稳定经济来源的八口之家的生活问题，决定让两个大点的孩子到工厂上班。令人想不到的是，印刷厂善意的决定遭到了这位额尔古纳河右岸的女人坚决拒绝。我的母亲莫淑媛说，我的孩子都得去念书，现在不能去工厂上班。母亲艰难地从泪水和苦涩的回忆中回到惨淡困苦的现实中，把所有的情感都融化在她的五男二女身上，母亲渐渐变得刚强起来。

我的一生，少的是父爱，多的是母爱，除备战那阵，母亲去大哥家两年之外，我始终同母亲共同生活在一起。直到母亲八十四岁高龄的时候，还跟我念叨：记住，无论穷富都要念点书。如今，母亲已经离开我们多年了，我也在用母亲的话来教育我的儿女。

那时，我们生活和念书的条件跟现在没法比。母亲天天起得很早，做饭，收拾牛棚，挤牛奶，装瓶，担水——要到三里以外的地方去挑，而且每天至少得挑七八担水。我们也得早早起床，背上装着奶瓶的奶兜，从南到北挨家挨户转圈送牛奶。母亲是一名勤劳的好劳力，我们念书的那数不清的日子里，从来没有因为早饭吃得晚了而上学迟到过。

**图2** 年轻时的父亲

我第二次上明月岛，是母亲领着我来的。头一天晚上，母亲就郑重地跟我说，你哥哥长大了，该上学了，以后放牛的事就由你承担了。我望着母亲点点头。这一次可不像我跟哥哥来的那次那样轻松。母亲说，放牛可不是对牛一点儿不管，要选好的草地，不但让牛白天吃好，晚上也要吃好，牛吃得好，产的奶才多。母亲说完便拿起镰刀开始割草了。我一到草甸子就开始寻找草长得密的地方，心想，我今天割的草一定要超过母亲的。啊！南边岗上的草密，我拿着镰刀奔跑过去。到岗上一瞧，东边洼地中的草似乎更密，我拿着镰刀，走到洼地一看，好像远处还有草密的地方……太阳老高了，我还在东奔西走着，寻找着理想的割草的地方……母亲喊道："小四，你干什么呢？"寻着母亲的喊声望去，母亲周围的草早已倒下好大一片了。母亲笑着说："孩子你老觉得眼前的草长得不好，主要是因为你没有看重眼前的草。"母亲说我挑花了眼，往后干什么事可不能这山望着那山高。我至今回想起母亲的这句话，仍觉得沉甸甸的充满人生哲理。

一天下午，我到郊外拔谷垅草，得到三角钱的工钱。这是我人生中头一次挣到钱。走进商店，眼花缭乱，糕点、糖果、气球、花布、彩条、水果……前看后瞧，左挑右选，我的眼睛盯住一块小鸡形状的彩色糖块，我决心为母亲买下它。到家的时候，天已经很黑了，母亲在焦急地站在门口等我，见到我后，一边一把把我拽回屋里，一边生气地喊道："这么晚了，怎么才回来！"我委屈地哭了起来："我到野外拔草挣钱，给你买好吃的了。"我把手伸进衣兜拿出彩色糖块，"妈，这是我给你的礼物。""看你这孩子，妈什么也不馋。"一边说着一边伸出双臂抱住了我，我抬头看到母亲双眼闪动着泪花。第二天，姨妈来了，母亲指着桌上的糖块说："这糖是儿子送给我的。"言语中充满了自豪，眼里却含着泪水。"没爹的孩子早懂事吧。"姨妈夸奖道。

我的童年时代，上小学都是半日制，上完学的后半天要到明月岛放牛，直到十三岁那年暑假的最后两天，家里捎来口信说我考上了重点中学，之后我放下牛鞭离开了我童年的乐园——明月岛。

日子一天天流水似的过去了。记得一年夏天，天气特别热，母亲背着冰棍箱子，走街串巷卖冰棒。人们都不喜欢天热，可母亲却希望天热，天越热，冰棒卖得越快。下午两点多钟，卖完冰棒的母亲，汗流浃背，上气不接下气地进屋就说：“水、水……”转眼间，半瓢凉水就全喝干了。这时，因一路叫卖而嗓子沙哑的母亲，从冰棍箱里取出唯一一支化了一半、未能卖出去的冰棒递给了小妹。

母亲常年起五更睡半夜，就是铁打的人也承受不起如此的辛劳，她终于病倒了。母亲的病实在已经很沉重了，天天痛苦地呻吟，不停地吐血。我们几个半大的孩子跑前护后，用毛巾擦血，用炉灰垫地。眼看着母亲在病痛中受折磨，却毫无办法。但母亲却坚强地说：“孩子们，别哭，别怕，妈妈没事的。”三哥说：“妈，我去修铁路，不上学了！”母亲便急了：“不行，我不要你帮我，你必须去上学，你要是我的儿子，就得去念书！”

也许是母亲的坚强真的感动了上天，没有去医院，她硬是战胜了病魔，继续担起了全家的重担。在母亲的支撑下，我们陆续考上了大学。

1996年的一个寒夜，母亲带着许许多多的牵挂，不情愿地离开了我们。几年来，母亲多次在梦中回来看我们，在我们痛苦的时候，在我们彷徨的时候，她那刚强的性格，勤劳的双手，无穷的智慧，无时不在激励我们在困境中拼搏。生活的重负使母亲腰弯背驼，无私的品格却让母亲高大挺拔。冰凉凄冷的天幕上，额尔古纳河右岸一颗无名星悄然陨落，消逝在无尽的银河，留下的是心碎肠断的思念。母亲永恒，最忆是母亲——额尔古纳河右岸的女人！

# 青春记忆

刘仁波

这几张黑白照片，拍摄于20世纪70年代，屈指算来，距今已有近五十年的历史了。

虽然因年代的久远而使得照片褪色发黄，但因为它是自己那段工作、学习、生活的唯一写真，故而依然对其爱不释手。

每每翻开这些照片，我都会长时间地凝目注视，心潮澎湃，思绪也会霎时间回到当年那段如火如荼的青春岁月之中。

四十多年以前，伴随着“上山下乡”的洪流，我们这一届“高中”毕业的几十名“知青”，怀揣着远大的理想和信念，带着对未来的美好憧憬，在鲜花、亲人、掌声的簇拥下，插队来到了东北一国营农场，被全员分配到了该场下设的水利队。任务是会同先期来到的知青一起，利用三至五年的时间，采用肩挑人扛的方式，在一条宛如东北人各家所用的炉筒子一般粗细的沟渠下游，建造一座既能养鱼养虾，又能灌溉农田的中型水库。

没有什么疑问，没有什么彷徨，更没有什么怨言。从报到的第二天开始，我们这些当年只有十七八岁，血气方刚、积极向上的青年，毅然决然地快速融入到了每天抡大锤，挥铁锹，舞镐头，搬石块，挑土篮，冬战三九夏战三伏的战斗大军之中了。

**图 1** 知青在舞台上演唱京剧《红灯记》选段。摄于 1973 年。

我们当时每天工作八个小时，没有休星期天。遇上雨雪天气，也本着“小雨雪不停工，中雨雪劲不松，大雨雪再集中（室内开会或学习）”的原则，至于刮多大的风，已不在考虑范畴之内了。

工作中有人手磨起了血泡，身体受伤了，也没有叫苦不迭，仍恪守着“轻伤不下火线，重伤坚持干”的拼搏精神，顽强地坚持着，就是女青年每月最怕扭着、累着、抻着的那几天，也都无人主动请假休息或向领导申请干些轻一点的活，仍和男青年一样，该抬石头抬石头，该抡大锤就抡大锤。

**图2** 由知青们组织的文艺宣传队，在农场表彰劳模会上慰问演出。摄于1974年。

那时，除了有薪资的八小时工作以外，每天的义务劳动和学习是必不可少的。或是早晨三四点钟起床干上两个小时的活，然后再吃早饭；或是晚饭后干上两三个小时的活，再睡觉休息。如果晚上不搞义务劳动，就集中学习，几无空闲。

我们那时的工资数额今天听起来会使很多人惊诧，是按参加工作的自然年计算，第一年月工资为18元，第二年为24元，第三年为28元，第四年为32元。第四年定级为农工二级，我们俗称为“四年二级制”。到了农工二级后，就不再按自然年上涨工资了，只能等国家晋级升薪的文件了。

那时，在我看来，同事与同事之间，干部和知青之间，都是同吃同住同劳动的，大家关系十分融洽，我们和当地的职工、群众之间的关系也非常密切，大家没有高低之分，没有贵贱之分，没有城里人与农村人之分，生活用品、食品等更没彼此之分。

互相帮助，互相关心在那时被看作是最平常的事了。男生帮女生挑水，劈柴烧炕，女生帮男生缝缝补补，洗洗涮涮，都是很自然的事，没有人心怀叵测，更没有人乱嚼舌根。如果哪

**图3** 机务排的女知青与翻地的五铧犁合影。摄于1974年。

位青年生病或受工伤，几乎所有同事都会去探望，嘘寒问暖，端水问药。有时候，大家还会筹集几块钱，买几瓶廉价的水果罐头送上。

那时，最高兴的事莫过于连队集体会餐了。一大盆炒白菜片，一大盆炖酸菜，一大盆土豆炖豆角，条件好时还会有一大盆猪肉炖粉条，这些菜被摆放在用几块大木板临时搭起的简易桌子上，全体知青和队领导围在桌前或坐或站，端着盛满自酿白酒的大碗，又喝又吃，又说又唱。

当时没有电视机，更没有电脑和手机，即便是收音机也不多见，整个连队除了有一个时响时断的有线广播，一个经常漏气的篮球和两个摇摇欲倒的篮球架子外，再没有其他任何供我

**图 4** 知青们利用义务劳动清除耕地中的大石头。摄于 1974 年冬。

们消遣和娱乐的东西了。不甘寂寞的年轻人，便“八仙过海，各显神通”，自带二胡、笛子、口琴、羽毛球、排球等，自娱自乐。

那时，正流行现代京剧，上至耄耋老人，下至七八岁的孩童，或多或少都能唱几个选段。茶余饭后，田间地头，总能听到有人哼上几句。在每次的文艺演出中，现代京剧的选段也是重头戏，或清唱或一把京胡伴奏。演唱者无论男女，穿一身仿制的绿色军装，往台上一站，无需任何道具，放开歌喉就来上一段，也感到尽情尽意。

那时，不时兴风景照，也不流行明星照，每年照相的机会少之又少，就是偶尔有照相的机会了，人们最先想到的就是和与自己工作息息相关的机械、厂房、工作台、工具及劳动场面合影留念，就连爱美的女知青们也是如此。

那时，连队没有长途座机电话，我们和家人、友人的联系方式均以写信和拍电报为主，无论是哪位知青接到信件，大家都要围上前去，让其念上一遍，分享喜悦，分担忧愁，哪怕是恋人写来的情书，也是如此，没有避讳。

1979 年，我因工作调动离开了水利队，那段知青岁月也画上了句号，而其他知青也在 1980 年以后陆续返城。

# 母亲梁秀娟的舞台生涯

白其龙

我的母亲梁秀娟，1920年11月29日出生于北京。她的母亲梁花侬是知名的京剧演员，工老旦、彩旦和丑角，十一岁入田际云（艺名响九霄）创办的北京第一个女子科班崇雅坤社坐科学戏，出科后常年在北京华乐戏院、城南游艺园等舞台演出。家中来往亲友多为京剧梨园界前辈。她的父亲檀则蕃，安徽望江县人，为官宦之家。祖父檀斗生曾任清朝重庆知府，祖伯父檀振升曾任翰林院主考官等要职。父亲从小饱读诗书，诗词歌赋皆精，有安徽才子美誉，曾任多家报社主笔。共育有四位子女，长女梁秀娟，长男梁先庆，二女梁雯娟，三女梁玲娟。

我的母亲梁秀娟，五岁入私塾，读了《孝经》《大学》《中庸》《论语》等。由于体弱多病，开始在课余时间随姨母梁桂亭及玉成科班刘玉芳练功健身。姨母梁桂亭也坐科于崇雅坤社，工小生。母亲七岁正式入小学，学名檀秀娟。由于在家庭里耳濡目染，从小就喜欢京剧表演。十一岁受京剧前辈齐如山鼓励，由母亲延请多位老师到家中教戏，同时兼习青衣、花旦及昆曲，并开始绑硬跷，勤练跷功。青衣开蒙老师是玉成科班出身的李玉龙。李老师先教会《朱砂痣》《浣纱记》，再教《奇双会》《武

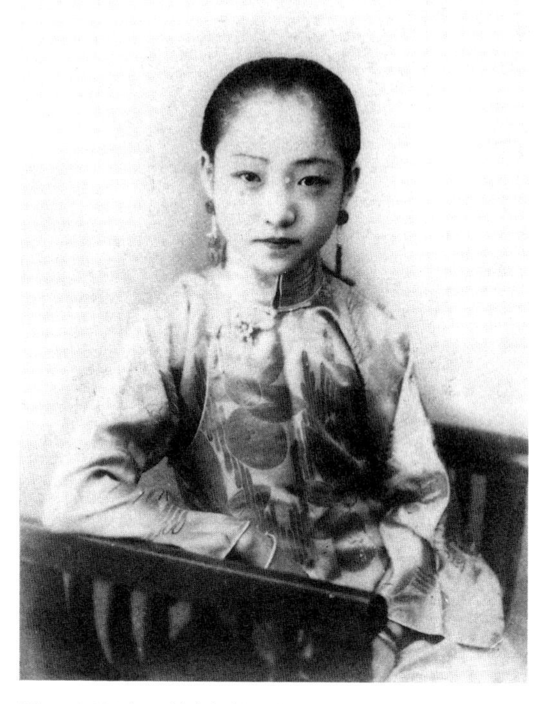

**图 1** 1930 年，梁秀娟摄于北平。

昭关》等戏。从小打基础，随王惠芳老师学习唱腔，张彩林老师教花旦戏，先教《游龙戏凤》《鸿鸾禧》《铁弓缘》等戏，着意指点眼神和动作之间的配合，也启发了自我此后对手眼身法步的特别讲求。

北方昆曲名家韩世昌用半年时间教会昆曲《思凡》，随后在北平织云公所某银行家母亲寿宴上露演。稍早的农历五月

**图 2** 梁秀娟昆曲《思凡》剧照。1931 年摄于北平。

十八关公诞辰在北平关帝庙容纳千人的大礼堂演出新学成的《朱砂痣》，算是母亲生平第一次演出。韩世昌老师先后又教了《牡丹亭》的《游园惊梦》、《西厢记》的《佳期拷红》和《白蛇传》的《断桥》以及《昭君出塞》等剧目。经过韩世昌老师、

**图3** 梁秀娟（前左）与大妹梁雯娟、二妹梁玲娟于1933年在山东青岛所住饭店拍摄。

图4 梁秀娟《梅玉配》剧照，饰演韩翠珠。1933年摄于北平。

马祥麟老师一丝不苟的严格指导，使母亲在艺术上进步飞快。

第二年农历五月，二度在北平关帝庙大礼堂演出《奇双会》，由姨母梁桂亭搭档小生赵宠。演出利落出色，名声从此传开。在准备做个“文武昆乱不挡”的专业京剧演员时，遭到她父亲

**图 5** 梁秀娟《霸王别姬》剧照。1934 年摄于北平。

的激烈反对。最后，母亲仍决定从事京剧事业，做专业京剧演员。因此，母亲改从母姓——梁秀娟。

十四岁时，母亲从北平春明女子中学辍学，全心投入京剧演艺事业。由我的外祖母梁花侬筹组剧团秀立社，正式对外公演。母亲梁秀娟是当家旦角，剧团成员有红生泰斗李洪春，花脸侯喜瑞、孙盛文，武生高盛麟，以及薛连汉、哈宝山、王盛如等五十多位。姨母梁桂亭搭配小生。秀立社首次公演在北平前门外华乐戏院，剧目是《盘丝洞》和全本《金山寺》。剧团角色整齐，演出精彩而轰动九城。在华乐戏院演出期满后，又转往西城哈飞戏院，继续演出了《玉堂春》和全本《贩马记》。卖座鼎盛，声名远播。随后，受邀前往天津、武汉、开封、济南等城市巡回演出。陆续又排演了《儿女英雄传》《梅玉配》《杜丽娘》《蝴蝶杯》等剧目。所到之处，佳评如潮。梁剧团秀立

**图6** 梁剧团秀立社在山东济南的演出剧场山东大戏院的舞台。当天演出的戏码是：梁秀娟、梁桂亭、李洪春主演的全本《玉堂春》，孙盛文、王盛如主演的《普球山》。舞台中间最上方是上海名人杜月笙送的“美妙绝伦”四个大字。摄于1935年。

**图7** 1935年，十六岁的梁秀娟在山东青岛剧场大门前拍摄。当天的戏码牌上写的是由梁秀娟、梁花侬、梁桂亭主演的全部《得意缘》。

**图 8** 1935 年，梁秀娟在山东青岛所住的饭店院中拍摄。

**图9** 梁秀娟《盘丝洞》剧照，饰演蜘蛛精。1935年摄于北平。

社打响了知名度，母亲梁秀娟声名大噪。

十五岁那年，拜四大名旦之一尚小云为师，她常演的《汉明妃》《杜丽娘》《杏元和番》《玉堂春》《盘丝洞》等剧目，都经过尚老师的悉心指导、加工，使得她在京剧艺术上更加精

**图10** 梁秀娟与弟弟梁先庆同台演出《乾坤福寿镜》剧照，梁秀娟饰演胡氏，梁先庆饰演寿春。1935年摄于北平。

进。随程玉著学了《棋盘山》《乾坤福寿镜》等戏，随丁永利学了昆曲《林冲夜奔》。年仅十五岁的母亲梁秀娟已俨然成为“文武昆乱不挡”的京剧名演员了。当年梁花侬、梁秀娟、梁桂亭被誉为京剧界的“梁氏三杰”。

1935年，应邀到上海黄金大戏院做新春公演，从正月初一开始连演两个月。当时上海名角如云，梁剧团秀立社能在一个戏院连演两个月，可见实力之强。在上海，名老生麒麟童周信芳先生与梁秀娟搭配同台演出全本《骊珠梦》和《宝莲灯》《战宛城》《薛平贵与王宝钏》等，周信芳在《蝴蝶杯》中饰演田玉川，在《雷峰塔》中饰演许仙，母亲梁秀娟在周信芳先生编演的《平西剑》中饰演樊梨花。在上海与京剧大师麒麟童同台献艺，使得母亲此行额外收获了不少舞台经验与见识心得。

1937年，梁剧团秀立社应邀赴东北沈阳、大连、哈尔滨巡回演出。7月7日卢沟桥事变后，北平被日军占领。为躲避日本人的不断骚扰，母亲被迫提早结束了舞台演出生涯。在北平长安戏院告别演出，点出戏码是《汉明妃》和全本《玉堂春》。演出后，梁剧团秀立社也随之解散。

# 父亲的求学路

邵 维 邵 帆

## 小 学

父亲邵乃辰1937年出生在浙江省嘉善县天凝镇，当时正是淞沪会战进行到最后阶段，天凝的人们已听得到隆隆炮声。父亲排行老四，有一个姐姐和两个哥哥。爷爷师范毕业，年轻时当过小学教员，后继承家业经营米行，祖上也留有不少良田，家境在当地属殷实之户。图1是爷爷和奶奶唯一的一张合影。

11月初，日本侵略军从金山卫登陆。为躲避战乱，全家逃难到湖州莫干山中。几个月后，听说嘉善沦陷后战火已平息，全家又返回天凝。因邵家所住地方三面环水，易守难攻，家里和邻居的住宅被日本人强占作为据点。无奈之下，全家只能搬到奶奶的娘家——20里外的西塘镇，租房居住。

大姑姑静辰和大伯永辰先后在西塘入读小学，在二伯育辰去读小学时，小一岁多的父亲也跟了去。西塘镇河流密布，巷弄交横纵错，古色古香，属典型的江南水乡。父亲对西塘的记忆是国文老师常常挂在嘴上的一句话："上有天堂，下有苏杭，还有西塘。"

**图 1** 爷爷和奶奶唯一的一幅合影

1945 年 8 月 15 日，日本宣布投降，举国欢腾。即使在西塘的小街上，也挤满了手持中美英苏等国国旗游行的人们，男女老少都非常激动和高兴。但不幸的是，爷爷因患肺结核已于 7 月病逝，未能见到胜利的这一天。抗战结束后，奶奶独自带三个孩子（二伯、父亲和 1941 年出生的小姑姑美辰）返回天凝，而大姑姑和大伯到嘉善县城读初中。家里还有一些田地，能够

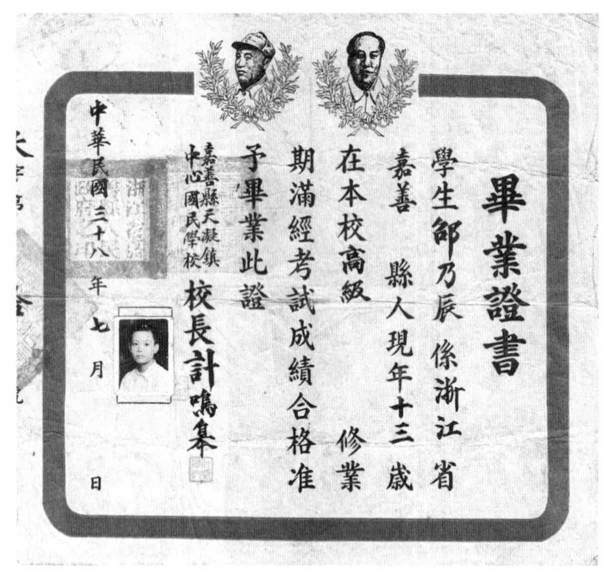
畢業證書

學生郃乃辰係浙江省嘉善縣人現年十三歲在本校高級修業期滿經考試成績合格准予畢業此證

嘉善縣天凝鎮中心國民學校 校長許鳴皋

中華民國三十八年七月 日

图 2 父亲的小学毕业证书

维持生计，父亲和二伯则转到当地的小学三年级念书。每年春天，小学都要举行远足活动，学生们举着旗、唱着歌、沐浴着春光，步行十余里到附近镇上和当地的学生一起联欢。

父亲小学毕业时，浙江全境已解放。图 2 是父亲的小学毕业证书，上面的半身照是他最早的一张照片。毕业证书上印着朱德、毛泽东的头像，但落款日期依然采用的是“中华民国”纪年，颇具特定历史时期的时代感。

解放后，家庭被划为地主成分，田地和房屋大都被没收，只留下了一间房和三亩地。因家里无劳动力，奶奶为了生计不得不带上孩子先后投靠她西塘的哥哥和江苏金泽的堂姐。这样的情况下，二伯、父亲和小姑姑被迫中断了学业。大姑姑和大伯原本成绩都不错，但为了减轻家里负担和尽早工作照顾弟妹，他们初中毕业都选择报考不收学费的中专学校，大姑姑考取了上海市制药学校，大伯考取了嘉兴农业学校。奶奶也跟着大姑姑到了上海，借住在父亲的表叔家。

## 初　中

父亲和二伯停了一年学后，于 1950 年入读位于西塘的嘉善二中（现嘉善三中），小姑姑也进入西塘小学念书。父亲和二伯住校，不用交学费。当时学生的生活艰苦，一个星期只能吃一次肉菜。虽然饭菜便宜，但父亲和二伯一个月几元钱的伙食费依然没有着落，奶奶只有变卖积攒多年的首饰以供孩子念书。

和好静的二伯相比，父亲在学校十分喜欢参加各类文体活动和社会活动。体育老师王益贤也是天凝人，对父亲格外关照。在王老师的指导下，父亲先后获得全校和嘉善县初中生田径比赛的跳高项目的第一名，并被选拔参加嘉兴地区的跳高比赛，虽然未获得名次，但这样的经历足以令一个初中生十分兴奋了。父亲也是王老师在学校组织的篮球队的主力。

后来父亲任学生会主席，组织参加了很多社会活动。为支援抗美援朝，学校组织演出了全本越剧《梁山伯与祝英台》，演员全部是本校的女同学，镇上民众踊跃购票观看，全部票房捐献购买飞机大炮。因缺少戏装，经王益贤老师介绍，父亲还专门回天凝镇文化馆借齐了戏装，以供演出之用。

父亲也喜欢音乐。学校礼堂放着一架钢琴和一架风琴，风琴不上锁，父亲有空就去弹着玩。在毫无任何乐理知识的情况

图3 父亲在初中毕业前与同学合影。前排右为父亲。

下，父亲居然也能够流畅地弹出不少的曲子。

父亲现在都忘不了教授英语、地理的蒋文熙老师，蒋老师是天凝人，也是爷爷的学生。由于这层关系，蒋老师对父亲和二伯的要求格外严格。父亲由于喜欢参加社会活动和文体活动，在功课上耽误不少。一次英语考试父亲只得了38分，蒋老师当着全班对父亲进行了严厉批评。这次批评对父亲的触动很大，他从此下决心认真学习。经过努力，父亲初三时学习成绩在班上位居前列，数理化成绩尤为突出。

奶奶虽然只是家庭妇女，但颇有眼光，一直全力支持子女的读书和深造，没有因为家庭困难而放弃。嘉善县在解放初期还没有高中，初中毕业生在省内只能就近报考杭州或嘉兴的高中。因奶奶和大姑姑都在上海，父亲和二伯商量后决定直接报考上海的学校。父亲和二伯到上海考试而错过了初中班级的毕业合影，殊为可惜。父亲毕业前约了几个要好的同学到照相馆合影留念（图3）。

## 高　中

当时上海市区的中学都不提供住宿，父亲和二伯就报考了位于浦东的上海市高行中学，并被录取。高行中学是一所新办的高中，其前身是一所农业学校，父亲和他的同学们是招收的第一届高中生，只有两个班。学校占地面积大，风景优美，图4是学校正门。

图4　父亲就读的高行中学校门

**图 5** 高中时的父亲在拉手风琴。

父亲和二伯勤奋努力，他们的成绩在高中三年一直名列前茅。

这时，大姑姑和大伯都已中专毕业，分别分配到了沈阳的东北制药厂和浙江的开化县农业局，他们工资微薄，但还是省吃俭用不间断地资助父亲、二伯和小姑姑，直至几个弟妹大学毕业。大姑姑和大伯对弟妹的手足情，父亲他们一直牢记在心里。

**图 6**　上高中时，父亲酷爱篮球。

50 年代的中学，每天下午 4 点后学生们就开展各种各样的文体活动。在音乐老师的指导下，父亲认识了简谱，学会了弹钢琴和拉手风琴（图 5）。父亲这时身高已长到了一米八，打得一手好篮球（图 6），是学校篮球队的队长。体育老师谭文亮是广东人，他和蔼可亲，是学生的良师益友。父亲和高中同学照了不少照片，相机都是找谭老师借的。图 7 是父亲和同学们在绿树葱葱的校园中的留影。

图7 父亲（后排右一）与同学在校园里留影。

1956年父亲高中毕业。高考前有两个保送读大学的机会，一个是解放军外国语学院，但他的意愿还是读理工科建设国家，故放弃；另一个是解放军海军学院，因父亲出身地主家庭，政审没过关，故也未成行。父亲一直向往到北京读大学，故他报考的全部都是北京的高校，第一志愿是清华大学动力机械系。父亲高考发挥不错，顺利被清华大学录取。同班同学中，还有同学考上北京大学、哈尔滨工业大学、北京地质学院等。二伯此前已保送至上海造船学院（即在上海交通大学内迁西安后的原址新建的高校，1959年又并入恢复的上海交通大学）。

## 大　学

1956年8月，上海铁路局专门为上海市、江苏省和浙江省

**图8** 父亲（二排右一）与高中同学在北京颐和园留影。

考上北京高校的学生加开了一列赴京的学生专列。这些学生绝大多数是第一次出远门，尽管专列是一趟耗时近50小时的慢车，但年轻的他们在一路欢歌笑语中饱览了祖国的秀美河山，丝毫不觉漫长旅途的疲惫。

父亲和高中同学到北京后不久就相约聚会，图8是他们在颐和园的留影，其中身着军装的是就读解放军外国语学院的同学。入学后不久就是国庆节，父亲和大学同学在清华二校门精神抖擞地照了照片（图9），然后寄给远方的家人和中学同学。

父亲的同班同学有相当一部分来自于江浙，上海话是除了普通话外最通用的语言，他们也很快地适应了北方的气候和饮食。班上的同学都是来自祖国各地的优秀学生，班级学习气氛浓厚。不论是对自己的要求，还是同学的激励，都促使父亲努力学习基础理论和专业知识，为今后的工作打下了非常扎实的

图9　父亲和大学同学在清华二校门合影。右为父亲。

**图 10** 父亲游览八达岭留影。

基础。

1957 年 5 月 1 日学校春假组织大家到八达岭长城游览（图 10）。那时的长城虽不如现在修缮完好，但仍然可见其雄壮和古朴。第二天，在清华大学电机系就读的顾乃清约父亲到北海公园游玩（图 11）。顾乃清是浙江西塘人，是父亲母校嘉善二中高一级的学长。

龚学晋是父亲非常要好的同学，他祖籍重庆，是缅甸的归

首都北海公园留影 1957劳动节 北海公园服务社照相部


图 11　父亲（右）与同学在北海公园留影。

国华侨。图 12 是他们在清华大礼堂前的合影。毕业后，龚学晋留校任教，后举家去了美国。父亲家境较好的大学同学拥有相机，他们大学期间照了不少的照片，其中以天安门和清华二校门为背景的照片最多。

1959 年 5 月 1 日，首都举行 50 万人的劳动节大游行，清华学生也参加了游行。父亲和他的同学在这次游行中被指派了一项光荣的任务——指路。当时清华学生游行完返校的路线是：从西单步行到西直门，再从西直门火车站坐火车返回清华。父亲班上的同学早早分布在西直门至西直门火车站的沿途，负责给步行的学生指路，避免他们迷路或掉队。图 13 是当天的留影，照片的背景是北京展览馆。

父亲在大学期间也一样喜爱体育和音乐，加入了清华大学手风琴队（图 14），平时的排练和演出给紧张的学习生活带来不少乐趣。

父亲在大学申请到了每月 12.5 元的助学金，正好充当伙食费，另外学校冬天也给困难学生发放棉衣。即使这样，父亲还

**图 12** 父亲与好友龚学晋在清华大礼堂前合影。右为父亲。

**图13** 1959年“五一”大游行后，父亲(中排右一)与同学在北京展览馆前留影。

**图 14** 父亲（后排左二）与清华大学手风琴队的同学在一起。

要依靠大姑姑和大伯每个月寄来的 5 元左右的生活费。

1959 年夏天，父亲上大学后第一次回上海过暑假（前两年是为了节约路费而未返沪），小姑姑这年高中毕业，大姑姑从沈阳回上海探亲。除了大伯因工作原因未能前来，几个子女都聚到了奶奶身边。奶奶十分高兴地看到已长大成人的儿女们，叫上大家照了全家福（图 15）。

奶奶这些年在上海没有生活来源，一直得到父亲的表叔江玉衡的接济。父亲表叔 30 年代毕业于浙江大学化学系，毕业后应聘到著名化工实业家吴蕴初的天原化工厂任技术员，抗战胜利后在上海自己创办天工化工厂，主要产品有烧碱、漂白粉和

**图 15** 1959 年暑假，父亲（后右）回沪与家人欢聚的留影。

**图 16** 父亲（后排左一）与表叔一家在上海桂林公园留影。

图 17　1961 年暑假，父亲（中）与同学返沪，在南京停留，游览中山陵。

**图 18** 1961 年暑假，父亲（后排中）回沪与家人合影。

**图 19** 父亲的毕业照

盐酸等。解放后，工厂经过公私合营和赎买，最终变为国营，而他依然在厂里做技术管理工作。父亲表叔对父亲一家恩重如山，奶奶的生活、几个子女的求学无不承蒙他多年的照顾和资助。图 16 是父亲和表叔及其子女在上海桂林公园的合影。

1961 年暑假，父亲和几位同路的同学乘火车返回上海，特意在南京停留并游览了中山陵（图 17）。这年大姑姑和大伯都回到上海看望奶奶，大家在一起又照了一张全家福（图 18），遗憾的是已考入清华大学无线电系的小姑姑因事未能返沪。

大学毕业前夕，父亲和同学相约去当时北京最好的照相馆，位于王府井大街的中国照相馆，拍个人的毕业照。图 19 中的父亲身穿西装衬衣、着领带，英俊睿智，风采应不逊电影明星。照相的服装是相馆专为照相者提供的，西装和衬衣都只有上半截。

1962 年 1 月，父亲以优异的成绩大学毕业，分配到天津大学工作，结束了他的学生生活，并将开启一段新的人生道路。

父亲近 20 年的求学路，恰逢中国社会从抗日战争、解放战争到新中国建设的历史剧变时期，个人的命运当然不可避免地受到大时代的左右。父亲现在回忆告诉我们，他自己始终抱着自食其力和报效国家的念头，而努力学习和追求上进。当时大多数人的物质条件都较为艰苦，他自己能够接受完整且良好的中学和大学教育，在同龄人中已是少有的幸运！当时的历史条件下，没有党和人民的培育，没有家人的付出和亲戚的帮助，单凭自己的努力是很难完成学业的。父母的辛劳、兄弟姐妹的手足情、表叔的照顾、老师的教导和同窗的友谊，父亲至今都不曾忘怀。

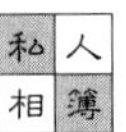


# 我家的全家福

邓一平

## 一

我父母结婚建立家庭时，除了他们俩，还有他们各自的母亲。我的祖母和外祖母从我父母亲结婚后就与我父母生活在一起。因为我父母都是家里唯一的孩子，在他们那个年代，这是非常罕见的巧合。

图 1 这张照片是 1962 年元旦期间拍摄的。坐在三人中间的是我的祖母，她怀抱我妹妹；右一是我外祖母，她前面站着我弟弟；右三是我姨祖母，后面站着我父母亲；左一是笔者。照片是在重庆市当时有名的“留真相馆”拍摄的。

我是 1954 年 10 月出生的，弟弟是 1957 年 4 月出生的，妹妹是 1961 年 1 月出生的。这张照片是当时我们一家三代人最早的一张“全家福”照片。照片里不但有我们全家祖孙三代七个人，而且还有我姨祖母！那天我祖母唯一的妹妹刚好来家做客，便一同留下这张珍贵的照片。

我出生那年，我的祖母正好五十岁。祖母出生在重庆市江北县悦来场牌坊村的一个农家里。祖母两岁多时，她的母亲因

图 1

伤寒病无钱医治而去世，这时祖母的妹妹才八个多月。失去慈母的小姐妹俩由务农的父亲和她们的祖母抚养大。

由于家境贫寒，我的祖母和姨祖母从未上过学，因此，我小时候上学时，祖母多次对我说过她因不识字而造成的深深遗憾。

我的祖母个性好强，但因为没有了母亲，她的婚姻是由她的姑姑们做主。祖母的夫家也是务农，我的祖父是家里的老大，下面有兄弟姐妹共八个之多。听祖母讲，她结婚后经常与丈夫吵架，因为他们性格不太和谐。祖母只生育了一个孩子，那就是我的父亲。在旧社会女人为夫家生下了接续香火的孩子，就算是对得起夫家了。因此，在我父亲大约两岁后，祖母就离家到重庆城里帮有钱人家带小孩，一直到重庆解放。其间，大约在抗战后期，祖父就因病去世了。这时祖母就把我父亲带在身边，一面给人帮佣，一面供我父亲读到初小毕业。祖母从此未再婚。

我的外祖母在出嫁后没生下儿子，丈夫死后被婆家撵走。我外祖母带着唯一的女儿回娘家居住，所以我母亲一直与她的母亲、舅舅、外祖父母生活在一起。

我母亲的外祖父是个草药郎中，他节衣缩食养我外祖母母女，还供我母亲读书。

听我祖母讲，大概在抗战胜利后，我的父亲初小毕业就在当时内迁的一个兵工厂（解放后叫重钢三厂），做学徒工。重庆解放时，因为祖母一直支持我父亲多读书，听说西南革大读书不要钱，就叫我父亲辞了工作去读书。不料因此改变了我父亲的命运。从此，父亲一直勤奋学习，努力工作。他没在课堂度过多少学习时光，可一手字却写得中规中矩。这张全家福照片的背面有我父亲写下的“1962 年元旦节”字样。那是“三年困难时期”，每个大人的表情都留有那个年代的痕迹。这张照片拍摄后大约三个月，我的外祖母就去世了。

20世纪50年代是我父亲一生中最活跃、最积极向上的时光：他曾调到北京一机部工作，因我祖母和外祖母不愿去北方生活，几年后父亲又调回重庆；父亲那几年去了我国很多大城市出差，如上海、杭州、武汉等，那是他一生中走得最远、走得最多的时光。但好景不长，1959 年我父亲因响应“除四害”号召长住郊外仓库灭鼠而患疾，导致右腿肌肉萎缩无力，从此与拐杖为伴，再也没有出差远行过了。

我母亲初中毕业那年刚好贵阳解放，思想进步的她马上进入西南革大读书（西南革大是新中国为红色政权培养干部而开设的短训班。专门招收思想进步具有初、高中或大学文化的热血青年，根据分配方向的不同分别训练六到十八个月不等）。

我父亲也在西南革大读过书，与我母亲不同期。他两人先后分别被分配到一机部西南办事处工作一段时间后相识并结婚。

我母亲工作后就将我外祖母从贵阳接到重庆来生活在一起，直到 1962 年外祖母在全国性的饥荒中去世，她老人家也没有回过贵阳市——她的故乡。

我的母亲只有五六岁时，她的父亲就去世了，外祖母带着我母亲回到娘家居住，因长年寄人篱下，我母亲养成了宽容、忍让的性格，在单位在家里从不与人争高低。特别值得一提的是，我母亲与我祖母生活在一起几十年，从未有因家庭琐事争吵过。

对此，当年街道居委会经常表扬，并以此作为婆媳关系的榜样宣传。母亲的言传身教给我们下一代做了榜样，我弟媳从未与我母亲红过脸。我与妹妹分别结婚后，都没有与夫家父母亲红过脸，都能和平相处。这是我母亲留给我们后辈人的优良传统。

## 二

图 2 是 1971 年底笔者作为上山下乡知青快要出发时，全家的合影。

我于1971年初中毕业，正赶上“知识青年到广阔天地大有作为”的年代。我是1972年1月1日到农村当知青的。在下乡之前，全家出动，到当年照第一张全家福的相馆（“文革”中改名为“东方红相馆”），照了这张全家福。

因我父母亲均无兄弟姐妹，故对我们三个孩子特别珍爱。从小未离开父母的我，将独自到农村生活。当时我只有十七岁，那些年月，下乡女知青的遭遇有许多不幸的传闻。我的父母对我下乡一事又担心又无奈。

同样，这张照片也留有那个年代的痕迹，每人胸前都佩戴

图2

毛主席像章。不知为何我戴的像章刚好被妹妹的头遮住。我记得是相馆摄影师教我们戴像章和站位。他也知道我将远离父母到农村，这种事情在那个年月里是他天天拍照的主要内容。从照片上看，因为即将送未成年的长女去远方，我父母的表情有些凝重。

我记得有一次到我下乡的农村来看望我的一位叔叔（父亲的同事），他提到过当年有单位愿意用一辆汽车换我和他小孩（也是下乡知青）的工作指标，但被我父亲拒绝了（父亲当年是物资计划科科长，有汽车调配权）。由此可见，我父亲是一个很讲原则、很正直的人。

我在农村一直待到知青大回城，父亲提前退休，才让我按“顶替”政策招回父亲的工作单位工作。

## 三

图 3 是 1985 年元旦时在我家门前拍的。前排坐着我祖母和父母，我父亲怀抱他的孙子，后排右一是我妹妹，右二是我，右三是我弟弟，右四是我弟媳。

这时，父母均已退休，母亲从事会计工作，被原单位返聘。那是改革开放正起步的时期，父母的三个子女都已经参加工作。弟弟已经安家，我正忙于参加“职工双补”，上夜校。故我弟弟先于我结婚。上年家里新添侄儿，父母亲有了孙子。从父亲的脸上可看出他很是欣慰。我的祖母已八十多岁，四世同堂。这张照片也同样带有当年的痕迹。那几年城市建设正在兴起，从照片上看，我家门前人行道正在翻修。也是在那年，我家搬进了新居（单位福利分房）。

图 3

这张全家福，是用我妹妹工作后购买的相机拍摄的。我们的服装、表情都鲜明地带有那个年代的气息。

1989 年我生儿子那年，我父亲去世了。现在，我祖母、外祖母、姨祖母、父亲、母亲均已过世。如今我翻看这些老照片，写下这些文字，以缅怀我祖母、外祖母、姨祖母、父亲、母亲，他们永远在我心中。

# 爷爷时代的扫盲运动

王伟辰

1953年，爷爷高小毕业，那时候小学分初小和高小，初小四年级毕业，高小指小学高级部，六年级毕业。爷爷本来考上了省重点高中黄桥中学，因小时候掉到灰烬堆里，两只脚的脚趾畸形，被当时的黄桥中学校长看到了，说你脚都这样了，算残疾啊，不能录取。这种事放在现在有点无法想象，不过在那时是普遍的事情。那一年爷爷十五岁。

爷爷高小毕业后，十六岁就参加工作，那时算是文化人了。1958年初被调到江苏省泰兴县路庄乡大王二社担任会计和扫盲教员，社就是当时的合作社。国家在20世纪50年代初就开始扫盲了，到1958年已经达到了高潮，特别是农村，大家热情高涨，形成了轰轰烈烈的扫盲运动。但这一时期，爷爷所在社的文盲率还非常高，老年人不用说，青壮年尤其是女同志识字的依然凤毛麟角。

爷爷所在社组织了多个扫盲学习班，参加学习班的是没有上过学、年龄在二十岁到六十岁的农民，其中以三四十岁的青壮年，尤其是妇女居多。每个合作社的扫盲班又分好多小组，授课时间、方式、地点比较灵活，白天忙农活，晚上上课，遇

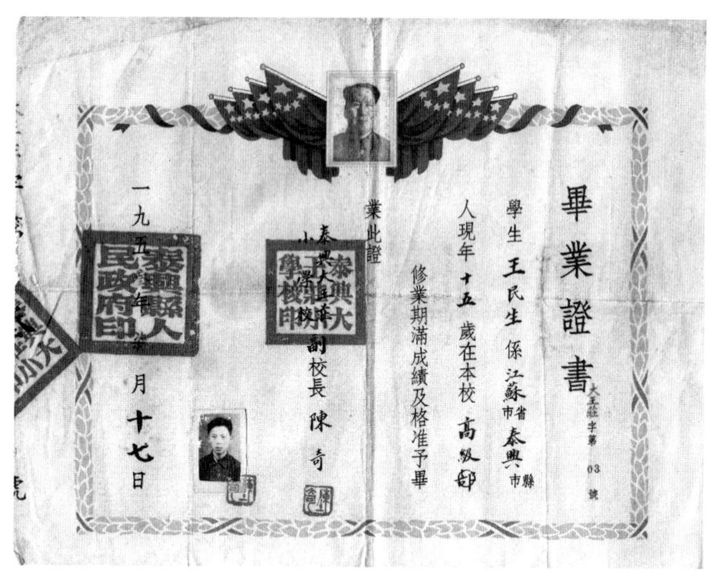
畢業證書

大王莊字第 03 號

學生 王民生 係 江蘇省 泰興市縣 人現年 十五 歲在本校 高級 修業期滿成績及格准予畢業此證

泰興大王莊小學校 副校長 陳奇

一九五[illegible]年[illegible]月十七日

图 1　爷爷的高小毕业证书

到农忙就放假。教员由村里学校老师和有文化的年轻人担任，当时不教拼音，老师也不会，讲的都是方言。教员一般把学员集中到某一农户家里授课，也有教员一对一单独到农户家里授课的，但这种方式会引发一些尴尬的情形。有男教员晚上到农户家里讲课，但这户人家又恰巧只有女主人在家，第二天村里就会有闲言碎语——等这家孩子爸回来就要揍你了。所以，男教员一般不会单独到农户家里授课。

教员授课没有工资，记工分。工分是集体化时代的产物，每家每户每年必须达到一定的工分积累值，才能分到集体的粮食，如果达不到规定的工分，就要向集体交钱。平时参加集体的统一劳动，就会获得工分。在外的手艺人，因为不参加平时的劳动，没有工分，到年底就要向集体交钱抵扣工分。参加扫盲班的农民也记工分，纸、笔和点灯的煤油由合作社免费发放，所以参加扫盲班的学员学习积极性普遍挺高。

为了加快大家认字的速度，老师会把写有“桌”“椅”“缸”“门”等字的纸条，贴在相对应的日常物品上，一进家门随处可见各种颜色的贴纸。1958年，泰兴县实行“大锅饭”制，全体社员都到集体食堂吃饭，食堂的生活常用品，如米、面、酱油等也都贴有字条。农村的食材有些外观很像，肉眼分辨不出来，如面粉、米粉等经常搞混，虽然贴有字条，但食堂的大师傅都是文盲，正是因为不识字，以致酿成了轰动一时的惨案。

邻县一所公社食堂里有一个厨师，偷拿了社里的一袋粮食

**图2** 爷爷（站立者）讲扫盲课的情形

**图 3** 江苏省政府颁发的扫除文盲奖状

回家。别的师傅煮饭时没注意那袋粮食不见了，就随手把旁边的一袋砒霜当成粮食煮成了粥。那天没喝粥的社员都没事，喝了的全部中毒身亡。其实这个厨师并不知道自己加的是砒霜，袋子上虽然写了“砒霜”二字，但因他不识字，不知道里面装的是砒霜，而且米粉与砒霜两者外观相似，没想到酿成如此大祸。这次砒霜事件中死了十几个人，省里专门派人下来调查过。

爷爷当时担任合作社的会计和扫盲学校校长，图 2 中间站立者就是爷爷，爷爷正在讲课，围坐一圈的都是村里的农民。学习班的学员白天忙农活挺累，晚上状态不是太好，加上天资有点愚钝，有些学员今天学的五个字，第二天就还给老师了，再教一遍，第三天又忘了，搞得老师们很无奈，经常温好几天故才知新。当时社里有个城里下来的李姓教员年轻、满腔热血，但参加扫盲出于一时冲动，工作中又经常遇到类似情况不胜其烦，不到一个月就提出调换工作。不过大部分教员都是农村人，了解实际情况，上课很耐心，责任心很强。

因工作出色，1958 年 5 月爷爷所在支部获得了江苏省政府嘉奖的扫除文盲先进单位（图 3），图 4 是爷爷当时参加表彰大会时，在大会堂一角的留影。同年 12 月县团委也给予先进支

**图 4** 爷爷参加扫盲大会时留影。

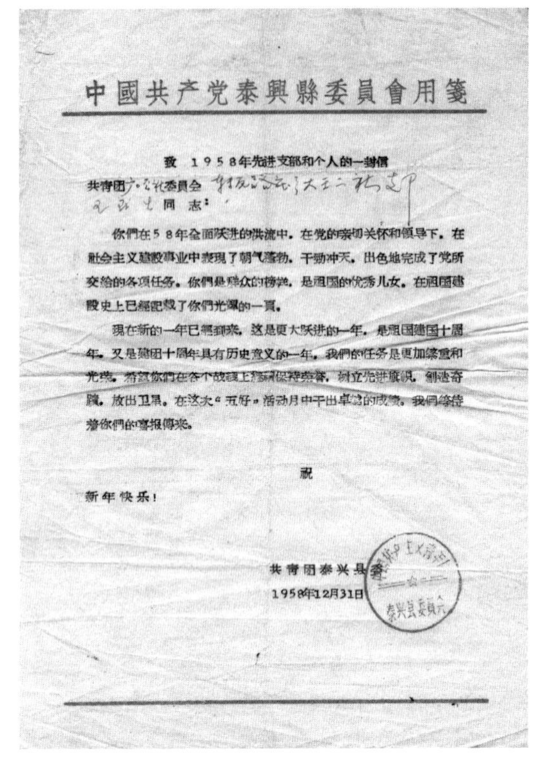

中國共产党泰興縣委員會用箋

致 1958年先进支部和个人的一封信

共青团[illegible]委員会 [illegible]

[illegible]同志：

你們在58年全面跃进的洪流中，在党的亲切关怀和領导下，在社会主义建設事业中表現了朝气蓬勃，干劲冲天，出色地完成了党所交給的各項任务。你們是群众的榜样，是祖国的优秀儿女。在祖国建設史上已經記載了你們光輝的一頁。

現在新的一年已經到来，这是更大跃进的一年，是祖国建国十周年，又是建团十周年具有历史意义的一年。我們的任务是更加繁重和光荣。希望你們在各个战綫上継續保持荣誉，树立先进旗帜，創造奇蹟，放出卫星。在这次"五好"活动月中干出卓越的成绩。我們等待着你們的喜报傳來。

祝

新年快乐！

共青团泰兴县委

1958年12月31日

图5　泰兴县团委给予先进支部和爷爷嘉奖信。

部和个人嘉奖（图5）。

当时中央规定扫除文盲的要求是必须识1000字，能写收据、便条等，大体上能看懂通俗书报。实际上，只要能写自己的名字，认识简单的常用字和阿拉伯数字，就能毕业了。虽然有些扫盲班没有达到预期的要求，但新中国的扫盲运动还是取得了巨大成就，为农村建设打下了良好的基础。

# 清末书商的合影

吴德祥

清代的福建长汀县四堡里（1951 年后划归连城县辖区）的雾阁、马屋、上枧、严屋等四个村庄，是华南重要的刻书印刷中心，生产书籍遍销十三个省一百五十多个县域，尤以福建、广东、广西、江西为多，有的远销到东南亚的泰国、越南、印度尼西亚等国家，并在当地开设书局、书店等。如今，当地民间依然保存不少当时留下的书版和当地印刷的古籍，五十处的古书坊建筑还被列入国家重点文物保护单位。笔者在马屋看到一张清末当地在广西贵县的书商的合影照，这是四堡唯一留下的一张当时的书商照片。

明朝末期，商业和手工业逐渐受到重视，四堡商品经济有了较显著的发展，在一定程度上冲击了耕织结合的传统农业。闽西山区，林海茫茫，物产丰盈。竹木的盛产为造纸业、雕刻业及制墨业都提供了丰富的资源，同时汀江和闽江水运也为四堡与外界交通提供了极大便利，为四堡雕版印刷业的形成提供了有利条件。

四堡的刻书商人主要有两种，一种是族商，即是以家庭或家族成员组成的经营团体，他们在书业的生产和销售中起到了分工合作、互惠互利的作用；另一种是儒商，即是那些在科举中落榜的文人，在仕途无望中弃文从商，也加入到坊刻中来，

清代广西贵县的四堡书商合影（吴德祥提供）

这种儒商可在印刷过程中大显其能，策划、编辑、书写、雕刻、计算是他们的拿手本领，因此在整个印刷业中显得颇为重要。

四堡是一个大山腹地的山乡，山高路险，这无疑给书籍的运输带来困难。可是距四堡百余里外的汀州，却有一条汀江水路，汀江流入广东后汇入了韩江，而后奔向大海。而在四堡毗邻的清流龙津河，却是闽江的源头。这样，汀江和闽江就成了四堡书商贩运书籍的重要通道。这些水路可以连接起庞大的沿海城市的销售网点，但内地的运输还是得靠陆路，这样，就需要有适于山地运输的交通工具，比如，在四堡常见的是一种木制的独轮车，再有就是靠畜力和人力了。当时有一种出卖肩力和脚力的职业，叫挑夫，四堡的不少书籍是靠这些成队的挑夫硬是用肩膀挑着走向四面八方的广阔市场的，其艰难可想而知。

但艰难并不可怕，可怕的是常遇上劫匪。翻开四堡的族谱，记载着死于匪难的书商比比皆是。

清康熙时期，四堡书业模式已基本形成，到雍正、乾隆时期进行了大规模的发展，至嘉庆、道光年间进入了全盛时期。《范阳邹氏族谱》载："吾乡在乾嘉时，书业兴盛，致富者累相望。""开坊摹梓，集书版充栋，致赀倍饶若素封者然。"乾嘉时期，雾阁、马屋大小书坊已逾 60 家，刻书 600 余种，大小书坊如雨后春笋般大量涌现，形成书坊集群，书业已形成了产业化、规模化的发展。至清朝后期，书坊多达 100 余家，刊刻经史子集、小说诗词、启蒙读物、医学农书、堪舆星算等 9 大类 1000 余种之多，遍揽历代流传的经典之作。书商的销售网络已有"垄断江南，远播海外"之说。

四堡书商在长期的经营过程中，为了免除彼此的利害矛盾，取得共同利益，他们也总结出了成文的经营法则。如每年的正月，各书坊的主事人汇聚一堂，各自亮出本年度刻印的书目，如有重复者，则协商调整。于是，四堡坊刻成立了版权行规，各坊刊刻的书籍扉页上都赫然印上"版藏 ×× 堂所有，翻刻必究"的字样，但各坊之间可经协商交换或租借藏版印刷。四堡族商在协调好本地商人利益的同时，也保护外地书商的经营利益，他们允许外商在四堡购地建房，开设堂馆经营，这样，也有力地促进了书业的发展。

随着四堡印刷业的逐步发展，四堡书商也赚得了丰厚的利资。四堡书商利用利资不断扩大经营，从零售进而大宗批发，进而发展到在各销售网点开设书局，乃至将藏版运往该地就地印刷。如马屋的林兰堂，在广东的潮州、汕头，福建汀州的长汀、上杭等地均开设书局。据他的后人介绍，每年年底从外地挑回的利银就达20多担。四堡书商在利用利资扩大经营的同时也有用以购置田产的，也有用以构建房屋的。由于资金雄厚，所建书坊动辄占地数千平方米，如马屋林兰堂，雾阁子仁屋、种梅山房，枧头朝阳堂，团结恒和堂等，建筑面积均在3000—7000平方米之间，且在建筑上力求科学布局，工艺装饰，显示出豪华气派、富丽堂皇的建筑风格。

清代咸丰年间，太平天国运动导致了江南大乱，民生凋敝，减少了人们对书籍的需求；随后，上海率先引进了西方先进的石印和铅印，精良的印刷书籍很快占领了市场，竞争劣势便凸显了，雕版书销路遂一落千丈。四堡落后的印刷技术和粗陋的书籍在先进技术和精美的铅印书籍面前一蹶不振，印刷产业开始走向衰败。接着清朝灭亡，科举制度废除，民国新学兴起，四堡主打的科举用书“四书五经”和蒙学读物已无人问津。新书坊不再产生，老书坊纷纷停业，到了二十世纪二十年代，四堡书业悄然走出了历史舞台。曾经为传播知识文化做出了重大贡献的四堡雕版印刷业彻底地寿终正寝。外地书商或改推新版书，或改行从事他业，四堡印刷业主大部分停肆归田。更为尴尬的是，书业衰败后，一些从事文化产业的文化商人，本来饱读诗书，明晓道德礼教，而处乱世之际，新的创业无所适从，于是一反原来的温文尔雅，开起了赌庄、妓院，甚至购买枪支，拉起了队伍，或结成地方势力，或兄弟分道扬镳，参加国民党或共产党，成为逐鹿疆场的争战对手。一代书商的命运遭际，成为社会转型时期四堡独有的奇特现象。

解放后，四堡坊间积存的雕版仍盈千累万，屋满为患，大部分雕版成了炊用的烧柴。“文革”期间，雕版更是被当作“四旧”，毁之一炬。

# 菲律宾华侨的抗战照片

陈衍德

1945 年，美军在太平洋战场的反攻进入决胜阶段。前一年登陆菲律宾群岛的美军，于 1945 年二三月间发动了解放马尼拉的战役。菲律宾华侨抗日组织全力配合美军作战，美军也对菲华侨抗日战士在武器装备上给予有力支持。这两张照片，正是记录了战争背景下的珍贵历史瞬间。

日军占领菲律宾期间所受到的反抗从未停止过。美菲军的离散人员、菲律宾民众及旅菲华侨纷纷组成各式各样的游击队。他们相互配合，互通情报，互相支援，给予日本占领军出其不意的打击。在从游击战到战略反攻的过程中，华侨游击队和地下抵抗组织发挥了很大作用。其中，菲律宾华侨抗日游击支队（简称“华支”）虽然只有七百多人，但数年中战果赫赫。这支队伍主要活跃在吕宋岛中南部，恰是美军反攻的重点地区。

图 1 是全副美式装备的“华支”一个班的十位战士，他们个个精神抖擞，斗志昂扬。而那位半蹲在迫击炮旁的班长（左三），正是笔者的父亲陈振佳，时年十九岁。他于 1943 年加入“华支”，很快成长为一名英勇善战的游击战士，在美军反攻马尼拉前后被提升为班长。

图 2 右上方的题字为："华支奉命开拔重上征程，全体战员洎欢送各界代表合影，（民国）卅四（年）三（月）三（日）。"右下方有欢送的华侨高举中华民国国旗和美国国旗，显示了中美两国深厚的战斗友谊。

此两张照片极具历史价值，拍摄的时间当是解放马尼拉的前后。战后回归祖国的原"华支"战士有少数人仍有保存，但因种种原因已难寻觅。父亲去世后，一位他当年的战友知道我是学历史的，送给了我这两张照片。我立即认出其中一张有父亲的身影，因为父亲生前也保存有数张同一时期的照片（可惜大部分都毁于"文革"浩劫）。因此我对它们倍加珍惜。

**图 1**

图 2

据相关史料记载，“华支”在解放马尼拉的战役中为美军做向导，因为他们曾在此地进行过城市游击战，对当地情况十分熟悉。战斗打响后，“华支”还作为先锋，率先冲进城中与日军展开激战，美军则给予强大的火力支援并迅速跟进。虽然日军竭力顽抗，马尼拉遭到严重破坏，但战斗以美军和游击队的完胜而告终。

先父在一篇写于 1955 年的回忆录中这样说：“一九四五年二月三日，我们‘华支’第二、三大队配合登陆菲岛的美国盟军先锋部队，抵达菲律宾首都马尼拉市艺礼示拨市郊。当时，盟军尚按兵不动，由我们‘华支’健儿首当锋镝冲杀进市中心区，而使日寇措手不及，急剧没系统地向巴石河南岸撤退，随后盟军大队才进入市区与日寇展开巷战。”

他在同一篇回忆录中还说:“一九四五年三月下旬,我们‘华支’第一、二、三大队等,在马尼拉光复后,经过一段时间的集中整顿训练,就又配合盟军南征了。那时侨众非常热爱游击队,我们受到各方面的慰问。临上前线时,我的母亲和妹妹也来‘华支’总部送行。”所有这些文字,都可以和照片中的影像相互印证。

我曾经于1992年3月至1993年3月到马尼拉访学一年,其间与“华支退伍军人总会”中父亲的战友们多次促膝长谈,了解到许多当年的战场细节,心中不禁感叹:这真是世界华侨历史上的独特篇章!看着这两张照片,在缅怀先辈的同时,也将“华支”战士参与美军反攻菲岛日军的珍贵历史瞬间永远铭刻在心中了。

# 1958年：村民的集体照

冯日乾

面对这张暌隔半个多世纪的黑白合照，心情是难以表述的。多熟悉的乡亲啊：最右边是润兴他妈，戴头帕的是过儿他妈、猫儿他妈（她们都已去世），向左是弟娃、桃儿、珍娃（也都几十年不见了）……满目熟悉的身影里还有我的母亲、二哥、三哥和三嫂，我也抱着只有几个月大的侄儿厕身其中。看，背景里那白色的低矮建筑，分明是纪昌家崖背上的“拦马墙”，附近有邻家屋边的树木，稍远处是茂盛的秋禾，更远处静默着的则是从小看惯一望可知的北仲山……

照片上方有标题：“（陕西省泾阳县白王乡）北仲二社第五队全体社员摄影在丰产田，58.8.5。”——啊，这赫然入目的“58年”“丰产田”，这深深烙印在所有过来人大脑里永难抹去的特殊时空！就在我和村人一起合影仅仅二十多天后，全民“大跃进”开始，我返回学校炼钢铁，乡亲们则投身到开山放炮挖土掘渠的水利工地……

穿越“大跃进”的历史伤痛，再看狂飙未起时的老照片，心如一夕数惊的鸟儿，绕树三匝后终于回归曾经久住的暖巢。熟悉的村庄，熟悉的人群，熟悉的夏日野风带着绿意掠过棉田，也掠过田中人的脸颊和衣襟……

依稀记得是在早饭后的中午，人们互相招呼着：“走，叫到梁家地里照相哩。”“照啥相？”“不清楚，说是乡上叫照的，好像是那块地里的棉花长得好吧，管他呢，走吧！”没有排队，更没有打旗子，三三两两，抱儿携女，迤逦而行。算上那几个被怀抱的幼儿在内，照片上总共四十人，距标题所说的“全体社员”还差一大半。看来，当时村干部对在丰产田里照相的意义也认识不足，重视不够，来多少是多少，没来的也不去催促，一点紧张气氛也没有。名为“丰产田”（高产试验田）者，地头连个标牌也没插（我记得，队上压根没有正式的“丰产田”，

上边问时，就以这块长势良好的棉田应对）。照相了，有站着的，也有像裴小翠和三嫂刘秀兰那样随意猫着腰的；花花、粉娃和梅娃几个十七八岁的姑娘特意蹲下来，让繁密温柔的枝叶挡住自己的身子，只把青春的肩部和脸庞展示给镜头，而人到中年的史玉琴或许是嫌热吧，蹲得更低，半张脸掩映在棉叶里，像跟摄影师捉迷藏似的，不仔细搜索几乎找不着。我曾把照片放大细观每个人的表情，既不是欢天喜地，也不是愁眉苦脸，既无豪情壮志外露，亦无拘谨羞怯表现，几乎所有人都平静一如湖水。这很自然。此前，村院中没有发生什么足以牵动人们表情的大事，此刻，大家的共同任务不过是注目摆弄相机的摄影师。

可是，这是我印象中的1958年吗？1958年的中国农村会这样从容宁静吗？仔细想想其实不错。当时“大跃进”的风暴已在某些地方刮起，只是风头尚未刮到关中，我和乡亲们在棉田里照相恰在本地“大跃进”将始而未始的临界点上。若要证明“大跃进”、公社化的基础是几亿农民“空前高涨的政治热情”，这次未经导演的“摄影”当然是彻底的失败之作；但如果想一窥“大跃进”之前农民群众的真实精神面貌，这张老照片却无疑是最可靠的历史记录。说起来，还真得感谢当时的乡领导，没有他，便没有这张照片。我猜，他肯定已从“鼓足干劲，力争上游”的总路线公布后的种种迹象预感到山雨欲来的政治气候，但却无意于凭借风力顺势而上；让在丰产田里摄影不过为了留下资料，必要时用来证明自己也在响应号召不甘落后，所以不曾亲临现场。设想，假如那天领导来了，严肃或和蔼地站在人群中与大家合影，还会有人蹲下或是屈身吗？就连那几个拥成一堆的童稚大概村干部也会叫他们站成一排的吧。恰好，那位不知名的摄影师又是一位“写实主义”者，他没指挥人们集中靠拢，抖擞精神，摆出再夺高产的昂扬姿态，而是强调要自然，随意，放松点。正是在这种宽松的氛围里，我的淳朴老实的乡亲才于不经意间以无言的行动写下了自己真实的心声：我来是为着照相（许多人是平生第一次），不是为表态迎接“大跃进”的。从互助组到初级社，从初级社到高级社，一路连颠带跑，我们都勉力而行，现在真该缓口气稳步前行了，千万别再冒进……

看看照片里地毯一般铺展开来的棉田绿浪以及稍远处蓬勃如青纱帐似的玉米林，谁会想到仅仅一年后所发生的事情呢！

那时，我们真的没有精神准备。

---

书末感言

# 一位美国牧师留下的影像

冯克力

从第一一九辑起，《老照片》连续六辑登载了美籍牧师薛培德（Barray Schuttler）半个多世纪前在台湾拍摄的照片。

薛培德牧师于1960年被所在教会派往台湾，除了传教，他还负有赈济之责，足迹遍及台湾全岛，甚至还到过外国人很少涉足的离岛。酷爱摄影的薛牧师，在台湾的两年间，相机从未离手，捕捉了大量台湾山海地貌、社会民生与风土人情的瞬间。作为一名神职人员，薛培德牧师在台湾的懿行善举恐怕早已淹没在历史的尘埃中，无影无踪。假如不是台湾的老照片收藏、研究家秦风与流出的他这近五千张底片意外相遇，薛牧师的名字连同他所留下的影像纪录，不知还要沉睡多少年，才能为世人所知晓。

从薛培德牧师的照片里，我们看到了一个完全陌生的台湾：山海静穆，民风淳朴，市井温馨……不知面对这些照片，生活在台湾的那些与吾辈大致同龄的人会有怎样的感受？

实际上，1960 年的台湾并不平静。那一年“雷震案”发生，叫板蒋介石独裁统治的著名报人雷震先生锒铛入狱，国民党政权对异议人士的整肃又起波澜。也是在那前后，退守台湾的蒋政权趁大陆陷入“三年困难”，加速了所谓“国光计划”的实施，不断派出小股武装人员骚扰大陆沿海地区，“反攻大陆”的口号在全岛吆喝得震天响……可是在时隔半个多世纪以后，再来看薛牧师镜头里的台湾，民众的日常生活似乎并没有因当局的威权高压、剑拔弩张，而被折腾得鸡飞狗跳，肃然惴恐。

于是，疑问来了：薛培德牧师的影像，在多大程度上反映了彼时台湾的真相？这个问题，看似简单，实则复杂，已然触及了关于摄影的某些哲学思考。

摄影虽是纪实，却离不开发现，还必然是一种表达。一旦把薛牧师的影像放到这样的语境里，问题或许就简单多了。薛牧师以其神职人员的眼光，去发现彼时的台湾社会，进而表达一种理想，以瞬间的定格构建出多元真相中的一元，又有何不可呢？

**图书在版编目（CIP）数据**

老照片.第124辑／冯克力主编. —济南：山东画报出版社，2019.4
ISBN 978-7-5474-3108-5

Ⅰ.①老… Ⅱ.①冯… Ⅲ.①世界史—史料②中国历史—现代史—史料 Ⅳ.①K106 ②K260.6

中国版本图书馆CIP数据核字（2019）第039481号

**老照片.第124辑**
冯克力主编

**责任编辑** 冯克力　赵祥斌
**装帧设计** 王　芳

**出 版 人** 李文波
**主管单位** 山东出版传媒股份有限公司
**出版发行** 山東畫報出版社
社　　址　济南市市中区英雄山路189号B座　邮编 250002
电　　话　总编室（0531）82098472
市场部（0531）82098479　82098476（传真）
网　　址　http：//www.hbcbs.com.cn
电子信箱　hbcb@sdpress.com.cn
**印　　刷** 山东临沂新华印刷物流集团有限责任公司
**规　　格** 140毫米×203毫米　32开
6印张　120幅照片　120千字
**版　　次** 2019年4月第1版
**印　　次** 2019年4月第1次印刷
**书　　号** ISBN 978-7-5474-3108-5
**定　　价** 20.00元

## 炒米粉摊贩

一处夜市炒米粉和鱼羹的摊贩，用传统烧炭炉煮食，生意不错，后面位子坐满了客人。尽管几十年来，夜市饮食摊设备条件有异，不过主要菜色基本相同。（参阅本辑《街头人生——岁月台湾 1960 之六》）

（秦风　供稿）

国内订阅：全国各地邮局

邮发代号：24—177

地　址：山东省济南市英雄山路189号B座（250002）
E-mail：laozhaopian1996@163.com
网　址：www.lzp1996.com

责任编辑／冯克力　赵祥斌

装帧设计／王　芳

扫码听书

《老照片》微商城

微信公众号

《老照片》网站

ISBN 978-7-5474-3108-5

定价：20.00元

第一二五辑

# 老照片

OLD PHOTOS

定格历史 收藏记忆

山东画报出版社

**小学女生与体育老师的合影。摄于 1942 年初秋。**（参阅本辑《我的童年：1942 年前后》）

（邓可蕴　供稿）

老照片
OLDPHOTOS

出版人　李文波
主　编　冯克力
执行编辑　赵祥斌
特邀编辑　张　杰　丁　东　邵　建
美术编辑　王　芳
特邀校对　王者玉

第一二五辑

目录

# 我的童年：1942年前后

邓可蕴

## 难忘友善的左邻右舍

1939年秋，日寇占领北平已两年多。我爸爸邓广铭应傅斯年先生之召，去昆明西南联大任教。图1是爸爸离开北平之前，在我家住的西直门南大安胡同四号院西屋外，搂着姐姐和我，由妈妈照的。

那时爸爸是北京大学的老师，妈妈窦珍茹（字振鲁）是扶轮小学的老师，房东陈太太的大儿子正在读大学，这几个文化水平高的人，在四号院里都很受尊敬。

房东陈太太和她的几个孩子（图2），以及住外院的呼永香大哥大嫂，对我家都很友善。爸爸离开北平后，妈妈辞职在家照看我和姐姐，邻里对我们更加关切。

图3是邻居李先生带着我和他女儿李丽霞，去万牲园（北京动物园前身）游玩时拍的。那时我和丽霞在北魏胡同幼稚园（幼儿园）上大班。1941年春天，在北平泰庙北树林内，曾举办过一种异样的赛跑活动，规则是：由男家长带着自己的学前小孩儿，用三条腿（即一人的左腿和另一人的右腿要捆在一起）

**图 1** 父亲搂着我和姐姐。摄于 1939 年夏。

**图 2** 房东陈太太全家。左后是陈太太，幼儿是陈老六。摄于 1935 年。

**图3**　我和同学李丽霞（左）在万牲园（动物园）合影。摄于1940年4月6日。五年后，我由四川往回走，又碰见她了，她当时在一所私立中学念书。

**图4** 五岁左右时在颐和园万寿山。站立者是姐姐，三个坐着的男孩叫“大仁”“二仁”“三仁”，后面坐着的是他们的妈妈，我叫她呼大嫂子。摄于1940年秋。

跑。李先生说我爸爸出远门儿了，应该由他带着我跑，而他自己的女儿却让他的朋友带着跑。结果我们组跑了第四，还有奖品，丽霞他们没有进前十，没得奖。

图 4 是 1940 年，呼永香大嫂带着姐姐和我，还有她的三个儿子（小名分别是大仁、二仁、三仁）等到颐和园游玩。不久，他们搬到西直门外住，我们也常去和他们一同包饺子。

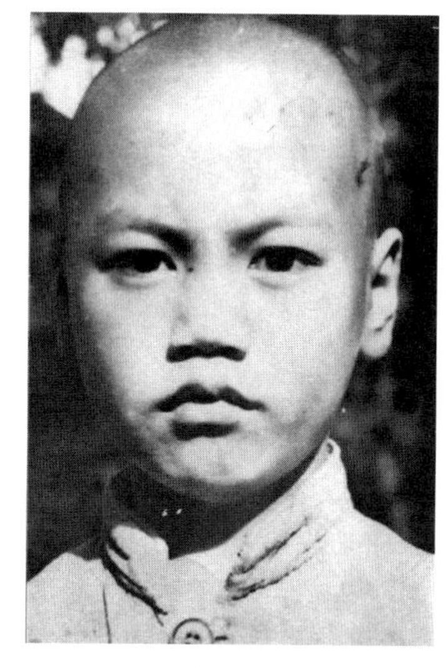

**图 5** 七岁时的陈老六。摄于 1941 年。

这年秋后，呼大嫂还请我们到北平南口（村）她娘家住了一天。我在村里第一次看到老玉米垛。我妈指着玉米垛告诉我，咱们吃的棒子面粥和窝头用的玉米面，都是用老玉米磨出来的。

呼家父子长期在铁路系统工作。解放后，我们到木樨地的铁路职工宿舍看望他们，两家亲热如初。他的二儿子（也就是“二仁”），是“毛泽东号”机车司机，劳动模范。

1941 年秋天，我没满六周岁就读小学一年级了。去学校要从半壁街西口走到东口，再向南拐，当时觉得离家挺远。姐姐邓可茵和我都在南草厂小学读书，我俩一同上下学。一年后姐姐上师大女附中读中学去了，我一个人走路上下学妈妈不放心。四号院房东陈太太知道后，就叫她的小儿子陈老六（大名陈康伯）每天早上叫着我（我家搬到他家北边的葱店胡同一号之后，

**图6** 我和姐姐在北海公园留影。姐姐十岁，我五岁半。当时我在上幼稚园，穿了件右上角有特殊符号的背心。摄于1941年早春。

**图 7** 2018 年 11 月，陈康伯夫妇看看望我姐姐（左二）。他从英语教师岗位退休。我们两家的兄弟姐妹们几十年来始终保持着温馨的联系。

也照样过来叫我），和我一同上学。为这妈妈非常感念陈太太。

## 南草厂小学

我一年级的班主任是关老师，又严厉又慈祥。我至今仍然清楚地记得，开学第一天第一节课下课了，同学们吵吵嚷嚷地出了教室，关老师却说你们先别玩儿，叫我们跟着她到大操场南墙边的厕所那里去。她很快走到了前头，回身伸右手对男生们说，你们去这边男厕所，伸左手让女生去女厕所，她是怕我们这些五六岁的小毛孩子进错门。现在想来，到哪里找这样慈祥的老师啊！

她批改作业非常仔细，遇有错字就要我再写几遍，看到老师那批写在作业本上工整的字，我没法儿不努力改错。关老师见我写字有进步，又在作业本上给我批上“好”或“甲”，鼓励我继续努力学习。

教室里的卫生，由学生自己打扫（不包括冬季取暖的煤球炉），下午下课后各小组轮流做值日。一次我做值日时，与同学在课桌间来回打闹着玩儿，直到关老师来锁门了我们还没做完。第二天下午关老师把我叫到她的办公室，低声训我：“邓可葆，别以为自己功课好就贪玩儿，不好好做值日。做什么事

**图 8** 小学一年级时，班主任关老师带我们秋游。摄于 1941 年秋。

**图 9**　南草厂小学二年级班主任汪老师和我们合影。前右是强含芬，中间是李丽霞。摄于 1942 年初秋。

都要专心。做值日、扫地、擦桌子，干这点事你都不专心，不负责，长大了你也‘成不了器’，能干什么？”那时我虽然才六岁，可是我懵懵懂懂地听进去了，越往后越懂得这“训话”的分量。图 8 是关老师带着我们去春游，我站在她的右手前面。

南草厂小学是个老学校，专业齐全，教师们都拥有丰富的教学经验。那一排排树阴下整齐的教室，开阔的大操场，诱人的音乐课课堂，还有那几棵漂亮的海棠树……都给我留下了美好的印象。我在这里受到了良好的启蒙教育。

汪老师是我二年级的班主任，年轻、漂亮。图 9、图 10（见本辑封二）是 1942 年初秋，汪老师正在学校前院与体育老师们说话，看见我们就一同照了两张相。照完相我和汪老师往后院教室走。汪老师对我说："刚才老师们都在嘀咕：从下学期开始，北平的学校都要派（驻）日本教官，学生都要学日本话，这书可怎么教啊……"

放学回到家，我就把汪老师的话告诉妈妈了。妈妈沉思无语。我知道从这时开始，她已决心带我们离开北平去大后方找爸爸(1943年初我爸已离开昆明李庄，到重庆的复旦大学教书)。

让人动容的是，1957年妈妈和我七岁的小妹妹邓小南，走在北京西直门新街口时，对面一位中年妇女竟对着她俩大声叫："邓可葆，邓可葆！我是汪老师！"离别十四年，汪老师竟把

**图11** 全家福。此时小妹妹邓小南刚刚七岁半。摄于1958年元月。

图 12　万淑先

我七岁的小妹妹当成我了！她心里一定总在想念我。第二天，我和姐姐就赶紧到新街口前工用库胡同去看望了汪老师……

## 抗日志士万淑先

1942 年春天，我家搬到四号院北面的葱店胡同一号三间小北房。一天，来了一位女客人，山东人，是妈妈济南第一师范的同学，叫万淑先（图 12），要住在我家。妈妈安排她和姐姐住西屋。她漂亮洒脱，烫头，还描眉，对我和姐姐很慈爱。可是我们白天上学，只有晚上能见到她，有时她回来很晚，我们都睡了。万姨喜欢唱京戏，曾带我们在西单长安剧院看黄玉华演的《霸王别姬》，回到家就教我和姐姐唱《霸王别姬》里的

“南梆子”：“看大王……”还要我用小夹被当作虞姬的斗篷，教我学习走台步，非常快乐。

这年暑假，有一天万姨领着我去东单三条，进三条西口不远，从路南一个小门进去，里面竟是位日本人在等她。屋里两侧都有桌子，就像我们南草厂小学关老师的办公室似的。那日本人给了我一支笔和纸，让我去画画儿。我从前没见过这种笔（上学画画用蜡笔，便宜），是两头修好的红蓝铅笔。离开时，他说这笔送给我了。万姨与那日本人说话声音都很小，他们谈了些什么，我完全没留意。

1942年秋，我已上二年级。快入冬了，盼着和万姨一块儿过年。不料，一天傍晚还没吃完饭，突然掀棉门帘进来一位头发花白的老警察（现在说就是片儿警），他把我妈妈叫到东屋，说了几句就急匆匆掀帘子出去了。妈妈紧跟着从东屋出来对万姨说，他（指警察）得了信儿，日本人要抓你，他叫你快走。啊啊！一片寂静。万姨立刻回身进西屋，一转眼就提着她的小箱子出来了。我表舅许和五站起来要送她，万姨摆手说，谁都不能送，我自己去前门（火车站）。说罢掀帘子就走，真像个女侠！

万姨走后，妈妈对和五舅说，知道她是“后方”派过来的，现在匆匆走了，也不知到哪儿去，是去山北还是去后方？我当时知道北平有香山，她要从香山往北走？之前还有一次，妈妈与和五舅一起指着墙上的中国地图，气愤地说苏联与日本“拖鞋”了。两个国家怎么“拖鞋”？我莫名其妙，不懂。长大后明白了“山北”是“陕北”，“拖鞋”是“妥协”。妈妈对苏联竟与日本在1941年签订《苏日中立条约》非常不满，认为对日本妥协是出卖了中国。后来万姨曾托人带信儿来，她在前门坐火车离开北平了。

1946 年 8 月，我们回到北平后，曾多方打听万姨的下落，但是始终没有找到。

## 逃难的路上

日寇对北平的残酷统治日甚一日。老百姓被规定要吃“混合面”，这是一种极劣质的“面粉”，用豆饼、高粱、黑豆、红薯干、橡树籽等数十种杂料混合而成，糠秕、皮壳、豆饼是主要成分，有点杂粮也是腐霉变质的。真正的粮食全被掠夺去供给日寇军用。爸妈对日本教官进学校非常痛恨。再加上之前日寇侵占香港掐断了我爸给我们“汇兑”生活费的渠道，我家再无生活来源。因此妈妈决定尽快离开北平。

妈妈卖了家里唯一值钱的物件——那部百衲本《二十四史》——当盘缠。1943 年 1 月初，学校还没放寒假，全家四人（妈妈、表舅许和五、姐姐和我）就离开北平“逃难”上路了。目的地是去重庆找爸爸，途中要经过山东、河南、陕西，再到四川的重庆。没想到在路上竟用了近半年的时间。

## 在商丘通过封锁线

从北平到徐州，再向西到商丘，全已被日寇侵占，但是还通火车。我小姨窦振明在济南火车站站台等到我们，从车窗递进来一个大书包，里面是热腾腾的包子。

当时日寇正在郑州附近向南侵略，中国军队在郑州以南组织抵抗。为了躲避战事，我们必须在商丘下火车，走到漯河，再走到洛阳，从洛阳向西就是“大后方”了。从华北去后方逃难，在河南境内这是条比较安全的路线。没想到在商丘竟同时有几家人下车，他们也都是逃难的。出站后，大家分散在路边的杂树丛里，躲过了一小队巡逻的日本骑兵。再往前走，就是中国军队的封锁线关卡，要依次盘查行李、搜身。我的衣服口袋里有一个红苹果，那位年轻的士兵拿到手里吓了一跳，立刻扔到地上，厉声问：“这是什么？！”妈妈迅速跨了一大步站到我身前，挡着我对他说：“这是苹果，水果，好吃。”并随手捡起地上的，又拿出我小背包里另一个苹果，全放在他手里，他没说话，我们就赶忙走过去了。后来妈妈说，那位当兵的没见过苹果，可能以为是炸弹吧。

## 每家雇辆“排子车”，结伴同行

“排子车”是一种木制平板车，行李放车上，由车把式拉着走，大人、孩子在后面跟着车走（每天换车换人，拉车人不出本界）。这期间真的全是“走”，蹚着黄土路走。除了脚下的尘土，路上来往的行人、车辆很少。车把式看我和姐姐年岁小，走到比较平坦的路或是下坡路，常常让我俩在车上坐一会儿。姐姐有时在车上小声给我唱歌、讲故事，打发那枯燥又担惊受怕的时光。

天天我都盼着车把式喊：“歇脚啦！”这就是要住店，可以吃面汤，可以睡觉了。从商丘到漯河再到洛阳，我竟然徒步走了500多公里，蹚坏了两双鞋。因为路费吃紧，妈妈还在漯河的当铺卖了些衣物，其中就有我的一件大衣。

## 冬天河南的黄土路边，蹲着许多衣衫褴褛的农民

走在逃难的路上，看着那大片干旱龟裂的黄泛区农田，看着路边那些衣衫褴褛的农民，那走不到头的黄土路……这悲壮凄凉的情景，使我终生难忘。

有一天中午，在路边停下车，妈妈给我钱叫我去路口小摊上买包子。我用棉袍罩褂兜着包子往回走，不料，突然上来一个人用拳头从下往上顶我的罩褂，包子全撒在地上了。这时，原本目光呆滞、饥饿无助蹲在路边的农民，齐呼啦地都站过来，捡起地上的包子就往嘴里塞。我被吓呆了！妈妈见状快速跑过来，拉着我就走："别哭！别说话！"

1943 年 2 月底，走到距洛阳还有几十里的地方，我们居然坐上了一种烧木炭的汽车，当天就到了洛阳。

## 夜闯风陵渡

洛阳到西安虽然通火车（陇海路），但是日寇在山西已经从太原一路南侵，占领了黄河北岸的风陵渡，离黄河南岸不远的洛阳—灵宝—潼关火车沿线已经很不安全。风陵渡的日寇隔岸用炮火卡着潼关，经常向南边行驶的车辆开炮。

当地铁路上的人，善良地告诉我们这些向西逃难的人们，怎样才能平安地坐火车向西走：一是要挑坏天气（下雪、下雨、刮大风）乘车，二是这趟车要在半夜时经过灵宝、潼关，三是在车厢里不能出声不要有亮光……

为了等待这个能乘火车的恰当日子，我们在洛阳住了五六

天，终于在一天下午上了火车。这是一列闷罐车，没有车窗。车厢里人挤人，两侧座位坐满后，有人就坐在脚下的行李上。不吵不嚷，大家都是逃难的。我的斜对面坐着一个年轻的妈妈，正在给怀里的小孩儿喂奶。开车前，我们被告知：“车马上就开，请大家看好自己的东西，安安静静地坐着，不许吵嚷出声。车开动后，车厢里过一会儿就要熄灯。洛阳到潼关这段铁路离黄河太近，咱尽量不惊动黄河北岸和风陵渡那边的日本鬼子，他们不打炮，咱们这趟车就能闯过去了，过了潼关就安全啦。”大家都明白，纷纷点头。

车还没到渑池就熄灯了。外面漆黑，风大，火车在平稳开行，声响不大。车内除了抽烟的人有点动静，我们都睁着眼睛、屏住呼吸，全在熬着。突然，我斜对面那个小孩哇的一声哭了，车厢里的人一下子紧张起来，小孩爸爸划火柴点了支蜡烛，却遭到小声呵斥“不许点灯”。旁边有人急了：“快哄哄呀，这么大声不行啊！”我看见那位母亲慌乱中竟用手紧捂着孩子的小嘴，结果哭得更凶，最后才想起赶紧给孩子喂奶。果然，小孩儿吮着妈妈的乳头就不闹了。

车厢里经了这场“惊吓”刚刚平静下来，我忽然感到火车开得越来越快，过了一会儿，灯全亮了！已经过了潼关站了！！

## 从西安经宝鸡到重庆

到了西安，我们住在殷俊才伯伯家。他也是爸妈在山东济南第一师范的同学，也是山东人，古道热肠，那时在铁路上工作。为了让我们能搭乘可靠且便宜的汽车去重庆，他费尽了心力。我们在他家又吃又住竟是两个多月。西安的城墙真像北平的西直门城墙，这让我非常想念南草厂小学的老师和同学。殷伯伯带着我们看了著名的西安夏声戏校的京剧，演员全是十几岁的青少年。这期间，他还安排我姐姐进入了一个中学继续读初一，叫我在家里描红写毛笔字，还鼓励我硬着头皮学着看报纸。

终于在 1943 年 5 月上旬，殷伯伯说去重庆的车找妥了，但是需要乘火车去宝鸡等车。没想到，在宝鸡旅馆里竟然等了近半个月（我和妈妈只好又回西安向殷伯伯借钱），才上了一辆运香烟的卡车。卡车货箱上一共坐了十几个人，只有姐姐和我年纪小，大家互相很照顾。那时去四川全靠川陕公路，途中若遇到下雨也要赶路，汽车也不能停驶，由坐在四周的大人们轮流撑起一块大帆布挡雨，让姐姐搂着我坐在中间避雨。

途中经凤县、勉县、宁强，进入四川剑阁，到了绵阳。此时有两个大哥哥要下车了，他们要去绵阳国立六中高中报到。同车的人拿着他俩的行李，一直把他们送到六中校门口才依依告别。抗日期间，很多学校都在日本占领前就迁到了大后方，这个中学是从山东迁来的。令我不能忘却的是，我在北平的邻家大哥汪敬岱（图 14），为了抗日报国，竟然循着我们走过的路，于 1945 年早春也到了绵阳！他写信告诉我爸爸，他与志诚中学高三的两位同学，都已经被绵阳航空军校录取。

我的妈妈窦珍茹在中国大学地理系只读了一年，因为家累就退学去做小学教师，但是她丰富的史地知识也着实了得。在漫长的逃难路上，她告诉我，当初炸黄河花园口放水，是为了阻滞日寇南侵，但同时又造成了黄泛区。她带着我去了洛阳的关林、西安的大雁塔和碑林，还有渭水姜子牙钓鱼的那块大石头……汽车过了秦岭在张良庙停下，司机让大家进去看看，妈妈讲“狡兔死，走狗烹；飞鸟尽，良弓藏”，当时我不大懂。在成都看到刘湘墓

**图 13** 殷伯母和她的女儿小红、儿子小安，我站在殷伯母左边。1943 年 4 月摄于西安。

**图 14** 1942 年夏天，七岁的我和初中毕业的汪敬岱大哥合影。汪敬岱大哥是我儿时的偶像。

园很像北平太庙里的殿堂，妈妈说刘湘是“四川王”，但是他爱国、抗日，统率几十万川军出川打日本鬼子，可惜旧病复发，1938年初死在武汉，“出师未捷身先死”。刘湘墓园就在武侯祠旁边。

1943年6月3日，由成都经内江到了重庆，终于走完3000公里的路，在两路口车站，见到分别四年的爸爸！我高高兴兴地让爸爸把我从卡车上抱下来，他回头对妈妈说：这孩子以后准是个近视眼。后来报名插班入小学时，爸爸说他喜欢这个“蕴”字，就把我的名字由邓可葆改成邓可蕴了。

---

## 征 稿

《老照片》是一种陆续出版的丛书，每年出版六辑。专门刊发有意思的老照片和相关的文章，观照百多年来人类的生存与发展。

对稿件的要求：所提供的照片须是20年以前拍摄的（扫描、翻拍件也可），且有一定的清晰度，一幅或若干幅照片介绍某个事件、某个人物、某种风物或某种时尚。文章围绕照片撰写，体裁不拘，传记、散文、随笔、考据、说明均可。

编辑部对投寄来的照片，无论刊用与否，都精心保管并严格实行退稿，文字稿恕不退还，请自留底稿。稿件一经刊用，即致稿酬。

来稿请寄：山东省济南市英雄山路189号B座　山东画报出版社《老照片》编辑部

邮　编：250002

E-mail：laozhaopian1996@163.com

网　址：www.lzp1996.com

电　话：（0531）82098460（编辑部）（0531）82098460（邮购部）
（0531）82098479（市场部）（0531）82098455（市场部）

邮购办法：请汇书款至上述地址，并标明收款人“山东画报出版社有限责任公司”和注明所购书目。

邮发代号：24-177

### 《老照片》网站与微信公众号

官方网址：www.lzp1996.com
微信公众号：山东画报出版社老照片

# 被忽视的摄影大师郑鸣玉

王秋杭

郑鸣玉，字国容，1901 年出生于北京东郊涯子村。1927 年在北京学习摄影。郑鸣玉对摄影术有着浓厚的兴趣并刻苦钻研，技艺精进。他又酷爱并精通中国历史和各地文物遗迹，且善书法，将西洋摄影技法专注于记录中国博大精深的历史文物古迹及风景名胜，成果颇丰。他于 1941 年来到我国文物古迹胜地陕西汉中，在张良庙创办了中国艺华古迹名胜摄影研究社，由民国政府行政院院长于右任先生题写社名。这期间他跋山涉水，拍摄了大量自然和人文景观照片。1943 年先后在西安、成都举办“风光摄影艺术展”。其优秀作品中的《石门》《古栈道》《张良庙》等组照影响较大，于右任院长再次为他题词“技艺超群”。

1949 年政权更迭后，饮食服务行业的饭店、剃头店、澡堂、脚踏车行、汽车修理店、照相馆等，都成为被改造的对象。郑鸣玉的摄影研究社和其他私营企业一样经逐步改造，成为公私合营的陕西省咸阳市摄影部。到 1956 年，全国的私营照相馆悉数完成了国有化的转制，所有照相馆全部被划入工商饮食服务系统，实行统一管理。1956 年 12 月，中国摄影学会（后改名为中国摄影家协会）成立，被改造的饮食服务行业中的照相馆，

民国时期，郑鸣玉大师拍摄的 4 英寸 ×5 英寸西岳华山聚仙坪照片。

自然不在中国摄影学会的视野范围之内，郑鸣玉就难免被埋名于中国摄影界，官方的摄影专业刊物均没有报道或介绍过他。

郑鸣玉 1981 年在北京病故，终年八十岁。

郑鸣玉终生坚守传统的“纯摄影”技法，每一张照片均系手工 1∶1 印晒而成，以确保照片的高清晰度和秋毫毕露的细腻影调。再加上每一张照片白边的下方均印有由他本人撰写、编辑、排版、印制的文字说明，以及“郑鸣玉摄”或“鸣玉摄”的落款，与照片合为一体。每一张照片的说明文字都经过认真提炼，字数不易太多，也不易太简，既要让人们看懂，又要字数能够在规定的毫厘之间排列得当，每一个字甚至每一个标点符号都要经过再三斟酌，才能最后定稿。因为一旦售出，必然要经得起社会各阶层的评头论足，还必须经受历史的检验。想必对于这些，郑大师都是认真考虑过的，才会如此一丝不苟。

从不用放大机来放大自己的摄影作品的著名摄影师，在欧洲并不罕见，但中国摄影家中似乎仅郑鸣玉一人而已，极为难得。众所周知，中国传统书画历来是纸幅面积大小与商业价值成正比，也就是纸幅越大越值钱。深谙中国传统文化的郑大师对此是不会不知道的，但他宁可舍大守小，为的是坚守摄影语言特有的纯真和细腻。因为照片一经放大，其线条、层次、影调等都必然会不同程度地受到损失……

纯摄影对拍摄的要求尤其严格，因为 1∶1 印晒是无法改变最终成像的，而放大照片则可以通过对放大机光路的遮挡或追加等手法，来对最终的成像进行局部加光或减光，以求得黑白照片局部阴暗部分的“死黑”变得有层次，而明亮部分的“死白”也会变得有层次。但放大照片的缺憾是成像清晰度和细腻程度均不及 1∶1 印晒。因此 1∶1 的纯摄影的拍摄，要尽可能

民国时期，郑鸣玉大师拍摄的 4 英寸 ×5 英寸西岳华山千尺幢照片。

1950—1956 年，郑鸣玉大师拍摄的 6 厘米 ×6 厘米陕西临潼骊山晚照照片。

1950—1956 年，郑鸣玉大师拍摄的 6 厘米 ×6 厘米陕西临潼骊山长生殿处照片。

地避开阳光直射所造成的浓重阴影。很多时候，经千辛万苦好不容易找到的最佳拍摄点，老天却不照应，致光线不理想，有时等上几个小时依然如故，只好放弃，以待来日。

在我的藏品中，郑鸣玉大师民国时期拍摄的作品都是 4 英

1950—1956 年，郑鸣玉大师拍摄的 6 厘米 ×6 厘米陕西临潼鸿门宴处照片。

寸 ×5 英寸底片印晒的，那就必须使用 4 英寸 ×5 英寸大型座机拍摄。而这种大型座机必须用重型三脚架支撑，如果再加上十个以上的干片夹，加在一起几十公斤还算是最轻的，靠摄影师一个人无法进行工作，必须携带助手或雇用劳力。到了公私

1950—1956 年，郑鸣玉大师拍摄的 6 厘米 ×6 厘米陕西临潼骊山朝元阁照片。

1950—1956年，郑鸣玉大师拍摄的6厘米×6厘米陕西临潼骊山腰捉蒋亭照片。

1950—1956年，郑鸣玉大师拍摄的6厘米×6厘米陕西西安碑林照片。

1950—1956年，郑鸣玉大师拍摄的6厘米×6厘米陕西西安唐玄奘墓塔照片。

合营后，他改用了6厘米×6厘米底片的120相机。这可能是出于两个原因：一是老板不当了，助手没有了，也雇不起劳力了。二是因为120相机加上轻便的抽拉式三脚架和十几个胶卷就能够单身走天涯，轻便多了。2英寸照片在价格上要比5英寸照片价格便宜好多，普通民众也能买得起，从而也就扩大了销路。但是，尽管照片小了很多，文字说明及落款照样一字不减。也许郑鸣玉当时还没有意识到，他在2英寸照片上加印文字说明和落款这一样式，开了世界摄影史上的先河。别看这方形2英寸照片不大，但因为是 1：1 印晒的纯摄影，经高精度扫描后，可以清晰放大。有几张 2 英寸照片的背后，竟盖有西安建筑工程学院图书馆的藏书章，章上还有 1956 年 10 月 25 日的日戳，甚至连编号、手书“原大”、1/12 系列号等都清清楚楚。足见当时郑鸣玉拍摄的 2 英寸照片的水准极高。可惜到了 90 年代，

1950—1956 年，郑鸣玉大师拍摄的 6 厘米 ×6 厘米四川成都薛涛井照片。

十餘丈。奇器珍宝。藏
發之、卅日運物不窮。

咸陽市公私合营摄影部
鄭鳴玉摄

潼秦始皇陵照片。

1950—1956 年，郑鸣玉大师拍摄的 6 厘米 ×6 厘米陕西

民族復興石

在華清池東南里許驪山下舊名虎斑石民國二十五年十二月

1950—1956 年，郑鸣玉大师拍摄的 6 厘米 ×6 厘米陕西

潼骊山东侧照片。

民国时期，郑鸣玉大师拍摄的 4 英寸 ×5 英寸陕西骊山民族复兴石照片。

临潼阿房宫长廊照片。

1950—1956 年，郑鸣玉大师拍摄的 6 厘米 ×6 厘米陕西临

1950—1956 年，郑鸣玉大师拍摄的 6 厘米 ×6 厘米陕西西安小雁塔照片。

随着数码时代的到来，国内绝大多数的馆藏历史照片被数码化后，不少原版老照片都被当作垃圾处理掉了。

郑鸣玉的文物名胜照片，当时都是成套出售的，如我收藏的陕西临潼古迹照片就是十二张一套。可惜的是，被当作垃圾处理到商贩手里后，他们误认为分拆出售获利会更高，这些成套的图片遂遭拆散，变得七零八落，致成套的藏品几为凤毛麟角。

也许郑鸣玉大师还没有想到，正因为他的 2 英寸风景名胜古迹照片大大降低了售价，因而赢得了更广泛的消费者，使得中华文物古迹的知识普及，也达到了前所未有的广度。在经历

1950—1956年，郑鸣玉大师拍摄的6厘米×6厘米陕西西安城楼照片。

了“文革”浩劫和改造修复之后，当年的许多古迹或是更换了原貌，或是修缮一新，或是被夷为平地……唯有这些照片，还能为我们留住这些名胜当年原汁原味的影像。

直到今天，我们在一些收藏品市场或收藏品网站上，依然可以淘到郑鸣玉大师拍摄的、印有文字说明和他名字的1∶1印晒而成的2英寸照片，但其价值却被远远低估了。今借《老照片》一角，与读者分享郑鸣玉先生的部分作品，以向这位被埋没的大师致敬！

# 拍鹤老人吴绍同

孙国辉

2018年9月18日上午，接台湾摄影家吴绍同先生电话，九十三岁的老人开口就说："今天是'九一八'，我唱一首抗日歌曲你听：'我的家，在东北松花江上……'"

歌声动情，唱完了《松花江上》，又唱了《大刀向鬼子们的头上砍去》，老人的爱国情怀令人肃然起敬。

吴绍同先生曾做过摄影大师郎静山的秘书，获中国摄影学会博学会士荣衔，1978年和1983年两次获金马奖最佳纪录片。退休以后，始专注于鹤的拍摄。从1990年到2006年，先后拍摄了祖国大陆上的八种鹤，这让他行走了十七万三千公里，跋涉十一个省、自治区。接着远涉欧、亚、美、大洋、非五大洲的十五个国家，五十四个鹤乡，完成了世界上各种鹤的拍摄。迄今仅有三个人完成了世界全部十五种鹤在原生地的拍摄，一位是瑞典摄影家托朗尼文，一位是德国摄影家阿布雷，一位就是中国台湾摄影家吴绍同。

吴先生曾先后在台北、北京、南昌、上海、广州、哈尔滨、齐齐哈尔、赤峰、武汉、昭通、美国旧金山等城市成功举办"鹤影专题"个展，并陆续出版了《鹤》《鹤的世界》《瑞鹤》《摄

1995 年在赤峰拍鹤时的吴绍同

鹤十七》等精美画册。吴先生还是联合国鹤类基金会的荣誉会员，并给予该会很多帮助。

和吴绍同先生相识是件有意思的事。1994 年 7 月，先生听说内蒙古赤峰市克什克腾旗达里诺尔湖及周边湿地是鹤的栖息地以后，径直奔赴该旗。没想到当时有关部门认为，一个台湾人到边塞来拍鹤不符合规定，将已经抵达克旗的吴先生拦截回赤返台。吴先生回台后抓紧时间将有关部门需要的手续全部办好，于两个月后即 1994 年 9 月 24 日在我们陪同下再赴达里诺尔湖，成功拍到簑羽鹤。

到 2012 年，先生陆续来赤已历十八年，共计二十次拍鹤

吴绍同摄影作品：丹顶鹤幼雏

吴绍同摄影作品：红顶白枕鹤群

吴绍同先生在北极圈内拍摄白鹤时，受到蚊子袭击的情景。

和办展。后来眼睛因黄斑病变而视物模糊改拍体形大的骆驼，还偕我到内蒙古西部的阿拉善盟拍骆驼……先生与赤峰诸影友结下了深厚的友谊，与我更成为忘年之交。先生对摄影的嗜爱和忘我的求索精神，感动着我们和全国各地鹤乡的影友，大家都尽力帮助他。

吴绍同先生祖籍广东顺德，幼年随父母移居上海。自幼痴迷摄影。十岁生日时，舅舅送给他一台使用127胶卷的柯达胶木制勃郎尼儿童相机。到十八岁时他意识到，要想学成摄影，用这种简易相机是学不出结果来的，便向母亲表露了要买一台好相机的愿望，虽然只说了一次，但慈爱的母亲早已看出他的人生志向，默默筹措，将赖以生活的杂货铺的周转金兑成一两黄金给他。他用这笔钱买了一台当时最先进的“LEICA MODEL Ⅲ C”（徕卡3C型）相机。细心的少年吴绍同注意到，妈妈为筹措给他买相机的钱，杂货店两个月都没能进货……后来，他跟著名摄影家康祖艺学会了暗房技术，并到上海新华电影制片厂做练习生，其间他在街头里弄到处采风，还出售照片“以照养照”。一次，他到吴淞口拍日军行动，被日本宪兵抓去，遭到毒打。1944 年他进入上海新闻专科学校学习，同时还担任天主教办的《益世报》摄影记者，这一身份使他的摄影活动扩大了范围。几年里，他拍了大量照片，内容涉及方方面面。（近来，先生已寄给笔者不少这一时期拍的照片，看了这些七十多年前的老照片再和当今相对照，颇引人感喟。已征得先生授权，这些照片整理后将陆续披露，以飨读者。）

1947 年吴绍同应聘赴台湾工作，离家前他知道供职的部门

作者与吴绍同在赤峰达里诺尔拍鹤。摄于 1994 年。

将配发相机，于是把自己心爱的“徕卡”卖掉，加上平时攒的钱，凑成一两黄金，还给了母亲。

到台湾后，吴绍同供职于台“陆军训练司令部新闻处”，后来又到“国防部”中国电影制片厂及荣民工程处从事新闻摄影和纪录片摄影。

1990 年 5 月 1 日，六十五岁的吴绍同先生退休了。身体健康、不甘寂寞的老人选择了拍鹤，这一拍就是十七年。

吴老最初来赤峰拍鹤时用的是一台“徕卡”R5 和一台“徕卡”RE 单反相机，加装“徕卡”TELYT 1:6.8/560 毫米超长焦镜头，加原厂 EXTENDER–R2X 增倍镜，可当 1120 毫米长焦镜头使用。随身携带的是法国“捷信”三号重型三脚架。他直言这支镜头是在台北朋友开的二手相机行买的旧货。没有镜头盖，是夫人

伪装后拍鹤的吴绍同

"太阳之子"—— 一张等了4年的照片
"Son of the Sun" -- a photo got after waiting for four years


吴绍同"守株待兔"拍得的作品

给配了一只茶叶筒，里面贴上绒布，套上正合适。他直言自己不是富人，终身俸（退休金）折合人民币每月约14000元，他把一半交给夫人家用，另一半用来支付拍鹤的器材、交通、食宿等费用。后来，他由于眼疾调焦困难，始换用自动调焦的"尼康"相机。

鹤很尊贵，心性高蹈，远离人迹，常在荒野沼泽、峻岭水泊栖息。野生鹤又十分警觉，顺风在一公里外就能闻到人的气味而飞逸。

为体验古稀老人身背器材踽踽独行在远离人迹的荒僻环境中的情形，我曾在草原上把吴老的全部器材都背在身上走了一段路，觉得很重（超过十五公斤），常言"远道没轻载"，老人真是不容易！

吴先生六十五岁开始致力常人难以实现的"世界鹤拍摄工

程”，是对个人体能和意志的“极度挑战”（这一挑战，即使二十余岁的年轻人也视为畏途），先生以强健的体魄和坚定的信念，还有诚恳谦和的处世态度，在各个鹤乡朋友的倾力帮助下，奇迹般地完成了这一浩大的“工程”。

除了寻踪拍摄，吴先生还喜欢蹲守拍摄，即在野鹤出没的地方预先搭好伪装，经常随身只带两枚煮鸡蛋和一瓶水预伏十几个小时，吴老称之为“守株待兔”，常常拍得理想的镜头。

在黑龙江省拍鹤时，先生不慎摔倒，把右手拇指内侧的筋（韧带）摔断了，他不愿舍弃拍摄时机，仍忍痛拍摄，几天后治疗时，因贻误而致韧带收缩，回台湾后动手术把韧带拉出绕过指骨打结，留下很大的凸痕——永久性伤残。

多次陪吴先生拍鹤，他的执着、坚韧、不怕吃苦受累的精神常常令人感动。一次我们在冬季雪原乘吉普车追踪拍鹤，漫天大雪模糊了视线，积雪下的一道土坎把车高高颠起又落下，吴老的头撞到车顶上的铁框，导致颈椎受到重挫，仍拍摄不辍。一次我们住在达里诺尔苏木打井队的一个小旅馆里，一间屋住四个人，每人宿费五元，被子好像从没拆洗过，被头脏得发黑发亮，异味刺鼻，我担心吴先生受不了，不料先生反而教我把毛巾折在被头上，说可以让毛巾上的香皂味儿挡一下异味。

有一次在牧区吃饭时，吴先生夹菜不慎把丸子掉到饭桌上，当时桌上铺了塑料布，时间一长有很多裂口，便用白胶布贴上，反复揩抹之后，已变得乌黑，我失声说：“太脏不能吃！”吴先生却已夹起桌上的丸子吃了下去，淡然地笑笑：“知道不干净，但糟蹋上苍所赐的食物，会遭天谴。”

吴先生拍鹤并不是“摸着石头过河”，他会事前虚心请教野生动物学者，对鹤的习性了然于心，并在拍摄过程中随时提

國輝先生 惠存

大宇宙的鄉愁

呼喚我们回歸自然

吴绍同

九八.五.廿三.

吴绍同给作者的题词

醒我们。有一次正拍摄一小群又唳又舞的簑羽鹤，先生突然说：“快拍，它们要飞……”果然，几秒钟后那群鹤匆匆飞走了。我问先生怎么知道它们要飞，吴先生说先有一只伫立四处张望，估计是感觉到了什么，而且在飞前先排便，那必是要飞了。

细心观察和研究也是先生的特点，他说：“原来一直认为鹤对‘婚姻’是很忠贞的，专家也这样告诉我，但我拍到了一只鹤的‘外遇’，看来这个定论得改一改了。”

和种种困难相比，最让吴先生困惑的，是当时所遇到的怀疑、误解、设障，甚至刁难。在我处遇到的“拦截”还算是轻的，在西南某地，经过多日的准备，想拍到鹤在拂晓旭日前飞过的镜头，时间、地点、时机都已具备，而即将拍摄时，突然遭到有关方面的禁止，要他出示国务院台办的介绍信，吴老恳切解释说再去北京开介绍信机会就会错过，仍遭拒绝，只能收拾设备返台。后当地虽为此事向他道歉并欢迎再去，但拍摄机会已失，无法再现那一场景。至于在东北某大城市一青年在光天化日之下盗抢吴先生存有重要摄鹤资料的笔记本电脑，就更令老人沮丧了……

不仅拍摄认真执着，吴先生还写得一手好文章，在办展的说明和出版的影集留言中都可以看到先生凝练、精湛、隽永的短文，如散文诗般吸引人。

随着拍鹤活动的深入展开，吴先生对鹤的感情已升华到保护野生动物进而保护自然环境的高度。1998 年 5 月 22 日给我的赠言“大宇宙的乡愁，呼唤我们回归自然”，表现了老人家保护大自然的博大襟怀。

如今，年过九旬的吴绍同先生因眼疾已看不清楚绕膝嬉闹的五个曾孙，但他摸得着这些隔了两代的小宝宝，听得见小宝

益世報
上海社
職員證
滬字第47號
姓名 吳紹同
年齡 廿二歲
籍貫 廣東
職務 攝影記者
住址 南昌路588號

吴绍同《益世报》摄影记者证正面

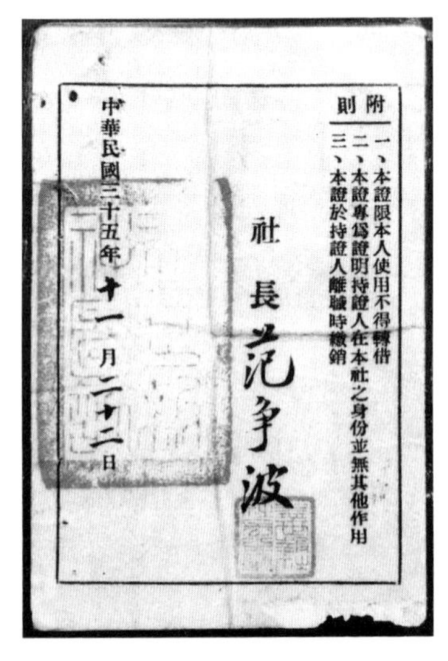
附則
一、本證限本人使用不得轉借
二、本證專爲證明持證人在本社之身份並無其他作用
三、本證於持證人離職時繳銷
社長 范爭波
中華民國三十五年十一月二十二日

吴绍同《益世报》摄影记者证背面

吴绍同在赤峰达里诺尔湖拍鹤。

宝们说话或者嬉闹的声音，他心怡然。

而让他至今无法忘怀的，仍是八十年来摁下快门时的种种画面和如烟往事……

在本篇稿件脱稿之后，和吴老的电话联系一如既往。4 月 10 日晚 8 时，和每天一样，吴老意兴盎然地打来电话，缅怀过去来草原摄鹤的经历，还谈了他 1946 年在上海拍照片的趣事。不知不觉半个小时过去，我们互道晚安，相约明天再聊。

万万没有想到，第二天上午突然接到另一位台湾摄影家的电话，告知吴老仙逝。我决不相信，力辩其误。但多位影友的

吴绍同在鄱阳湖拍鹤时遇到的窘境。

电话接踵而至，才认定吴老确于4月11日晨7时27分因急症谢世于台北国泰医院。

惊闻噩耗，黯然神伤，亲密交往二十余年的恩师、忘年挚友转瞬间阴阳暌隔，想不到前一晚的通话竟是诀别！思之几度泫然……又不停地接到西藏、青海、四川、湖北、云南、黑龙江等地影友的悼念信息，都是吴老生前因拍鹤而相识的挚友发来的，不禁悲从中来！

拍鹤老人驾鹤西去，我们诚祈吴老冥福！

# 一张照片　三段故事

李重庵

我家珍藏有一幅照片（图 1），先父李秉德特地给照片写了说明："纪念 1944 年与河大医学院教授朱德明一家在潭头重渡关沟共避日寇侵略之难。1947 年摄于开封"。

照片中最左侧穿西服者是我父亲李秉德（字至纯，1912—2005），生于洛阳一个城市贫民家庭。作为长子，他在河南大学教育系勤奋攻读的同时，还要课余兼做教职帮助家里接济三个弟弟上学。1934 年河大毕业，先后在开封教育实验区实践李廉方教学法，在燕京大学研究院教育系研习，在河南两所师范学校任教，在湖北恩施任省教育厅督学。从 1941 年起直到拍此照时，在河南大学文学院教育系任副教授。照片右侧怀抱孩子者是我母亲郑孟芳（效兰），河大教育系毕业，时任开封河南省立第一小学的校长。

照片位居中间高处的两位成年人，是河南大学医学院教授朱德明（戴眼镜者）和倪桐岗（着短袖旗袍者）夫妇。朱德明先生是浙江人，留学德国获慕尼黑大学医学博士。其夫人倪桐岗先生是曾留学日本的妇产科名医。照片中在大人周围或站或坐的，则是朱、李两家的七个孩子。

这是两个家庭欢乐的合影。照片上的题字为“三年前的今日走出重渡，今年今日欢送至纯赴瑞，希望在三年后的今日能有一更欢乐的团聚”，日期是（民国）三十六年六月十三日。题字的三句话，引出后面要讲的三段故事。

## 一、两家共避国难的生死之交

第一句话，“三年前的今日走出重渡”是怎么回事？

抗日战争时期，河南大学从开封迁出，于1939年迁到嵩县，大部分院系在县城以西一百里的伏牛山腹地潭头镇。1944年4

**图1** 朱、李两家合影。摄于1947年6月。

月，日军渡过黄河侵占郑州等地，嵩县县城陷落。在潭头的河大学生和没有拖累的教职工便翻越伏牛山，向南撤了。当时我母亲已怀九个月身孕，只能和人口多、难以走动的十几家教师家庭一起，暂且搬到潭头镇南三十里的重渡。5 月 10 日，日军进占潭头镇残害手无寸铁的百姓和河大师生，河大医学院院长张静吾、农学院院长王直青等被日寇掳去当民夫，多名师生和家属被日寇杀害，河大遭受了人员和图书设备的惨重损失。

父亲在《河南大学搬迁记》中回忆："我们终于来到重渡。我与妻子商量决定：和医学院教授朱德明、倪桐岗夫妇共同住在离重渡街四五里路的一个叫关沟的山沟里，暂时不再往南跑了。因为郑孟芳很快就该分娩，挺着大肚子根本无力翻越伏牛山，最安全的办法是紧随产科名医倪桐岗大夫。朱、倪一家并无大的拖累，本来是可以翻越伏牛山南逃的，但他们情愿暂留下来不走，和我们住在一起。倪大夫对郑孟芳说：'作为一个产科医生，我不能撇下一个快临产的产妇不管，等你分娩后我们再走。'这话实在令人感动，不仅表达了深厚的友情，更可贵的是表现出了多么高尚的医德！"

关沟是个只有三户农家的小山沟，日军和国军随时可能光顾。在终日躲兵避匪提心吊胆中，老乡帮忙在山沟对面的竹林里搭了个茅草庵，里面放一张床。5 月 25 日，我出生在这个重渡的草庵里，父母起名"重庵"以示纪念。在倪桐岗大夫的护佑下，不仅母子平安，而且因我家准备的糖、面粉、鸡蛋之类全被国民党军散兵游勇掠去了，产妇的食物也多亏朱家接济。

6 月上旬河大通知，已在淅川县的荆紫关看好校址，准备开学上课。虽然母亲产后虚弱，我们李家、朱家还是和其他滞留在重渡的十来户河大家属一起，走出重渡，开始了扶老携幼翻越伏牛山的跋涉。按照片上所记，这天应是 6 月 13 日，母亲产后不到二十天。他们走了三天才翻过伏牛山脉，之后父亲径奔荆紫关，母亲则带着我们姐弟到淄河去另觅省立一小的校址。

21 世纪初，父亲给我讲述这段经历时手绘了一张地形图（图 2），从图上可以想象当时河大师生及家属的艰辛。父亲有一篇回忆文章《河南大学搬迁记》，以亲历者的视角生动记述了河大八年五次搬迁中承受民族苦难、坚持民族教育的故事，和西南联大的故事同样感动人激励人。

我一生感念，倪大夫和朱家是我们母子的救命恩人。朱、李两家的友情已传至下一代，21 世纪初，两家在北京重聚，又

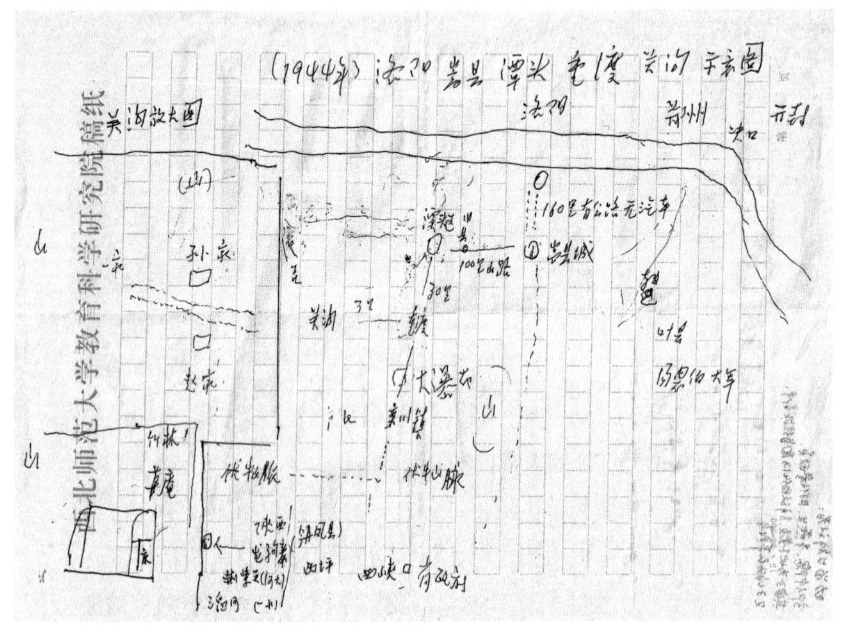


**图 2** 父亲手绘的 1944 年河南大学搬迁路线及关沟地形图

一同去重渡关沟寻觅六十年前暂住处的遗址。

## 二、父亲考取公费赴欧留学

照片题字第二句话表明，这天两家隆重聚会留影是为了欢送我父亲赴瑞士留学。父亲这时已不年轻，为何还要离开双亲、妻子和五个孩子，远赴欧洲留学？这跟河大的历史、师资和学术水平有关。资料称 1944 年教育部综合评估，河大名列全国国立大学第六名。朱教授所在的医学院曾获得过全国第三，教育系则是全国六大教育系之一。那时的河南大学，先后有近两百位“海归”教师。抗战胜利、河大复校时，父亲已任副教授五年，有不错的教学口碑和学术著述，并兼任校图书馆馆长。但在河大要升职为教授，没有海外留学经历显然是个弱项。更重要的是他痴情于教育专业，虽有燕京大学研究生求学经历和从小学、师范到大学的教育实验和教学的经验，师从或请教于邰爽秋、晏阳初、梁漱溟、李廉方、黄炎培、陶行知等国内多名教育大家和教育改革的先行者，考察了各地众多学校和教育机构，但此时他更觉得需要走出国门，了解和学习先进国家的教育，包括理论和实际。恰逢 1946 年教育部举办全国性的出国留学考试，有一百个全额奖学金名额，他赴南京参加考试，考取了教育学科留学瑞士的公费全额奖学金名额。图 3 是这一期留学生出国前类似培训班的合影（父亲位于中排左起第七），其中应有不少日后学界各学科的翘楚，散布在海峡两岸和海外。其中我知道的有民盟前辈吴冠中、端木正等。几乎在同时，父亲的两个弟弟李恒德、李志尚，也各自获得其他奖学金资助赴美国留学，成为分别攻读冶金和医学的研究生。

在两家欢聚合影的当月，父亲即乘船赴欧洲，在瑞士洛桑大学、法国巴黎大学和日内瓦大学卢梭学院进修，受教于著名教育心理学家皮亚杰、教育实验专家道特朗等。他还考察了欧洲五个国家的教育，特别注意学习模式和教育实验等方面的理论和实践。

## 三、从巴黎到兰州

题字第三句话所说的两家三年后更欢乐的团聚，并未如期实现。由于国家时势的变化，两家只能在两地续写新的故事。

1949 年夏解放战争即将结束，当时在法国巴黎留学的父亲

**图 3** 教育部第二期留学生讲习会始业礼摄影。摄于 1947 年 3 月。

决心回国。他自述：“吸引我回国的只是一个很单纯的想法：自从我开始受教育略懂点事的时候起，到现在这三十多年间，国内一直是兵荒马乱、民不聊生，教育事业风雨飘摇，几乎难以维持。现在国家就要太平了，我这个学教育的，为国家，也为自己所热爱的教育事业，可以发挥作用的时候到来了。”因买不起客船票，他好不容易买到一张从马赛到香港的法国“Andre Lebon”号货轮的船票，上船后方见同船回国的留欧同学共十余人，其中留法的还有关肇直、张鸿焘、洪世奎、刘文清、顾寿观和王道乾。船走了一个来月，9月初才到香港。在船上关肇直联络了愿意到大陆解放区的留学生，到香港后又会同香港大学教授曹日昌为他们代购了到韩国仁川的船票（后来知道关和

曹都是以地下党组织的关系来办这件事的）。这条英国船航行十来天后经停天津时他们下了船，之后即受到组织的热情接待，并送他们顺利到达北平。

那时中央教育部尚未成立，组织上很快就对他们作出安排，有的直接分配工作，如学数学的关肇直分到科研机构，几个学医的分到医院和医学院。学教育的我父亲和学艺术的刘文清，则被安排到位于德胜门内拈花寺的华北大学政治研究所学习，他们二人入第四班。华北大学的校长吴老（玉章）以及范老（文澜）和成老（仿吾）给他们作过多次报告。1950年初，华北大学要改成中国人民大学，政治研究所（一班已毕业）的全体学员转到了华北人民革命大学（校长是刘澜涛）的政治

**图4** 华北革命大学政治研究院第三班学员与工作人员合影。摄于1950年。

研究院（地址在西苑），重新编班，父亲在第三班（图 4 从后数第二排右一）。

这几个月的政治学习效果如何？这些“旧知识分子”有什么变化？从父亲回忆他分配工作的故事可见一斑，“祖国的需要指向哪里，就奔向哪里”是当时学员中流行的口号。1950 年 6 月（正好是朱李两家合影后三年整）的一个星期六，学习小组长通知他：“组织上可能提前给你分配工作，你要做好思想准备。”第二天趁星期日休息，他去看望一位老师徐侍峰。徐（时任辅仁大学教务长兼代校长）说学校已经决定，待他学习毕业即请他来做教授。他只好解释说：“看来是不行了。”第三天星期一早饭后正准备学习，小组长突然找他：“组织上刚才通知说，已经给你分配工作了，现在就收拾行李准备走。”半小时后有干部来领他上了一辆卡车，车上共十一二人，都是从欧美留学回来的。中午车到了中央教育部，一位热情接待他们的干部安排他们吃午饭，边吃边宣布分配：“一批上东北，票已买好，吃过饭就上火车；另一批三人（刘文清、朱勃和李秉德）上西北，票还没买好，今晚在招待所住一宿，明天坐火车去西安。”

三人抵西安后到西北区教育部报到，人事科长李运招待他们吃饭，说你们三人中有两个学教育的，一个留西安，一个去兰州。究竟谁去哪里？等会儿问问江隆基部长再定。不一会儿，李传达了江部长的话：“朱勃同志是云南人，就留在西安，不要再走了；李秉德同志是北方人，就再辛苦一趟到兰州西北师院去吧！”第二天，父亲和刘文清（分配到兰州大学）即与恰好来西北教育部办事的西北师院代院长李化方一起，搭乘长途汽车奔赴兰州。父亲的工作地方和单位，就是这样决定的。从此他在这里持续工作了五十六年，直至生命结束。

1950年底，我母亲郑孟芳结束在华北人民革命大学的学习，也被分配到西北师院工作，于是带着我和三个姐姐从南京迁来兰州与父亲会合。图5记录了1947年两家合影中的李家人悉数在兰州的团聚。照片背景是我们所住的西北师院教授家属院后墙，以及远处光秃秃的兰州北山，从中可以窥见那时的西北师院（六所国立师范高校之一）和兰州，其工作生活环境，离河

**图5** 1951年，作者一家摄于所住西北师院在十里店老街的教师家属院。

**图 6** 迟到了五十七年的朱李两家团聚，2004 年摄于北京。

大和开封有很大的差距。但是图中人物的愉快笑容，与 1947 年在开封的照片中并无二致。父亲回忆当时的心情："虽然如此(条件艰苦)，我心里还是很高兴的，因为我对于给我分配的工作十分满意。我一向是教书的，现在仍要我教书；而且我学的专业是教育，现在到师范学院工作，很对口径。我回国前的希望都如愿以偿了，怎能不高兴呢？"

他们怀着对国家、对工作的热忱和希望，与众多来自各地的教师们一起，在这所由北平师范大学 1939 年西迁、1946 年复校后留下的"姊妹学校"以苦为乐，辛勤耕耘。父亲任教育系教授、副教务长，母亲任幼教系讲师兼附属幼儿园主任。他们的这种热情和心劲一直持续到 1957 年，便被荒唐莫名地打入了冰窟窿，而且长达二十年。直到改革开放和平反冤假错案，父亲才再次焕发学术青春多有著述，并成为全国首批教学论博士生导师，任过西北师院院长和两届全国政协委员。他最欣慰的是培养了众多优秀学生，以及为他所热爱的专业一直工作到生命终止。

两家合影中另一半的朱家留在开封，后到郑州。朱、倪两位医学专家为河南省的医卫事业贡献突出。在后来的院系调整中，河南大学动了大手术，朱教授参与负责郑州医学院的建立。他做过河南省人民医院院长、省卫生厅副厅长。倪大夫 1956 年被评为全国先进工作者，当过河南省妇产医院院长兼助产学校校长，当选第三届全国人大代表，并在第一次会议（1964.12—1965.1）上独立提交了两份代表提案，都是关于加强妇幼卫生队伍建设和妇幼卫生专业及教材建设的建议。她一生医德高尚，即使在“文革”中自身不保的最黑暗时刻，仍然救治和资助多名危重和困难病妇。

当年朱、李两家在开封“三年后”团聚的愿望未能实现，几十年间两家失去了联系。直到 21 世纪初我调到北京工作，才联络上在北航工作的朱家大哥，终于有了 2004 年两家再次“欢乐地团聚”（图 6），但距上一次团聚已有跨越世纪的六十年之久，比当初的约定迟到了五十七年。

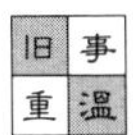


# 血染的家书

穆　公

2016年，在北京和上海曾举办过题为“行走紫禁城的三代学人”的展览，吸引了不少眼球。众所周知，紫禁城是皇帝居住的地方，是皇家活动的重地，三代人能在紫禁城行走曾是何等的荣耀。这里所说的三代人，就是清末任学部参事兼京师大学堂农科监督的罗振玉、其子故宫博物院研究员罗福颐和罗振玉第十孙、罗福颐小儿子故宫博物院研究员罗随祖。

国学大师罗振玉在殷墟甲骨、商周彝器、敦煌文献、汉晋木简、古明器的整理与研究上均有开创之功，其子孙也在古文字学、金石学等方面继承了家学，做出了成绩，成为当代著名学人。本文的主人公罗绪祖与罗氏三代有着十分密切的关系，因为他正是罗振玉的第六孙，罗福颐的长子，罗随祖未曾谋面的大哥。

罗绪祖于1934年9月出生在沈阳，他是父亲罗福颐和母亲商静宜的第一个孩子，小名为“大吉”，寓意孩子的一生平安，大吉大利。大吉从小就十分聪明伶俐，特别讨人喜欢。当时罗福颐的堂姐罗守巽在沈阳图书馆就职，非常喜欢大吉，大吉就认了罗守巽为干妈。1937年6月，罗福颐又添了个女儿罗琪，

大吉和爸爸罗福颐

小名大利，1940 年二女罗琨出生，小名大石……罗福颐一家虽生活在日伪统治下的东北，但几个孩子还是给小家庭带来了无限快乐。笔者手头有两封大吉写给干妈的信，从那稚嫩的笔迹、恭敬的词语以及家书的格式上，我们可以体会到感人的亲情和家学的熏陶。

原文如下：

## 一

好妈、干爸：

大人尊前敬禀者　昨日得奉

来谕及

两大人照片得睹

慈颜下忱盍胜欣慰。男放寒假并未到别处，就在家看书习字，二月十日开学即升入四年矣。男有近照数张寄呈。小弟弟现正是学人拜年，想大人尚记得男幼时也。今年此地亦非常之冷，煤不足未能烧暖气，室中用炉子尚够暖，家中各人均粗安。前者父亲曾不适多日，近方大好。想近来

大人身体康健　敬以为念　余容续禀　虔敬

金安

男　绪祖　敬禀　二月三日晚

两亲命笔候安

弟妹同叩

## 二

干爸、好妈：

大人尊前　敬禀者是前奉

慈谕并照片下忱，至为欣慰，又蒙赐男款三百元已谨领敬谢。男想将此款买些书，但买不着，只买些玩具，并代两妹买两样玩具，余款男即存银行矣。男近来在中村制药奉仕，每早八点去至下午四点多五点方能回家，要五十日方毕，久未读书。近来两亲均安好，虽然小弟殇去，是

很不幸的很伤心的事，但亦无法想。所以父亲也只有达观，承大人劝慰惦念，两亲命笔请安道谢。近来

大人福躬谅康健　敬念敬叩

金安

男绪祖　敬上

信“一”中有“二月十日开学即升入四年矣”句，以此推算绪祖写信时应为八九岁，约在1942年至1943年。信“二”写于此后，其时小弟弟已病故，又有了二妹大石，此信可能是1944年前后写的。当时好妈罗守巽已搬至南京居住。这两封信让我们对写信人有了一定的了解，深感大吉是一个很懂事的孩子，甚至有点少年老成。他对长辈尊敬、关心，对弟妹友爱、谦让，

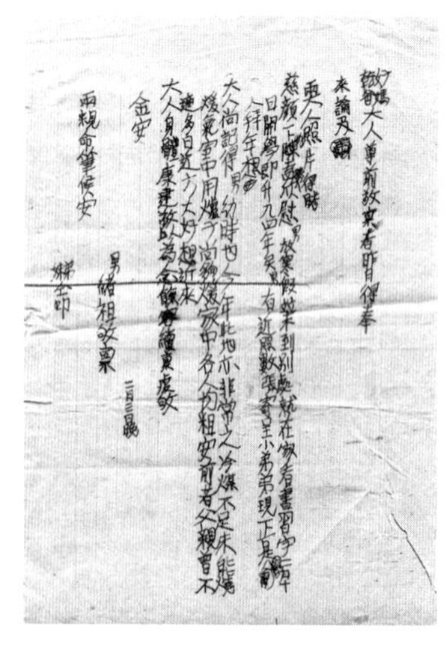

大吉信件二通

大吉和好妈

他爱学习也爱劳动，真是个前途无量的可畏后生。

然而，祸从天降，大难临头。1945 年秋天，中国人民正沉浸在抗日战争取得全面胜利、日本天皇宣布无条件投降的欢乐时刻，意外发生了！这一天，停课多日的学校通知大家上学复课，大吉在放学的路上捡到个稀奇古怪的小玩意，一个金属的圆管。大吉把这东西带回家玩耍，他不知道这是会爆炸的危险物品，玩着玩着，突然那雷管爆炸了，把他的脸、双手还有腹部都炸伤，鲜血直流，疼痛难忍。父亲得知此事立即将大吉送往医院……几经周折，多方抢救，但仍旧没有将他抢救过来，一个可爱的少年罗绪祖就此离开了人世，罗福颐夫妇失去了养育了十二年的长子，大利、大石等姐妹失去了一位好大哥。临终前，大吉头脑清晰，留言感人，罗福颐在写给好妈罗守巽的

大吉和好妈

信中是这样描写的：

其最惨者此次其脑经（筋）至终清醒，于十四日早五时许，忽然向弟等告别，言已将行，嘱告同学友及家中未来医院之人，以及商父母，又叹家中只存大妹、龙宝二人。

大吉给好妈寄信

弟等知情形不妙，乃返照之象，只有劝慰，以往日一切恩怨望全消灭，务安乐游天国。渠乃答以响亮之“是，是”，继而曰“再见，再见”，言之三四，忽称全身难过，又渐昏迷。如此，时醒时睡者至九时，医生来亦言无望，乃用麻醉注射令其舒适，果然睡过四个钟头，醒后大致已不甚明白，延至一时半乃止呼吸。

罗福颐的这封信是大吉离开后一个月才写给大吉的干爸好妈的，他始终不能走出丧子的阴影，无法下笔。后来终于忍痛落笔，心潮澎湃难以抑制，洋洋洒洒写下三张半信笺，长达一千六百余字。其中对抢救大吉的过程写得十分细腻，字里行间有宣泄、有愧疚、有愤怒，更多的却是深深的父爱。请看：

> 下午五时许乃爆发，炸伤大吉头部、二手及腹部，当时人尚清醒，乃急至附近医院为上药，此时戎马盈郊，各医院不能收留，且此医院非专门外科，乃又经各方介绍驰赴小河沿施医院，先亦不能收，后经各种陈说方收下，然时已九时许，无医生诊治，姑住下再说。至次早九时，主治医来说腹部甚重，透通腹膜，内必有伤，非开刀不可，此时不得已，止（只）有乞其诊治。开刀后医言腹内肠胃均有炸片伤，是否无虞过一星期方能无危险。医言不可吃水，一切均能遵守，而当夜神情即不好，发热谵语不止，然时好时坏，弟等仍希冀万一。乃第三日亦有大便，甚好，医言或可无虞。至十三日热仍不退，现象更劣。十四日早晨，医言无希望，延至下午一时半，乃长别。于十五日瘗于山东义地。此子平日性气不纯，近年少好而不意，得此结果意料之外……

罗福颐先生继而写道：

> 试思弟等处此能无恸心，止（只）以静宜有四个月身

大吉和弟弟

孕不能以过去者伤未来，止（只）有动心忍性，尽力劝慰。其事完了后又忙移居，先是大吉未炸伤时，事变乍起人心浮动，俄人初入奉天有小抢掠，弟处俄人就入室五六次，索去手表等（小有损失），因此乃避地左近韩氏宅（在凯宁饭店附近）及其事完乃决移居。方寸劣极，无可告语，但愿此后国利民福长此销兵，能假余年回关内生活是为希望。弟个人之十二年辛勤教养毁于一旦，虽为可惜，然由大处想，近年来可惜事之大于此千百倍者，不知凡几，一人一家之损失又何足道？如此想来无怨无尤（忧）止（只）知己身之德之不修为愧耳。

罗先生果然是读书之士，有识之人，在遭遇如此大不幸时，尚能“由大处想”，排解忧郁，化悲痛为力量，勉励自己努力修德，期望“国利民福长此销兵”。

罗福颐父子的三封家书，都是写给罗守巽的。罗守巽的父亲罗振常是罗振玉的胞弟，一位学者型的书商，是罗振玉研究

大吉和妹妹

大吉和四位长辈

学问的有力助手。守巽、福颐姐弟年轻时就交往甚密，婚后两家人也常常一起聚会或携孩子外出游玩。守巽一生未生育，但对孩子却十分喜欢。干儿子大吉在她心中自然是十分重要的，她将这三通家书一直精心保存，视为家珍。直到 1989 年 4 月罗老太离开人世，我们才有机会看到这些极珍贵的资料，至今已整整七十多年了。这不仅是名人手迹，集邮珍品，更是真实的历史写照。

# 初中岁月

王晓勇

2016年3月，结束了分厂的工作，我调入一个新的部门——供热中心。一天，在浏览全市采暖用户电子台账时，我看到一个熟悉的名字——初中三年一直是我的班主任的武兆芬老师。这不禁勾起了我对往事的回忆。

1981年9月，秋风送爽的季节，我进入呼和浩特第三十四中学，开始了我的中学生活。

其时，三十四中刚刚成立两年左右，与我小学时的母校青山小学一墙之隔，面积不比旁边这个小学校大多少，与我父母供职的那所中学更不能相提并论。师资力量也薄弱，教师都是从各个学校抽调而来。生源更是参差不齐，尽管日后从此校走出了一位内蒙古自治区高考文科状元和数位考入清华大学的学生，但总体而言，学生素质仍属偏低。唯一的亮点，是坐落于校门正对面的那栋教学楼——20世纪80年代初，在塞北高原，能在楼房里工作、学习、生活，能在酷寒的冬天，享受上暖气，是无数人心向往之的事情。

武兆芬老师原先是呼市苏虎街小学的语文老师，因工作出色，在三十四中筹建期间，被“挖”了过来。我本来被分到一班，

全班毕业照，摄于1984年。第二排左数第四人是武兆芬老师；第二排右数第四人为初三时的英语老师徐晓惠，也曾给予我支持、鼓励；第三排右数第七人为本人，我右边为公交车上偶遇的女同学。

是听说十班班主任比较好，才调到十班的。

入学不久，武老师给大家布置了一个作业——写日记，且这日记是要上交老师批阅的。我打从会写字，会遣词造句，就在写日记，我的生活、我的所思所想、我的喜怒哀乐，都在日记里，怎么能让别人看呢？于是我从此开始做“两本账”，一本是应付老师检查的日记，一本用来记录我个人的小秘密，是要锁在抽屉里的。

有一天第一节课是语文课，我坐在最后一排，却清清楚楚地看见，武老师手里拿着我再熟悉不过的、那个深蓝色塑料封皮的笔记本，走进了教室。我的心开始“怦怦怦”地跳起来。“我今天要给大家念一篇日记，大家好好听，我个人认为写得相当好……”武老师说道。

我面红耳赤地坐在座位上，即便是受着表扬，仍有一种被“扒了皮”的感觉。为了体现日记的特点，我写的净是家长里短的生活、学习上的琐事，为了凑数字，还编了些故事情节，难免有杜撰的地方，不料被当众朗读，实在让我难堪！

几天后，我被任命为语文课代表。

在整个初中三年时间里，我写的作文，经常性地被作为范文，不是被粘在教室门后面，就是贴在黑板报报栏里，供全班同学阅读、学习；有时门后贴的是我写的，报栏里粘的还是我写的……对此我安之若素，早已习惯了。

我上初中一年级时才第一次接触英语，很快便对其产生了浓厚的兴趣。当时中央电视台有一个频道，几乎每天都在播一个节目“FOLLOW ME”（跟我学），我也几乎天天坐在电视机前，认真聆听来自大洋彼岸的纯正发音。任何事情有兴趣就有做好的可能，很快，我的英语成绩在班上位居几乎无人能撼动的第一名。那个时代人们普遍求知若渴，几乎在全国范围内掀起了学外语的热潮。我经常在清晨早早起床，在自家小院里背单词，朗读英文文章。有一次被邻居听到了，回家对其夫人讲：“王老师家这个妞，将来有出息……”

初二那年，我被任命为英语课代表。

少年时曾经非常向往北京第二外国语学院，今天在这儿写下这一段文字，内心深处涌动着久违的激情！

值得一提的是，当年教我们英语的宝英老师。照片中没有她的身影，因为她只教了我们初二一年。至今都还记得宝老师的容貌，虽然只有短短一年的师生之谊，但是老师对我的欣赏、喜爱我是切切实实体会到的。宝老师并不是那种能和学生打成一片的老师，她甚至和大多数学生融合不到一块儿，但她是一个爱才、惜才的人。她对我的好，我至今铭记在心。以年龄推断，她如今应是六十五岁左右的人了。祝福我的老师，颐养天年，幸福安康！

对于初中课程中的历史、地理、生物、政治、物理，我统统都有浓厚的兴趣。学地理，就想着将来当一名现代徐霞客；学历史，就对历史人物、掌故用心琢磨；有一段时间又幻想着将来做一名生物学家，我喜欢找一些洋葱皮、破抹布、死昆虫放在显微镜下观察，对什么“细胞核、细胞质”学得兴致勃勃；后来又对物理产生了喜爱，学习“加速度”，为体会加速度有多厉害，将一颗大土豆从四楼扔下去，着地的一面摔得稀巴烂……

初三那年，我被任命为物理课代表。

几天前在公交车上，偶遇初中时的一个女同学。匆忙交谈几分钟她就到站下车了。她说我一点儿没变，还是那样；我看她脸上也毫无岁月的痕迹。但是又怎么可能一点变化没有呢？她下车五分钟不到，我在车上收到她发来的短信：“相遇真是难得呀，当时咱俩在学校感情挺深，毕业来往几年就断了……几天前我整理照片，看见你结婚时敬酒的一张照片，想看看二十多年前的你吗？这么多年，有没有想过我？父母挺好吧？”

我在回复中告诉她：“我很多年前就不在老房子住了，但对过去的人和事还有记忆。青春年少的时光真是珍贵！我父母很好。”

班上有一位叫祁建伟的男生，曾经和我是同桌。20世纪80年代的中学生一般比较封建，还在桌上刻什么三八线，男女生不说话，但我们这所学校一点不封建，男女生坐在一起聊得热火朝天，我和这位男同学关系就很好。记得有一次下小雨，我头戴一顶男式草帽就来了，他看见以后哈哈大笑，笑得前仰后合，说夜袭队的来了，之后又对这顶草帽大加赞赏，非要出两个铜板（两块钱）买我这顶“夜袭队”草帽，我死活不卖，说卖了，这雨又不停，我如何回去？祁建伟父母是内蒙古工学院的教师，他未等到毕业，就中途转学到徐州，听说是因父母工作调动。犹记得他的离去，令我怅然若失了好久。如今想来，我当年为什么那么执拗，若换在现在，他既然那么喜欢那顶帽子，别说人家还给钱，就是不给钱，我都非常愿意拱手送给他。不知他今天人在何处，还记得同桌的我和那顶草帽吗？

---

# 岁月留痕忆恩师

陈毓峰

这张照片是初中班主任陈觉群老师的哲嗣玄灿先生最近翻拍送给我的。“福中”即福清中学（福清第一中学的前身），“初中部四届”即初中54届。同年段共有六个班（当时叫作组），以甲乙丙丁戊己为序，我们是戊组，“新潮”是班级名。毕业合影摄于1954年6月2日，地点在解放后新建的第一栋教学楼“新生楼”底层西边的本班教室门口。以《校友录》比对，我认出了全班五十五位同学的名字，从右到左、按座号由前到后，排列如下：

第一排：陈俊英、陈秀清、许继华、张莲金、高名奎、陈华龙、林仁耿、陈明；

第二排：陈乃校、林云钦、倪灿琛、陈则楠、俞瑞钦、俞维强、何光锃、陈毓峰；

第三排：林在鑫、俞肇淦、郑训培、黄以庄、蔡玉桐、陈能德、陈训荃、陈泽坤；

第四排：薛由成、陈杨铨、陈遵群、俞昌乐、陈云平、郑秋钦、陈淡美、敖品华；

第五排：林定玉、陈玉清、李登明、钟存贵、俞建泉、杨庆泉、俞宏香、林士馨、林其顺、班主任兼语文教师陈觉群老师；

第六排：陈基增、翁训旗、陈明福、林克英、刘美喜、倪秉涌；

第七排：游建灿、林起主、林述旺、郑承越、吴章炎、李贤銮、郑学灼、周新月。

目睹老照片，几点说明，一段回忆，重温六十多年前的往事，或可窥见时代变迁的一点影子。

一、照片中同学手上展示的是四面合唱、舞蹈等第一名锦旗和十一张各种竞赛的优胜奖状，在同年段中应该是独占鳌头。这都是班主任陈觉群老师（第五排左边第一位）精心组织指导的结果。

二、合影的五十五位同学中，应届升学就读的有：工科中专二人，中等师范三人，卫生学校三人，普通高中二十人。应届升学率约占百分之五十。1954 年，是解放后第一次在中学提出“劳动教育”的一年，故高中录取率偏低。

三、三年后的 1957 年，从本班升入不同班级的高中毕业应届考入大专院校者只有十人，占百分之十八。俞维强（第二排左三）考进北京大学数学力学系。

四、当时初中毕业生一般都给安排工作。没有升学的同学，或当小学教师、供销社营业员、工人，或参军，从事农业劳动者只是极个别的。

五、毕业至今六十余年，就所知已故者十七人，约占百分之三十一。唯一仍在上班的是福建省立医院耳鼻喉科专家陈明

（第一排左一）。

1954 年 4 月间，班主任带领全班同学攀登石竹山，参观石竹寺，见到石竹寺偏殿里有一个和尚坐在那里写字，而他的身边却站着一个身穿蓝布衫的年轻妇女，在她身后有一扇门半开着的寝室，看来她应该是和尚的妻子。年少无知的我感到疑惑，总认为和尚是不能结婚的，这和尚怎么会有妻子呢？

三个月后，初中毕业报考高中，作文题目是《记一次班级活动》。开头找不出一次有印象的班级活动，思索一阵，我就豁然开朗：不久前全班春游石竹山岂不是一次班级活动！于是下笔为文。我的作文到底写了什么已没有多少印象，大概是记游写景吧。当然是不敢写上和尚有妻子之事。只记得作文里用上了“茂林修竹、古木参天、庙宇巍峨、菩萨庄严”等词语，

事后还为此得意过几天。也许正是这篇大体清通的作文帮了一点忙，全乡共有五个初中毕业生报考高中，结果只录取了两名，我就是其中之一。幸亏班主任组织了这次春游石竹山活动，否则只学写实不会虚构的我，中考作文肯定要交白卷了。

提到班主任陈觉群老师，勾起了我对他的一些回忆。20世纪80年代初，我住在福清西城区，经常路过高巷。小巷两旁尽是砖瓦结构的旧式平房，面对周围拔地而起的高楼大厦，这里显得更加破败冷清。在坎坷不平的小巷里，我总踯躅在那断垣残壁、野草丛生的院落。那里是我读初中的班主任、语文老师陈觉群先生的故居。陈老师离开这个世界已有三四十年了。师母晚年双目失明蛰居那里，现在也已过世了。他们的子女为衣食奔走四方，都不住在那里，颇有人去楼空、河西河东之感。

初中三年里，教我班语文课的先后有两位老师。先前的一位姓毛，中等身材，眉清目秀，衣冠楚楚，年轻潇洒，用时下的说法，颇有点“奶油小生”的仪表。毛老师教我们最多一学年，或许只有一个学期，教学内容毫无印象。

后来的一位语文教师兼班主任就是陈觉群老师。他身材魁梧，经常穿着灰色或黄色中山装，衣宽更显得体胖，不修边幅，浓眉大眼，脸庞颇有点像当年的铁腕人物斯大林，不过斯氏是鹰爪鼻，有咄咄逼人的神威，而陈老师近于狮子鼻，有平易近人的模样。20世纪50年代，从中学到大学，我遇到过数十位老师，其中不乏德才兼备、教学有方的好老师。但随着悠悠岁月的流逝，对他们所讲授内容的记忆大都云消烟灭，而陈老师的教学却给我留下一些印象深刻的细节。

其一，大概是初二《语文》里有一篇课文叫《美妙的小提琴》，篇幅较长。陈老师布置作业让我们将其缩写，几天后发下批改的作业。在我的作业上陈老师用朱笔写上一个“优”字，并有一句评语：“聪明人如果再加上用功，那就会更好。”当时老师还是用百分法记分，只有这一次用“优”“良”“及格”等文字来表示优劣等第，大概这是小作业，不准备记分吧。然而我还是明白这个“优”字是老师对学生作业的最高评分，评语是老师对我贪玩不用功的委婉批评。这虽是一次小作业批改，对我却是一次不小的鼓励和鞭策，从此激发了我对语文学习的兴趣和热情。

其二，初三《语文》有一篇有关劳动教育的补充教材《筑路》。文中有“披屋”一词，陈老师在串讲中对全班同学问道：“‘披屋’是什么意思？”没有人回答。接着提问几个同学，也没有人答对。随后提问我，我站起来用福清方言说：“就是‘披头’。”老师点头称是，并说：“大家听明白了吗？”我又一次得到陈老师的肯定，心里乐滋滋的。

以上两件虽属鸡毛蒜皮的小事，但无疑成为促进我学好语文的原动力，甚至后来对于我的专业选择，也有不小的影响。1957 年我报考大学时可填写十二个志愿，而前十个志愿我一律填中文专业。对中文如此喜欢，不能不归功于当年播下兴趣种子的陈老师。看来一个教师的教学，对学生多多少少总会起着意想不到的潜移默化的作用。

还有一次，记不清是讲哪一篇课文，陈老师穿插讲了下面一个颇为有趣的故事。他说，从前有一位像林黛玉那样弱不禁风的窈窕淑女，居住在一座小楼上，有许多青年男子追求她。其中有一个书生，一个珠宝商，一个小和尚，还有一个屠夫。不幸这位文弱的少女后来病故。随后一个明月当空的中秋之夜，这四个人不约而同地来到小楼前，流连忘返，伤心不已，就各吟一句，联成一首，其诗曰：“一轮明月照空楼（书生吟句），明珠落海何处求（珠宝商吟句）？小僧带你西天去（小和尚吟句），我的肉呀我的油（屠夫吟句）！”

当时我只觉得这个故事和诗有趣，并没有记住老师以此所说明的道理，或许老师只是说说故事而已。后来在大学里学了《文学概论》，我仿佛捞到一根稻草，窃喜这首小诗大可作为“文学阶级性”理论的又一个“佐证”，正如“大跃进”民歌所写的“什么树开什么花，什么阶级说什么话”。因此，很想找出这首打油诗的出处，无奈读书有限，孤陋寡闻，无从稽考。而“一物不知，儒者之耻”的信念，使我很想再次立雪程门，遗憾的是陈老师早已长眠于九泉之下了。听说1958年陈老师因出身于地主阶级家庭，兼有一点所谓“历史问题”，而被开除出校。这之后，贫病交加，他没能熬过“三年困难时期”。

走出师门之后三十年的1984年，带福清师专中文系84届学生到闽清一中实习期间，我通读了带在身边的清代梁绍壬《两般秋雨盦随笔》一书，发现其中《和尚破荤》篇说：“人馈得心大师鸡子若干枚。师大吞咽，作偈曰：‘混此乾坤一壳包，也无皮骨也无毛，老僧带你西天去，免在人间受一刀。’”

我想得心大师这四句偈语，也许就是陈老师所讲那首小诗的母本吧。

白露已到，中秋在望。正当月出东山之上，徘徊斗牛之间，我想起苏轼的名句“人有悲欢离合，月有阴晴圆缺”，想起先生的遗句“一轮明月照空楼”，心中不觉怅然，若有所失。

# 似水年华凝成冰

## ——故乡雁荡杂忆之十一

傅国涌

### 一

我喜欢东山魁夷的画，也喜欢梵高和塞尚的画，这几年无论是去日本，还是去法国、荷兰，念兹在兹的就是去看他们的画，那是我三十多年来的念想。翻出1988年1月14日好友张铭写给我的一封信，他在信中大谈对梵高、塞尚、东山魁夷的理解，今天读来依然让我怦然心动。那时我在雁荡山中的一个乡村中学教书，他还在温州师范学院美术系就学，当时他刚听了一位姓钟的老师的绘画讲座《风景画的意境和情趣》，在日记中写下了自己的见解，并抄在信中与我分享：

> 钟先生认为风景画所追求的目的是意境和情趣，这是一个非常狭隘甚至错误的观念。只要稍做一些思考，就会非常清楚地知道这样理解风景画是幼稚、肤浅的。试看梵高、塞尚、东山魁夷等大师的风景绘画就得到这个答案。像梵高，难道你能用意境和情趣这种简单而苍白的词语加以论述吗？梵高的风景画和他的静物、人物画一样都表现

了这位天才艺术家内在的悲剧性。梵高的绘画使人类的视觉第一次强烈地感觉到绘画艺术的色彩、线条其本身的存在价值。我们可以从他那富有韵律的线条和色彩中看到这位艺术家颤栗的心灵！他那像宗教一样虔诚的艺术表达形式如果被认为只告诉世人一种所谓的意境和情趣，那是一个多么悲剧性的见解，可以这样说，梵高神经质的笔触和色彩就是梵高艺术世界的全部。像塞尚这位被称做“现代绘画之父”的人，有人说他笔下的世界是通过心灵“全部重来”的结果，并非视觉的直接产物。他那纪念碑式的绘画，那坚实、静止、永恒的山坡、树木、陶罐、水果和意境、情趣又有何相干？如果谈到东山魁夷这样一位伟大的画家，你拿意境和情趣来看待他的作品，同样是一种以蠡测海的无能为力的行为。一个人如果没有一定的人格和素养是不可能走进东山魁夷世界的。因为我有这样的感觉：一些高尚的艺术有时候不可能用诱导和解释来教会一个平庸的人去体验它的价值。因为他感觉不到，也永远不理解美是什么！从东山魁夷的风景画中，我们应该可以通过宁静这个审美过程去发现一些自然和生命的秘密。正像柏姆所说的通过“内生”见神一样，真正高尚的艺术只通过心灵的交换存在为有智慧的、热爱美的人的心中。……

我从未学过画，三十多年来，东山魁夷、梵高、塞尚这些画家的名字之所以常在我的心中浮现，就起源于张铭，起源于我们在八十年代的交往。自1985年起，跟他一同看梵高的向日葵、塞尚的苹果、东山魁夷的椅子（当然只是在画册上），听他分享他领悟的审美秘密，那些场景、声音似乎很缥缈又很切

1985年，作者的好友张铭在杭州。

近。

有一次他在楠溪江畔写生，见到一片很大的丛林，他看了很久，觉得水彩太单薄，看不穿她，也画不了她，他感到痛苦，想起了东山魁夷——“我们不能像东山先生一样把看到的风景凝固，成为永恒，使后来的人类用东山先生的心一样看风景，东山先生将来死了，但东山先生看到的风景没有死。风景是人的风景，没有人，何谓风景呢。”

我之走近东山魁夷是从他的散文《一片树叶》开始的，张铭也很喜欢他的散文。东山魁夷是我们经常谈论的话题，在温州九山湖畔的夜色之下，一起散步、谈天的还有张铭的同班同学任学林，大高个，说话却是细声细气，带几分腼腆，我们成了最紧密的精神伙伴，谈艺术，谈文学，谈社会，谈人生，我

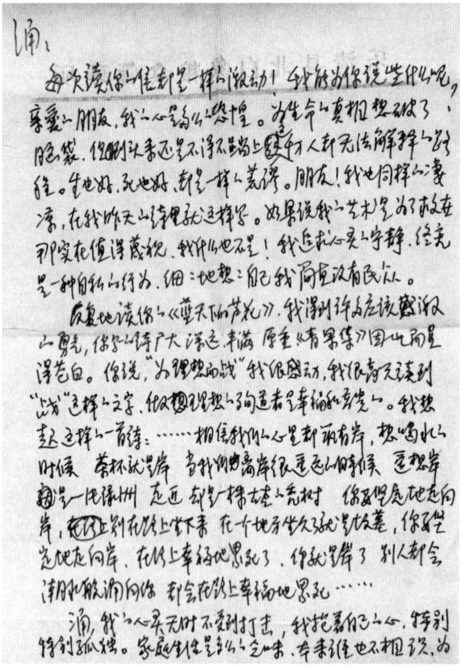

1988 年张铭给作者的来信

们不仅有着相似的审美倾向，而且对现实有许多共同的认识。我们没有辜负生命中的黄金时光，都曾勇敢地想过，也勇敢地做过。关于“勇敢”，学林后来在写给我的一封信中抄过一段话：“勇敢是人的责任，是一种无穷尽的责任。直到今天也是如此。勇敢仍然是重要的，一个人的首要责任仍然是克服恐惧。我们必须摆脱恐惧，否则一事无成。一个人如果不把恐惧踩在脚下，那么他的所作所为就是奴性的虚伪的和徒有虚名的。他的思想也是虚假的，如同奴隶和懦夫一样。”

这番话不知出自哪里，我总觉得像是法国作家蒙田说的，

“在全部的美德之中最强大、最慷慨、最自豪的，是真正的勇敢。”八十年代，是我们的少年、青年岁月，我们一无所有，但我们还有一点点的勇敢。也许这是唯一让自己有所安慰的。

学林沉迷于画画，不大写文章，不像张铭，除了画画，还写诗，写散文，写评论，对生活、艺术都保持着热情和敏锐的感觉。他在送给我的诗中说：

蓝天下都有些什么？
梦幻里都有些什么？
当目光深沉汹涌成一片坚定的海洋
这风雨隐伏的季节对一个真正的战士意味着什么——
人性的高贵和理想的圣洁
就是生命避难的天地
……
选择的自由早已证明了命运的谎言
“只要有一双忠诚的眼睛和我们一同哭泣”
那么，还有什么东西可以斩断我们走向光明的前途！

无论岁月经过多少轮的更替，“只要有一双忠诚的眼睛和我们一同哭泣”，罗曼·罗兰的这一句话一直未曾忘记，仿佛那个时代从来没有离开，哪怕我们一同盼望的时代永远不会降临，我们也拥有过那个短暂却永恒的时代。未来会发生什么，我们并不知道，但我们都试图为寻求更美好的未来而上路。那时候，我写散文诗，张铭喜欢我的文字，有时在信中也会抄上一段。比如这一段：“因而我继续走了，凭伤痕累累的身躯，走上一座高原，早餐仅仅是几颗干瘪的露珠。为雪的诱惑，我等待冬天，想冬天的引路，到一个不会结冰的世界，留下一片忠诚的许愿。那是沙漠，还很遥远，只有我生生世世的诺言……”

## 二

那时，我对西部有一种莫名的向往，高原、沙漠常常出现在我的笔下，我给自己起了一个笔名：骆驼刺。十多年后，我开始在《读书》《书屋》等期刊发表文章，最初就是用这个笔名。

张铭和学林他们在1988年曾去西部写生，回来时张铭给我写了一封信：“这次旅行回来，一直无法平静我对西部的依恋，我被这么多未知的风景激起对生命的热爱，一个月零一天的旅程对我来说是一种很好的教育。这几个星期除整理一些速写和诗外，还不停地翻看地图册：喀什、于田、吐鲁番、罗布泊、大理、西双版纳这些地名像鬼魂一样牵动着内心。这些神奇的地方我很想一下子走完。”

我很喜欢读他的来信，喜欢他的一些说法，比如像鬼魂一样的地名，这个说法就令我难忘。他随信给我抄了一首诗《致旅行中的一条江》：

把我这个旅行者看成朋友吧　黄昏的酒杯已斟满惆怅
坐在你的脚边　最后的太阳漫照我刚刚在你怀里洗过的身体
孤独的夕阳正在隐退
静听着你的脚步犹如他跌落的声音
轰隆　轰隆
音乐四起　我的心灵为你冲击石子的独唱静坐

江水如金

把我看成孩子吧
多少年来我一直无家可归
你应该理解我此时泪水为什么滚落
夕阳已没入山中
暮色里　我知道白发苍苍的你正温和地注视我
我的脸因此酒醉般妩媚

多少年来，每当我看到夕阳，看到夕阳中的江河湖海，我都会想起他的“江水如金”。那是我在雁荡山中的最后岁月，最亲密的朋友向我分享他的生命体验，似乎也成了我生命的一部分。在这些象形文字中藏着我们共同的青春，对于生命的秘密，我们常常想破了脑袋，也想不出什么，但我们好奇，对于过去、未来，我们都充满一种好奇心，比如那一年春天，他回到久别的故乡，见到近十年不见的故乡人，回来给我写了一封信，说道：“这十年我干了些什么？真是一场梦幻，一觉醒来，似水的年华像冰一样凝固在床前，抬头仰望空中的明月，一如既往，一百年一千年，人是什么？……这次回故乡，再难以在我心灵中抹去的是那在青天下，在白坟旁，在山风中摇曳的芦花。”

“似水的年华像冰一样凝固”，其实那个时候，他只有二十多岁，追问的却是“人是什么”这样形而上的问题，这也是我们共同关心的问题。我们第一次见面可能是在1983年，1985年我们再度相遇，到1986年春天我们成了密切的朋友，其中最重要的原因我们都有对人的形而上的求问，互相嗅出了气味。有三四年的时间我们常在一起谈天，不在一起的时候，也书信往返不断。作为美术系的学生，他沉醉在艺术的世界，又在诗中表达自己对世界的理解。他的诗干净、纯粹，有一次我说他的诗缺少了一种强烈的现实气氛，他说自己更多的是愿望，是理想，他说没有忘记当代的中国，“我欣赏人类，深切地同情人类，同时也欣赏自己，深切地同情自己。我发现自己在变，或许我将来的艺术就不是现在的面目”。毫无疑问，这些信保存着我们八十年代的精神轨迹，我们年轻的生命就潜伏在字里行间，似乎连无坚不摧的时间也磨灭不了。

1988 年春天，作者好友张铭（右）、任学林在楠溪江写生。

## 三

书信是那个时代我们最重要的交往方式之一，朋友之间的思想交流往往在信中完成，有时比面谈更深入、更清晰。张铭写信时会把他写给另一位朋友的信抄录给我。1988年3月23日，他就抄录了不久前写给徐新的信：“唉……春天来了，我不再伤感，我正看见一个深远的‘自由女神’朝我走来。我正在培养勇气：‘同阴影抗争的勇气’。你在给我写信的时候，那时我正在楠溪江写生，生命受到了春的强烈的兴奋。回来的时候，收到你3月14日的来信。我把在楠溪江写的日记抄在下面给你：3月20日，楠溪江。今天和学林君一起对着麦地写生，感受很深。我像一条狗虔诚地舔着主人的双脚：用颜料一点一点地涂抹在纸上。啊，那该死的永远倾斜着的天空，那上帝的天空。那麦地在春天里多么丰满，向天空生长。这麦地留下多少劳动，经过多少时日。平庸肤浅的画家啊，难道就凭你这蠢驴，大笔一挥，就算是画出麦地了吗？我用短的笔触一点点去画，不，决不是在画，而是种麦。……”

不是画画，而是种麦。这样的文字是从一个真正热爱艺术、热爱自然的青年心中流淌出来的，自然天成，没有修饰，却又如此生动。张铭当时不可能读过梵高那些书信，我此刻重读他的日记，就像初读梵高写给弟弟的那些信一般。

徐新是我的另一位好友，我们先相识，然后介绍给张铭的。我和徐新的书信往来时间更长，保存下来的信件也更多，他那时一心想成为学者，博览群书，学习几门外语，充满了热忱。他在我故乡的县城邮电局上夜班，他在精神上的追求却是和康德站在一起，他为此自学德语，后来他到北京外国语学院歌德学院学习，虽然最后走了另外一条路，但他对哲学和中国传统文化都有过浓烈的兴趣，并做过一定的思考。我们讨论诗，也讨论哲学，叔本华、尼采、康德、黑格尔、弗洛伊德的著作，卡西尔的《人论》和海德格尔的《存在与时间》都曾经吸引过我们。他比我更喜欢海德格尔，《存在与时间》有一段时间成为他的案头书。

他也向慕钱锺书、陈寅恪这样学贯中西的人，并以他们为楷模。那个时候他就千方百计买到了钱锺书的《管锥篇》，他在信中对我说起此书："纵繁琐，睿智亦时现，如对黑格尔所谓的中国人无思辨，他即提出异议：'黑格尔尝鄙薄吾国语文以为不宜思辨；又自夸德语能冥契道妙……其不知汉语，不必责也；无知而掉以轻心，发为高论，又老师巨子之常态惯技，无足怪也。'"但也认为钱著常只就论点展开议论，以他的学识应该写出更高明的著作。我最初接触钱锺书、陈寅恪的著述就受他的影响。

他在寂寞的书斋生活中，也常有愁思萦绕，对于学术探索的艰苦也有自己的体会，他说就算"我注六经"，还是要受"六经"笼罩。说起学术文章，他说做得最好的首推宗白华，可惜没有专著存世。他一度醉心于中西文化的比较，想以此为生平的志业或方向。他也曾雄心勃勃，要写一部《风·庄·骚》，在他的书架上，先秦的典籍有满满的一排，春秋三传都读了，对《庄子》尤有心得，做过不少读书笔记，还动笔写过一些篇章，关于《庄子》《诗经》。我那时想写中国文化中的"困惑"，我们彼此鼓励、讨论，期待着有一天写出著作来。

我们从 1985 年秋天开始通信，每次见面都要聊到深夜甚

1987 年初夏，作者和叶楠叶、徐新、张铭在温州相聚。

至凌晨。他曾给我写信说：“闭塞在人造的屋中，太闷了，很想出去走走，和君在石子路上散步。清辉月下，绿树丛中，那该是人生存在的最高境界吧。”有几年，他独自住在东塔山下，我们经常在山下的一片梨树林中漫步，或在星光下，或在月光下。尤其当春天梨花盛开，那是最美的时光。我们也曾一起游过一次雁荡山，在灵峰一带徘徊。数年后，历经许多变故，他写信给我，其中有一句让我久久难忘：“……我只是努力在记忆中寻找那些在星空下散步的夜晚，那些日子我们所怀抱的梦想，至今看来依然是那般美丽。”

从 1986 年 9 月起，他和张铭也开始通信，张铭读到他的油印小册子《沉默录》，第一次写给他的信中有一句话：“您对宇宙人生的深刻感受和理解使我们在您的《沉默录》前沉默了！”

我们之结成精神伙伴是基于对人生的共同求问，1985 年 9 月，徐新给我的信里就说：“我有时默默地坐着，郑重地去思考我的存在以及我存在的目的，难道真要像朱自清所说的，‘我赤裸裸来到这世界，转眼间也将赤裸裸地回去罢？’”

## 四

另外一个好友就是叶楠叶，他从少年时代起就开始写诗，他的家在海岛洞头，每天倾听海涛闲话，看着渔舟出没，他的诗心很早就被唤醒。他的诗中常常出现“宇宙”这个词，“别牢骚山的高低 / 别嫉妒云的悠闲 / 别悲鸣海的浑浊 / 别怨叹天的遥远 / 本来我的存在 / 就是宇宙变化的一瞬 / 宁做跌落的陨星 / 也让死的慨泪 / 留下耀眼的诗篇”，就是他少年时期写的。

我们于 1985 年秋天结识，我曾几次和徐新在信中说起，徐新最初读到他的诗句“因为宇宙的吝啬 / 纳不下我慷慨的心”，感到不同凡响，要我将他的诗完整地抄一些寄去。1986 年 8 月，他们之间也开始通信。我们几人以那个时代的精神方式，建立起超越世俗的友情。

不久，楠叶到了湖州三天门浙江税务学校，所以，他最早的一本油印诗集就叫《天门诗》。我们大量通信就是他到三天门之后，他在那里创立了“天门诗社”，办油印校刊、写诗、画画、刻印，还意外地通过竞选当上了学生会主席，他却一心想着毕业后远赴新疆工作，在信中多次说起这个愿望。我那时也向往大西北的苍凉和辽阔。他对我说：“有一点我们不谋而合了，那就是去大西北，我准备毕业后就去，在那儿度过一生，

1987 年，作者好友叶楠叶在浙江税务学校举办画展。

家里可能不同意，但我尽量说服。生命的奇迹不在安稳的餐盘里。”为此，他还专门给新疆伊宁财税局写过信，对方回信不收编外人员，他又写信给浙江省财政厅厅长，结果杳无音讯。最终，他回到了故乡洞头岛上。现在已很难想象，我们当初对西北的那种痴迷与神往，可以说不切实际，是幻想，也是对一眼望到头的庸常生活的不满。

我们分享着彼此青春的秘密，为彼此的梦想所牵动。他知道我在计划写一本中国文化的“困惑”，所以，当有一天他从一位老师那里见到孙隆基的《中国文化的深层结构》，就马上写信告诉我，并将全部目录抄了一份给我。与此同时，他寄来了一首新写的诗《回家》，其中有几句我一直记得：“而生命

1989 年春天，作者和好友叶楠叶在北京美术馆前。

的秩序 / 应该是 / 落帆 / 上岸 / 然后回家”。

今年元旦，我们一起到雁荡大龙湫，我看到从天而降的瀑布，又想起了他的几句诗，也是出自这首《回家》：“如果说瀑布是 / 擎举喧哗的白旗 / 我在峥嵘之间 / 听他坦荡的自白”。

他的这些诗是典型的八十年代性格，他生命的热情也只有通过这些沉默而硬朗的诗行才能得到释放，这要比他在运动会上的奔跑的脚步更为踏实。他曾把运动会跑步得的奖状背后抄上诗，寄给了我。

他的诗有一种力量，一种不无悲壮的力量，虽然那时他只有二十来岁，却仿佛早已看穿了人、历史和人心，比如《滩上那鹅卵石》中有几句：“当时代的潮汐 / 撞击你的理智 / 回音仅仅是 / 泛着泡沫的叹息”；比如他要我认真看一看的那首《是骗局，是谎言》，其中的一些诗句，三十几年来一直在我心中徘徊不去：

一个日子，一个骗局
一句话，一句谎言

……
马铃薯
用零星的蓝花
迎合春天
一窝蛋，掩在土层

干脆的洋芋
不爱华艳
似乎也没有爱情
而子芋站满了前脚后跟

那是我们一同走过的八十年代，三十多年过去了，发现我们的精神生活曾经是那样饱满，我们思考过的那些超越性的问题依然还是问题，我们寻求的未来还在未来，而我们已渐渐老去，似水的年华已凝固成冰。一切都不可能复制，一切都只有一次，我不是在回忆早已消失的年代，我只是在记录还留存着的友情连同那个年代。

# 爷爷的欧战见闻

马京东

我爷爷马春苓，字芳洲，号延襄，山东省临朐县东城街道胡梅涧村人。生于1886年，1962年去世。爷爷去世那年，我才刚刚出生，关于爷爷的很多故事都是通过家人口述和爷爷的札记了解的。

爷爷六岁时就跟着祖父读书，十四岁从师学艺，十六岁八股成篇。1913年，考入原临朐县师范学校，毕业后做了小学老师。

第一次世界大战期间，欧洲陷入全面混战，协约国物资人力资源面临极大困难，此时英法将目光投向了中国，决定招募华工从事战场劳务工作。“带着至少五年的合同去欧洲吧！你的年收入将达到两千法郎，回来时将成为大富翁。”在当时，这样的广告遍布山东、河北、河南、江苏等十多个省区的招工点。

那时临朐大旱，迫于饥荒，有大批的农民报名。对于大部分人来说，这既是一个赚钱的机会，又是一个了解西方的机会。爷爷当时正在当小学老师，渴望了解外面的世界，见识不同的文明。爷爷在日记中这样写道：“余尝披览地图，以见其世界之大，万国之众，水陆山原之异势，飞潜动植之殊态，以及人民风化，土地气候，莫不千差万别……虽朝夕讲诵地理，而授

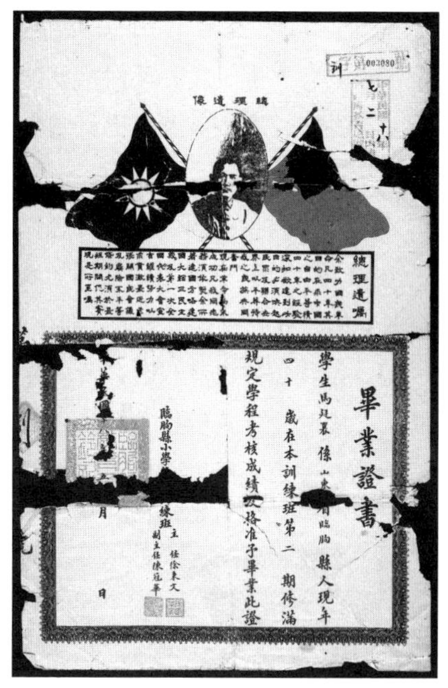


图 1　爷爷的毕业证书

者听者，皆恍惚无证……与念及此，遂慨然有环游之志。”“今日之择，既能增军事之新学识，又得偿游历之夙愿。时哉弗可失矣！”

爷爷去应募华工之前，已经有四个女儿，母亲也已经年过七旬，爷爷托他的弟弟照顾老母亲，把家里的事情都交代给了妻子。1917 年 10 月 3 日，爷爷拜别双目失明的老母及家人，同华工们从青岛乘船出发，赴欧洲战场。在大西洋，搭载华工的船只经常遭到德国潜艇的袭击，许多华工命丧大海，爷爷在日记中写道：“惟见碧浪滔天，弥望无际。岛屿不见，飞鸟绝迹……德国暗伏潜水艇于大洋各航路，踪迹联军船只，突起沉之，为害最烈。”当时爷爷也是恐惧不已，但是自己强打精神，鼓励同胞：“大义所趋，死生一之，又何惧乎！今日之役……吾等受政府承允于役西土，不惜破釜沉枪，亦自有名有利。既无所悔，夫复何惧？”

爷爷途经日本、加拿大、美国、英国、比利时，漂泊两个月零二十天，于 1917 年 12 月 23 日到达法国加来省。还未来得及舒展疲惫不堪的身体，爷爷和其他华工立即被送往工厂做工、运输材料和修路等，工作条件极其艰苦，劳动强度非常大。爷爷在日记中写道：“呜呼！日营劳作，筋疲力困。夜避飞炸，心惊胆战。回望故国，关山万里。前计归期，迢迢三年。其苦

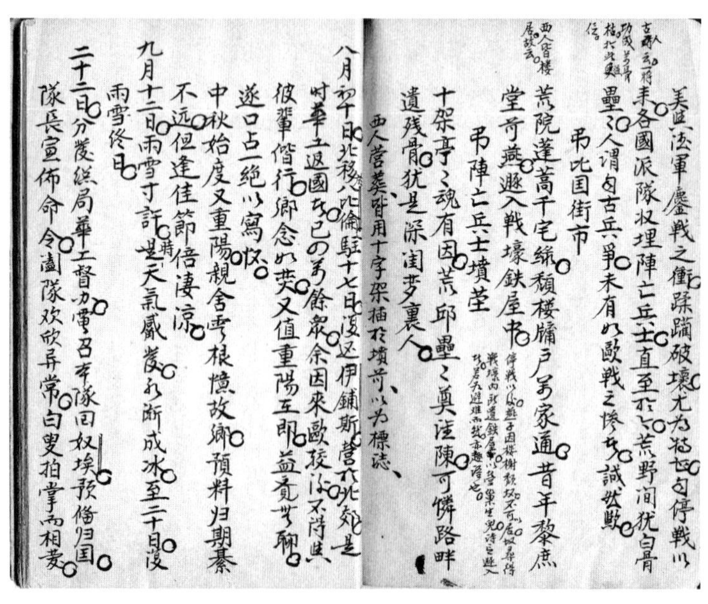
美英法軍鏖戰之衝，蹂躪破壞尤爲猛也。自停戰以來各國派隊收埋陣亡兵士，直至於今，荒野間猶白骨壘壘。人謂自古兵爭，未有如歐戰之慘者，誠然歟。

弔比国街市

荒院蓬蒿千宅綠，頹樓牖戶另家通。昔年黎庶堂前燕，避入戰壕鉄屋中。

弔陣亡兵士墳塋

十架亭亭魂有因，荒邱壘壘莫陳陳。可憐路畔遺殘骨，猶是深閨夢裏人。

西人營葬皆用十字架插於墳前，以爲標誌。

八月初十日，北移八十倫，駐十七日，復返伊鋪斯營。於此適是時華工返國者已乃萬餘衆，余因來歐被役，弗得不附。其彼輩偕行，鄉念如焚。又值重陽至節，益覓苦聊。遂口占一絕以寫懷。

中秋始度又重陽，視舍雲根憶故鄉。預料歸期秦不遠，但逢佳節倍凄涼。

九月十二日，雨雪寸許，是天氣嚴凝，冰斷成冰。至二十日復雨雪，終日。

二十二日，分發縫局華工督辦帶召本隊回奴埃預備歸國。隊長宣佈命令，滿隊歡欣异常，白叟拍掌而相賀。

**图 2** 在欧期间，爷爷记录下所见所闻所感，写成《游欧杂志》。图为书中篇章《吊比国街市》与《吊阵亡兵士坟茔》，写到战后满目疮痍的场面，令他不胜感慨。

**图3** 爷爷携带回国的明信片：法国涅普被战火毁坏的街道。

**图4** 爷爷携带回国的明信片：里斯河畔被轰炸的工厂。

452 ROUEN. — Le Quai du Havre et le Transbordeur.
Quay of Havre and Trans-shipping. — LL.


**图5** 爷爷携带回国的明信片：里昂的码头。

况诚不忍言，虽然，吾人旅此，如神虎瓶鱼，即插翅亦难奋飞。虽日夜忧虑，亦将奈何……吉凶祸福，概听天由命矣。”

爷爷在法国工作的地方是加来省西部诸工厂，“去战线尚百余里，故未冒子弹之险，并未遭颠沛之苦。惟夜间敌国飞机潜入内地，抛掷炸弹，以毁战线后路之营盘、粮草厂、子药局。凡晴明之日，无夕不至。英人常备机械……或驾飞机以敌之。弹壳如雨，为害最烈，故各营之中，皆备地穴或沙屋以避之……一夜之间，常奔避数次，故在该地住七八月，未尝解衣而寝。”

1918年11月11日上午11时，爷爷“忽闻各处舟车工厂及机器局，时发动汽笛，呜呜而鸣……德国败绩，停战请和，联军得胜……故各国人民，悬旗张彩，以相庆贺耳……不觉恐怀驰然，愁思涣然，乡心油然矣”。然而，战争结束后，爷爷和华工们又被分派到法国和比利时打扫战场，清理废墟。“自经战乱之后，诚有不堪言者，房无完壁，木无完枝……尸横遍野，阴风惨凄，其铁网纠绊。战壕逶迤，荒草没顶焉……老叟悲叹，稚妇涕洏……人谓自古兵争，未有如欧战之惨者。”事实上，也有许多华工在清理战场时被哑弹炸死。

在欧洲历时两年多，爷爷记录下了当时华工在欧洲战场辛苦劳作的情景，写成《游欧杂志》一书，为后人研究那段历史留下了宝贵的资料。战争结束后，直到 1919 年 12 月 25 日，爷爷才终于回到家乡，回家时，“子弟欢迎，老母依门，扶亲入室，两泪流痕。”爷爷回国后继续教学至七十岁，前后共教学四十多年，可谓桃李满天下。

2018 年是一战结束一百周年，11 月我有幸随山东侨务代表团赴英、法、比参加一战华工纪念活动。当来到华工墓园时，看到一排排墓碑坐落在墓园，两万多华工为了捍卫和平，

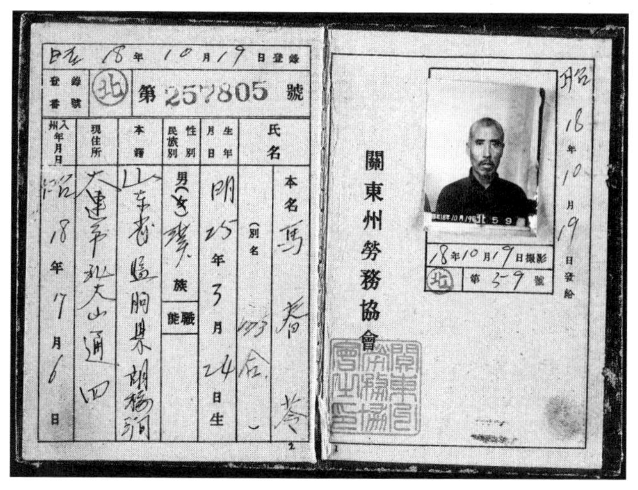
昭和 18 年 10 月 19 日登錄
登錄番號 第 257805 號
州入年月日：昭 18 年 7 月 6 日
現住所：大連市北大山通四
本籍：山东省臨朐県胡桥洞
性別：男
民族別：漢族
生年月日：明 25 年 3 月 24 日生
氏名：本名 馬春荟
關東州勞務協會
18 年 10 月 19 日撮影
第 5-9 號
昭 18 年 10 月 19 日發給

图 6　1943 年，爷爷被日本人强征到大连充当劳工时的证件。

**图7** 我的爷爷马春苓晚年照

献出了自己年轻的生命，客死在异国他乡，我不禁泪如雨下。十四万一战华工用汗水、血泪，甚至生命，为中国作为战胜国在1919年巴黎和会上赢得了发言的机会，但中国却没有得到战胜国的待遇，十四万华工的贡献也没有得到重视。正如英国一战华工历史作家在赠予我的书上写道："华工是一战的英雄，拯救了我们，却在巴黎和会上被出卖。"

爷爷的《游欧杂志》是一战残酷战争的真实写照，战争是残酷的，战争永无赢家。我可以告慰先辈的是，今天的中国，今天的山东已经发生了天翻地覆的变化，我们的生活富裕安定，这是中国人民百年探索奋斗得来的。世界各国人民应铭记历史，珍爱和平，和睦相处，携手发展！

# 那年我们在鱼嘴修水电站

姚锡伦

1958年至1961年，我就读于成都水力发电学校。记忆中，那几年特别强调“教育与生产劳动相结合”，生产劳动也就成了我们常有的“必修课”。在学校里，我们炼过钢，制过水泥，还到成都钢铁厂去筑过路，北上绵阳安县支援过农村水利化建设，修过官渠堰第六期工程……而1961年在灌县鱼嘴水电站参加筑坝义务劳动，更是成了我一生中一段难忘的经历。

## 步行一天到灌县

鱼嘴水电站建在都江堰渠首，安澜索桥上游370米处，今遗迹尚存。这是一座以灌溉为主，兼顾漂木、工业用水、防洪的综合性枢纽电站，是岷江梯级开发的第八级。1958年7月20日开工，采用修建十三陵水库的经验，全部实行义务劳动。

我们奉命去鱼嘴水电站参加筑坝劳动，是在1961年3月。那时我刚满十七岁。行前，班主任老师做了动员，讲此次劳动的意义重大，是为加快岷江水利开发步伐，解决成都日益增长的用电需求作贡献，一再申说鱼嘴水电站建成后的可观效用。

我们是学水力发电的，建水电站，原属分内之事，该去。大家二话不说，说走就走。

可万万没想到，出发那天却让我们始料不及——无车可乘。学校要求我们当天一大早从学校（送仙桥）出发，步行 120 里赶到灌县鱼嘴工地！那时正值困难年代，汽油奇缺，运力严重不足，哪有载人货车（那时客车罕见，常用货车载人）可乘？！记得那时的货车普遍想尽办法省油，实行主车带挂车，以增加运力，如火车头增挂车厢一般。有人见此情景还编过顺口溜——“娃儿（挂车）跑得快，全靠母亲（主车）带。”

我们每人领了四个干馒头、一壶水就上路了。一开始大家还雄赳赳气昂昂的，很快就走到西门车站，左拐，就上了仅几米宽的老成灌公路，过营门口、茶店子，直抵犀浦，队伍整整齐齐。可一过郫县，不少同学就叫苦不迭，说走不动了。少数女同学体力不支，只好放下脸面，苦苦央求顺路的货车司机搭个车。还好，有的竟能如愿以偿。不过后来一些男同学也跟着学用这招，就不管用了，司机目不斜视地驾着货车风驰电掣般地从男同学身边驰过。搭车无望，大家只好咬紧牙关，拖着沉重的脚步艰难地跋涉。全班同学陆续抵达灌县时，夜幕早已降临。内中有女同学疲惫不堪，晕倒在地，久久不能起立，其状不堪回首！

当晚，老师把我们带到灌县汽车站对面的小学里，清点人数后，才发现李正富、张乔森两位同学没赶到，直到半夜也不见人影，会不会发生意外呢？直到第二天，才知原来李、张二人一直并肩同行，形影不离。而李的老家就在郫县境内的成灌路边上，二人走着走着，筋疲力尽，不想走了，干脆去了李正富家。难得回一次老家，免不了酒足饭饱，再美美地睡上一觉，体力恢复了，第二天二人才优哉游哉地赶到灌县。

## 我们的任务是堆筑土石坝

在鱼嘴水电站劳动期间，我们劳动和用餐都在鱼嘴工地，但住宿却安排在上游紫坪铺的大坪，住的是用竹木临时搭建的工棚。大概是为了防潮，工棚离地面一米左右，中间是过道，从过道上走动，发出嘎叽嘎叽的响动声。过道两侧是通铺，下铺谷草，上铺草席，一个工棚可住宿好几十人。那时，出工兴吹哨，哨声一响，大家就起床，沿着山间小路向工地进发！从住地走到工地大约需要半个小时。

我们的任务是堆筑土石坝。据说我们所堆筑土石坝的工程量有三十万立方米，它的完工对整个鱼嘴水电站的建成，将起着至关重要的作用。必须抢时间，争速度，尽快拿下，因此，投入了大量的人力物力。工地上，万人涌动，号子声声，红旗招展，昼夜施工，日堆筑进度高达好几千立方米。一派战天斗地的景象！

在我的印象里，那时几乎没有机械，施工主要靠人肩挑背驮。劳动者，民工是主力，学生次之，时不时有机关干部企业职工轮流加入其中。我们的任务很单一，每天都在河滩上挖掘沙石，再用背篼背着运去筑坝。使用的锄头很特别，尖尖的，挖掘石块很给力；背运沙石所用的竹编背篼同样也很特别，下尖上圆，像圆锥体，背着登上筑坝处，一侧身，沙石瞬间倾出，很科学，很省事。

当时，工地上设有广播站，常常会播放诸如《社会主义好》《毛主席来到咱们农庄》《戴花要戴大红花》《社员都是向阳花》

《克拉玛依之歌》《远方的客人请你留下来》一类的歌曲。当然广播站更注重的是播报一些鼓舞士气的文章，重在表扬好人好事。我们学生单纯，经不起表扬，一听到表扬，就来劲儿了，背起沙石跑得风快。实在跑累了，张开嘴，喘几口大气，接着又拼命地干。好在当时的口粮是按一月四十五斤的标准给我们准备的，比学校三十二斤的标准高多了，这在困难年代是相当不错的待遇喽！虽然缺少油荤，饭只能吃个七八分饱，但对付如此繁重的体力劳动，基本上是没多大问题的。

都江堰常常下雨，但鱼嘴工地从不会因雨而停工。因此给每位施工者都发一件黑色油布雨衣，穿上它既可遮雨，也可当工作服，一衣两用。有意思的是，下班之后我们都很少脱下它。工休日，过二王庙，上离堆公园，逛灌县大街，我们也照穿不误，觉得这是鱼嘴电站建设者身份的象征，也是一种时尚，相当体面！街上的人见了都会说：哦，他们是“鱼嘴”（修鱼嘴电站）的！

## 鱼嘴水电站下马

我们干了十多天。刚来时，土石坝已经高出河床三四米。这是前人的劳动成果。之后我们投身其中，跟民工们一道并肩战斗，成效十分显著。望着土石坝一天一天地升高，五米、六米、七米……眼看接近十米。我仿佛看见大功已经告成，仿佛看见鱼嘴水电站已经在发电，仿佛看见鱼嘴水电站发的电就像眼前浩浩荡荡滚滚东流的岷江水，流进了整个成都平原，流进了千家万户。那个高兴啊！

可万万没想到，有一天就在工地上，我们突然接到通知：

水电校同学在鱼嘴水电站工地合影。

终止劳动，电站下马，回校复课。大伙儿听到这消息犹遭晴天霹雳，全都懵了，不知该说什么的好。

而更让人难以接受的是：上级决定把堆筑的土石坝全部毁掉！因上游紫坪铺水电站下马，给鱼嘴水电站带来的泥沙淤积和漂木等问题无法解决。水电站修好后，河床将在半年至一年内就会被泥沙淤满……这意味着已投入数百万计的劳动日，日复一日地昼夜施工，全都前功尽弃！

万般无奈，全班同学含泪告别鱼嘴工地，默默地来到纪念治水老祖宗李冰的伏龙观前，合了个影（前排右一为作者），悻悻而去。

后来证实：鱼嘴工程“由于在水电站规划、设计以及施工中存在的严重问题和紫坪铺水电站下马，给鱼嘴水电站带来的泥沙淤积和漂木冲击等遗留问题无法解决，工程进入了进退两难的境地”。况且毁堰修水库把过去用水规律、防洪工程、灌溉工程全打乱了。最终不得不宣告鱼嘴工程下马。诚如马识途回首当年建鱼嘴水电站那段历史时所感叹的：“李冰差点被打倒。”教训是何等深刻啊！

我们重返校园不久获悉，建设的大坝已在合适时机被炸掉了，索桥正位，鱼嘴的分水功能又得以恢复。让至今仍是世界水利史上最先进、最科学的无坝引水枢纽工程完好保存，我们感到由衷地欣慰！

都江堰水利工程，从秦朝李冰太守肇始，绵延两千余年，造就了一个“天府之国”，世界闻名。它让成都平原沃野千里，“水旱从人，不知饥馑，时无荒年”，永远造福四川人民。谁料想，举世闻名的中国古代水利工程居然曾经因错误的决断，险些毁于一旦！

# 我的中学学习生活

王庆昌

## 一

我是 1964 年考入山东省曹县二中的，曹县二中位于曹县西北六十里的刘岗。刘岗是鲁西南革命根据地红三村的村庄之一。红三村包括刘岗、曹楼和伊庄，三个村庄呈一字形布局，刘岗位于一字形的中间，学校就建设在刘岗村的北邻，占地面积有二百多亩，呈正方形布局，建筑面积占总面积的百分之三十，在校园的西侧和东侧有蔬菜地和果园。学校的大门朝南，进出学校都要通过刘岗村，附近有通往县城的农村公路。

曹县二中是解放后筹建的农村中学，我入校时初中有十二个班级、高中有六个班级，师生共计约一千二百人，教职员工和学生全部住校。学校从 1951 年开始招收初中班，我是第十三级；高中班从 1957 年开始招生，1964 年已招到第七级。学校的周围遍布高大的杨树，高高的土围墙围着整个校园，将其与外边的世界隔开来。校园内树木成荫、果树成行，学校坐北朝南，大门两旁写有“提高警惕、保卫祖国”和“四海翻腾云水怒、五洲振荡风雷激”，两扇草绿色的大铁门上方写着毛体“好好学习、天天向上”八个大字。大铁门是常闭着的，平时大家走大铁门旁的小门，只有车辆出入和人员多的时候才开大铁门。走进大铁门后，有近百米的林荫道直通学校办公室，“办公室”三个遒劲大字赫然眼前，办公区布局左右对称，各有近二十个开间，用走廊连在一起，给人的感觉是整洁、素雅、宁静。在办公区的圆形通道内，经常张贴有重要文件、通知和各种榜单。我印象最深的是1964年、1965年考入国内各大学的学生榜单，每年毕业的近百人中有七十几名考入各大学，诸如北京大学、清华大学、复旦大学、同济大学、山东大学、山东师范学院、北京农业大学、曲阜师范学院等。其余毕业生也被各类学校录取。我曾多次去看榜单，考上大学是我的奋斗目标。曹县二中是当时菏泽地区十一个县中升学率最高的学校之一。

校园里，林荫道的两旁有柳树、刺柏和木槿花，各排成三行，冬有刺柏青青，夏有木槿花朵朵。林荫道的东边是学校的苹果园和蔬菜地，苹果树已有十几年的树龄，进入了盛果期。西边是学校的大操场，有四百米的标准跑道，有多个篮球场和排球场，有练体操用的单杠、双杠、平衡木。在操场上还可以练习铅球、标枪、手榴弹等。

穿过办公区的圆形通道就进入了教学区，每幢房子有两个班级，高中部的教室带有前走廊，初中部的教室没有前走廊。整个学校建筑南北纵向五列，前部靠西的是高中部，中部和靠东的是初中部。在校园的中部有教师食堂，食堂前有一口大水井，大水井东西两边是教师宿舍，东边还有医务室。教师食堂的后面是学生宿舍，其中女生宿舍在西边，东侧设有围墙，从小门进入宿舍区，而东边的男生宿舍则是开放式的，没有围墙。大水井的西南角是学校实验室、化验室、图书室和广播室，呈三合院布局，坐北朝南的大房子东半边是物理实验室，西半边是化学实验室，南北都有门。从南门出来后，东边的房子是广播室，西边的房子是图书室。再往南则是小操场，内有两个排球场和一个篮球场，学校的集会都在这里举行。每天下午的自由活动时间这里经常有篮球和排球比赛，也经常有外单位的球队来比赛。1965 年省排球队曾来学校举办巡回表演赛。男生宿舍的东边是学生食堂、后勤仓库和后勤行政管理人员的办公地点。学生食堂供一千多人吃饭，厨房里有两口大锅，在北侧有一个四五十米高的烟囱，十几里外都能看到。学生食堂东边是学校的机器房，机器房内有一台近百马力的柴油机和一台近百马力的汽油机，还有五十千瓦的发电机和加工面粉的粉碎机、磨面机，机器房的主要任务是晚上发电供学生晚自习照明用，白天加工面粉供师生食用，也给周围单位和群众加工面粉。机器房的东边是马车房，饲养着三匹骡马，配有一辆马车，再往东是养猪场，平常总有十几头猪，用剩饭、泔水喂养，每逢节日和放假前都要杀猪改善学生生活。学校把机器房、马车房和养猪场围成一个大院，马车房朝北开了个大门，以供马车出入。大院南门外向南二十多米，有小桥流水和藕池，四周栽有垂柳，藕池的西邻是学生食堂的生活用水水塔。小桥流水往南的大路两旁是蔬菜地，一直通往办公区东端，转弯向西经过办公区前方的东西路，再转弯进入办公区前的南北林荫道。

穿过办公区中间的圆形通道，道路分开向东西两个方向延伸，再向北是南北方向的四条道路。圆形通道北边是个小花园，在花园内设立了全校使用的大铜铃，用三根木柱架起的铃架有十几米高。全校的铃声规定为：起床、熄灯为没有节奏的乱铃声，集合为一二三停再一二三的铃声，预备上课为循环铃声，上课为一二两声停的循环铃声，下课为一声停的慢铃声。全校师生都听铃声统一进行活动。铃声清脆、宏亮，在几里外都能听到。

校园内各处空地都种植了很多名贵树种，有龙爪槐、垂柳、龙须柳、小叶黄杨等。还栽种了很多的观赏性的花草，每当春天的时候，各种花都开了，黄色的迎春花、红色的紫荆花以及海棠花、杏花、桃花、梨花、苹果花等，学校变成了大花园。整个校园干净、整洁、宁静，给同学们创造了一个非常好的学习环境。

## 二

学校筹建初期，菏泽地区教育局选派了有建校经验的樊校长为总负责人。当时是边建设边招生，在建设好教室的当年初中班就招生了。樊校长因病于1960年病逝，安葬在学校旁边的鲁西南安陵堌堆烈士陵园。接任樊校长工作的是从菏泽地区教育系统调来的孙占光，他担任校长兼党支部书记。孙校长同爱人和孩子来到曹县二中，在男生宿舍的两间平房内安了家，我们班男生宿舍的旁边就是孙校长的家。孙校长是抗日战争时期参加工作的老革命，资格老、级别高。孙校长的爱人卢玉品负责学校的实验室、化验室的管理工作，并辅导同学做实验和化验。孙校长来到二中后，抓师资队伍建设，抓学生学风，抓学校环境治理，搞基础建设。学校要提高升学率，教师的能力和水平非常重要，孙校长利用在地区教育系统资格老、情况熟的有利条件，把许多教学能力强、1957年被打成右派返乡劳动改造的老师请过来，恢复教学。经菏泽地区教育系统同意，又调来一批有教学经验的老师，激发和调动了他们的积极性，使教

**图 1** 新兵连合影。后排左二是赵文德；第二排左三是鹿保真，左四是范登来，左五是鹿同喜。

学水平大幅提高。学校的纪律非常严格，从早晨起床、上早操、自习、上课，到晚上熄灯，都有人负责查纪律，如有违犯纪律的，先通报班级，再批评个人。两个星期回家一次，星期六回家，星期天返校，有事请假要经过学校同意。

孙校长多方筹集经费，为学校配备发电设备，供学校晚上照明使用。1960 年前后，国家很穷很落后，有了钱也买不到发电设备，后费尽周折，终于买来报废的汽车发动机，还有老发电厂的小型发电机、旧的柴油机。学校聘请了有经验的机电师傅，修理恢复，使机器能正常使用，学校有了发电能力，教室、宿舍、办公室和其他需要照明的地方都安装了电灯。这改善了学生的学习环境，大大提高了学习效率，告别了使用煤油灯的历史。到晚上，整个校园灯火通明，尤其是东南角最高处安装的二百瓦灯泡，在几公里外都能看到亮光。那个年代的农村中学，这样的学习环境是极少的。

孙校长非常注重培养教师中的新生力量。1964年菏泽地区分配来几名清华大学和中央音乐学院的毕业生，他亲自去要人，而菏泽地区教育系统大部分工作人员都是孙校长的老部下，都支持他的工作。于是，要来了清华大学物理系毕业的朱德隆和中央音乐学院毕业的李德连，学校派马车专程到六十里外的菏泽城接两位老师到学校。朱德隆老师教我们物理课，李德连老师教我们音乐课。孙校长还要来了打篮球的后来东担任体育老师，华东体操队退役运动员张洪旗为体育老师。学校里有篮球队、排球队、体操队、田径队等，每年从初中新生中选拔运动员，经过学校的训练，有机会参加省、地区、县组织的中学生运动会。1965年山东省中学生运动会在烟台召开，学校派运动员参加，我校运动员户富增在初中组标枪比赛中拿了冠军，还有几位运动员在其他体育项目中也取得了好的名次。运动员回来后，学校开表彰大会，号召同学们学习运动员的拼搏精神，为学校争光。那个年代生活都很困难，但为了保证运动员的正常训练，学校决定：凡是参加校队的各队运动员，每月都有三斤或五斤饭票补助。这些补助来源于学校的苹果园和蔬菜地的产出。

## 三

1964 年我们入校不久，学校医务室就对新生进行体检，包括身高、体重、视力、听力、色盲、肺活量、胸部透视等项目检测，为学生建立健康档案。此外，学生每年都要进行一次体检。学校有两名专职医生和一名卫生员，每个班级设有一名学生健康医务代表，负责各种传染病的预防和学生日常卫生保健知识的宣传工作。老师和学生的外伤、头痛、发烧、感冒等，都可以在学校医务室开药治疗，药物都是免费提供的。1965 年春天，当地流行脑膜炎，医务室采用自己配制的中药进行预防，每个班级每天发放两瓶中药水，由班医务代表早晚两次用滴管滴入每个同学的鼻孔里，学校还在晚上采用紫外线杀菌灯照射所有教室、宿舍。这些预防工作，使得学校没有人患脑膜炎，保证了老师、学生的健康。

学校还在新生中选拔体操队、篮球队、排球队、田径队的新队员，参加校队活动，补充新鲜力量。同时，学校组织成立了许多课外活动小组，有机械组、电工组、无线电组、电影放映组、摄影组、园艺组、缝纫组，每个小组都有老师指导，有固定的活动场所，每星期安排两次活动，都是在下午自由活动时间进行。这些小组结合学校的现有条件开展活动，如机械组利用学校的柴油机、汽油机和抽水用的小型柴油机学习机械原理；电工组结合学校的照明系统学习电线的架设、电力线的专业接法；无线电组利用学校实验室的器材，采用自制和现有器材组装矿石收音机和来复再生式晶体管收音机；摄影组利用学校教学用相机讲解成像原理和照相的基本知识，包括摄影的构思、相机光圈和快门速度的配合、胶卷的感光度的使用以及暗室的布置、胶卷的冲印、显影定影和放大机的使用等；园艺组结合学校里的果树，学习果树的栽培、田间管理、果树的修剪等；缝纫组主要是练习缝纫机的使用、服装的基本剪裁，老师、同学的衣服破了都可以到缝纫组去修补。还有文艺宣传队，每学期都有文艺演出，有时要到校外参加演出。通过参加各种兴趣课外活动小组，我们学习了很多基础知识和操作技能，一些同学因此找到了他一生所从事的职业。

为了丰富学校的文化生活，孙校长从县电影放映队要来了专业放映员葛怀民，并要来了放映设备。他来到学校后，全校师生都喊他葛老师。学校每两周的周日晚上放一次电影，放映场地设在大操场，周围群众都来看电影，有的甚至从十里八里远的地方赶过来，也有送学生的家长等着看完电影再回家。每次放电影，葛老师和电影放映组的同学都忙得不可开交，而这些同学后来都成了专业放映员。放的电影大多数是革命战争故事片，印象最深刻的是1965年放映的大型歌舞片《东方红》和豫剧片《朝阳沟》，大操场上人山人海，方圆十几里路的群众都来观看。

入校第一周，全校师生分苹果，我们班分到了两大筐。班主任老师亲手把苹果分到每个同学手里，大苹果分两个，小一点的分三个，我分到了两个大苹果，这是我第一次见到苹果。虽然我们在小学课本上知道了米丘林嫁接培育苹果的故事，但偏僻的农村没有苹果树，大多数同学也没有见过苹果，更别说吃过苹果了。我把分到的两个大苹果放到书包里，第二天也就是星期六带回家，和爷爷、奶奶、父亲、母亲共同分享。

**图 2** 毕业合影。后排右四是作者。

## 四

学校开设的课程有语文、数学、俄语、物理、生物、历史、地理、政治、音乐等，每位老师第一次上课时都做了自我介绍，我对所有老师都怀有敬畏和尊重。

教语文课的冯锐老师有二十多年教学经验，给我们的第一印象是笑容满面、态度和蔼可亲。冯老师教我们《木兰诗》《石壕吏》《卖炭翁》《卖油翁》和毛泽东的《为人民服务》《愚公移山》和《纪念白求恩》，他不但把课本上的内容教好，有时候还选择一些杂志、报纸上的好文章讲给我们。1965 年在《大众日报》上刊载了山东省委宣传部张健的报告文学《红三村红旗今更红》的文章，写的是红三村人民在抗日战争和解放战争中如何与敌人斗争的，在当时是鲁西南的一面红旗，是当地人民公认的革命圣地。解放后，红三村人民在中国共产党和毛主席的领导下，经过打土豪分田地，成立互助组、合作社、人民公社，在社会主义建设总路线、“大跃进”和人民公社三面红旗的指引下，艰苦奋斗，战胜“三年自然灾害”。红三村人民群众在党的领导下，在建设社会主义的大道上又立新功。文章报道的很多动人的真人真事，就发生在我们学校周边，很多事迹我们同学都曾亲眼看到。冯老师花了两节语文课的时间和大家一起学习这篇文章。

教数学课的孙恒荣老师是山东大学数学系毕业的青年教师，在教学上认真负责，也是我们的班主任，对每位同学都关怀备至。

教俄语的朱延欣老师是曲阜师范学院毕业生，已有多年的教学经验，在课堂上经常让同学们分角色练习俄语口语，有一定的趣味性，调动了同学们学习俄语的积极性。每次上俄语课，朱老师都会带一本俄语杂志，在课堂上经常穿插讲解俄语杂志中的有趣故事。

教物理课的朱德隆老师，知识渊博，结合课本给我们讲了很多生活中的物理现象，把呆板的物理概念讲得通俗易懂。我记忆犹新的有牛顿三定律和阿基米德定律。由于对朱老师的崇拜，我参加了他组织的无线电小组和摄影小组，学会了安装收音机。课余时间，我经常找朱老师请教问题，他对我的影响很大。

教生物课的路崇玉是位五十多岁的老教师，把生物课讲得生动活泼，经常以拟人的手法讲解生物，比如把生长在西藏的高大杉树比喻成世界爷爷，有三千岁以上的年龄和六十多米高的身材，至今还有年轻力壮的气魄。路老师还教同学们制作生物标本。

教历史课的李堪也是位老教师，李老师上课基本上不看课本，他把中国历史讲得绘声绘色，使同学们记忆深刻。比如，文成公主和松赞干布和亲的故事，他们为平定战事，创造安定的环境，促进政治、文化和经济的交流作出了贡献；清朝的满族统治者对汉人的猜疑，闹出的文字狱——“夺朱非正色，异种也称王”“清风不识字，何必乱翻书”。李老师讲得津津有味，同学们听了还想听。

教地理课的袁子蕴老师年过半百，他给我们上的第一节课，就是讲祖国的大好河山，地大物博，人口众多，有九百六十万平方公里的土地，有五十六个民族。随即袁老师在黑板上就画出了中华人民共和国地图，画出了长江和黄河，画出了五十六个民族的分布，画出了祖国的宝岛台湾。袁老师边讲课，边画地图，同学们对照课本看着黑板上袁老师画的地图，惊讶地发现，黑板上的地图和书上的地图几乎一模一样，只是放大了许多倍。

教政治课的张广贤，是一位年轻教师，给我们讲北京猿人的发现和人类的进化史，讲《共产党宣言》和《资本论》，讲中国共产党的诞生、新中国的成立，讲社会主义的奋斗和共产主义的前景，以此树立同学们的奋斗目标。

教体育课的是张洪旗和后来东两位老师，他们两个经常交替给我们上课，张老师原来是华东地区体操队九号队员，退役后教体育课，他擅长单杠、双杠、鞍马等项目。后来东是年轻老师，擅长田径和球类项目。张老师的单杠大回环、双杠双手倒立和单手倒立，同学们看了都非常震惊。后来学校组织体操队，我们班有两位同学参加。后来东老师的田径和篮排球水平在中学体育教育中是优秀的、出类拔萃的。

教音乐课的李德连老师钢琴弹得很好，可惜学校没有，只能弹风琴和拉手风琴，在音乐课堂上非常活跃，同学们都很愿意上音乐课。我记得最清楚的是：中央人民广播电台播发了新歌曲《社员都是向阳花》，李老师听了两遍就把歌谱和歌词都记下了，第二天我们上音乐课，李老师就教我们这首新歌曲。几天后，我们见到歌词和歌谱，和李老师默写的几乎一样。后来李德连老师调到省城济南的一家省级文艺单位。

曹县二中还有更多的优秀教师，比如，教高中班语文课的唐玉璞老师，教数学课的孔繁惠老师，教化学课的陈晓峰老师，等等。孙占光校长在菏泽地区寻找优秀教师调入曹县二中，甚至省内、省外的优秀教师，他都想办法调到二中来，并能充分调动教师的积极性，发挥教师的才能。

孙占光校长中等身材，微胖，年过半百，在师生心目中是位受尊敬的长者。如果碰到了同学不守纪律，孙校长决不迁就，一定要负责的老师追查到底，教育好犯错的同学。日常工作和生活中，孙校长总是笑容满面，无论老师还是学生都能感受到他的和蔼可亲。在师生的心目中，孙校长在生活中是个很可爱的人，在工作上是个要求很严格的人。

每周一下午第三节课，全校师生都要集合在小操场开全校大会，其主要内容是总结上周的工作，布置本周的工作，由分管领导和教导主任布置。然后孙校长总结讲话，鼓舞师生的士气，有时孙校长还准备了一些节目，我印象最深的是：他在三个透明的玻璃杯子里分别装了看上去像清水一样的无色透明液

**图 3**　五十年后再相聚。很多同学没有参加。摄于 2015 年。

体，两种液体混合后就变成了粉红色，与另一种液体混合就变成了蓝色，粉红色和蓝色混合后又变回了无色透明。这种变化是化学变化，是一种化学现象，同学们见到了都觉得很神奇。还有一次，他准备了一个生鸡蛋放到一个硬纸板上，在硬纸板的下方放了一个玻璃杯，孙校长快速击打硬纸板后，鸡蛋落入玻璃杯内，这是一种物理现象。这些小节目既活跃了大会的气氛，又调动和启发了同学们学习的积极性。

1965 年春天，学校建设新的教室，但砖要从三里外的窑厂运回来，而学校没有运输车辆，于是孙校长就发动师生搬砖。每天下午的自由活动时间，孙校长带领师生到窑厂去搬砖，全校师生每天搬一趟，一个多星期就把几万块砖都搬到了学校工地。

学校的围墙是土泥巴堆起来的，每年全校师生都要利用星期天把损坏的围墙重新砌起来，那热火朝天的劳动场面我至今记忆犹新。

期末考试，同学们各门功课考试成绩都在90分以上，考100分的也很多，低于80分的是极少数。同学们在政治上要求进步，在学习上你追我赶，我们都有一个奋斗目标，争取考上高中，高中毕业考个好大学，毕业后为建设祖国贡献力量。然而在1965年秋天学校开始批判《海瑞罢官》，1966年春天批判《三家村》、邓拓、吴晗、廖沫沙，学校每周都有政治学习，每周都有全校大会，批判《海瑞罢官》的错误观点，批判《三家村》、邓拓、吴晗、廖沫沙的反党反社会主义的思想。

## 五

1966年5月16日，中央下达了五一六通知，“无产阶级文化大革命”正式开始，在正常上文化课的情况下，利用政治课自习、自由活动时间学习中央文件。8月18日，毛泽东要在北京天安门广场接见红卫兵。根据上级文件精神，全校统一组织师生到北京接受毛主席的检阅，我们班有三个代表名额，在班主任的组织下，选出了三名学习好、政治表现突出的同学。此外，全校也选出了教师代表。学校里，也开始批判地主、富农出身的老教师、有右派帽子的教师，还成立了跨班级、跨年级的红卫兵组织。校园里大字报到处都是，内容主要是批判地富反坏右教师的思想言行。红卫兵之间慢慢形成了“造反派”和“保皇派”，“造反派”要造学校领导的反，“保皇派”要保卫学校党组织，保卫毛主席的正确路线。“造反派”贴出了大字报，以孙占光为首的党组织是走的资本主义的道路，孙校长是走资本主义的当权派。两派就发生了矛盾，先是辩论、争吵，后来就发展到动手、互相推搡。后来“保皇派”土崩瓦解，有的参加了“造反派”，有的“保皇派”离开学校到外地串连去了，有的干脆回家，不到学校了。

10月份，中央对全国性的大串连有了政策，参加串连的大中学校师生，每人每天发一斤粮票和八角钱的生活费，最多可领三个月的费用。大多数学生都参加了，三五成群自由结合组织长征队、宣传队，自带传单，挥着长征队红旗，到外地串连去了。我们五个同学组织了一个长征队，每人领了两个月的费用，11月初，背着背包、打着红旗，步行从学校出发，目的地是上海党组织诞生地。第一天走了三十多公里到了曹县城，住进了曹县文庙院内，院内设有红卫兵接待站，交了三两粮票和三角钱就给了一份饭，包括两个馒头、一份菜还有菜汤。晚饭后就急忙到县政府、县委大院看大字报，去交换传单、收集资料。第二天继续步行往南走，走了三十多公里，住到梁堤头公社接待站。第三天离开山东进入了河南省商丘市，经过河南省的虞城、夏邑、永城等县城，第七天到达了安徽省宿县（今宿州），在宿县停留了两天，大街上都是揭发批判李葆华的大字报。在见到很多外地的红卫兵长征队，知道他们都是坐火车串连后，我们改变了主意，决定乘火车串连。只要出示介绍信就能坐火车，第二天下午六点多我们坐上了南下的火车，夜间十二点多到达浦口车站，住到接待站。第二天坐轮渡前往南京，当时南京长江大桥正在建设中，在轮渡上看到桥墩上的建桥工人正在紧张施工。在南京接待站住下后，我们先后到了总统府、中山陵、

**图4** 孙校长和夫人卢玉品老师退休前在学校住所前留影。

明孝陵、雨花台、南京大学、南京师范学院等，在南京玄武湖，我们登上了南京的古城墙。在南京，揭发批判彭冲的大字报很多，铺天盖地。在南京住了八天后，我们决定向上海出发，晚上九点多坐上去上海的火车，次日凌晨三四点钟到达上海，接待站把我们安排到上海市机械学校，住在学校的教室里。在上海，我们到中共第一次代表大会会址参观学习，见到了参加第一次代表大会的各省市代表照片，其中有两位山东的代表王尽美和邓恩铭。随后，我们继续到各大学看大字报，收集新传单。我们还参观了复旦大学、同济大学、上海交通大学、华东师范大学参观了上海万吨水压机，游览了上海外滩和豫园。每天的参观学习都是很紧张的，第二天的行动计划都是前一天晚上计划好的，确定行动路线和乘坐的公共汽车，早上出发时带上简单的午饭，以节省时间。在上海住了九天后，我们决定离开上海返回山东。在徐州下车后，停留了五天。在徐州，我们到了云龙山，参观了淮海战役纪念馆、淮海战役纪念塔，参观了徐州师范学院。结束了在徐州的串连后，我们坐火车到了河南商丘，在商丘住了一晚，第二天乘汽车回到曹县，在曹县城住了一晚，第三天步行回到了学校。

五十多天的串连，我们带回了很多传单和资料，我们五个同学都是第一次出远门，我们在串连的过程中，有过争吵、哭过鼻子，但是我们牢记毛主席的教导："下定决心，不怕牺牲，排除万难，去争取胜利！""团结就是力量，团结就是胜利！"争吵过后，擦完眼泪，我们更团结了，我们是一个整体，都是为了一个共同的目标走到一起来了，经过这次串连，我们感觉自己长大了。

## 六

1967 年冬季征兵工作在 12 月下旬开始，凡是符合条件的中学生都可报名。我们班报名的同学有二十多个，符合条件的最后应征入伍的有四位同学，他们是范登来、赵文德、鹿同喜和鹿保真。当他们四位接到应征入伍通知书后，我们全班同学都为他们高兴，同学们都纷纷买些纪念品送给他们，有的送了

《毛主席语录》，有的送了笔记本和钢笔。四名新入伍的同学更是高兴，同学们都像亲兄弟、亲姊妹一样，送他们入伍的场面我现在还历历在目。分别后到了曹县城，新兵就换上新军装，分配到6080部队滕州新兵连（图1）。经过新兵连训练后分配各连队，后来范登来逐步提升，从班长、排长、连长，后来到了部队制药厂当了制药厂厂长，复员转业到菏泽地区农业银行当了副行长。鹿同喜从陆军体检成为空军飞行员，后来成为空军飞行大队大队长，成为飞行员教练。鹿保真退伍后考入山东大学，分配到菏泽一家企业工作。赵文德退伍后在村任党支部书记。

我们班本来应该在1967年毕业，由于“文革”，毕业时间推迟了一年，于1968年8月毕业。1968年5月，我们班就在酝酿拍摄毕业照的事，一致决定到菏泽照相馆去拍照，定于5月26日上午九点前到菏泽照相馆门前集合。同学们把拍毕业照片当成一件大事，有的同学借了自行车，两个人骑一辆，大多数的同学没有借到自行车，只能步行到菏泽。从学校到菏泽三十多公里，要走四五个小时，同学们在25日晚饭时就准备了窝头和饮用水，第二天凌晨四点钟就从学校集体出发了。一路上同学们有说有笑，有时还唱着歌，个别同学因为鞋子不合适，走不了远路，同学们就让他坐自行车。最终，大多数同学都很顺利地到达了目的地。虽然一路劳累，同学们在拍照时的情绪都很好，我们每人都手拿红宝书放在胸前。毕业照本应该是同学毕业留念，但当时战友是最亲近的代名词，同学们就把毕业留念写成了战友毕业留念（图2）。最大遗憾是照片里没有教过我们的老师。当时我们的老师大多数是右派，我们要和他们划清界限，这是特殊时期的特殊现象吧！五十年后，我们在菏

**图5** 孙占光夫妇在洛阳白马寺前留影。

泽再相聚（图 3），可惜的是，很多同学未能参加。

1969 年、1970 年学校复课闹革命，成立了革命委员会，由当地贫下中农代表和造反派组成的领导班子，打着批判资产阶级、批判封资修思想的旗号进行砍树，把多年的大树都砍倒了运到市场上去出售，他们把一些名贵的花草、树木说成是资产阶级的，学校被破坏得乌烟瘴气，学校里的很多教职员工都是敢怒不敢言。后来学校成立老中青三结合的领导班子，孙占光重新当了学校的校长。

“文革”浩劫，我们学校强有力的领导班子没有了，很多年轻教师调离了，很多老教师退休的退休，生病的生病，不能正常任课了，优美的、安静的学习环境没有了，优秀生源没有了，在校的学生思想也混乱了，已无法安心学习，学校慢慢地走上了下坡路。

孙占光校长于 1980 年前后光荣退休，离开学校，住进了菏泽干休所。在离开学校前，孙校长和夫人卢玉品老师在住所前合影留念（图 4）。退休后，孙校长到河南开封、郑州、洛阳等地游览，并在洛阳白马寺前留影（图 5）。

再见了，我曾经辉煌的母校，再见了，教过我们的学校领导和老师。

# 怀揣梦想去下乡

侯洛明

## 一

1965年暑假，父亲带着还在上小学的我和哥哥到北京，游颐和园路过北京大学时，父亲指着灰色院墙说，希望你们长大以后能上大学，从此这个梦想就悄悄地埋在心里。

1970年废除了高考制度，改以实行“自愿报告，群众推荐，领导批准，学校复审”的方式招收工农兵学员，而中学也以“革命教育”学工、学农为主。我1972年初中毕业后无所事事，为此，母亲把我送到云南昆明读了两年高中。1974年高中毕业回到四川，在中学当代课老师。但为了能实现上大学的梦想，我主动要求上山下乡。

1975年初，我揣着上大学的梦，和弟弟侯跃英一起到四川省梓潼县交泰公社三大队下乡，指望着能通过自己的艰苦劳动和政治表现而被推荐上大学。我们五十多个知青集中安排在一个知青点，组成一个知青队。知青中既有高中毕业生也有初中毕业生，小的只有十五岁。那年我十八岁，又做过代课老师，被公社任命为知青队副队长兼民兵排长（下面分三个班）。公社和大队给知青队派了管生产的农民队长。每年农活具体到春耕、播种、施肥、除草、灌溉、收割等季节和农时的安排，都是靠农民给我们指点。派活一般是队长估计一下劳动强度和人头，然后我这个副队长和几个知青班长协调安排到知青个人。而民兵排也要经常参加公社要求的军训，我这个当排长的也得拿真枪操练。

第一年里我们并没有务农，而是务工，搞三项基本建设。一是修路，把公路修到山上好为将来运送公粮做准备；二是拉电，把电拉到山上好安装水泵为种水稻做准备；三是开田，要在大队给我们的一块山坡上的沙土地开出水稻田。平时还有军训任务，做好战备。

第二年我们开始自给自足。可是干了一年，年终下来，每

**图 1** 1975 年，梓潼知青点男女知青合影。第二排左六为侯洛明，第三排右一为侯跃英。

**图2** 1975年，知青民兵排训练刺杀动作。坡上持枪者孟令勇，坡下持枪者侯洛明。

个人的工分值却少得可怜，一个工分几乎也就值一两分钱。男知青一天挣九分（农民壮劳力才可以挣十分），女知青一天挣八分。值得提一下我们队的女知青，有的年纪才十五六岁，可怜她们担着两大桶粪水走十几里山路，走走歇歇，被压得直咧嘴。因为我们既没有足够的田，又没有什么副业，当国家给知青"断了奶"之后，快到过年时，我们五十多人的知青点竟然没有油也没有肉。可是，体力劳动的繁重再加上我们都在长身体，这个年是很难熬的。有几个知青就拽着我去打狗。我是副队长，担心让大队和公社知道，怕影响我的前途（被推荐上大学始终是我心里的目标），但又拗不过其他知青，就跟着他们翻了好几个山头到临近公社用猎枪打了条狗。那顿狗肉，解决了我们五十多个男女知青的年夜饭。但我的心里却提心吊胆了好几天，生怕公社知道了，断送推荐我上大学的梦。

## 二

知青队第一年完成基本建设任务后，第二年正式开始干农活。冬天修建农田水利，平地和积肥，春天插秧，种小麦，夏天收割小麦后还要抢种玉米。秋天最忙，水稻收下来后，一开始我们跟农民一样用手抓着一小捆稻子，使劲往大木箱的边框里拍打，尽可能地把稻粒打下来。这是千百年来农民最原始的脱粒办法。我们实在是无法这么低效地干下去，就托队干部从县城里买了脱粒机。农活虽然繁重，但除了抢时令的活和公社大队安排的会议和政治学习外，夜晚一般都没什么事。绝大多数的男知青都是用打牌和聊天打发时间，也有谈恋爱的，而我的心里总是为上大学的事盘算和忧虑。

下乡的三年间，我把全部的业余时间和精力都用在自学“文革”前舅舅曾经用过的老高中课本上。几乎每天晚上，只要没有公社或大队要求的会议和政治学习，我都坚持自学，即便是到公社开会，我也会用一本恩格斯的《反杜林论》做“掩盖”，一边听报告一边悄悄地解课本上的习题，或把劳动中遇到的一些实际问题编成数学和物理的应用题记在日记里。之所以用《反杜林论》做“幌子”，也是因为书中有几段恩格斯对自然科学

**图3** 1976年，四位知青留守在家做饭时合影。前排：左崔文艳，右吴文娟；后排：左张山林，右侯洛明。

特别是对数学中微积分中导数概念的文字解释，这是我自学高等数学时发现的。

1976年初，由于个人表现好，我被评为梓潼县知青劳模，代表知青队去县上参加了劳模大会。当时心想，这下只要有推荐上大学的名额，再加文化考试，那还是有希望的。哪知道，那一年全梓潼县也没有几个推荐上大学的名额，而我们公社一个也没有！即便有，仅我所在的公社就有上百个知青，除了我们这个知青点五十多人外，还有成都和重庆下来的数十个知青，他们大多分散在各个大队，那是真正的插队，劳动强度更大，生活更艰苦。有的已经下来五六年了。插队知青选出的先进是我没法子比的。想到这里，有一天我突然莫名的沮丧，本能地感觉到无论自己多努力，被推荐上大学的机会也是太小，有了一种理想破灭的感觉。我给舅舅写信，问他我该怎么办，为高考而准备学习还有什么意义？舅舅回信鼓励我说，他下乡时间更久，比我更有紧迫感。但是上大学不是目的，掌握高等知识才是目的。他说他已经开始自学高等数学了，也鼓励我这么做。

我在一度消沉后重新拾起信心，那一刻，我的梦有了修改，目标不再是上大学，而是要自学出一个“文革”前的老大学生的水平。我马上给读高中时的数学老教师尹嘉复写信，向他索要高等数学的教材。尹老师是云南大学数学系解放前毕业的大学生，他很快就寄来一本云南大学数学系当时工农兵学员用的课本。我还和高中时的英文老师樊同光联系，他不但给我寄来简单的英文读物，甚至连回信都用英文。一次，樊老师给我写了一封鼓励学习英文的信寄到家里，我母亲打开后看不懂，就拿到邻居张敬之那去请他看。张敬之是解放前留学德国拿到博士学位的一位高级工程师，懂多国语言。我从乡下回家，顺便去他那里取信。张伯伯见我来，很高兴地问我：“你在农村还学英文？”我说是。我问他：“听说您懂好几国文字！您是怎么学的呀？”他笑着说：“我就是在中学和像你现在的年纪时学的。你这个年纪像海绵，学什么都不会忘的。”我问：“那您下班后干什么？”他说：“这几天我在研究一个难题，和你一样业余研究。我和你爸爸都在青海生活了多年。我们每次进出青海，很长的路都靠汽车，还要绕很大的弯，因为有太多的地方夏天是沼泽地而冬天又变冻土地没法铺铁路。我在想有什么好办法让铁轨在夏天沼泽地不下沉。这个不只是我在想，国内很多专家都在想怎么解决它。我们这一代如果解决不了，那就靠你们这一代解决了。”回到知青队后，我好像隐隐约约地感到了要自学大学课程的紧迫性和目的性，今后有太多的事情要有大学知识才能去解决啊。今天，中国的青藏铁路早已全线贯通，而且是中国人用自己的专利技术解决的，那种集自然科学、气象地理、工程实践、技术发明为一体的科研攻关，其实是从当年张敬之他们那辈人就开始了。

## 三

1977 年 10 月的一天，我和其他知青正在山上干活，听到公社的大喇叭广播说，中央通知恢复高考。当时还不大相信是真的，但很快队里大多数知青都不辞而别了，纷纷返城复习准备高考。可我是知青队长，不能也一下子就走了。公社和大队干部要求我要带头，不能误工，只能收工后复习功课。我当时真恨不得一走了之，但我母亲托人捎来话，要求我“两不误”：既要复习高考，也要政治表现好。因为很快要招工了，而且谁

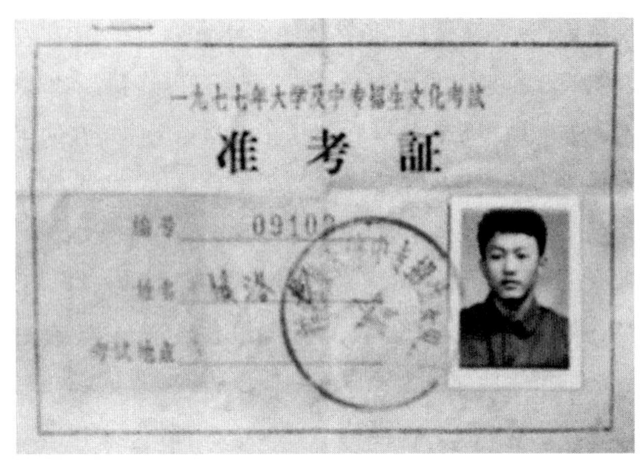

一九七七年大学及中专招生文化考試

准考証

编号

姓名

考试地点

**图 4** 1977 年，作者的四川高考准考证。

也保证不了一定能考上大学。最后我跟大队要求考试前给我一个星期回家复习，获得批准。

1977 年 12 月 1 日，离四川省规定的高考时间只有一个星期多一点了，我连夜赶回家。第二天就开始拼命复习，连续突击功课，母亲也为我心急，就请邻居俞大光伯伯帮忙看看。俞大光是国内著名的电工和电子学专家，50 年代就是哈工大教授兼副教务长，他 50 年代编著的《电工基础》一书被高等教育出版社加印了 23 次之多，不知被多少大学作为教材，又教了多少大学生，后来他当选第一批中国工程院院士。“文革”中间俞大光被关押了整整四年。这期间有一次重要的试验出了故障，把他从“牛棚”提出来，让他分析故障原因。他说某个电子部件两极可能装反了。那个部件是个老工人，一位七级电工安装的，他听了非常生气，说这行我干了快一辈子，不可能装错，难道你们不信工人阶级反倒相信反革命分子吗！当时就把俞大光又关回去了。可是后来把那个部件拆开，发现确实装反了。俞伯伯当时看了一下我正在复习的四川省高中课本说，那里面的内容太简单了。我于是又把舅舅的“文革”前老高中课本给他看。第二天，俞伯伯数学和物理各出了十几道题让我做。我花了一个晚上把它们解完，也不知道对错。早上起来，托母亲转交给俞伯伯就匆匆赶回知青队去请假参加县里的高考了。事后，母亲告诉我，俞大光判阅后说：“洛明高考没问题！”

虽然我只有这短短一个星期时间复习，连一个正规的高考补习班都没有上过，可俞大光出的近三十道数理题助我最终高考考出了好成绩。功夫不负有心人，我物理考得最好，得了98分，只因粗心大意丢掉了2分；其次是数学，还做对了几道大学微积分求导数的附加题，最后终于被自己所报的第一志愿吉林大学数学系（当时叫计算技术专业，后来改计算机科学系）录取。在云南西双版纳下过乡的舅舅也在同年考取了上海交通大学。努力就有回报，我们是何等幸运！

人的一生会遇到很多随机事件，抓住了就是机遇。虽然机遇更垂青有准备的人，离不开个人的主观努力，但其他辅助条件也不可缺少，比如在我最需要的时刻出手帮助我的科学家。谨此机会，也向在我下乡期间所有帮助我圆梦的长辈和师友们致以深深的感谢！

# 黄埔老兵邵光选的抗战影像

叶炘睿

邵毅民先生今年六十八岁，是云南省黄埔军校同学会的特邀联络员，同时也是曲靖关爱抗战老兵志愿者团队陆良县的负责人。退休后，他积极为陆良县内的抗战老兵服务，在协助陆良县委统战部、陆良县老龄委等部门开展的关爱抗战老兵活动中成绩显著。2015 年，他在全国首届敬老志愿服务工作总结表彰大会上，被评为“最美敬老志愿者”。谈起为什么要做关爱抗战老兵志愿者，他说：“我的父亲是一名抗战老兵，为其他抗战老兵多做点事，也是在尽孝。”

因为共同服务抗战老兵，我与邵毅民先生很早就认识。2016 年 9 月，邵毅民先生向我提供了三十余件抗战时期的照片，其中就有他的父亲邵光选先生参加抗战的影像资料。

据不完全统计，在抗战八年中，作为抗战后方的云南省曲靖市，仅陆良一县就有三千多人入伍参军。邵光选先生作为一名爱国知识分子，在抗战初期即投笔从戎，毅然走上抗战道路。他是曲靖人投身抗战的一个缩影。通过整理云南省黄埔军校同学会的资料和研究陆良县文史资料汇编，及采访邵氏家族，再结合下面一组照片，笔者在此再现邵光选先生的抗战历程。

邵光选1916年4月出生于云南省陆良县西门小街的一个小商人家庭。在明朝末年，陆良邵氏家族曾出过为解救被叛军围困的百姓而英勇献身的邵元龄将军。“精忠报国”“天下兴亡，匹夫有责”等传统儒家思想，一直在邵氏子孙的血液中流淌。

邵光选自幼勤奋好学，1934年考入云南省立曲靖中学（校址在今曲靖市第一中学内）。1937年7月7日，卢沟桥事变爆发，日军大举侵华，面对民族危机，刚从中学毕业的邵光选深受抗日思想影响，立志投军救国。他放弃过平稳生活的机会，返回家中，他一边请家中大哥代自己敬孝、照顾家中老人，一边积

**图1** 1939年春，刚刚到黄埔第五分校学习的邵光选（三排中）与炮兵队的部分同学的合影。

**图2** 1939年，邵光选（后立中）毕业时与同期同学的合影。

极准备报考设在昆明的黄埔军校第五分校（即中央陆军军官学校第五分校）。1938年3月，邵光选顺利考入黄埔军校第五分校十四期入伍生队，同年9月，被编入炮兵队学习。在校期间，邵光选努力学习，苦练本领，各科成绩优秀，在排队时常作为排头标兵。

1939年8月从黄埔第五分校毕业后，邵光选被授予陆军少尉军衔，随即分配到滇黔绥靖公署云南防空司令部下属的高射炮大队二营七连一排担任排长。

从1938年9月28日起，至1943年美国第十四航空队进驻昆明掌握制空权为止，日寇前后出动轰炸机613架次，对昆明实施狂轰滥炸37次，给昆明军民造成巨大的生命和财产损失。当时防空力量十分薄弱，空防部队所使用的高射炮最大射程5000余米、有效射程仅3500余米，对敌机射击时自身也存在极大危险。但高射炮大队官兵，依然在敌机飞临时，奋不顾身，开炮还击，以努力减少昆明市区军政设施、军民生命财产的损失，也伺机摧毁敌机。五年间共击落敌机三架、击伤敌机一架，增强了昆明抗日军民的士气。

1941 年 2 月起，邵光选先后驻防圆通山、五华山等重要防空阵地。当时，高射炮大队仅有的四门法国造苏罗通高射炮（其余为高射机枪），配属一营五连第一排、第二排，两门固定在五华山，两门推动式的装备在圆通山。

1941 年 8 月 17 日，敌机 33 架狂炸昆明市中心，邵光选

**图3** 抗战中，邵光选（第一排左三）调离高射炮大队驻五华山一排时，战友为其送行时拍摄。

**图 4** 抗战中，邵光选（第二排左五）与高射炮大队一营五连部分官兵在驻防地圆通山的合影。

**图 5** 1942 年 3 月，邵光选（前排左二）在贵阳学习时与同学合影。

指挥全排官兵奋力开炮还击。据参加过这场战争的老兵回忆：战斗异常激烈时，邵排长不顾个人安危，亲自代替射手士兵操纵高射炮对敌机射击。敌机仓皇投弹，炸弹落于炮位侧钢筋混凝土的掩蔽部内，把掩蔽部掀开一个大窟窿，室内的四名装弹手和传递手牺牲。战斗结束后，在安葬四名战士时，只找到几块炸飞到墙上的碎肉，战友们含着泪，将碎肉分装到四口棺木内……

这次战斗使邵光选双耳失聪，后经半个多月的医治才得以痊愈。因作战英勇，邵光选升任中尉排长。

1941 年 10 月，邵光选、马俊国等十三名高射炮大队军官，被选送到位于贵阳的中央防空学校军队防空训练班第四十九期学习。半年后毕业回到原部队服役。1942 年 12 月，升任一营五连上尉连长。

抗战中，邵光选经历大小防空战斗数十次。1945 年 9 月，日寇无条件投降后，为照顾家中老父亲，邵光选解甲返回陆良，以做生意为生。

新中国成立后，邵光选响应人民政府号召，参加了陆良县工商联合会，被选为会长。1951 年 5 月参加陆良县第二届各界人民代表会议，当选为陆良县各界人民代表会议协商委员会常务委员。1953 年，越南人民的抗法战争如火如荼，云南省人民政府按照中央的指示迅速开始修建个旧至金平的公路，以支援越南人民。邵光选参与了这条公路的建设，荣立三等功。1960 年 7 月，邵光选在陆良过世。

（文中图片由邵毅民提供）

# “民国公子”陈世安小记

龚玉和

杭州市旅游职业学校退休教师陈世安（1926—2015）为吾昔日同事齐朝阳之夫君。2015年11月5日，驾鹤仙去。噩耗传来，冥冥之中，忽觉人生坎坷，世事多磨，不觉感叹不已！

陈君之音容宛在，伤感之余，为之作传，记其生平，寄托哀思，亦与读者诸君分享。

## 求学生涯

陈世安出生在1926年5月24日，其母陈绵祥为中国南社创始人之一、孙中山先生挚友陈去病之长女。因是长女独孙，去病当年（1926年）膝下只有长女陈绵祥及次女陈绵干二人，决意将绵祥之子世安随其母姓“陈”，字企成，企望陈家世代平安，事业有成，后继有人。论出身，世安可谓“民国公子”，所受教育，亦与其他世家子弟不遑多让。

陈世安自幼备受爷爷（陈去病）等诸多长辈的宠爱，请了私塾先生教其读诗学画。1932年六岁时，世安离开家乡，被送到当时南京最好的学校中央小学读书，诸多民国名人之后均在此校就读，去病为其孙世安请了当年首都的一位著名文人当家庭教师。

1935 年，母亲陈绵祥改嫁蔡邦华，两人在上海结婚。1937 年继父蔡邦华调任浙江省昆虫局局长，全家随行到杭。其时，陈世安就读于浙江大学附近的一所中学。

抗战爆发后，浙江大学西迁贵州，竺可桢校长聘请蔡邦华回校任浙大农学院院长。世安亦随校到了贵州。1942 年中学毕业后，世安考入昆明的西南联大外语系，在选择专业时，挑了一个冷门——东方语言专业。抗战胜利后，他跟着继父与母亲复员回到杭州。因学的专业是“南亚文化”，当时在杭州很难

**图1** 左一叶楚伧、左三郑佩宜、左四柳亚子、左六陈世安、左七陈绵祥、左八蔡邦华，同游燕子矶时合影。

找到适当工作。于是，世安就在家复习备考，准备出国留学。

1948年，他与好友张镜湖（浙大文理学院教授张其昀之子）同时考取公费留美资格。正在准备行装之时，蔡邦华接触到了地下党员，正在准备迎接解放，劝道："现在时局动荡，马上就要解放了。你就不要出国，留在国内，迎接新政权罢。"蔡邦华时任浙大校务委员会临时主席，行代校长之职。

## 参加工作

1949年5月，杭州解放。蔡邦华找到了好友林乎加（时任浙江省委宣传部部长），谈到自己的继子陈世安放弃赴美读书的机会，留下来，想为新政府服务。当时杭州刚刚解放，百废待兴，正是用人之际，于是，林乎加就让陈世安拿着自己的亲笔信，找到了时任杭州市副市长兼教育科长顾春林。于是，陈世安成为顾春林在教育科工作的唯一的一个科员。

1952年，杭州高级中学（下称"杭高"）缺少教师，向教育科要一个历史老师，顾春林问他："你愿意去中学教书吗？"就这样，陈世安到了杭高担任历史教员。由于良好的文史功底，加上他的勤奋，将历史这门课教得风生水起，又勤于笔耕，在杭州城里渐渐小有名气，20世纪50年代就成为杭州市历史学会的理事之一。

1952年全国大专院校院系调整时，蔡邦华夫妇调北京中国科学院工作。杭州师范学院（杭州大学前身）有意调陈世安去该院教历史，由于种种原因，他继续留在了杭高担任历史教员，一直到1957年"反右"时为止。

1958年给他戴"右派"帽子的原因，当年能拿得上台面的

**图 2**　蔡邦华、陈绵祥迁京时合影。摄于 1953 年。

“罪名”：一是其前妻向上级写的一些思想汇报，记叙了世安平时讲的一些牢骚话；二是其前妻疑神疑鬼，跑到法院状告丈夫有外遇（状告信两年前被友人丁云川偶然在地摊上看到，买了下来）。

世安被戴上“右派”帽子后，与杭州教育界的其他“右派”一起下放到余杭平山农场劳动，前妻则带着三个改名换姓的儿女离他而去。在平山农场期间，虽说孑然一身，劳动辛苦，但仍有工资（月收入四十几元）。到了 1962 年，他因过度劳累，加上营养不良，得了心脏病。于是，向上级打报告，病情难于支撑农场劳动，希望回杭州工厂继续接受思想改造。领导说：“你想回杭州吗？可以，但必须要放弃教职（没有工资待遇）。”

**图 3** 陈世安在西湖边。摄于 20 世纪 70 年代。

## 在货运站当装卸工

世安听了，什么话没说，放弃了教职，以“无业游民”身份回到原居住地——艮山街道焦家庄。焦家庄正好处在艮山火车货运站旁，世安就到货运站当临时工，干的是装卸的活，把煤炭从火车上锹下来，然后，装到卡车上去。虽说每天工资有一元二角，不过，刮风下雨也得露天干活。对于他来说，好在“自由”了不少，有力气时，多干点，吃不消时，就躺在床上睡大觉，别人也奈何不了他（干一天算一天工钱，不干没有）。

他住在一个泥地的临时披屋里，室内除了一个竹榻、一张竹席、几件换洗衣服及铺盖外，一无所有。遇到生病，干不了活，或者刮风下雨，竟然到了有上餐没下餐的地步。贫病交加，万不得已之下，想到了远在北京的母亲，便一个人跑到了京城，找到了陈绵祥。

未料，同母异父的弟弟见了，紧张得要命，说道：“你回去吧，如果让学校里知道了，我有一个‘右派’哥哥，将来连毕业分配都成问题！”其时，继父虽说是中科院动物研究所所长，但在当时的政治形势下也拒绝接纳这个继子。母亲无奈之下，给了他二十元钱，买了张火车票，说道：“你回去吧，如果真的不行，再写信过来。”过了几年，陈世安又一次陷入困境，不得不又向母亲求助，母亲再次给他汇来了二十元钱及一个包裹，内装一件棉衣。就是靠这件棉衣，让世安熬过了好多个寒冬。

我们无从设想，作为母亲的陈绵祥，对儿子的遭遇会有何感受，她曾写了一首小诗，道出了当时的心态，题目是《示儿子世安字企成》（见陈绵祥著《秋梦馆诗剩》），曰：“忆昔飘零惜故枝，而今更不及当时。一丝一帛非容易，此事旁人却未知。”

想当年，一个孤立无助的人居然会有人给他汇来一笔不小的款项——二十元钱。这在当年不是一个小数字。在陈世安居住的大杂院里，几乎成了一桩轰动一时的新闻：一个穷得响叮当，被社会所抛弃的人，竟然会在京城有一位有钱的母亲，还给他汇钱寄物，能不让人吃惊吗!

在那个大杂院里，陈世安虽身负重荷，却爱打抱不平。有一次，有个妄胚（杭州话，指蛮不讲理者）欺负人，被欺者敢怒不敢言。他见了，跑去论理，妄胚动手打人，他毫不客气地挥拳过去，将妄胚打趴在地。自此，妄胚不敢再为非作歹了，但他却为此被关了三天，还写了“认罪书”。还有一次，物资供应紧张，居民们早早地四五点钟就起床到菜场排队买菜。菜来了，几个与菜场工作人员认识的人插队进来想购买，被排在后面的陈世安见了，上去一把拉了出来，那几人只好灰溜溜地走了。由此，爱打抱不平的陈世安也在艮山门一带出了名。

那些日子，有个好心人见他一个教师，风里雨里，做的是装卸工这样的粗活，起了怜悯心，就寻一个机会将他调到煤球店做事。虽说仍是与煤打交道（卖煤球），工资仍是干一天算一天，不过，毕竟有个屋檐，不用日晒雨淋、露天干活了。他的夫人齐朝阳说：“我是1972年认识他的，‘文革’时，由于‘右派’身份，只要有什么大小政治台风，在居民区里，世安总是首当其冲，只是苟且偷生而已。”

## 落实政策

1975年，全国开展“治理整顿”。一天，领导将他叫到办公室，说道：“现在根据党的宽大政策，摘去你的‘右派帽子’。你原来在学校工作，就回学校去吧。”由此，世安的命运有了一丝转机，莫明其妙地被调到了大关中学。到了学校，领导对他说："你是'政策落实'来校工作的，根据规定'摘帽右派'不能上讲台教书。"他被安排到大关中学总务处当勤杂工，工作倒是比先前好多了。那些日子，凡是大关中学需要购买粉笔、教具、灯泡、桌椅板凳等，都由他跑腿，工资定为三十六元，这也是他离开平山农场后，第一次拿到固定工资。

1979 年，全国开始大规模地平反冤假错案，上级准备给世安再次落实政策，教育局决定让他重新走上讲台。此时，正好人民中学缺教师，校长到教育局要人，见了陈世安，问道："你原来在学校教什么课的？"他回道："我原在杭高担任历史课教师。"可在 20 世纪 70 年代末，中学尚未恢复历史课，

**图 4** 陈世安平反后，去北京探望母亲与继父。前排坐者为蔡邦华夫妇，后排左二为陈世安。摄于 1980 年。

学校缺的是外语老师。领导又问："我们需要一个外语老师，你行吗？如行，就到人民中学来。"他想了想，说道："教外语就教外语，有什么难的？！"于是，硬着头皮顶了下来，去了人民中学教书。

陈世安正式平反后，又一次到北京探望了母亲与继父及几

**图5** 陈世安、齐朝阳夫妇。摄于20世纪80年代初。

**图 6** 陈世安夫妇在陈去病墓前。摄于 1980 年。

位亲友。

## 开始新生活

其实，他的那些英语知识经过几十年的“思想改造”，早就忘得差不多了，如何承担起中学英语课呢？不由想起当年在平山农场一起干活的一个人，张超昧医师（杭州红十字会医院的外科医生）。张医师为人坦荡，热情好客，这点忙，

**图 7** 在西湖中学，校运动会期间，带领学生与美国友人交谈。摄于 1983 年。

一定肯帮的。于是 70 年代末至 80 年代初，他经常跑到张医师家学外语。

第一天张医师教的东西，其实就是第二天他在课堂上讲的内容。后来，市场上出现了录音机（那时是奢侈品），他立即就买了一架，每天只要有空隙就跟着录音机学。

1979 年，世安再次结婚，新娘是齐朝阳。那些年，工作之余，他时常带着新婚妻子游山玩水，尽情享受着苦尽甘来的幸福生活。1980 年，他与妻子一起又回了趟老家吴江，见到了家乡的众多亲友，并给祖父母陈去病夫妇扫了墓。

未久，陈世安在杭州教英语有了点小名气，一家外语补习学校闻讯，特地请他去兼课。由此，白天在人民中学教外语，晚上及周末在一家业余补习学校里兼课，一天到晚，可说忙得不可开交。

未料，麻烦事又一次惹上了他。

那年，人民中学评年终奖金，将他的二十元年终奖取消了。他跑去问领导，说道："我上的课不比别人少，做的事也不比别人差，我在外兼课，并没有影响学校的正常课程，为什么别人有年终奖，我没有呢？"对方说："星期六、星期天、晚上你在外校上课，每节课有八毛钱收入，怎能与在校教师一样拿奖金呢？如果你将外面讲课的收入上缴学校。那么，我们就给你发年终奖。"就这样，取消了他的年终奖。

这下，陈世安不高兴了，申诉到教育局。恰在此时，西湖中学的一位校长正在向教育局要英语教师。于是，陈世安调到西湖中学，仍然当外语老师，一直干到 1987 年退休。退休后，世安继续在前进业余学校教英语。

20 世纪 90 年代初，刚好法国兴业银行宁波办事处需要一名懂外语的职员，陈世安就去报名了。那个办事处只有三名工作人员，在一家旅馆里租了个房间。世安在法国兴业银行宁波办事处做事，一干就是三年多，初始每月工资六百港币，后来增加到一千港币。

到 1996 年，世安已七十岁了，从宁波回来后，他就正式退休了。

# 关于一位百岁老人的记忆

张　微

## 一

这是一张结婚照（图 1），摄于 1933 年，距今已整整八十六年了。

与那个年代惯常由照相馆出品的婚纱照不同，这是一对新人结婚当天，在自家花园用自己的相机拍的，连新娘子手里的捧花也是在花园里采的。这在当时是超级标新立异的举动。

照片中的两位新人对拍照都不太习惯，有着那个年代人们的羞涩和木讷。新郎表现得相对比较明显，似乎还有一些排斥，因为在快门按下的一刹那，他似乎有意低了头。照片上的新娘子相对好一些，自然端庄。照片的原件前几年不知道被哪位亲人收藏了，这是翻拍的，质感和清晰度都差了很多。

这对新人，就是丈夫的爷爷和奶奶，奶奶前不久刚刚以一百零六岁高龄过世。以往每次提到她老人家的年龄时，大家第一反应通常是吃惊，然后第二句就会问：“能如此高寿，一定有什么秘诀吧？”

我结婚的时候，老太太已经快九十岁了。作为不在一起住

**图 1**　夫家爷爷奶奶的结婚照

的孙媳妇，我跟她老人家相处的时间并不是太多，只知道老太太的饮食起居并没有什么特殊的爱好和要求。写几件这些年我所见所闻的小事儿，或许能从中找到答案。

## 二

奶奶娘家是黄县（今山东龙口市）有名的殷实人家，乡下有房有地，县城有商号。奶奶在教会学校经正小学读了七年书，是小学毕业。她识文断字能写会算，一直到百岁高龄依然思维敏捷，头脑清晰，各种典故张口就来。

经正小学1906年（光绪三十二年）由袁丕龄创办于二圣庙大街。原系初等小学，1912年秋添高级班，学制七年（初小四年，高小三年）。1919年袁丕龄故世，袁义亭接任校长，捐款建校舍二十余间。1922年建女校。1923年由袁乾一捐大洋万元为办学基金。历任校长有袁铭三、袁义亭、袁汝鼎等。1933年，经正小学有楼房一座，普通教室、特别教室共二十四间，礼堂六间，办公室、教员住室、学生宿舍、自修室等十余间。操场九百平方米。学校备有标本、仪器、教学用具、运动器械。学校设教务、训育、事务三处。七个教学班，学生三百三十七人，其中女生八十三人。教职员十四人。课程设置有国语、算术、历史、地理、卫生、公民、音乐、体育等科，教学成绩优良。1933年全县小学毕业生会考，经正小学得八十九分，名列第三……

这是在网上能找到的仅有的关于这所学校的介绍。文中提到的袁义亭校长就是爷爷奶奶的媒人。

奶奶十一岁的时候生母去世，很快继母进门。

家中长辈既有她的爷爷奶奶、姑奶奶（爷爷的妹妹），又有没分家的大伯和叔叔，还有带着孩子们常住娘家的姑姑；同辈除了六个同胞弟妹，还有同父异母的大哥、继母生的弟妹、堂表兄弟们。一个没娘的小姑娘，在这样一个关系复杂四十多口人的大家庭里长大，还要护佑弟妹，真是太不容易了。

我想奶奶不同凡响的心胸气度，跟她的成长环境应该有很大关系。

**图 2** 袁义亭校长六十寿诞时，赠与奶奶的纪念照。

奶奶在外做生意的爷爷年龄大了，叶落归根。没想到，回家没多久老人家就瘫痪在床。作为家中长女，奶奶毕业后在家日夜照顾老爷子三年多。直到把老人送走，她才出嫁。因为照顾老人有功，家族里一致同意破格发送，嫁妆五百大洋。

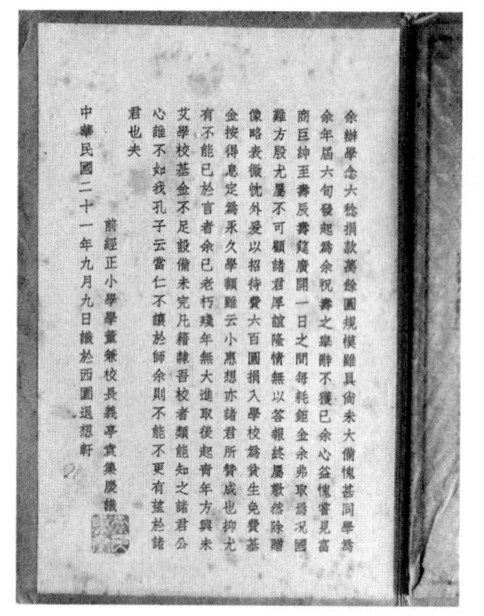

余辦學念大稔捐款萬餘圓規模雖具尚未大備愧甚同學爲
余年屆六旬發起爲余祝壽之舉辭不獲已余心益愧嘗見富
商巨紳至壽辰壽筵廣開一日之間每耗鉅金余弗取焉况國
難方殷尤屬不可願諸君厚誼隆情無以答報終屬歉然除贈
像略表微忱外爰以招待費六百圓捐入學校爲貧生免費基
金按得息定爲永久學額雖云小惠想亦諸君所贊成也抑尤
有不能已於言者余已老朽殘年無大進取後起青年方興未
艾學校基金不足設備未完凡籍隸吾校者類能知之諸君公
心誰不如我孔子云當仁不讓於師余則不能不更有望於諸
君也夫

前經正小學學董兼校長義亭袁集慶識

中華民國二十一年九月九日識於西園退想軒

**图 3** 袁义亭校长赠照的裱册及题识

那一年，她二十岁。

## 三

奶奶有六个孩子，她深知教育的重要性，竭尽全力供孩子们上学。孩子们学习都很棒，在学校都非常出名。那时候奶奶最常说的一句话就是：“你们都死在书上吧！”

一屋子大姑娘小伙子，放学回来个个都埋头学习，比着看谁考得好。奶奶在厨房里忙活一家人的饭，叫人帮忙干个活儿，都没有抬头的。

新中国成立后，爷爷一个人的工资要养活一家九口（爷爷的父亲已经去世，母亲还在），那时候奶奶宁可自己在家给刺绣厂当家庭工绣花，也要供孩子们上学读书。回忆当年，奶奶跟我讲：“那日子真难啊，你姑姑上大学的时候家里还能给她做一套被褥，后面两个上大学，就没钱给他们置办了，把我愁的啊。只能把家里的俄罗斯壁毯拿到拍卖行卖了 170 块钱，这才打发他们两个走了。幸好那时候花钱还能买到棉花和布，第二年就凭票供应了，有钱也买不着啊。”

**图 4** 爷爷年轻时

1958 年爷爷被打成“右派”，工资从 93 元降到 37 元。这时家里孩子们一个大学刚毕业，两个正在上大学，一个高中，一个初中，一个小学。这日子实在是过不下去了，于是奶奶去了街道工厂给人做衣服挣钱。饶是这样，愣是没让一个孩子辍学去上班帮补家用。

在那个年代，奶奶培养出三个本科生，三个高中生。如果不是因为受出身影响，不让考大学，奶奶培养的大学生应该还要多。

这张照片（图 5）是奶奶结婚第二年拍的全家福。前排坐着的两位老人是奶奶的公婆，后排中间是奶奶和爷爷小两口，左右两边是两位正在上学的小姑子（大姑姐在奶奶婚前已经去世了）。

1968 年 11 月，照片中奶奶的婆婆突然去世，这时爷爷患胸膜炎正在住院，与此同时儿媳妇又临产，三件大事同时压过来，把五十五岁的奶奶忙得焦头烂额。

那天奶奶带着一大家子亲戚去殡仪馆送老人最后一程。临走前，她交代看家的孩子煮好面条，待会儿大家回来要一起吃饭。不知道什么原因，等大队人马回来的时候，面条没做。奶奶很生气，自己动手煮了面做了卤，招呼亲戚们吃完再把大家逐一送走。

这时她坐下来，对儿媳妇说："淑娟，我烫着了。你去给我买药吧。"家里人这才知道，奶奶煮面的时候不小心碰倒了汤锅，整整一锅热面汤洒在脚上。她愣是忍着钻心的剧痛一声没吭，直到把亲戚们都送走。这时，袜子已经粘在脚上脱不下

**图5** 全家合影

来了……

前些日子回老家看祖宅的时候，表婶（奶奶五弟家的儿媳妇）跟我讲了一件小事儿：前些年，我们两口去青岛看姑姑。姑姑问我："你儿应该今年大学毕业参加工作了吧？找了个什么活儿啊？""他考到人民银行了。""哎呀，好啊，是个正经单位。你现在没心事了！"那年老太太一百零二周岁了，这么多侄子侄女（将近三十个），她个个都记着不算，竟然连侄家孩子的事儿都记得清清楚楚。你家老太太真不是一般人啊！

表婶竖起大拇指，佩服得五体投地。

不只是娘家的侄孙，奶奶记得清清楚楚，就连两位小姑家的十好几个孩子和下面的孙辈们，她也是丝毫不乱。去年冬天，一百零五岁的奶奶开始一阵清醒一阵糊涂，有时候会认不出前来看她的亲人。在澳洲定居的二姑奶奶（图 5 中戴眼镜的二小姑）的孙女回国来看她，在她耳边大声说："舅姥姥，我是燕燕，我来看你啊。"奶奶端详半晌："噢，燕燕啊，你从澳大利亚回来啦！"

2014 年一百零一岁的奶奶，做了一件震惊全家的事——

已经多年没出家门的她居然自己上下六楼，去探望九十四岁病危的三小姑（图 5 中最右侧短发的小姑娘）！

按说至亲病重去探望是应该的，可是没人会要求一位百岁老人必须这样做。但是奶奶一辈子礼数周全，对她来说知而不行，是不可能的。

大家心惊肉跳后怕之余，除了敬佩还是敬佩。

我结婚进门的时候，奶奶已经接近九十岁了。我特别喜欢跟她老人家聊天，喜欢听她讲年轻时候的故事，喜欢听她给我讲那些质朴却充满哲理的人生道理："打你怀孕起，到你闭眼，

图 6　晚年的奶奶

他（孩子）永远都是你的心事。”“朋友是锦上添花，父母是雪中送炭。”“宁嫁高郎，不嫁高房（不要高攀）。”……

每次去看她，我都要故意说：“奶奶，你知道吗？百岁老人是有奖金的呀！而且是每个月都发呢。您一定要拿到这个奖金啊，第一个月的奖金一定要给我！”奶奶每每都开心地说：“好，我努力，一定让你挣着这份儿钱！”

2013 年的一天，五叔给我打电话，说奶奶让我去一趟。坐下之后，奶奶拉着我的手递给我一个红包：“这是我昨天发的头一个月的百岁老人奖金，说好了给你的。”我哈哈笑着说：“哎呀奶奶，这我哪能要啊，我那是跟您开玩笑的，您怎么还当真了呢？”

公公在旁边也说：“妈，她是小孩子闹着玩儿的，您留着吧。”

奶奶回头瞪了公公一眼：“你还主了我的事儿了？！”转头跟我说：“好孩子，我知道你的心意。我答应过你，一定让你挣着这份儿钱。这四百块钱，两百给你，那两百给你妈妈，沾个喜气。”

奶奶的安排真太让人吃惊和意外。让人不禁感慨，心地善良，知书达理，在婆家娘家的大家庭里历练了一辈子的老人家，真是时时事事处处妥帖，为人着想。

## 四

生活中并不乏应对得当、进退有度的人，可你分明能觉察出他只是出于礼貌甚至是需要，那些得体的话语中没有温度，甚至还透着丝丝冰冷的疏离。但奶奶不一样，你能体会到她是真心实意地把你放在心上。在我看来她长寿的秘诀就是——善良和心胸宽广。

奶奶走后第三天，我又去了奶奶家。

茶杯、闹钟、擦手巾，奶奶随手用的这些零碎东西依然摆在床头；床对面的小黑板上还残留着字迹，写着近期来电话的晚辈们的名字和时间；奶奶用的搪瓷杯还放在桌上……环顾四处，一切好像都没变，又好像一切都变了。这些可爱的老物件的精神和热乎气儿，仿佛也跟着主人一起走了……

这时我才意识到，原来那位身材瘦小，精神矍铄，言语不多的老太太才是这个家的灵魂所在。

我多想像以往一样，奶奶慢慢地坐起来拉着我的手，满脸的皱纹仿佛开成一朵花，用浓重的黄县口音笑呵呵地说："活宝，你来了啊。"

我多想像以往一样，用力亲亲她的腮帮儿，在她耳边大声说："奶奶，你要好好吃饭，好好睡觉，好好活着啊！"

奶奶，我想你！

# 往事如昨　旧照惟新

侯艺兵

今年是父亲侯好玉去世三周年，他1926年10月13日出生，2016年9月7日去世，人生刚好走过九十个年头。清明节临近，我们兄弟四人分别从美国、北京、上海返回四川绵阳给老人家上坟。闲时翻检母亲珍藏的老相册，看到好几张父亲母亲六七十年前拍摄的戎装照片，保存完好。其实这些照片早在十几年前就曾看见过，记得父亲在世时，断断续续地讲过这几张照片的拍摄地点和经过。于是找出当年的录音，趁母亲还健在，又请她补充回忆了照片的来龙去脉。整理撰文，祭上儿子们的思念之情。

父亲出生在传说中的《易经》发源地“河出图、洛出书”的洛河畔的一个穷村庄。据父亲回忆，在他小时候爷爷曾对他说：“就是把骨头撮碎也要供你读书！”靠着爷爷打短工挣的钱，父亲刻苦努力考上了洛宁简易师范学校。1942年学校里来了一位老师，是中共地下党员。他特别器重当时在班上语文最好的父亲和算术最好的杨万春，用“城头上站着两个大将军：朱德、毛泽东”来引导鼓励他俩参加共产党领导下的抗日救亡运动。父亲和杨万春一起参加了地下的“学生抗日兵队”。1944年春天，在一次日本飞机轰炸洛宁县城后，父亲即弃笔从戎，加入洛卢人民自卫队，在本地区和日本鬼子打游击。

1944 年冬，父亲和同学杨万春两人瞒着家里，背井离乡转入八路军随营学校（豫西公校），跟随学校北渡黄河，到达山西阳城。从此离家再没有音讯，家里人也不知道他的下落。抗战胜利前，父亲在太岳军区抗大分校学习并加入中国共产党。经过短期学习，他被分配到太岳军区司令部机要科任译电员。陈赓司令员人很活泼，对下属很随和，机关年轻人在他面前无拘无束。父亲他们有时候也闹点情绪，想上前线杀敌立功。陈赓说："这里也是战场，你们每破译一封电报，前方将士就少流血牺牲。"

内战爆发后，1947 年父亲在晋冀鲁豫军区四纵队解放大队青年二队任副指导员，1948 年调四纵队司令部参谋训练大队任指导员，在河南漯河地区驻训。一天，门外警卫领进一个着破衣烂衫的老人，说是来看儿子。没有想到竟然是爷爷！父子俩当场抱头痛哭。爷爷对父亲说，家乡解放了，分了田，能不能回家种地？父亲说："打完了鬼子，还要解放全中国，我带着一百多号人，能离开吗？一百多人怎么能丢下不管呢？"爷爷只好抹着眼泪说："你留下吧，我回去。"走时父亲从炊事班买了一袋面让爷爷扛回家。

爷爷是怎么寻到部队的呢？原来父亲参军后，1945 年 7 月在八路军随营学校二队当学员兼文书，和二队战友彭廷璜一起在山西阳城照过相（图 1），后来彭廷璜转到地方工作，几年后辗转托人把照片捎给洛宁老家，家里的人这才知道了父亲的下落。于是爷爷背着干粮，从豫西渑池走了几百里，一路寻到豫东漯河的部队上，这才有了上面的一幕。

**图 1** 1945 年 7 月，八路军随营学校学员侯好玉、彭廷璜（左）合影。摄于山西阳城县。

这是父亲参军后拍的第一张照片，没有想到这张照片竟成了同家里联系的纽带，免除了老家父母的牵挂。

1946 年 9 月在山西临浮战役中，晋冀鲁豫军区四纵队全歼号称“天下第一旅”的国民党整编第一师第一旅，活捉中将旅长黄正诚。1948 年 3 月，四纵队参加攻打洛阳的战役，全歼国民党青年军二〇六师，活捉师长邱行湘，俘虏了不少国民党青

**图2** 1948年11月，晋冀鲁豫野战军南下时，四纵司令部参谋训练大队指导员侯好玉和大队长张志丰（右）合影。摄于河南漯河。

年军官。四纵司令部专门成立了参谋训练大队，大队长张志丰，副队长安克恭，侯好玉担任指导员兼政治教员。参训队的主要任务是对俘虏的国民党年轻军官进行教育引导，待转变思想后，利用他们的专长分配到我军各个部队当参谋。在河南叶县参训队驻地，陈赓司令员亲自作报告。这时参训队有一百一十多人，身为指导员的父亲向他汇报："一个人开小差跑了。"他说："没得事，没得关系，好像一列火车掉了一颗灰尘。"他说话很风趣，一下打消了父亲的顾虑。

1948 年 5 月，晋冀鲁豫野战军第四纵队改为中原野战军第四纵队，1949 年 2 月更名为第四兵团（陈谢兵团），隶属于第二野战军（刘邓大军）。父亲随第四纵队参加了淮海战役。当

**图 3** 1948 年 11 月 1 日，四纵第一期参谋训练大队毕业典礼。摄于河南郏县三教堂。

时前方战斗十分激烈，后方参训队加紧培训，学员出队以后马上充实到一线战斗部队当营、团参谋。解放战争期间参训大队不断接收新的俘虏，不断进行教育、转化，有一位后来成为解放军师长的学员，他的名字还是父亲给改的。参训队先后毕业的一百多名俘虏军官，都下到四纵队所属部队，投入到打老蒋的战斗中。他们表现不错，好多人后来当上师、团级干部。

渡江战役以后，四兵团向江西南昌进军，父亲带着参训队在行军的路上碰上了陈赓司令员，他骑在马上问："部队情绪怎么样？"父亲说："你看，情绪很高嘛！"他挥了挥手，策马加鞭而去。参训队从河南漯河一路走到江西，有时一天行军上百里，只吃两顿饭。为了吃饱肚子，有人总结个顺口溜："头碗浅，二碗满，三碗盛过太行山。"意思是吃第一碗和第二碗不能盛太多，否则等你吃完头一碗或第二碗想再去盛第三碗，很可能就没有饭了。1949年5月，父亲在渡江战役中荣立三等功。

南昌解放以后，中原野战军和华东野战军会师，陈赓讲话，动员向大西南进军。四兵团政治部办的《南征小报》称："我们铁脚板，跑过敌人汽车轮子。"这个时候，参训队训练俘虏的任务结束，但还保留编制，转为培训政工干部。四兵团继续挥师广西、广东，在广西南宁，参训队办了一期党训班，父亲专讲毛主席的"批评与自我批评"。战争年代，部队思想政治工作都是断断续续，见缝插针，利用行军打仗的间隙做宣传教育，往往一个战役结束后，在部队休整阶段抓紧时间进行干部培训，基本上边行军，边学习，边打仗。

二野四兵团日夜兼程进军大西南，实行大迂回从两广包抄云南，切断国民党军南逃出境的退路。五兵团则从贵州向云南挺进。进军大西南时，父亲回忆说，战士的铁脚板真能跑过敌人的汽车轮子。为了围堵敌人，昼夜行军，边走边打瞌睡，官兵上下只有一个念头，解放大西南是最后一场战斗，要是追不上敌人恐怕再没有立功的机会了。1949 年 12 月，云南省主席卢汉宣布起义，国民党第八军、第二十六军匆匆南逃。1950 年 2 月，陈谢兵团进驻昆明。全市万人空巷，观看解放军入城仪式并举行欢迎大会，陈赓、宋任穷、卢汉出席。抗日战争和解放战争期间，父亲留下了这几张十分珍贵的老照片。

新中国成立以后，1950 年父亲在云南军区直属政治处任宣教股长，在云南军区所属部队开展学文化运动中荣立三等功。1950 年 10 月 21 日，他参加云南军区第一届宣传教育大会，那

**图 4** 1950 年 2 月，第二野战军第四兵团进入昆明，昆明各界人士举行欢迎大会。陈赓（左）、宋任穷（中）、卢汉（右）在主席台上。

**图 5**　1950 年 10 月 21 日参加云南军区第一届宣教会议时的合影。侯好玉在第三排右四。摄于昆明。

时候刚刚进城，戴大盖帽，穿粗布军衣，胸前佩戴解放军胸章。

母亲陈健坤今年八十六岁。她十六岁参加革命，1948 年在昆明求实中学读初中时参加学生运动，加入中共地下党外围组织“云南民主青年同盟”（简称“民青”）。1949 年 4 月，解放军渡过长江，大西南解放在即。为了迎接解放，地下党号召并组织民青部分同志下乡打游击。临行前母亲对她弟弟讲，假期学校组织下乡去教书，而弟弟陈健奎说他也要下乡去教书。姐弟俩这时候互相才知道他们都是民青成员。然后两人一起拿了家中一床大毛毯，剪成两半，作为行李，又偷了家中十多个半开银元（两个“半开”顶一个“袁大头”）。7月14日，母亲和十四岁的弟弟陈健奎以假期旅行为名，按约定到昆明火车站买票上车到宜良，然后坐船过盘江，徒步走到路南县游击区参加中国人民解放军滇桂黔边纵队（简称“边纵”）。这支革命武装从创建到西南解放，一直活跃在云南、广西、贵州等地开辟根据地，扩大革命武装，发动农民群众和展开争取民族上层人士的统战工作。当时从昆明各学校调入“边纵”的这一批“民青”积极分子，多数是在校初、高中学生，共计一百余人。姐弟俩分到四支队三十二团政治处从事宣传文教工作。四支队活动在滇东南丘北、广南、富宁、麻栗坡、马关等中越边境和云南、广西交界地区，主要执行清剿小股土匪武装，铲除国民党地方政权，解放边疆县城的任务，为解放军入滇扫清障碍。

1949年10月1日，中华人民共和国成立。消息传达下来，部队和当地群众一起举行盛大集会，母亲第一次见到用土黄纸印的朱德、毛泽东肖像，印象极其深刻。1949年12月，中国新民主主义青年团成立，经团中央批准，云南省的民青成员正式转为青年团团员。1950年2月云南全境解放，母亲和舅舅由四支队调入滇东北六支队二十六团。随后边纵各支队与驻地解放军合并整编为军分区，母亲所在的六支队整编后组建曲靖军分区，姐弟两人在曲靖军分区政治部政工队工作。

1950年12月，母亲被选送重庆西南人民艺术学院戏剧系专修科学习编导。西艺院长刘仰峤，副院长朱丹、沙仃，这是西艺专门为部队开办的一期专科班。专科班学员有来自西南军区所属各部队文工团团长、政委和优秀团员，也有从基层连队挑选出来的文艺骨干，年龄相差很大，母亲是班上年龄最小的学员。有些资历老的干部报到时骑着马，挎着枪，带着警卫员

**图 6** 1950 年，陈健坤（后排中）在云南曲靖军分区政治部工作时合影。那个时代女兵梳长辫子，穿上军服也是飒爽英姿。

来上学，被主持工作的副院长朱丹训了一顿："你们是来上学的，在这里就是普通学员，把枪上交统一保管，毕业再发还个人，警卫员退回去！"西艺戏剧系专科班开的课程有导演、表演、编剧、音乐、舞蹈、艺术理论、戏剧概论，还讲授苏联斯坦尼斯拉夫斯基表演体系。除了上课外，每周日都组织学员参加成渝铁路建设劳动，每天每人伙食补助 5000 元（旧币），相当现在的 5 角钱。有时候学员到重庆大坪原西南军区司令部大食堂吃中午饭，一碗蛋炒饭 3 角，或者在沙坪坝临江铺子买上几个包子。那时重庆物价非常便宜，1 角钱可以买一兜橘子或者一小包牛肉干。

**图 7** 1950 年 12 月，西南艺术学院部队专修科部分女学员合影。左二为陈健坤。摄于重庆西南人民艺术学院大门口。

戏剧系专科班上有一个学员叫刘世龙，战士出身，吹拉弹唱样样行，但理论学习并不突出，这不影响他后来成为长春电影制片厂的著名演员。刘世龙在电影《英雄儿女》中扮演英雄王成，那句“向我开炮”的吼声，影响了几代年轻人。西艺专科班原定学习两年，因为搞整风运动提前半年毕业。1952 年 6 月 30 日，母亲从西南人民艺术学院毕业后，分到云

**图 8** 1951 年，重庆西南人民艺术学院戏剧系专修科女学员集体合影。后排左二为陈健坤。

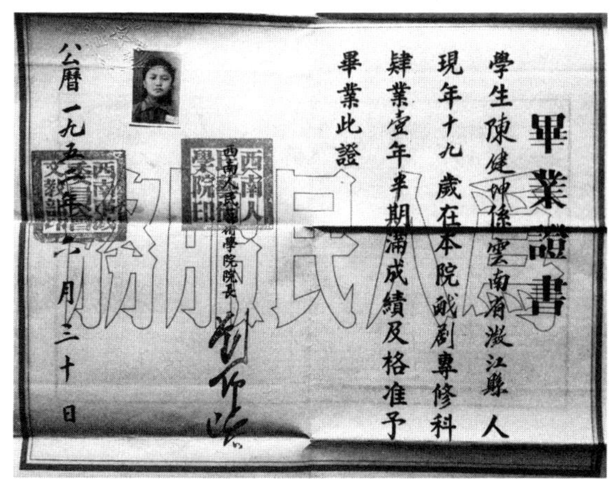

畢業證書

學生陳健坤係雲南省澂江縣人
現年十九歲在本院戲劇專修科
肄業壹年半期滿成績及格准予
畢業此證

西南人民藝術學院院長

公曆一九五[illegible]年[illegible]月三十日

**图 9** 1952 年，陈健坤获颁西南人民艺术学院毕业证书。

**图 10** 1954 年 3 月 20 日，父亲母亲结婚时摄于云南曲靖部队营房。

南军区炮兵第四师政治部文工队。1953 年西南人民艺术学院撤销，另成立美术、音乐等专科学校。母亲回到部队以后，几十年来填写履历时，只填写高中学历。几个儿子争看这张保留了近七十年的大专毕业证书（图 9），不禁为上一代人的单纯而由衷地感叹。

1953 年，经师文工队指导员蔡华介绍，母亲认识了在炮十八团政治处任职的父亲。1954 年 3 月 20 日，在云南曲靖炮四师十八团营房里，父亲侯好玉、母亲陈健坤结婚并拍了照片（图 10）。那个时候，还没有授衔，军帽缀五角星，胸前依然佩“中国人民解放军”白色胸牌。

# 母亲照片引起的回忆

李建伟

## 辛酸的岁月

我出生于1947年6月，父亲李连荣是吉林省四平市人，母亲郭凤鸣是上海市人，父母同在天津铁路北站工作。家住在北站附近的东三经路福寿里5号，房子是父亲租的。在我的印象中，房屋建造讲究，坐北朝南，青砖瓦房，室内宽大，地板装修，室外有前门廊。

据父亲讲，这片住地繁华，商业兴旺，交通便利，是近代袁世凯主张修铁路、建车站，并带动大经路（现中山路）的开发而形成的。

父母结婚生育三个孩子，我上有哥哥、姐姐，各相差两岁。1949年母亲生病，1950年去世。

在我还没有记忆的童年中，母亲就悄悄地离开了，后来才知道母亲走的时候，年仅二十五岁。多么好的年华，猝然去世。至今回想起来，依然令我十分难过。

在没有母亲陪伴的日子里，父亲很不容易，三个孩子，我最小，才三岁，爷爷、奶奶准备把我带到东北照顾，父亲不干，

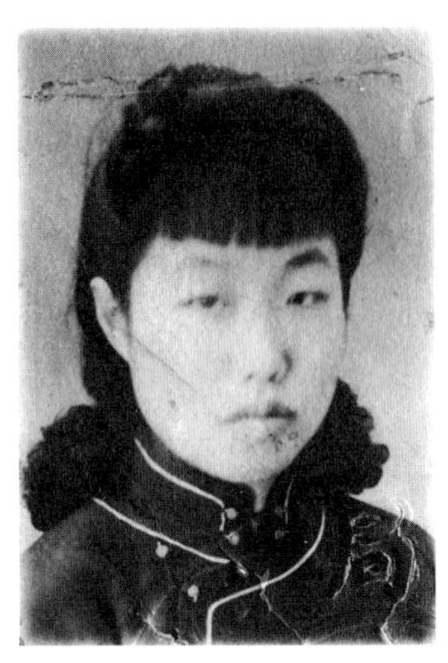

图1　母亲郭凤鸣

图2　父亲李连荣

让把丫头（我的姐姐）带走。哥哥上学，我进幼儿园（地址在河北区律纬路与三马路交口原铁路幼儿园，现为北京铁路公安局天津公安处）。父亲既要上班，又要照顾孩子，在招架不住的情况下，父亲于1951年再婚，从此有了继母的照顾，家庭生活也趋于正常了。从1952年起继母先后生下两个弟弟和一个妹妹，全家八口，依靠父亲一人八十多元的工资生活，又遇1960年灾荒，不仅生活困难，前后“两窝”还情感不和，家务矛盾不断。有一首歌词写得挺实在，“有妈的孩子像块宝……没妈的孩子像根草”，无论情感，还是吃、穿、戴，虽都是一家的孩子，但在养育上是有区别的。我们仨从不计较，而且作为哥哥姐姐让着弟弟妹妹也应该，不让父亲为难。

姐姐1961年小学毕业后即离家参加工作，吃住在厂；哥哥1961年高中毕业，参加了工作；我初中毕业，1964年考入中专，吃住也在学校里。当时我已是十七八岁的小伙子，但与同龄学生相比，长得又瘦又小，但因我有上进心，肯努力学习，而且在班里只有我是团员，于是大家选我当了“班长”。之后无论是同学、老师，还是厂里的老师傅们都亲热地喊我“小班长”。

1968 年 10 月我分配到京津制革厂，做制革工人。在车间干了两年左右后，厂领导让我先后干过会计、政工和工会工作。1976 年 7 月 28 日唐山发生大地震，波及天津，厂内职工住房也有不同程度的受损，影响了职工生活。为了抓革命、促生产，厂党政工团成立了抗震救灾领导小组，我冲在第一线，没黑没白在厂里，了解职工受灾情况，发放救灾物资，妥善安置危房职工住宿的问题。由于我的付出，受灾困难职工的生活得到解决，而我也受到厂领导及职工的好评，并在抗震救灾的第一线入了党。

事后，我把在工作上的付出和成果，讲给父亲听，老人很是高兴，并说如果你妈妈活着，也会支持和赞成你这样做。借此机会，我向父亲了解了母亲的情况：母亲从上海来，在铁路工作。看母亲的照片，从发型到服饰，在当时的社会条件下，都显示出母亲的时尚与高雅，是一位有文化的人。父亲讲：你妈生下你，因病没有得到及时治疗就走了。在照片背面有父亲写的母亲的姓名和生卒年：“郭凤鸣：生 1925 年，于 1950 年病故。”看着母亲的遗像，心里有许许多多的委屈想向母亲述说，但想了想，说了又怎样？只有学会坚强和自信，才不会辜负父母的期望。

从此，我继承了家中唯一的珍贵遗产——母亲的照片。正是因为有母亲在上苍的保佑与姥姥的教育、资助，以及许许多多贵人的相助，使我一路走来，在学业、事业、家庭等方面，有付出和努力，也收获了成功和满足。我希冀在天堂的母亲，能为有我这样的儿子感到欣慰。

我的父亲李连荣一生是比较艰辛的，除了在艰难地养育众多儿女，维护家庭的和睦外，在单位还要经历各项政治运动。父亲是铁路职工，解放前集体加入过国民党，解放后这就成了政治上的“污点”，运动一来就要写认识。我在入团、入党时，在这一问题上也要努力与父亲划清界限。

劳累一辈子的父亲，没有享受到什么，也没有沾儿女的什么光。长年被高血压困扰的父亲，于 1977 年 11 月因心肌梗死病故，享年五十九岁。

## 怀念姥姥夏招娣

在我的童年记忆中，与姥姥虽然接触的时间不是太多，但印象深刻。姥姥每次来天津穿的衣服都很讲究，随季节变化，穿戴都很应时，显露出南方妇女的端庄和秀气。姥姥在我心中是一位干净利落、有文化、有修养的老人。在母亲去世时，我才三岁，所以我就成了姥姥最惦记、最疼爱的孩子。记得姥姥每次从上海来，都是在后半夜到家，我从睡梦中惊醒，听到姥姥的说话声，总是格外惊喜。

姥姥怕我受委屈，时常把我搂在怀里，边剪指甲，边嘱咐说“学乖听话，好好学习，别惹爹妈（后妈）生气”。在我读中学时，姥姥常用厚厚的牛皮纸信封，把钱夹在其中，寄到学校。见到姥姥的信，自己总是泪流不止。

考入中专后，有了生活费，就不让姥姥寄钱了，但老人还

**图3** 作者（右）与同学在武汉长江大桥留影。

**图 4** 作者1982年5月到上海姥姥居住过的地方榆林路寻找旧址，并在豫园留影。

是惦记着我，时常寄些衣物。当我穿上姥姥从上海寄来的T恤衫，引起同学们的羡慕时，便很是自豪地说：是姥姥从上海给我买的。

自“文革”开始，姥姥的信突然终止了，无论我如何去信问候，始终没有结果，父亲分析：凶多吉少！一是姥姥的精神面貌，给人的印象，就是有文化、有修养的人，当时她与上海名人也多有接触，据姥姥说，她过去曾经与李宗仁的夫人郭德洁等人在一起打过牌。二是姥姥的儿子是开飞机的。在那个年代，肯定是为国民党服务的。我印象在“文革”前，姥姥给寄来的衣物有一件很像飞行员穿的上衣，经过继母的拆改，我穿上很是“帅气”，我还穿上它在武汉长江大桥上照相留念（图3）。三是姥姥的家庭生活比较富有，当时我家兄弟姐妹六人及父母八口，仅靠父亲的工资生活，很是拮据。正是有了姥姥不断地寄钱、寄物的添、补，家庭生活才较为宽松了些，那时一听邮递员在大院门口喊：“李连荣拿戳子（图章）！”全家便兴高采烈地欢呼，又要改善伙食啦！

以上种种迹象表明，姥姥家当年的境况绝对划不到“红五类”里。我不敢想姥姥出现了怎样的变故，只有一个念头，等我参加了工作，有机会一定到上海找姥姥去。

我参加工作后，1981 年调入局机关，于 1982 年 5 月，借出差的机会到上海。按照地址，到上海榆林路四弄 29 号去找夏招娣，找姥姥的踪迹。花了整整一天的时间，找对了地址，但已没人知道姥姥的名字，更没人知道她的下落……每到清明之际，我都通过祭文表达对姥姥的哀思和怀念，并告慰已在天堂的姥姥：我从小就按照您的教诲认真学习、努力工作，现在不仅有一份好的工作和收入，还有了一位贤惠、知情达理、疼我爱我的妻子，生活很幸福。这也是姥姥您的期盼，您的外孙子做到了，请在天堂的您放心和安心吧！

# 三个月夫妻，六十年继母

都忠基　都孝基 口述

都云霞　都云洁 整理

2018 年是我的奶奶一百零二周年诞辰，于是决定写一篇文章来纪念她老人家。我的奶奶有着非同寻常的人生经历，她是一位用毕生精力含辛茹苦抚养两个继子的可歌可泣的继母。她就是我的奶奶曲如心。

1916 年 10 月，奶奶出生于山东省文登县车门夼村，家境相对殷实，读了六年私塾。十九岁起各村用轿子抬着请她为教书先生，令人仰慕。这也导致鲜有人上门提亲，直到我爷爷都兴江的出现，他们一见钟情。1952 年，三十六岁的奶奶冲破世俗的压力，嫁给了丧偶且有两个男孩（大的十二岁，小的九岁）的爷爷。随即举家迁往大连，寄住在娘舅家里。一个月后，爷爷告别奶奶到天津工作。转眼两个月过去了，正在她扳着手指头企盼丈夫归来，憧憬美好未来的时候，却传来丈夫病逝的噩耗，此时他们结婚才三个月呀。奔丧天津，在坟前奶奶一次次哭得死去活来，料理完爷爷后事，她拉着两个孩子在爷爷坟前动情地说：“兴江，你放心，我一定把咱们的孩子抚养成人！”

回到大连后不久，奶奶觉得生活在娘舅家会给人家增添负担，所以带着两个孩子搬了出去。生活从此陷入困境，身无分

**图1** 爷爷都兴江

文，居无定所，靠变卖新婚的首饰、衣物度日，把能卖的都卖了。奶奶开始做临时工，弹棉花，晒海带，从火车站把猪赶至罐头厂，织袜子……满屋飞舞的棉絮，呛得她彻夜咳嗽不止，上百斤的大筐海带压弯了她娇弱的身躯。20世纪50年代的大连非常冷，无钱买煤取暖，就赶在邻居家做饭时，把一块砖头在人家的火炉上烤热，回家放在被窝里御寒；自己开不了火，就买点苞米面在别人家的锅里捎带贴几个饼子；买一角钱的咸萝卜皮就是全家半个月的蔬菜。在那近似绝望的日子里，奶奶没有叫过苦，喊过累，也没想过改嫁，丝毫没有动摇过养育两个孩子决心。

后来，经人介绍，奶奶到银行做了保育员。奶奶非常珍惜这份来之不易的工作，分内分外的事她都积极去做，遇到孩子们的妈妈加班，她就把孩子们带回家帮助照看。她还利用空余时间给孩子们织毛衣、毛裤以及缝制一些小孩衣服。出色的表

**图 2** 前左是奶奶曲如心，她的左手边是她的母亲，后排右边是爸爸都忠基，后排左边是叔叔都孝基。

现赢得了单位领导及同事的好评，她是银行里令人尊敬的老曲大姐。她先后被评为本单位、大连市先进工作者，尤其是 1956 年还被评为辽宁省银行系统的先进工作者，奖状挂满了一面墙。在奶奶的辛劳养育下，我的爸爸、叔叔先后中学、中专毕业，参加工作，事业有成，结婚生子。

1966 年奶奶光荣退休后，又把四个孙子、孙女先后带大。

**图3** 我爸爸和我叔叔。高个子是十二岁的爸爸，小个子是九岁的叔叔。

奶奶为我爸、我叔以及我们第三代付出了毕生的心血。日子就这样一天天过去，我们也都长大成人，有了自己的生活和家庭。对于曾孙辈，她更是关怀体贴，而我们对奶奶也是尊敬有加。

大年三十，全家十七口人围坐在她身边，看着她微笑着为每个晚辈分发压岁红包，我们都衷心祝愿奶奶身体健康。奶奶的高尚人品感动了社会。她的一生以坚强的意志、崇高的品德、勤劳的双手，诠释了忠诚、坚贞、善良、辉煌。2008年至2010年，她分别被大连市妇联、大连电视台、大连人民广播电台评为“大连市十大杰出母亲”。大连《半岛晨报》做了整版报道，大连电视台为她做了专题节目《深度》，报道奶奶的动人事迹。我清楚地记得，电视台记者连问奶奶几次：“奶奶，您付出这么多心血，吃那么多苦，为了两个不是您亲生的儿子，您这样做后不后悔？”奶奶人老了，但脑子不糊涂，连声回答：“不后悔，不后悔，我这辈子，值了！孩子们都很孝顺，对我也很好！”

大德养寿。奶奶九十六岁也就是嫁给爷爷整整一个甲子那年，离我们而去。

大德难报。我们要学习奶奶的品德精神，回报社会，以不负她的养育之恩。

奶奶离开我们已经六年了，但她的音容笑貌时而浮现在眼前或梦中……

---

# 重提“照片的独立话语”

冯克力

上个月，应邀参加了复旦大学中华文明国际研究中心和文史研究院共同举办的“图与史：20世纪中国的历史与图像及视觉文化研究”研讨会。著名中国宗教和思想史家葛兆光教授在代表主办方致辞时，介绍了自己的学术研究与图像的密切关系后，进而主张："历史学家应该知道图像不应是'看图说话'来证明文字资料的，图像应该具有本身呈现历史的价值。"

那天，我恰好坐在前面，与葛先生近在咫尺，他的话句句入耳，让我心头一热：他所表达的，不正是当年我们编辑出版《老照片》的初衷么？

二十多年前，《老照片》面世不久，在第四辑的"书末感言"里，即以"照片的独立话语"为题，朦胧地申说过这一初衷，其中谈道："照片能更多地留住历史的真实，全赖于它所具有的不可替代的不容篡改的独立话语。令人遗憾的是，在叙述历史的时候，照片的独立话语往往得不到应有的尊重，即使在一些大量使用照片的书籍里，它也不过是某种历史结论的旁证，或某个历史概念的图解。《老照片》试图在这方面有所改变，把照片置于观照的中心，让照片自己来诉说。有时候，照片蕴含的话语、传递的意味，远不是几条简单的历史结论所能涵盖的，而历史却只有正视和倾听照片的话语，才能鲜活生动起来。"

上述的申说与呼吁，虽出言仓促，难免有失周延，与葛先生的主张更是不可同日而语，却也多少表露了当年我们对影像自身价值的某种自觉、某种尊重，与葛先生的期待或也庶几近之。

如今二十多年过去了，受葛先生致辞的启发，重温曾经的初衷，检视《老照片》以图证史、一路走来的成败得失，自然有许多的感慨，而一下子又不知该从何说起……

幸好是，一百多辑的《老照片》俱在。

**图书在版编目（CIP）数据**

老照片.第125辑／冯克力主编. —济南：山东画报出版社，2019.6
ISBN 978-7-5474-3189-4

Ⅰ.①老… Ⅱ.①冯… Ⅲ.①世界史—史料②中国历史—现代史—史料 Ⅳ.①K106 ②K260.6

中国版本图书馆CIP数据核字（2019）第110943号

**老照片.第125辑**
冯克力主编

**责任编辑** 冯克力 赵祥斌
**装帧设计** 王 芳

**出 版 人** 李文波
**主管单位** 山东出版传媒股份有限公司
**出版发行** 山东画报出版社
社 址 济南市市中区英雄山路189号B座 邮编 250002
电 话 总编室（0531）82098472
市场部（0531）82098479 82098476（传真）
网 址 http：//www.hbcbs.com.cn
电子信箱 hbcb@sdpress.com.cn
**印 刷** 山东临沂新华印刷物流集团有限责任公司
**规 格** 140毫米×203毫米 1/32
6印张 113幅照片 120千字
**版 次** 2019年6月第1版
**印 次** 2019年6月第1次印刷
**书 号** ISBN 978-7-5474-3189-4
**定 价** 20.00元

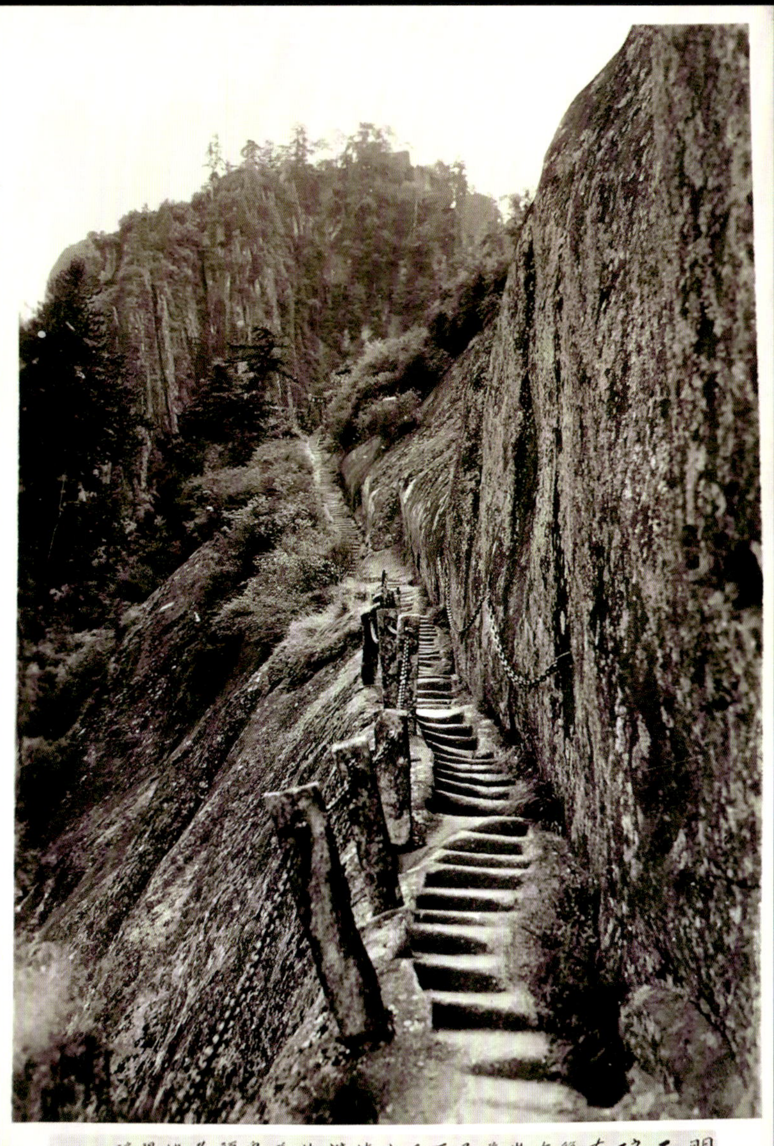


民国时期的西岳华山阎王碥。（参阅本辑《被忽视的摄影大师郑鸣玉》）

（王秋杭　供稿）

国内订阅：全国各地邮局

邮发代号：24—177

地　址：山东省济南市英雄山路 189 号 B 座（250002）
E-mail：laozhaopian1996@163.com
网　址：www.lzp1996.com

责任编辑／冯克力　赵祥斌

装帧设计／王　芳

扫码听书

《老照片》微商城

微信公众号

《老照片》网站

ISBN 978-7-5474-3189-4

定价：20.00 元

第一二六辑

# 老照片

OLD PHOTOS

定格历史　收藏记忆



山東畫報出版社

**上海选美中的佳丽**（参阅本辑《1946年：上海选美》）

（孙国辉　供稿）

OLDPHOTOS

# 老照片

出 版 人　李文波
主　　编　冯克力
执行编辑　赵祥斌
特邀编辑　张　杰　丁　东　邵　建
美术编辑　王　芳
特邀审校　刘庆芳　王者玉

第一二六辑

目录

# 我跟沙孟老的摄影缘

王秋杭

我是1976年父亲退休后，“顶替”他进浙江省博物馆工作的，被分配在远离西子湖畔馆部的文物库房里，跟沙孟海先生学字画鉴定。

当时的省博物馆文物库房设在浙江省委党校里，占着整整一幢两层楼。楼上堆满两大屋子“文革”时期查抄来的文物，都是名人字画、瓷器等，需经沙老等专家鉴定、分出等级后进入馆藏。库房当时也就四五个人。我那时刚结束了“广阔天地”的生涯，对政治不怎么敏感，完全是出于对一位七十六岁高龄老人的尊敬，每天到远离库房的公共汽车站去接他。遇到下雪天，我都要早起，提前用扫帚扫干净路上的积雪，以便扶他老人家来上班。

沙老是历经沧桑的人。民国时期，蒋介石对沙老十分敬重，时有往来。蒋离开大陆前，曾专门召见沙老和陈布雷的哥哥陈训慈，谈了半天的话，这成了沙老的“历史问题”。因此，他长期被“内控”，多次受审查。审查人员让他交代都谈了些什么，布置了什么“任务”。沙老每次交代都一样：蒋只是与他拉家长，没谈什么国事。1980年，我被调到省博物馆落实政策小组，第一批落实政策对象中就有沙老。为了澄清强加在沙老档案里的一切不实之词，我和组长无数次跑省文化厅、省委宣传部甚至省公安厅，最终如愿以偿。沙老在“文革”中受过不少苦，平日沉默寡言，上班不是看书就是写字，极少闲聊。有相当一段时间，沙老对我的存在并不在意，在他眼中我就像个陌生人一样。

我从“文革”初期就喜欢上了摄影。无论在黑龙江生产建设兵团，还是在浙江农村插队，“海鸥”4B 相机从没离开过我的身边。到了文物库房，还是离不开它。那时候文物库房没有

1982 年，沙老出任浙江省博物馆名誉馆长，去上海治病。组织上派浙江省书法家协会主席朱关田（左一）护送，沙老点名要我（左四）一同前往。浙江博物馆副馆长汪济英（左三）为我们送行。

沙老提议跟我合影一张。

摄影设备，也没有复印机，我们抄卡片都是将文物依葫芦画瓢画在卡片上的。老先生把摄影看得挺神秘，看我摆弄照相机，老问这问那的。有一天，沙老心情特别好，对我说：秋杭，你写几个毛笔字给我看看。我说：那不是关公面前耍大刀吗？沙老笑着说：别这么说。你会照相，我就不会，人各有长。你我二人还是兄弟相称吧！我知道沙老在摄影方面有求于我，便欣

1982年，沙老在上海锦江饭店。王秋杭摄并用银盐相纸制作，是收藏级签名限量版。

1982年，沙老在上海锦江饭店。王秋杭摄。

1982年，沙老出任西泠印社社长，在西泠印社汉三老石屋前挥毫。王秋杭摄。

然领受。见我们走得很近，馆里有人出于对我的“爱护”，说沙老是戴着“帽”的，还是保持距离为好，弄不好要影响政治前途。可我自认为政治前途原本就不会有什么戏，所以一直和沙老保持亲密的关系，还常去他家。沙师母对我也很喜欢，每次去，她都不让我抽自己的“西湖”烟，而是拿出她的“红牡丹”和我对抽，常叫我讲些社会上的新闻给她听。因为她是小脚，出不了门的。每次我要走，沙师母都要再三留我多坐会儿。

由左至右依次为朱屺瞻、王个簃、谢稚柳、沙孟海。1979 年，王秋杭摄。

1979 年，西泠印社恢复雅集笔会活动。沙老闻讯后很激动，吩咐我带上相机跟他一块儿去。那时候“文革”刚结束，这些刚摘帽或还没有摘帽的“臭老九”没有人为他们拍摄肖像。到了现场，沙老向我一一介绍：启功、谢稚柳、钱君匋、陈佩秋、方介堪、王个簃、朱屺瞻、许钦文、朱复戡、诸乐三、程十发、方去疾、高式熊……我就一位一位地为他们拍照。拍完后回来冲洗，还要完成沙老每人要放大两张的要求。那时候做这些事完全自费，我的月工资才三十多元，除了吃饭剩不下多少钱。

由左至右依次为单孝天、方去疾、朱复戡、高式熊。1979 年，王秋杭摄。

沙老接过照片，再三感谢。

尽管有“海内榜书，沙翁第一”的美誉，但很少有人知道书法只不过是沙老的业余爱好，他的正业是对金石、碑帖的研究。他三十岁时写下《论秦印》而一举成名。正是因为他对金石、碑帖的深厚功底，才造就书法大字独步天下的地位。即便是受迫害时写的大字报，到不了第二天，晚上就会失踪。我最看不惯那些以种种名义让沙老写这写那的人，而沙老对谁都是有求必应。可以说从博物馆到文物局，再到文化厅，基本上上至领

诸乐三和朱复戡（右）。1979年，王秋杭摄。

导，下至传达室，每一位工作人员都藏有沙老的手迹。我好酒，不少同学和朋友知道我和沙老的关系，都向我求其墨宝。我开出的“账单”是：一桌不少于四菜一汤的酒席。那年头我口福可真不浅。进库房工作大约三年后的一天，天下着雨，我照例打着伞接沙老上班。沙老和我肩并肩走在通往库房的小路上，他突然问我：秋杭，你怎么不向我要字呢？我说：不好意思嘛！沙老说：你这话就见外了！今天下午到我家来。沙老每天11点半下班，下午在家休息。这天下班时，他特别对我说：下午3

程十发和谢稚柳（右）。1979 年，王秋杭摄。

钱镜塘和程十发（右）。1979 年，王秋杭摄。

启功现场挥毫。1979年，王秋杭摄。

点我在家等你。我如约到了沙老家。沙老亲自裁下他自藏的五尺夹宣，提起斗笔，为我写下了“莺歌燕舞”四个斗大的字，并对我说：你结婚告诉我，再送你一幅中堂。我知道，这是沙老对挚友的最重礼物。

因为我没有大专文凭，1982年落实政策结束后，回不了库房，馆领导让我去搞基建，造新文物库房。临别时，沙老对我说：林副馆长征求过我的意见，我同意的。文物库房第一要紧，你去我放心。到了1982年底，基建刚上马，林副馆长把我叫去，笑着说：没想到沙老对你那么欣赏！我说：怎么了？他说：快办移交，陪沙老去上海看病。我一听就急了：是什么病？林副馆长说：是膀胱结石，没什么大不了的。沙老点名要你陪同。

谢稚柳现场挥毫。1979年，王秋杭摄。

那时沙老已经落实了政策，先后担任浙江省博物馆名誉馆长、西泠印社社长、浙江大学历史系教授等，享受正厅级待遇。我和朱关田两人护送沙老去上海。在浙江省博物馆大门口，汪济英副馆长为我们送行。沙老问我："秋杭，相机带了吗？"我说："带了！""来，我们大家合影一张。"我就用三脚架支起相机拍了一张四人的合影。沙老又跟我说："我们俩也来合一张。"住上海锦江饭店后，沙老先看望了好友谢稚柳等，再去华山医院检查。医生建议保守治疗，不必开刀，我们才放下心来。这期间，我又非常认真地为沙老拍摄了几张肖像，沙老非常顺从地听我摆布。

那时候最时髦的东西是四喇叭收录机，我在淮海路旧货店

陈佩秋现场挥毫。1979 年，王秋杭摄。

看到一台二手两喇叭的“飞利浦”收录机，黑乎乎的挺难看，标价 400 元。我本来没打算买，可被告知随机奉送邓丽君原声磁带一盒，胃口一下子被吊了上来。不听还好，一试听立马乖乖地倾囊买下，飞快地奔回锦江饭店。沙老正在午睡，朱关田不知上哪逛街去了，我像患了毒瘾一样迫不及待地蒙上棉被，悄悄打开录音机，把耳朵紧贴在喇叭上继续陶醉在邓丽君那缠绵的歌声里：“弯弯的小河，青青的山冈，依偎着小村庄……”“开响点儿，我也听听！”没想到沙老那浓重的宁波口音突然响起。我赶紧关掉，对沙老说：“邓丽君是台湾歌星，大陆是禁播的。”“这里又没有外人。”于是我又打开了：“在那里歌唱，在那里成长……”我们一老一少静静地躺在床上欣赏着，听了一遍又一遍。最后，沙老说：“好东西是禁不住的。”

我结婚时，和爱人带了两包喜糖登门拜访沙老，并告诉他

钱君匋现场题辞。1979 年，王秋杭摄。

诸乐三现场挥毫。1982 年，王秋杭摄。

沙老赠我五尺墨宝。

我们不办酒席，准备去北京旅行结婚。沙老忙说：好，好，好！不办酒席好，我答应送你们一幅中堂的。说完，立马亲自动手铺纸、润笔，写好让我们带走。如今，这幅中堂和那幅“莺歌燕舞”书法作品，成了我家的镇宅之宝，客人见了赞不绝口。

今年是新中国成立七十周年，我想起了当年我跟沙老在西泠印社拍的那些大师们的底片，决定用银盐相纸收藏级的工艺放大 20 英寸，在我的学生李小龙的专业黑白暗房里一直忙了几天几夜，终于完成。遗憾的是，1996 年毕业于杭州工艺美术学校的李小龙，别说西泠大师的模样从没见过，有些大师的名字都没有听说过……

和沙老相处的时候从没感觉到他是大师，只觉得他是位年长的学者。而现在把沙老的点滴小事汇集在一起时，一座丰碑便耸立在了我的眼前……因为我觉得我的摄影能走到今天这一步，跟沙老的缘分是分不开的。想起沙老“大器完成”的谆谆教诲，这些底片在四十年后的今天才面世，真是感慨万千啊！

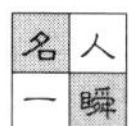

# 伍连德在北京的故宅

林冠珍

北京东堂子胡同，长不过700多米，却散落着不少古迹和名人故居。在胡同的东头，有一座别样的红砖小洋楼，虽然未经修缮，显得破旧不堪，但仍孤傲地透着当年的绰约风姿。1911—1949年，这座小楼的主人是伍连德——一位曾被人忘却的中国现代防疫先驱，公共卫生学家、医学史家。

关于伍连德的事功，在《老照片》第52辑，沈嘉蔚先生写的《细读伍连德戎装照》，第58辑，笔者写的《再说伍连德》，已有所记叙。伍连德（1879—1960），出生于马来亚，英国剑桥大学医学博士。1907年应直隶总督袁世凯之邀，从马来亚回到中国，出任天津陆军军医堂副监督（副校长）。1910年末，东北肺鼠疫大流行。他受清廷之命，出任全权总医官，于四个月内彻底消灭鼠疫。他主持召开了"万国鼠疫研究会"，担任会议主席。此后多次成功主持鼠疫、霍乱大规模防疫。在他竭力提倡和推动下，我国收回了海港检疫的主权。他先后兴办检疫所、医院、研究所、学校二十余所，发起成立中华医学会等十余个学会，并创办《中华医学杂志》。1935年，他是诺贝尔医学与生理学奖第一位华人候选人。

1918年，初建成的北京中央医院（现北京大学人民医院）。伍连德筹建，为第一任院长。

1911年5月，年仅三十二岁的伍连德成功抗疫，功名成就，享誉中外。清廷摄政王载沣召见了他，亲自授予二等双龙勋章。觐见摄政王后，伍连德就在北京东堂子胡同55号（现为4–6号）购置了房屋，将家眷从天津迁居到了北京。

这所住宅原主人是八国联军中的英军士兵，退伍后留在北京，用大量被炮火摧毁的房屋废墟里拆下的砖瓦、门窗和木料建成带院子的单层平房。住了十年，他决定回英格兰养老，这所房子由伍连德购得。伍连德一家入住五年后，一位德国建筑师将其改建成带有后花园的三层西式小楼。这是当时北京最好的住宅之一，有水暖设备，锅炉安装在宽敞的地下室。伍连德晚年回忆起这里时，仍感到十分温馨："漂亮的花园装点着盆景和随季节变化的鲜花。我们还买来不同时期的旧式神灵和美人的白色大理石雕像，安置在适当的角落中，并安放了一个巨大的大理石屏风，上面镌刻着与中国三国历史有关的各种场景和人物。还有一些精致的大理石雕刻品，是一张方茶桌连带四个圆凳，一个报时的古代日晷。"伍连德主要工作是在各地抗疫，1930 年后在上海任海港检疫管理处处长，夫人长年多病需静养，不能随他辗转流徙，北京的家主要由其夫人打理。

伍连德伉俪情深。他们 1905 年在新加坡结婚，夫人黄淑琼是福建爱国侨领黄乃裳的女儿，才貌双全。伍连德对她一直称赞

1921 年 9 月，伍连德（右二）作为中国代表出席北京协和医院开幕典礼。

1934 年，伍连德与夫人黄淑琼在北京东堂子胡同家中。

有加，说她“终其一生都是我最忠诚的伴侣，尽管一直体弱多病，但她竭力照管家庭，是一位可敬的贤妻良母，又是我在北京官场生涯的贤内助”。她可以用流利的英语谈论中国艺术和文化，评论时政，在外国公使团，特别是在欧美使节圈中，她特别受欢迎，帮助伍连德建立了许多必要的关系，帮助消除公务活动中偶尔遇到的麻烦。东堂子胡同 55 号，当年曾是北京重要的社交场所，英国公使朱尔典夫妇，美国公使芮恩施夫妇，都是她家里的常客。她曾出版英文小说《杨贵妃》《西施》《王昭君》，向西方国家介绍中国古典美女，受到读者好评。美国汉学家福开森评论美国版的《杨贵妃》时说：“她的作品有一种令人陶醉的平淡风格，它将为那些寻找新故事的剧作家提供丰富的素材……”她未来得及完成《貂蝉》的写作，1937 年参加长子伍长庚在北京协和医院礼堂举办的婚礼后，不久病逝。

1937 年，日本全面侵华，伍连德的防疫检疫事业全部停顿，结发妻子去世，令他无比心酸和惆怅。他决定举家返回故乡槟

1937 年，伍连德（前排右一）与黄淑琼（前排右二）在北京协和医院参加长子伍长庚（前排右三）的婚礼。

1956 年，伍连德给女儿伍玉玲的签名照片。

榔屿，告别了他为之服务了整整三十年的祖国。

伍长庚子承父业，才华横溢。清华大学毕业后，他到美国留学，先后在霍普金斯大学获学士学位，耶鲁大学获理学博士学位，罗切斯特大学获医学博士学位，又在伦敦热带病和公共卫生学院获得专业文凭。回国后，任北平第一卫生区卫生事务人口统计负责人。1942 年，在指导北平霍乱免疫活动时不幸染病，逝于东堂子胡同。

据《伍连德自述》记述，1949 年，中华医学会总部从上海迁至北京，伍连德将东堂子胡同这所宽敞的建筑连同数千册图书悉数捐献，作为中华医学会的办公场所和图书室。

伍连德工作劳累，需要有人陪伴和照顾，1925 年，在东北娶了“平妻”李淑贞。每逢假期，伍连德就会带着长女伍玉玲到北京东堂子胡同“北京妈”家里度假。伍玉玲对知书达礼、温文尔雅的“北京妈”充满敬意。

伍连德故居曾遭被拆除的危险，几位自称“伍迷”的学人愤而发起了“伍连德故居保卫战”，终使这座见证历史的建筑得以保留。不过，眼见伍连德故居管理不善，变成了破败的大杂院，“伍迷”们十分痛心，征询伍玉玲的意见，问是否可以将房屋产权追回。伍玉玲淡然地说：“没有必要。爸爸已把它捐献给中华医学会，他的心愿完成了。事后房屋不管如何变迁，都与他没有

黄淑琼在东堂子胡同家中

关系了。”她与伍连德坦然大度的风范一脉相承。

最近欣闻，北京市政府已启动伍连德故居的修缮工作。在哈尔滨，伍连德创建的“东三省防疫处”遗址，现已改建成“伍连德纪念馆”。有历史、有故事的东堂子胡同55号，有可能开辟为北京的“伍连德纪念馆”吗？

谨以此文纪念伍连德一百四十周年诞辰。

（图片由伍玉玲提供）

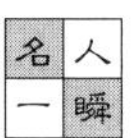


# 田家英去延安

曾　自

父亲是“七七事变”后去延安的，那时候他不足十六岁，还是一个少年。

提到1937年去延安，曾彦修老人这样说：“在抗日战争尚未全面爆发前就已形成了各地进步青年奔赴延安的潮流，小小延安城已逾三万人，物质条件供养不了。”而这是我后来才知道的。

父亲是1937年11月初和赵石英、刘济元、黄怀清三个志同道合的朋友一起走的，他当时名叫曾正昌，到延安改为“田家英”，用了他写文章的笔名。刘济元改名何彼稀，1941年牺牲在晋东南。黄怀清改名羊路由，在延安根据地搞文化建设，是文艺创作骨干，“文革”中受迫害去世了。当年同去的四人，“文革”后只有赵石英健在。父亲去延安的经历，我多是听赵石英讲的，很生动，很有时代感，值得记述。

应该说，父亲毅然奔向延安，和他与赵石英相识有极大的关系。

我父亲是个孤儿，九岁失去了父母，十二岁就和哥嫂脱离了经济关系，靠投稿的微薄酬金谋生。但他有许多伙伴，如曾彦修、何火炬、戴碧湘、张嘉乐、叶兆麟、汪大漠、胥树人……大家在一起追求文学，追求思想。当时他们中不止我父亲一个人发表文章，但数他发表得最多。

**图 1** 十二岁时的田家英

渐渐地大家不满足于此，结三四个伙伴尝试着自己办刊，在自己的“园田”按自己的意愿抒发感情。他们为刊物取名“极光”“金箭”。《金箭》发刊词是父亲写的。他们还尝试以“五四”以来提倡的白话文做新体诗……所有这些，无不涌动着青春的活力，为享受这种活力，年轻人似乎可以不顾一切。

十四岁那年，父亲重返学校，考上了一所好中学，可读了不到一年便被开除了。回顾父亲的童年、少年，虽然在校时间很短，又没有父母的抚慰，但他的精神世界是丰富多彩的，既孤苦又奔放自由。

父亲和赵石英是中学同学，但不一个班。他们是在救亡组织“海燕社”召集的秘密集会上认识的，后来两人都因参加救亡活动被校方除名，这一缘由使两个有志青年走得近了起来。与新朋友赵石英相识，父亲像是得到一片新天地。后来，又和赵石英的友人黄怀清、刘济元结为新伙伴。

这里需要交代一下赵家的家世。

赵石英的父亲赵世珏在成都很有地位，是上层士绅，他的二叔赵世炎则是中国共产党早期党员、著名烈士。他的两个姑姑赵世兰、赵君陶，均是职业革命家。可以想见赵家是个思想开明的家庭。赵世珏在成都西御西街113号的院落，成了共产党人、进步人士常常出入的地方。

在这幢深深大院里有一间无人问津的小储存室，成为四个伙伴秘密聚会的场所。赵石英回忆："储存室上有一间小阁楼，光线昏暗，不折不扣的陋室，家英、济元、怀清和我常夜会于此，一灯如豆，黑夜如磐，促膝谈心，意气相投。"

虽说四人是新朋友，但也是"旧相识"。他们看过署名"田家英"的散文，还知道这个"田家英"站在鲁迅的立场在成都《国防文学》和一名教授打笔仗。相聚了才知晓，曾正昌就是"田家英"，大家无不感到意外和惊喜。那些观点鲜明、文笔流畅的文章，无疑应出自成年人之手，没想到竟是眼前这位十四岁的少年郎所写，钦佩之余，友情被拉近了。且黄怀清、刘济元也和田家英在一个中学，课余大家每天都能见面。

田家英一直被成都地下党负责人侯方岳器重，四个伙伴都认识侯方岳。侯方岳来过他们的小阁楼，送来《大众哲学》《青年自学丛书》，为他们分析国际国内时局，讲述新社会必然替代旧社会的道理。正如父亲说过的，"我是从侯兄那里懂得有一个充满新生力量和未来希望的组织共产党的，我一辈子也忘不了侯兄"。

被校方除名后一段时间，父亲住在了赵石英家一间三面有墙一面开放的小房间。这一段因缘促进了父亲向往延安的心愿。

为什么这样说呢？

在中央红军被迫长征后这段白色恐怖加剧的艰难时期，地方党组织被破坏殆尽。失去组织联系的赵世兰和牺牲了丈夫的赵君陶带着一双小儿女李鹏、李琼，此时都住在成都哥哥赵世

**图2** 1937年，前排左起汪大漠、田家英、张嘉乐，后排左起戴碧湘、叶兆麟、蔡依渠。

珏家。很自然地，田家英在这个院子里认识了赵世兰、赵君陶两位职业革命者。她们的影响，是小年轻们决心上延安的关键。

石英的两个姑姑都喜欢家英，喜欢他的聪慧、坦荡、爽朗。当她们知道家英向往延安，便拿出绝少予人的秘密刊物《支部生活》。这个油印的很不起眼的小册子，让父亲真正了解了共产党是一个怎样的组织。

此时，经侯方岳介绍，他们又认识了成都地下党老党员饶世俊。在失去上级联系的数年里，饶世俊自发地秘密发展了几个党员。和延安接上关系后，这些党员都被组织认可了。此为后话。

被校方除名的田家英，认识了多位共产党要人，文学少年的心仿佛进入了一个新的世界。

还有一个因素，是他们要上延安的缘由。1931年底中共中央从上海撤离至瑞金后，大城市的地方党组织基本遭破坏，红军主力长征后，地方组织更是与中央失去了联系。赵石英从姑姑赵世兰那里得知，她新近团结联系了一些有社会身份的人物，多次设法与延安党中央联系。田家英也从饶世俊处听闻，“我们已经和延安联系上了，但还没有得到答复”。

这些消息反倒让他们明确了一个重要思路，要入党，必须去延安，那里是共产党的中心。尽管侯方岳很想让田家英等留下来，一起恢复党组织，但是这些年轻人铁了心要去延安。

父亲一行是1937年深秋时节出发的，走之前进行了充分的筹划，行程和资金都是大事。据曾彦修回忆，他和田家英、赵石英、何火炬、汪大漠等多次在成都少城公园碰头，商量去延安的计划。在他们的想象中，到延安后一段生活是要自理的，加之路费，每个人至少备足三百元。筹钱是走之前的一项要事。曾彦修告诉我，因家英是孤儿，没有钱，他的路费是赵石英偷了家中首饰变卖凑的。

20世纪30年代，四川出省没有铁路交通。“蜀道难，难于上青天”，一座连绵起伏的秦岭阻住蜀人向北向东的路，想出川只有走水路。对未出过远门的小年轻，北上路线也是策划的要项。

在他们之前，已有张嘉乐、汪大漠、叶兆麟几人去延安。为送他们，田家英、戴碧湘等六个伙伴留下了一张历史照片。而他们走的时候，戴碧湘及其他伙伴依旧为他们送行。

四人出发前，除了筹资金，擘路线，还得到了地方党组织的介绍信。据赵石英回忆，赵世兰、赵君陶也联名写了三封信。第一封是把他们介绍给八路军武汉办事处的夏之栩。夏是烈士

**图 3** 20 世纪初，作者探望曾彦修。

赵世炎的遗孀，在中共长江局工作。第二、三封信是请他们到延安后代交王若飞、李富春，一定是关于联系党中央的事宜。还有两封是“民先”（中华民族解放先锋队）四川省部将他们介绍给重庆抗日救亡领导人漆鲁鱼，请他照顾几个路经的小年轻，和给八路军西安办事处的信。此外，有一封是饶世俊写的。饶说“把你们的情况通知了陕北”，但信没交他们，不知通过什么途径转达的。

听了赵石英的讲述，真让人感动，四个十五六岁的年轻人从蜀地去延安，竟得到组织上这样周密入微的关照。

最终确定的路线是先向东南到重庆，后至武汉，再向西北绕一大圈去延安，行程七千里。

这样走的原因：第一，东行比较安全；第二，有赵世兰给八路军武汉办事处的信；第三，用赵石英的话说："少年郎谁不想从巴蜀穿巫峡，领略领略奇险呢。"正应了杜甫名句，"即从巴峡穿巫峡，便下襄阳向洛阳"。

他们先乘船再乘车，两天后到达重庆；怕节外生枝，没有去见重庆地方组织的漆鲁鱼，并且没费事便买到了去武汉的船票。舍不得多花钱，他们买的是没有铺位的票。站在甲板上，江风凛凛，寒透薄衣，但大家毫不在意，只管欣赏三峡之雄奇，胸怀有如大江。过了宜昌，天宽水阔。

到了武汉，在八路军办事处见到夏之栩。她已知有四位小青年要从成都过来。当晚，夏之栩和另一同志抓紧找他们了解成都地下党组织的情况，告诉他们延安已派人入川联络。四人立即负责地写了汇报，将他们的革命引路人侯方岳、饶世俊及江牧岳、韩天石、康乃尔等坚持下来的共产党员、救亡运动骨干，一一详细介绍。

在武汉逗留一天后，小青年们急不可待地持八路军武汉办事处介绍信，计划乘火车直往西安。谁知车站竟乱成一团，他们买不到票，硬是挤上了火车。行至河南偃师，实在受不住一整日大气都喘不动的挤压，又拼命挤下车来，待摸进附近一处"鸡毛小店"，倒头便睡。次日一早，再次奋勇挤上一列北去的火车。上车后方知，这竟还是昨天那列火车。日本全面侵华战争打响后，大江南北，一片混乱。

火车停停走走，终于到了西安。八路军办事处一位姓王的高个男同志不顾武汉办事处的介绍，一开口便回绝去延安的请求，而是安排他们去安吴青训班。

西安到安吴镇一百多里地。安吴青训班是 1937 年中共青年工委同西北青年救国会联名在陕西泾阳县云阳镇举办的青年

**图4** 晚年戴碧湘

干部集训班，冯文彬任主任，胡乔木是宣传部长。1938 年春，青训班迁到安吴镇安吴堡，故而称安吴青训班。

无奈，四个年轻人只得背起行囊出发了。千里迢迢奔到西安，却去不了延安，当时的沮丧，赵石英记忆犹新：“在那荒凉的黄土地上，走在弯弯小道，我们都默默无语。突然，刘济元背出一句李白词‘咸阳古道音尘绝’，顿时引发了我们的共鸣：武汉办事处、成都党组织都介绍我们去延安，王同志什么解释都没有，一句话就把我们打发到安吴。不行，不能去安吴报到，回西安！”

当他们第二次来到西安办事处，真是幸运，接待他们的是西安办事处秘书熊天荆大姐，一位 1926 年入党的革命家。她早已从赵世兰那里知晓田家英和赵石英的名字了。虽然她批评了年轻人没有按王同志意见去安吴，但还是宣布，办事处同意了他们去延安的请求。

天助人愿，恰遇一绝佳机会。从新疆回延安的滕代远一行前一日路过西安，准备第二天出发。滕代远于1936年赴苏联出席共产国际第七次会议，1937年春回国后，一直逗留新疆，现在赶赴延安任中央军委参谋长一职。就这么巧，让田家英、赵石英他们碰上了。熊大姐与之联系好，同意小年轻们搭他的车走。

西安到延安城六百多里，一天到不了。搭上车，只见车上的老同志一律身着短皮大衣。这种衣服田家英他们从来没见过，后来听说是从苏联穿回来的。老同志待人十分亲切，小青年们首次置身于向往已久的“真正的共产党人”之中，用赵石英的话，“激动得心都跳出来了”。

夜宿时，滕代远特地找小伙子们聊天儿，谈得投机，一高兴给每人一支苏联过滤嘴香烟。赵石英点火过猛，一下烧了纸嘴，惹得滕代远大笑，又摸出一支给他，解了尴尬。赵石英说这种细腻的体贴，让他难以忘怀。

两天的行程，终于到达延安城，有人负责他们住宿。赵石英说：“半年后方知住的是中组部招待所。我们有生第一次吃小米饭，闻着香，南方人却觉得不好吃。我们向组织交了赵世兰、赵君陶托转给王若飞、李富春的信（信我们没有打开，分析信里应提到我们了。这是后来分配工作的事实使我们明白的）。”

在延安城只逗留一天，他们便被分到陕北公学，田家英和刘济元十队，赵石英、黄怀清九队。四人虽分开，但露天听报告时常能见到。时值北方的数九寒天，露天记笔记，墨水都冻了。这些都不算苦，对他们来说，伙伴能见面，比什么都热乎。

## 青楼女子

在进步社会舆论和团体的促进下，北洋政府做出过限制娼妓的规定，但没能付诸实施。照片中三个姑娘看着年龄不大，她们往往精通音律，甚至能吟诗作画，而且常常是女性时尚潮流的领导者，比如女性去照相馆拍摄肖像最早就是她们先行试水。

## 吸烟品茶的老人

六位耄耋老人聚在一起吸烟品茶，享受着自在的闲暇时光。岁月已经在他们的脸上留下了深深的痕迹，世道再多变故，也不过是冬去春来、年复一年而已。

**雍和宫前观看“打鬼”的百姓**

每年农历的正月底，雍和宫内都会人头攒动，争睹 “打鬼”的场面。 “打鬼”是
也有汉族，有成人也有儿童，个个翘首以待，可见当时之盛况。

穿上衣。民国以后平民教育在各界的推动下有了显著的发展，各地都兴起了办学高潮，但是

## 毕业女学生的合影

北洋政府时期，尤其是五四以后，女性受教育的权利得到了重视。照片中的十四位
精神风貌。

女学生穿着统一的服装，手握文凭，意气风发，展现出一种与传统的中国女性截然不同的

穷苦人家的孩子

　　或许是因为炎炎夏日，或许是因为家里太穷，这些游荡玩耍在街头的孩子们几乎都没有穿
无力进入学堂读书识字的穷人孩子依然不在少数。

京城百姓对这一活动的俗称，是藏传佛教格鲁派特有的宗教乐舞。照片中围观的人既有满族

# 老北京庶民生活着色照片

丰　克

着色照片，早在清末即已有之。最先施于人像照片，后来扩展到景观照片，以弥补黑白摄影色彩之缺失。这种传统的手工着色，延续了将近一百年，直到20世纪80年代彩色摄影普及之后，才逐渐从摄影行业里退出。

近年来，随着数码科技的发展，通过电脑工艺为黑白老照片着色颇有风行之势。虽然工艺已不可同日而语，但其出发点与传统的着色并无二致，无非是为了弥补黑白照片的色彩阙如，试图通过着色，使照片更接近当年的风物、原始的视觉，从而还原出更多的社会历史信息。然而，这样的还原毕竟带有某种想象与创作的成分，在色彩的把握上稍有不慎，便有弄巧成拙之虞，因此业内对老照片的着色一直是毁誉参半，不乏争议。

秦风老照片馆在运用数码科技为老照片着色方面，大胆试水，颇得风气之先。经过几年探索，在色彩还原、影调处理上日臻成熟，编辑出版了一批大型着色历史画册，令人耳目一新。这里刊出的，是他们对一百多年前北京庶民生活照片的着色作品，以供大家欣赏。

（秦风老照片馆提供图片）

# 一座城的身安与心安

## ——20世纪初年北京庶民生活侧影

许大昕

一座城，建城三千年，建都八百年。范镇之《幽州赋》道：“虎踞龙盘，形势雄伟。以今考之，是邦之地，左环沧海，右拥太行，北枕居庸，南襟河济，形胜甲于天下，诚天府之国也。”如果以人喻城，他必已是风雨苍茫中的得道老者了，给予他怀中的人们也必是别样的身安与心安。

明清时代，北京城“宫城居中，四方层层拱卫，主座朝南，中轴突出，两翼均衡对称”。紫禁城被皇城环抱着，皇城又由内城包围着。内城以南，则是外城。这“凸”字形的完美建构，使外城、内城、皇城仿佛层层莲瓣护卫着紫禁城——皇帝的宫殿。深缓清澈的护城河又环绕护卫着紫禁城……北京内城有城门九座，故又名“内九城”。“京都九门”即正阳门、崇文门、朝阳门、东直门、安定门、德胜门、西直门、阜成门、宣武门。有人说，建筑是流动的音乐。处处彰显皇权威严和等级秩序的宫殿、城门、城墙，赋予这座城市言之不尽的威严、大气、沉实。而皇宫里的太和门、中和门、保和门之“和”，内城外城的四合院、胡同等，又予人以无尽的平远和温暖……进到北京城，过眼景物气息，时而如闻钟磬，时而如听笛箫，时而如响铙钹……

北京人的居住区域往往跟社会身份、财产状况等密切相关。有民谚道："东贵西富，北贫南贱。""东西"指内城东、西部，"北"指德胜门、安定门外的关厢一带，"南"指三门以南的外城。内城是在元大都基础上精心规划的，一座座四合院坐落于棋盘式的街道左右。清定都北京之后，规定只有皇亲国戚等贵族以及八旗军民可以住在内城，而汉人不可住。许多地位低下的汉人居于南城。贫民往往住在城北和城南的最南部地区。如此，各阶层各居其所，繁衍生息，加以古都底蕴，至清末，已经形成独特的"京味"生活方式和文化形态，真可谓"帝京景物大无边，梦笔生花写不全"（语见《清代北京竹枝词》）。

老北京的风俗之一，便是熙熙攘攘、热热闹闹的庙会了——白云观庙会、厂甸庙会、蟠桃宫庙会、隆福寺庙会，等等。赶庙会的远近商贩一早来占了位子，不一会儿，席棚布帐鳞次栉比，玩具、耍货、小吃、旧书、古玩、字画、花鸟虫鱼等，全部摆满了。甚至表演戏曲的小棚子也搭起来了。渐渐地，王公贵族、在华洋人、文人墨客、城南城北的市井百姓不约而同来赶庙会了。悠闲的幸福感洋溢在街街角角，洋溢在每一个兴冲冲的游人心里。这两幅照片（图1，图2）极有可能是当时的庙会一角。这位把辫子环盘在头上的商贩（图1），朴实安静，眼神极具穿透力，让人见了忍不住想买他的东西。看他身旁的两个一模一样的筐，也许是一早就挑进城里来的。商品也极有趣：一堆小茶碗、茶壶、鼻烟壶、西洋钟、玻璃糖盘、食盒，等等。精巧实用，越看越好看。显然，这时候客人渐渐稀少了，小玩意却没卖多少。难怪这眼神隔了百年还这么触动人心。

另一幅照片（图2）里的两位顾客惹人注意。男子发辫油亮，

图 1

缎面的短袍和坎肩更衬托优渥、平静的气质。他正入迷地看着古董摊，但是并不急切，含蓄地热烈着。他右手提着鸟笼，也许是刚入手的新宠物。他身边的女人，一身西洋装扮，左手拎着一把太阳伞。阳光打在帽檐下，露出脸部精致的轮廓。闲适，穿过照片扑面而来，不由使人想起林语堂说的："要享受悠闲的生活只要一种艺术家的性情，在一种全然悠闲的情绪中，去消遣一个闲暇无事的下午。"

老北京的小吃，遍布大街小巷。一种说法是，旗人整天游手好闲，吃喝玩乐，三百年下来，北京就遍布小吃了。在城墙根下，在胡同里，在四合院……埋头品味小吃的人们一道融入京味中去了。而在颓败古老的一截城墙下，数九隆冬，积雪未融，一位年轻男子正守着食货摊（图 3）。他抄着手，一副安然淡

图 2

图 3

然的样子，正与身边男子说着什么。这担子上是糖葫芦、山药豆还是肉串，或是别的什么，不重要，重要的是这小吃卖出去，才能给家里买米买面。底层劳动者的艰辛与吃食者的“品味”，形成和谐的互补。

旧京人的穿着服饰，至清代，形成中国服饰最庞杂繁缛的一个时期。清兵入关后，要求汉族男子剃发易服，女子仍可保留原来的发式和服装，所谓“男从女不从”。因而，汉族女装变化较小。如图 4，这位妇人着斜襟袄、裤、弓鞋，浑身透着皇城根下特有的从容和淡定。从这双小脚可以看出，她是地道的汉族妇女。当时，满族女人不缠足，多穿有木底的绣鞋，俗称“花盆底鞋”。

图4

老北京的交通工具也讲究。清乾隆以前，多是轿、马、驴、马车、驴车等，乾隆年间骡车盛行。清末，人们除了乘坐传统的马车、骡车、驴车等，还出现了可坐三四个人的四轮大马车。图 5 所示即是一辆载人的马车。载人的马车或骡车装饰通常比驴车讲究，一般用榆木、柳木、桦木制成，更上档次的则用红木制成。图中所示马车，顶部用竹篾编成圆篷状，糊上布，并用桐油浸透，以防雨防雪。早期车轮都是木制的，外加铁箍。民国后，硬轮车不准在马路上走，这种车才渐渐稀少了。

图 6 是城外一架拉货的三套畜力车。那时，城门早开晚闭，城墙给人安全感，同时，也给生活带来不便。米面、水果、石灰、木材等生活必需品得从城外运进来。运货的驴车、驼队等在朝阳未升时就要向城门进发，而进城送完货之后，还要趁城门未

图 5

图 6

图 7

关时离开。畜力的辛苦在它们弓腿拉车时令人恻然，而赶车人晒得黝黑发亮，正侧脸看着远处……车辙压得土路高高低低的，每行进一步似乎都很艰难。

清末光绪年间，从日本传来一种硬橡胶皮车轮的人力车，俗称“东洋车”。1900 年后，始有充气轮胎的洋车。图 7 拉洋车的车夫们正在王府井大街路东金鱼胡同等客人。靠近镜头的车夫往门里看着……虽只是个侧影，但是眼神里透出的期待，半斜着的身子，至今看来仍如此生动。这种洋车很快风行京城，到 20 世纪 30 年代达到最高峰，约有几万辆，成为最主要的交通工具。在这幅（图 8）街景图中，洋车已然是人们出行的主

图 8

要代步工具了。

孩子，是一个城市也是一个家庭的未来。图 9 所示，照片的说明文写着“北京的一所医院”。照片中，每个怀抱孩子的青年女子都微笑着——在积贫积弱的 20 世纪初，如此安稳踏实的笑容，既来自对孩子的爱，亦来自生命深处……恰好，阳光正温，打在每个人的脸上，平添了温柔和静谧。图 10 则是一位老婆婆为孙子换尿布的情景。老婆婆手脚麻利，掀开孩子的棉袄，使劲往里塞着尿布。从帽子到棉袄，到棉裤，再到千层底儿的小布鞋，应该都是婆婆一针一线在煤油灯下赶制出来的吧！

图 9

图 10

图 11

图 12

图 13

还有那些不经意间进入镜头的人们：几个劳作间隙的苦力（图 11），一位面带笑容从镜头前走过的庶民（图 12），一群或骑马或徒步或肩负络绎进出城门的民众（图 13）。这些一百多年前的面容与身影，一个个为衣食奔波的旧京人，在厚重连绵的城墙根下，只要有份生计在，努力着的劲儿就在，他们的希望也就在。

这些侧影，虽多是在颓败贫弱的清末，但是，景致、人物生机宛在。沉酣安稳之中，似乎并不曾预示时代风暴行将来临……

（照片由秦风老照片馆提供）

# 齐鲁大学的体育传统

陈探月

培养德智体全面发展的人才，是全球现代教育的共识。但体育这一理念和实践，在一个多世纪之前的中国学堂里并不存在，是西方传教士将体育引进到了中国的学校。19世纪末，基督教青年会将体育活动作为吸引中国年轻人接近基督教的途径，同时也认为，体育是培养接受西方文明的新一代华人的重要素养。

与此同时，伴随着教会学校的校舍和师资力量的发展和扩大，在学校开展体育活动，也从一种培养身心健康的基督人格的理念逐步转变成了现实。齐鲁大学早期的几位青年教师，便是中国学校体育活动的最早推动者。

路思义（Henry Winters Luce，1868—1941）于1897年来到登州文会馆，任物理教师。登州文会馆是齐鲁大学的前身。据曾在齐鲁大学任教的葛思德（B. A. Garside，1894—1989）1949年1月出版的《勇往直前——路思义的心灵世界》（*One Increasing Purpose, the Life of Henry Winters Luce*）介绍，路思义思想活跃，不满足于现状。他看到学生们整天不出屋，一心只读圣贤书的情景后，感到不满，于是倡导学生进行体育锻炼。

**图 1** 清末民初，基督教青年会的宣传布告。图片来自卫理公会档案库（General Commission on Archives and History, United Methodist Church）。

**图 2** 1899 年，山东的宣教会人员合影。后排左一是齐鲁大学创始人狄考文（Calvin Wilson Mateer, 1836—1908），左四、左五是接替狄考文当文会馆校长的赫士（Watson McMillan Hayes）和他两岁的儿子。第二排左一是郭显德。第一排右一是卫礼大，右二是路思义。路思义后面是他的太太 Ruth（路师母）。图片来自位于宾西法尼亚州费城的长老会历史学会（Presbyterian Historical Society, Philadelphia, PA）。

路思义在耶鲁大学上学时，就非常喜欢体育，尽管当时耶鲁的体育健将大多是美国东部贵族高中的毕业生。路思义注意到，文会馆学生穿着长袍大褂，难以跑跳，并且在意识上轻视体力活动。路思义就先带学生做游戏，做操，努力推行两年，还是动静不大。学生们只是摆摆姿势，并不尽力投入，几乎达不到锻炼的效果。当时学生时髦举止是手拿扇子，迈着方步。多亏跟路思义很要好的青年教师卫礼大（Mason Wells）的弟弟卫礼士（Ralph C. Wells，1877—1955）被派来校教书，使路思义有了擅长体育的搭档——卫礼士会打篮球。那时，篮球刚刚由在美国马萨诸塞州春田镇的基督教青年会任教的体育教师詹姆士·奈史密斯发明，在中国只有刚刚成立的天津基督教青年

**图3** 地处潍县的广文学堂的教师们。前排左一是路思义，他教历史和教育。左三为校长兼教宗教历史等课的柏尔根（Paul Bergen，1860—1915）。图片来自《勇往直前——路思义的心灵世界》。

**图 4**　葛思德。图片来自胡佛研究院(Hoover Institute)葛思德档案。

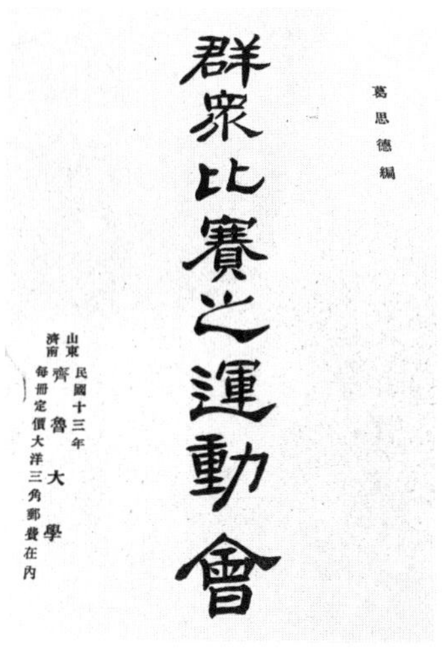

葛思德編

群衆比賽之運動會

民國十三年
齊魯大學
山東濟南
每冊定價大洋三角郵費在內

**图 5**　葛思德编写的《群众比赛之运动会》。图片来自胡佛研究院葛思德档案。

会开始传授篮球。路思义他们请铁匠打了一个铁圈做篮筐，又把路思义的儿子亨利的玩具皮球借来当篮球用。他们俩各带着四个学生，开始教他们打篮球。学习了篮球规则和要领后，路思义又请了另一位美国教师当裁判，进行了山东历史上第一场篮球比赛。路思义和卫礼士打得投入、勇猛，试图激发学生们的劲头。可是书生气十足的学生们，却不愿在观众面前“出丑”，他们要么不抢球，要么拿到球后马上把球扔掉。围观的学生则见球就踢，踢掉的布鞋满天飞。

1904 年学校搬到潍县（今潍坊市）后，体育进一步发展。广文学堂青年教师梅理士（Samuel Mills，1886—1955）除了授课外，还负责训练学校体育运动队队员。梅理士的父母，是烟

**图6** 1924年，齐鲁大学田径选手和老师在华北及全国运动会获得的奖杯和奖旗。底下正中摆放着奉系军阀张宗昌送给他们的照片。图片来自耶鲁大学神学院，原版由亚洲基督教高等教育联合委员会（United Board for Christian Higher Education in Asia）收藏。

**图7** 1925年第十二届华北运动会上的齐鲁大学田径选手，他们穿着跑鞋。图片来自耶鲁大学神学院，原版由亚洲基督教高等教育联合委员会收藏。

台启喑学校（聋哑学校）创始人。

体育健儿在20年代的齐鲁大学已是龙腾虎跃。在这里体育是必修课，校园里有专业规格的运动场、网球场。20年代初在教育系教书的葛思德，于1924年编写了《群众比赛之运动会》一书，详细介绍了田径比赛的目的和规则。书中说，不应轻视群众性业余比赛，因为只重视专业队会忽视许多体质差的学生，群众比赛还便于发现体育人才。

第十二届华北运动会于1925年在济南举行，齐鲁大学已过了花甲之年。齐鲁大学运动健儿的风貌，显示了中国体育教育的崛起和飞跃。1920年齐鲁大学纪念册指出，更值得注意的，是运动场上体育风格的转变。勇敢、坚韧、卫生、礼貌等体育风格，已成为中国运动员的特征。

**图8** 1925年第十二届华北运动会运动员。他们身后可能是观众台。图片来自耶鲁大学神学院，原版由亚洲基督教高等教育联合委员会收藏。

**图9** 1925年，第十二届华北运动会撑竿跳。在当时的场地设备情况下，这位运动员真够勇敢。图片来自耶鲁大学神学院，原版由亚洲基督教高等教育联合委员会收藏。

**图10** 齐鲁大学篮球队的竞争对手——山东省立第一师范学校篮球队。图片来自耶鲁大学神学院，原版由亚洲基督教高等教育联合委员会收藏。

**图11** 1924年，齐鲁大学运动会网球双打比赛。正面是考文楼（物理楼），右为大礼堂。图片来自耶鲁大学神学院，原版由亚洲基督教高等教育联合委员会收藏。

**图12** 1928年，齐鲁大学学生组织难民孩子饭后做游戏。图片来自耶鲁大学神学院，原版由亚洲基督教高等教育联合委员会收藏。

**图 13** 1941 年，学生在齐鲁大学打篮球。图片来自耶鲁大学神学院，原版由亚洲基督教高等教育联合委员会收藏。

**图 14** 1941 年，在成都华西坝召开的大学运动会上的齐鲁大学田径队。穿长袍者，是齐大校长刘世传。图片来自耶鲁大学神学院，原版由亚洲基督教高等教育联合委员会收藏。

**图 15** 1945 年 2 月，齐鲁大学教师在华西坝联大校园向学生演示双杠动作。图片来自耶鲁大学神学院，原版由亚洲基督教高等教育联合委员会收藏。

每年双十节，齐鲁大学还在校园主办全省中学生运动会，发扬体育精神。抗日战争期间，齐鲁大学分别在济南和成都华西坝联合校园上课，学生仍然坚持体育锻炼。

作为一所教会学校，齐鲁大学在六十多年前即已消失，齐鲁大学开风气之先的体育传统，却在中国体育教育发展史上留下辉煌的一页。

# 1946年：上海选美

孙国辉

台湾摄影家吴绍同先生（1925—2019），幼居上海，少年时就痴迷摄影。二十岁到二十一岁，也就是民国三十四年（1945）到三十五年（1946），在中国新闻专科学校学习，课余时间到处拍照实习。凭着对摄影的爱好和充沛的精力，无论是街头还是各种社会活动，他都经常跑去拍。倚仗熟练的技术和母亲出资买的当时最先进的“徕卡”Ⅲ C型相机，两年间拍摄了一百六十六卷胶片。这些胶片在漫长的岁月里被吴先生遗忘，直到2018年，才在志愿者帮助下发现。

这里披露的，是1946年上海十里洋场选美活动。

抗战胜利之后，上海作为东方的大都市，生活秩序逐渐恢复正常，市民期盼回到二三十年代安逸繁华的氛围中去。时事却让人难以乐观，一方面内战阴霾愈浓，一方面苏北平原暴雨肆虐，致淮河泛滥，千里沃野沦为泽国，大量面露菜色的苏北灾民涌入上海，卖儿鬻女，乞讨求生。赈灾需大量款项，当局的“文胆”陈布雷提出让杜月笙出面募集二十亿元法币应急。青帮大佬杜月笙毅然接下了“上海苏北难民救济会主任委员”的名衔。随后，和幕僚谋划了“上海小姐”选秀活动，以赈济

参加选美的两位佳丽

灾民。此举一来可以让市民重温昔日繁华的旧梦，二来可落得救灾民于水火的美誉。一时间，此事成为上海滩街谈巷议的焦点。除了《申报》《新闻报》等报刊大肆宣传之外，美国“米高梅电影公司”专门派人拍摄这次选秀纪录片，引起民众关注。杜月笙深知直接向上海有钱人募捐是不行的，上海人要“吃噱头”，就是要迎合上海市民急需享受的久违的歌舞升平景象，而“上海小姐”选秀正可以满足这种需求。

1946 年 8 月，选秀活动在静安寺路（现在南京西路）仙乐斯舞厅举行。

这一活动不仅要选“上海小姐”，还选“平剧（平剧，北

“上海小姐”投票箱

候选佳丽之一

评选现场

从左至右依次为“舞国皇后”“平剧皇后”“上海小姐”“歌唱皇后”的投票箱

十位佳丽站在一起

京改名北平前，有京剧称；改北平后，有平剧称）皇后”“舞国皇后”和“歌唱皇后”。当时设了四个“票匭”（“匭”即箱柜之意）。用民国发行的法币（时已严重贬值）一万元购一票，将票投给参选女士，以票数的多少分出名次。

关于这次选美的报道很多，照片也不少，但因种种原因，清晰度和画质都不甚理想，而吴绍同保存至今的底片清晰通透，无银盐析出、感光膜脱落、斑驳不清等现象。冲洗黑白胶片虽然简单，但按规矩完成显影、停显、定影者却不多，尤其是最后一道工序水洗，多被忽略和简化，致使胶卷在保存了不长的时间后即出现瑕疵。而吴先生严格按照胶片厂家的规定冲洗，故这些照片保存了七十多年仍完美如初。

参选小姐之一

在选举现场，吴先生只能站在人群中拍摄。他拍到了参赛的十位佳丽的合影，拍到了票箱和计票场面，也拍到了一些参选女士现场特写和单人照……拍过这些照片后，吴先生并未深入采访，对于选美的前因后果乃至内幕更未予关注，当时也没发表，只留下了这些清晰的照片。

参选小姐站在裹着毛巾的麦克风后。

开启“舞国皇后”票箱

参选现场一瞬

其实，这次选美活动内幕复杂，参选女士皆有背景。当时的报道也众说纷纭，如当选“上海小姐”冠军的王韵梅是川军军长范绍增的第二位夫人，因范军长雄厚的财力和与杜月笙的私交而拔得头筹。摘得“平剧皇后”桂冠的言慧珠是京剧大师言菊朋之女，又有恩师梅兰芳大力支持。其他“皇后”及亚军、季军皆同此辙。至于筹集的赈灾款是不是都用到了灾民身上，则无从考证，而杜月笙因此获得赈济灾民的好名声却是有目共睹的。

笔者看到照片中有闪光摄影的镜头，打电话询问吴老用的什么灯。吴老告诉我：他白天拍了一卷胶片，晚上拍了一卷，当时的闪光摄影已经过了点燃镁粉时期，改用一次性闪光灯泡。我说我在1960年用过一次性闪光泡，和普通白炽灯一样大，里面是镁箔，和相机快门同步，光的亮度很强。在玻璃泡外涂有类似树脂的涂层，顶端有一浅绿色小斑点，若小斑点变红，则表示变质而不能使用，而那层似树脂的涂层据说是若意外爆炸可避免玻璃伤人。吴老莞尔，说你用的闪光泡在民国三十五年（1946）已淘汰不用，改为小如红枣的镁丝（将镁箔剪为丝状）闪光灯泡。顶端有紫色斑以利安全，一次性使用，但体积小了很多，方便程度仅次于万次闪光灯。

经过多轮竞争和决赛，最终遴选出“上海小姐”冠军王韵梅，亚军谢家骅，季军刘德明；“歌唱皇后”韩菁菁及亚后张伊雯和顾丽华；“平剧皇后”当然非言慧珠莫属。

据吴老说，“舞国皇后”及亚后并未引起人们注意。据传，这些参选女子多是舞厅的舞女，人们不屑一顾。同时对欢场伴唱的歌女不予重视，故报道时被忽略。

据吴老回忆，他只拍了某一天选秀活动，不是决赛，也不知道被摄者的名字，只是现场抓拍而已，年湮代久，很多细节渐次模糊。

# “发现”双桃泉

耿仝

前段时间，济南芙蓉街施工中发现梯云溪暗渠及街中涌水，被人们所关注。梯云溪是明代济南知府沈华东疏浚水道时命名的，“其水逶迤而北流至泮池”。济南有“泉城”之称，泉水暗渠在济南并不稀奇，过去泉流遍地，地下暗渠也很多，如珍池暗渠、孝感泉暗渠等。街中涌水在济南也不稀罕，过去剪子巷路面的石头缝间都涌着泉水。这张拍摄于1942年的济南老照片（图1）中更为夸张：马路中间有一口直径很小的井，井口与地面平齐，井盖被放在一旁，两人用系了绳子的水桶直接从井里汲水。

这口“井”位于今筐市街、城顶街与普利街的交叉口，共青团路那时还未开辟。依过去的地名来说，井北是筐市街；井西是柴家巷，也就是后来的普利街；井东是藕市街，民国时期与估衣街一同被称为西关大街；井南是丁字街，过去是粮市，后来并入了城顶街。民国时期，西关大街、普利街一线是济南老城去往商埠的主干道，车水马龙的街面有一眼井，即便是见泉多而不怪的济南人也有些诧异了。是井吗？其实不是，此处地势高敞，且自古而今一直是街市，这不是打井的地方，加之

**图 1** 摄于 1942 年

井口直径小，也没有井台，显然并非水井。那是下水道的井口吗？也不是，民国时期的道路采用新式马路样式，中间高，两边低，下水道井口都在马路两边。清代下水道使用石板暗渠，倒有可能开在道路当中，但渠深尺余，多用不到绳子。种种不合常理，让这口莫名其妙出现的“井”愈显神秘。

这应该是一处泉眼，或许就是一处消失许久的泉——七十二名泉之一的双桃泉。

早在金代《名泉碑》中就有关于双桃泉的记载，元代于钦在《齐乘》一书中进一步记载了这处泉的位置：“曰双桃，城西丁字街北。”关于双桃泉的位置，清代《济南府志》中的记载最为详细：泉在城西丁字街北的铺屋内，泉水经地下暗渠流经西蜜脂泉、江家池，最后流入五龙潭。到了民国时期，也就是藕市街

**图 2** 侵华日军正在通过丁字街与筐市街、普利街、西关大街所形成的十字路口。摄于 1938 年。

拓宽为西关大街、柴市街拓宽为普利街之后，双桃泉就不知所踪了。1928 年出版的《历城县乡土调查录》中称双桃泉“相传在丁字街铺下，今失考”，泉池位置已不为大众所知。

图 1 右侧的街道是筐市街，井口附近有一铁架，井在铁架之东南。这个铁架，在图 2 中可以看到全貌。铁架高处是一个钟表，位于街道中央。以此为参照，这口井其实并不在十字路口的中央，而是在路口的东南处——道路拓宽前的丁字街北头。清末民初，西关道路拓宽，丁字街北的铺屋被拆除，双桃泉因本就在地下，所以得以保留，成了附近铺户打水的所在，也就有了 1942 年那奇怪的一口“井”了。只是拍摄这张照片时，怕已没人叫得出双桃泉的名字了。

# 石子滩的黄昏

## ——故乡雁荡杂忆之十二

傅国涌

### 一

我在山中的最后岁月，是在故乡的一所乡村中学教语文，那里离雁荡山主景区有点距离，有双峰并立。此双峰虽平平无奇，却也是一道风景，被算在雁荡山的百二奇峰当中。清代的《雁山志》中记载："在石门潭西北十里高山上。一高百余丈，一稍低，如两大华表，参差并竖。南下二三里有双峰寺。"民国时重修的《雁荡山志》，也收入了双峰："在大荆镇北十里，两峰高耸，各约四十丈，自东向远望更佳。"双峰寺始建于宋大中祥符元年（1008）。沈括的《雁荡山记》开篇说："温州雁荡山，天下奇秀，然自古图牒，未尝有言者。祥符中，因造玉清宫，伐山取材，方有人见之，此时尚未有名。"那时候，双峰下就有寺院，至明清寺宇宏大，香火旺盛。南宋哲学家叶适、状元王十朋等都来过此处，有诗留下。元代文学家、我邻村的李孝光有诗："双峰矗天佛头碧，双峰插地沧海黑。"

等到 1987 年我来时，昔日的盛况早已不再，连一点痕迹也没有了。

学校没有围墙，一边的入口是一片梨树林。每到春天，梨花开时，白色的梨花和春雨一起带给我们说不出的欢喜。另一边是一条小溪，与平地上突起的双峰隔溪相望。穿过一片小树林和草地，就可以走到溪边。除了下大雨，溪水暴涨，多数的时候，那是一片广阔的石子滩，是我最喜欢的地方。尤其是黄昏，天朗气清之时，我常常在这里读书、扔石头。那时我手头有一本小册子《卡夫卡寓言与格言》。有一天，在石子滩上正好读到了他的话："手攥牢石头，能攥多牢就攥多牢。但坚稳地攥牢只是为了将石头掷得更远些。石头落在哪里，路也就伸到哪里。"

我在石子滩上读书和扔石头的黄昏，是不可复制的。那是我的青春，我在八十年代最后孤独而平静的时光。我在笔记本上曾写下这样的文字：

因为孤峰太寂寞，于是有了双峰。双峰默默对望，依旧日日寂寞，夜夜寂寞……

谁知道峰头的蜡烛哭过多少回？谁知道峰下的白烟升起已多少年？只有峰旁的溪水已流过了不知多少个会说话的日子，只有云朵伴过峰头孤独的黄昏与白天……

为了与冬天结伴，向另外一个春天靠近，秋天的溪滩望枯了泪眼，望干了汩汩的水，留下一大片、一大片的卵石。洁净的石子滩，诱惑过孩子的眼睛，也诱惑过早晨远来的白鸟，栖在高高在上的峰顶，告诉我梦般的消息。最初的绿色早已被遗弃在一场年复一年的落叶风里，峰站着，只有沉默的天地……

**图 1** 1988 年 1 月，作者在石子滩上。

我享受着年轻的孤独，但从不感到空虚，陪伴我的是人类文明史上最具智慧的那些人。他们的著作日日夜夜都在我的身边，我贪婪地咀嚼着他们的思想，将精华部分抄下来。我也从来没有感到孤立，不仅与山外的朋友们书信往还不断，而且通过报刊上的文章，我感到自己与正在变化的这个时代站在一起。我曾在日记中说：

> 我和同时代的大多数年轻的灵魂一样，我和他们一同呼吸时代的空气，一同面对时代的阳光和风雨，因而我们有着同样的困惑，同样的向往……

上课之余，读书、思考、写作占据了我全部时间，日子踏实而明亮。物质上是简陋而贫乏的，每个月的主要支出就是买书。好在那个时候书的定价很低。对我影响深远的那些书，主要是商务印书馆的“汉译世界学术名著”，书店买不到，几乎都是从温州师范学院图书馆等几个图书馆借来的。

## 二

从 1987 年 9 月到 1989 年初，我在那儿仅仅三个学期，似乎很短暂，在记忆中却又变得很悠长。那些常常停电的夜晚，在摇晃的烛光下，我读卢梭、孟德斯鸠、洛克、约翰·密尔的绿皮书，读韦伯、汤因比、雅斯贝尔斯、卡西尔的书，读孙隆基的《中国文化的深层结构》，也读戈尔巴乔夫的《改革与新思维》。第一次读斯诺的《西行漫记》，也是此时。无法想象，如果没有书，那些山中岁月将如何消磨。我用备课本做了大量的读书笔记。不幸的是，在 1989 年春天到来前，一袋子的笔记本都丢失了。

卢梭最早进入我的世界，是因为他的那句“人是生而自由的，但却无往不在枷锁之中”。我开始追问自由、平等的意义，已经是 1987 年。温州的书店几乎找不到卢梭、洛克和孟德斯鸠他们的著作，只能到图书馆借阅。而我到乡村中学教书后，借书很不方便，要托几个师友帮忙，用了好几个借书证，读完一批，再换一批。读书的过程也是一个精神享受的过程。在这个过程中慢慢建立起属于自己的精神结构，不再活在一个浮在生活表皮的世界上。

卢梭是我当时的最爱，超过了洛克他们。虽然洛克的《政府论》《论宗教宽容》《人类理解论》也是那个时候进入我的视野的，《政府论》还做过详细的笔记，但我更心仪的是《论人类不平等的起源和基础》《社会契约论》中的表述。对于他思想中隐含的危险因素，我那时尚无能力分辨。

我至今仍依稀记得第一次读卢梭《论人类不平等的起源和基础》，在读到这些话时，内心的那种激动——“我愿意自由地生活，自由地死去。”“在一切动物之中，区别人的主要特点是，与其说是人的悟性，不如说是人的自由主动者的资格。自然支配着一切动物，禽兽总是服从；人虽然也受到同样的支配，却认为自己有服从或反抗的自由。而人特别是因为他能意识到这种自由，因而才显示出他的精神的灵性。”在与卢梭他们不断相遇的过程中，我的“精神的灵性”不断被发现。

我严肃地思考何为自由，并着力去追寻自由，就是从这个时候开始的。“在一个国家里，也就是说，在一个有法律的社会里，自由仅仅是：一个人能够做他应该做的事情，而不被强迫去做他不应该做的事情。”“个人的自由必须约制在这样一个界限上，就是必须不使自己成为他人的妨碍。”孟德斯鸠的《论法的精神》和约翰·密尔的《论自由》最能触动我的也是关于自由的论述。他们的句子如同暗夜中的星光，让我在石子滩上徘徊的岁月变得深邃而结实。

我在偏僻的山中，听的是虫声、水声，读的却是几百年前这些智者的声音。在他们平静的论述中，我感受着一种不可抗拒的文明力量——

“但是一切有权力的人都容易滥用权力，这是万古不易的一条经验。……从事物的性质来说，要防止滥用权力，就必须以权力约束权力。”

这是孟德斯鸠的声音。

**图2** 1988 年 1 月，作者（左）和友人陈小澍在石子滩上。

“国家的价值，从长远来看，归根结蒂还在组成它的全体个人的价值。”

这是约翰·密尔的声音。

“专制政治是不容许有任何其他的主人的，只要它已发令，便没有考虑道义和职责的余地。最盲从的服从乃是奴隶们所仅存的唯一美德。

“这里是不平等的顶点，这是封闭一个圆圈的终极点，它和我们所由之出发的起点相遇。在这里一切个人之所以是平等的，正是因为他们都等于零。”

这是卢梭的声音。

这些声音进入我的生命中，我不用在零起点上思想，而沿

**图 3** 1988 年，作者在故乡车站的石头墙前。

着他们的思路继续去想、去行。这是一种充满了神秘的阅读生活，不是每个人都能有幸享受到的。而我有幸在二十来岁时拥有过，我的山中岁月因此绝不能说是匮乏的，至少在精神上就是富足的。

从此，我的生命中不仅拥有《三国演义》《水浒传》《红楼梦》和唐诗宋词朦胧诗，我在精神上被大大地开启，被照亮，就是因为这些书。这些异国的智者，他们的名字便与我永远在一起了。我第一次去英国，看着天上的云，想到的就是三十年前在山中读约翰·密尔、洛克、休谟和弥尔顿的那些日子，同样有蓝天白云，他们的精神粮食喂养过我的年轻时代，叫我从此不再受惑。

## 三

八十年代的报告文学常有激荡人心的力量，尽管今天回过头来看，那个时代的文本抒情性太强了，但我当时读来竟完全没有这种感受。那时候，我自己订阅的杂志有《读书》和《哲学研究》，也在小镇的报刊亭每期不落地买《报告文学》《报告文学选刊》；学校订阅的《光明日报》《人民日报》《新华文摘》等报刊，也常有吸引我的文字。

1985 年秋天起，发生在我故乡乐清县城一带的“抬会”事件震惊全国。这是一种以高利息（25%—50% 的月息）快速吸纳金钱的游戏，拥有一个特别的名字：抬会。这本来是民间古老的借贷形式，一夜之间，出现了一种畸形的为钱而狂的局面。在 1985 年岁末到 1986 年年初，造就了十二个金融“金字塔”，也就是十二个大会主，会款发生额超过十亿元，实际金额两亿元，而当时全县的年财政收入不过七千多万元。其中主角多为女性。“金钱像一道闪电，照亮了她们原本十分黑暗的世界。借着那一瞬间的光亮，她们本能地拽住了命运的缰绳……”

但是，“金字塔”很快就坍塌了，导致至少二十五人非正常死亡，许多会主锒铛入狱。我曾亲睹事件发生时的人心惶惶。等到贾鲁生与鲁娃采写的《被审判的金钱和金钱的审判——记温州地区乐清县的“抬会”事件》发表在《报告文学》上时，我拿到手一口气就读完了。

还有《神圣忧思录——中小学教育危境纪实》《沉重的镣铐——关于中国人口问题的思考》……我把这些直面现实困境的作品剪下来，装订在一起，保存至今。我当时对于现实的认识，

**图 4** 1989 年夏天，作者在温州华盖山。

在很大程度上受到了这些作品的影响。当然，我对未来的想象也是基于那个时候的阅读。

我的日记本上还抄着美国未来学家阿尔温·托夫勒的话："如果我们不向历史学习，我们就将被迫重演历史……如果我们不改变未来，我们就将被迫忍受未来。"

在石子滩的一个个黄昏，我不断地想象未来，当然是基于读书的想象，是古今中外，尤其是十七世纪以来那些西方智者的思考带给我的想象。我不知道未来会发生什么，我只想到山外更大的世界去。

德国哲学家卡西尔在《人论》中说，"人不再生活在一个单纯的物理宇宙之中，而是生活在一个符号宇宙之中"。他把人定义为符号的动物，“正是符号思维克服了人的自然惰性，并赋予人以一种新的能力，一种善于不断更新人类世界的能力”。这就是创造“理想世界”的能力。他引述歌德的一句话：“生活在理想世界，也就是要把不可能的东西当作仿佛是可能的东西来对待。”比现实世界更能引发我和石子滩上的白云一起遐想的，还是那个尚不存在的“理想世界”，而我注定了一辈子活在这个“理想世界”中。

## 四

我在石子滩上消磨的那些黄昏，心中涌动着的总是一个个大题目。那时我不知天高地厚，雄心万丈，想写出两本大作，一本是面对现实的《为了世纪的早晨……》，一本是关注历史的《困惑——人类东方之足迹》。

我还保存着一册《为了世纪的早晨……》写作提纲，共分十二篇，包括：文化的重新选择、走出围墙——传统的困惑、不只是赤橙黄绿青蓝紫——现代的困惑、因为天空如此广大——梦的困惑、金色的象征——钱的困惑、共有一轮明月——爱的困惑、砸碎锁链——艺术的困惑、在迷人的小树林里——自然的困惑、我是谁——自我的困惑、打开门窗——未来的困惑……每一篇下面又有更详细的内容安排，各占一页。这是1987年9月22日夜晚最初拟定的。之后修改过的版本，很遗憾没有保存下来。其中，《文化的重新选择》《共有一轮明月——爱的困惑》《不只是赤橙黄绿青蓝紫——现代的困惑》这几篇还写出了约四万字的初稿，主要是根据那几年的读书笔记整理的。

《困惑——人类东方之足迹》的详细提纲遗失了，只保留着最初写在笔记本上的一个简单提纲，用批作业的红墨水写下来的，其中有“神话——远古的困惑”“先秦诸子——智慧的困惑”“《古诗十九首》——生的困惑”“魏晋之士——人的困惑”“宋词——情感的大困惑”“鲁迅和郁达夫——梦醒的困惑”“朦胧诗——生命的困惑”等题目。后来又加了“八大山人”和“扬州八怪”等题目。那是1987年10月12日黄昏，在石子滩上想到的。我在当天的日记中记着：

> 吃过晚饭，又穿过柳林，到那片石滩上去，一个人在天空下，默默地领受远古神话的启示。突然想到徐新的前一封信，他说到“困惑”，仿佛正好是一条线，串起整个中国文化的历史……
>
> 捡了一大捧石子归来，充满喜悦，“足迹”终于找到了一个突破口……

那时与我交流得最多的就是好友徐新。不仅“困惑”的题目受了他的启发，他的来信常有鼓励和启发：

> 君的《困惑》若言是历史，《早晨》也不该仅是现在，在《早晨》中就该指出一条通向未来的途径。
>
> 你对中国古代的研究其实是对情感、精神困惑史的研究，一切困惑大约不外乎情感和精神两个范畴。情感中的“感”保留着动物的本能，饥寒均属“感”类，而“情”则是人最富庶的拥有，已逐渐趋向精神领域。精神当然是最高的境界……人类思想的发展由情感走向精神……

**图5** 1989年夏天，作者（右）与友人伍建群在华盖山。

“早晨”和“困惑”这两个题目都围绕着“困惑”的线索，属于典型的八十年代思路，也是我根本无力完成的。我那时却很兴奋，写信给我的老师吴式南先生，将所拟提纲一起寄去。1987年10月18日、31日，吴师接连给我写过两封信。在前一封信中，他说：

> 现代人的“困惑”是一个牵动人心的大问题。思考这些问题，探索以至解决这些问题，是很有价值的。但应该说这是个陷阱，它的难度是非常巨大的。我只怕你的学养与经验还不足以去碰它。虽然我看了你拟就的提纲，觉得很有系统也很感兴趣，但我总很担心不易为之！

他的后一封信说得更详细，也正是这封信对我产生过重大影响：

你在读书中发现了“困惑”，这是一个很好的觉悟。你说中华民族向来缺乏对“困惑”的“清醒认识”。这个见解，我也甚为赞同……你说从古神话、宋词到现代朦胧诗，都贯穿着一个“困惑”，你准备就这条线索来思考和写文章。这当然没有错，但接触面太大了，恐难以深入。因为这简直就是一个宇宙、社会、人生的最基本问题。混沌、迷惘、神秘、悲怆、幽冥，这从来就是宇宙、人类的奥秘所在，是困扰古今中外一切大智大勇者的精神症结。正是从这困扰里，产生了无穷无尽的科学，又何尝只限于神话、宋词和朦胧诗呢？又何尝只限于中国几千年的文化史呢？……我的第一个看法，是希望你在此初觉的基点上（这是一个很好的基点），抓住一两个实在的问题，宜具体，宜小，先做扎扎实实的思考和研究……我的第二个看法是，要做一个真正的知识分子，必须搞点学术训练，起码要有十年时间。

在此后的半年，我动笔写出了一篇近二万字的《宋词：情感的大困惑》，今天读来当然是很不成熟。这期间做了一本读词笔记。其他篇目最终都没有写出来，只是做过些笔记而已。我的日记中也不时记下了零星的思考。比如：

1987 年 10 月 19 日

早上想起“十九首”的歌唱，“生年不满百，常怀千

**图6** 1989年夏天，作者与友人伍建群（前排右）、陈泉沫（后排左）、陈小澍（后排右）在华盖山。

岁忧”，那“生的困惑”一重一重。读《后现代主义和文化理论》，说的是现代西方，他们也有困惑，但不像整个中国的文化和历史中都贯穿着困惑。

**12月16日**

我不知道我的手杖丢下，会否化为一片又一片的桃林，但我寻找……我发现的“困惑”，只是一个问题，而没有得到证明。

寂寞的山中岁月不断地被山外世界所激动，使我终于在

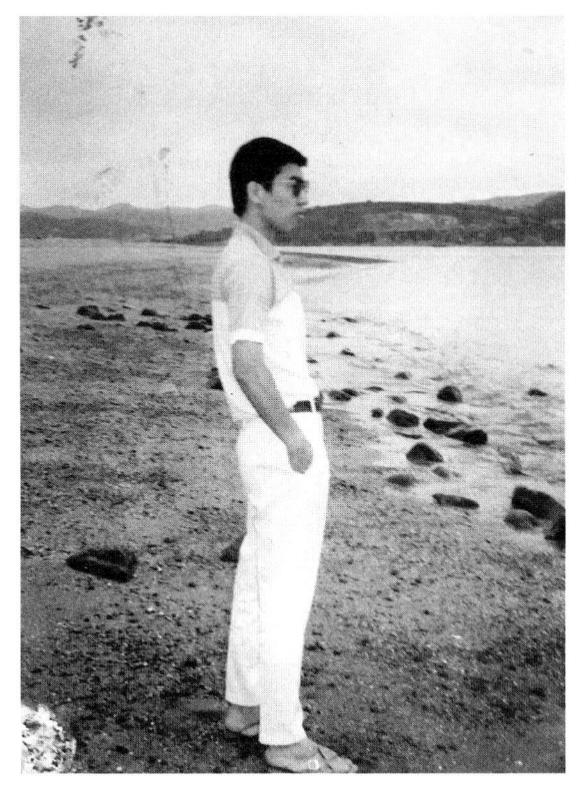

**图 7** 1989 年夏天，作者在洞头岛半屏山沙滩上看海。

1988 年冬天下了最后的决心，告别大山，离开这个一眼望得到底的乡村中学，踏上前途莫测的未知之路。“雪花不会生长春天的嫩芽，风景被遗忘在人生之外。每个山谷都有一个奇怪的梦，梦见每次生存都有一支歌，每个音符都布满了血迹……”这是我那时候写在日记本上的文字。而今，我在八十年代的梦想早已化为灰烬，但是，在石子滩的黄昏思考过的许多问题，三十多年来却依然折磨着我。（连载完）

# 老家纪事

李东川

## 引　言

我们是在 1968 年 12 月 22 日，听到播送“知识青年到农村去，接受贫下中农的再教育，很有必要……”最高指示的第二天，就去报了名，并当即迁出了户口。之所以如此积极地报名，是因为我们几个都有一个共同的身份——“走资派”子女。我们七个人，1969 年 1 月份正式上山下乡，插队落户到珙县麻岭公社汾洞大队，其中四人分到汾洞三队，我和另外二人分到了汾洞四队。作为“文革”后全国性“上山下乡运动”的首批“知识”青年（我之所以用引号引起来，是因为我们那一代人实在有愧于“知识”二字），上面有明确的要求：“扎根农村干革命。”

在那些岁月里，“扎根”二字已让我们万念俱灰。1971 年，我们七人中有一人招工出去了，另一个人被成都军区战旗文工团招走了。这让我们看到了希望。1971 年初，珙县孝儿门坎滩建水电站，我们生产队要出夫去参加建设，我第一个报了名。

当时的想法很单纯，就是想再也不用自己煮饭了。一天三顿，都可以在工地食堂吃现成的。对于我们这些插队落户的“知识青年”而言，吃饭成了最大问题。我们七个人下乡时间不长，就四分五裂了。汾洞三队的四个人甚至各自做饭吃。就一个炉灶，谁先占着谁先煮。于是，抢灶做饭几乎成了一场争夺战。晚饭还好些，时间充裕，尽管饿得厉害，早晚总能排上队。午饭就有些惨了，有的人还没有来得及排上队煮饭，出工的钟声就敲响了。不管饭食好孬，能吃上现成饭，就是我最奢侈的愿望了。于是，为了吃上现成饭，我毫不犹豫地报名当了民夫。

在那些日子里，我和那些身强力壮的农民汉子，或两人，或四人整个身子斜向对方，彼此肩顶扛着肩，抬着人均将近一百斤的条石，往逐渐升高的厢架上一步一步艰难地挪动，厢架在沉重的脚下颤颤巍巍地晃动。十个多月出夫，我就是在这种高强度的劳动中度过的。

1971 年 11 月，一个传言彻底打消了我要坚持干下去的信心——“公社革委会主任 ××× 说：××× 的儿子在我手下，休想招工出去。”就在听到这个传言之后，一个坚定的信念在我心中升起——回山东老家。

我决定回老家的消息，迅速在朋友中传开了。这一消息对所有朋友都产生了一种心理冲击——前途难料的阴影在他们中波及开来，并在当年离别合影（图 1）中反映了出来。就在合影七天之后，1971 年 12 月的一天，我踏上了回乡之路，由下乡青年变成了回乡青年。

四十八年过去了，照片上的大多数朋友再也没见过面。对于出生在四川的我来说，“老家”曾经只是一个概念。回到山东老家四十八年后，它才终于以一种完整的故乡形象刻在了我的骨子里。

**图1**　1971年12月，作者离开四川珙县前与朋友们合影留念。

## 大　娘

我老家是山东莱芜一个名叫“窝铺”的小山村，坐落在崇山峻岭环抱之中。一条往南的崎岖小路，通向公社驻地，有十来里路，那里有个茶业口集，逢年过节老家的人都会去那里赶集。还有一条往北的山路，通往博山，三十来里路，几乎全在山脊上。在更久远的岁月中，博山叫“颜神镇”。在老家人的眼中，颜神镇就是他们心目中最繁华的地方了。直到1971年底我回到老家，才知道这里有很多老人，一辈子都没有走出这个山村，去过他们最向往的颜神镇。

1971年那个冬天，是我记忆中最冷的冬天。那年的雪下得很大，堆积在路边的雪能埋过小腿。在后来的四十八年中，我再也没有见过那么大的雪了。山里的冷，真是让人刻骨铭心。

每天晚上，大娘为了让我睡上暖炕，特意要烧上几把草。那几把草，也许就是小侄儿们上山扒拉半天才扒拉来的。

在老家，我曾跟着表妹到坡野去划拉草。每次去划拉草时，表妹都会斜挎着一个硕大的籐条筐，拿着一把头上用铁丝弯成钩子的耙子，在坡野里划拉那些枯草。今年5月3日，我和儿子、孙子沿山路步行（我已经三十七年没走过这条山路了）回老家时，看见满山郁郁葱葱的树林，突然想到了在那个年代，在山上是看不见树林的。在“以粮为纲”年代，山林被成片地砍伐，连根拔起，然后一把火烧尽了灌木丛，于是一座山的树木没了，变成一坡一坡的庄稼地。毁林行动起源于“以钢为纲”时期，人们需要木材去炼铁炼钢。记得当时有一个很响亮的口号，叫做“以钢为纲，树木砍光”。他们是这样说的，也是这样做的，结果发觉，木材是炼不出铁和钢的。

继续深入的毁林行动，是继之而来的“以粮为纲”的需要。1969年在四川下乡时，我就亲身参加了“伐林变良田”的劳作。不光毁林造田，还增加了填湖造田、围海造田等。

让人百思不得其解的是，通过各种办法不断扩大的庄稼地，并没能解决饿肚子的状况，以至于饥饿成了那个年代的常态。

**图2** 1979年，大爷大娘全家合影。

没有林木可伐的老家，只能指望漫坡遍野的枯草，用来烧火做饭。用它来暖炕，实在是一件太奢侈的事了。叔伯大哥李慎忠说过："也就是你在这里，你大娘才会热乎一下炕。我们自己可是从没享过这福。"

大娘的娘家是博山，据说还是一个小康人家。她因丈夫去世改嫁来到山里，嫁给了大爷，牵线做媒的是博山的大姑。也许是缘分吧，大娘对我很亲。每次摊煎饼时，她总会把我叫到跟前。在烟熏火燎的灶房里，大娘呛得一把鼻涕一把泪地用手把鏊子上的煎饼揭下来，随手拿块咸豆腐卷起来，塞在我手里，嘴里念叨着："吃，吃。那些'婊子'生的，不给他们留了。"

她说的是不给大哥李慎忠、二哥李慎孝留豆腐了。豆腐在那个年代是待客用的。大娘为了我，每天都会割下点儿豆腐用盐腌上。很多年后，二哥李慎孝才跟我说："你大娘偏心眼儿。好吃的都给你留着，我们根本就捞不着吃，就连你大爷也吃不了几次。"

大娘是地地道道的博山城里人，为人处事与山里老家的人有很大不同。她豁达、精明，极善处理人际关系。

1972年年初，大爷从公社得到了消息：推荐工农兵上大学。还了解了公社分管文教的一位蔡叔，和我父亲在战争年代一块儿工作过。大娘知道这个消息后，那叫一个急。她火急火燎地跑去代销店，花了四元钱买了两条"丰收"牌香烟，然后拉上我："走，咱去找闫八路。"

你可别小看了这四元钱，在我老家那可是一个不小的数目，它够得上半年的盐钱了！

"闫八路"叫闫德成，论起辈分，我该叫他叔。他是窝铺村的村支书，推荐上大学，要他答应盖章才行。晚上去了他家，大娘直呼着他的外号："闫八路，俺这侄子一个人来老家，他能吃得了这苦吗？你大侄子的事就交给你了，办不好，你嫂子可不让你。"闫德成就说："嫂子急个啥，我又没说不办。大侄子他爹，我们从小好着咧！"大娘绽出了一脸笑容，朝着我比划着说："我说嘛，你德成叔好着咧！"当时我的户口还在四川没迁过来，闫德成就说："你就先抓紧办户口的事吧！"

当然，这事就这么顺理成章地办成了。当时在报名志愿上我报的是"山东大学中文系"，直至1972年5月下通知时，才知道把我分到了淄博医专。从小就喜欢"文"的我，在当时没能如愿，却在十二年后进了文化部门，如愿以偿地干开了从小

**图 3** 1981 年，大娘在灶房跟前与大孙子合影。

就梦寐以求的事儿。命运这事真得很难说清楚，有时你费尽心血，却得不到相应的结果；有时在不经意间，幸运却会来到你身边。

1983 年，妹妹和妹夫来到山东，住在大姑家。那时从博山到老家已经通了砂石公路。妹夫执意要走山路回老家，我和表弟也有好几年没走山路回老家了，于是欣然结伴同行。三十里的山路，已经多年没有人走了。有的路段杂草丛生，已经寻不着路的痕迹。我们突然到来，令大娘高兴不已，只见她原地转着圈儿，不晓得要忙活点儿什么才好。突然，她从鸡窝里抓出了一只不到一斤的小鸡，撸巴撸巴，放在案板上，连肉带骨头用刀剁碎，在地里拔上把香菜，放在锅里炒。还炒上庄里出的豆腐，自家鸡下的鸡蛋。那是我们三个人一生中永远难忘的一

**图4** 1983年，我回老家给大娘拍的照片。后排左起，是我的叔伯大哥、妹夫、同宗大哥。同宗大哥叫李慎田。

顿饭。一直到现在我们说起那顿饭，都忘不了那只剁碎的小雏鸡，因为那里边包含着大娘对我们最深切的爱。

我当然不会忘记大爷大娘为我付出的一切，也不会忘记闫德成叔对我的提携和帮助。

可能是从城里来山里的缘故，大娘智慧、泼辣，又会待人接物，所以，大娘说话是很有分量的。在外人看来她可能很凶，但锋利的言辞中总有让你不得不服的道理。而大娘给我留下的最深的印象，是风趣和幽默。一次，我表弟吕凤祥对她说：“妗子，你呀，啥事都指望这张嘴硬撑着呢！”大娘听完，努了努嘴：“我这张嘴，就是躺在棺材里还能啃两块锅饼呢！”

## 二 姑

很多年后，二姑对我说："那时，我听见你吱嘎那东西（指我拉小提琴），就知道你心里苦啊！"

说到苦，二姑才是真的苦。她是命苦。二姑一共生了九个女儿。后来打听了表妹，她也说不清自己的母亲到底生了多少个闺女，在最后一个患有先天性痴呆症的女儿生下后，她才终于死了心。这个最小的女儿今年四十八岁了，说起话来"呜里哇啦"的，别人听不明白。她那个同样患有先天痴呆症的儿子，在十六岁那年走完了一生。

二姑性格开朗，爱凑热闹。她愿意和几个侄子在一块儿磨牙拉呱。只要她到哪里，笑骂的声音就到哪里，声音透着亲昵

**图5** 1982年，妹夫回老家时与二姑、二姑父合影。

还有智慧。那时，她见了我一口一个“儿啊、儿啊”地叫着。

二姑的小院里有一棵高大的软枣树。夏天，我和几个表姐妹喜欢躺在软枣树下的大石板上乘凉。到了吃饭的时候，二姑会大声吆喝，叫我们回家吃饭。这时她手里总是拿着一个卷好了豆腐或是鸡蛋的菜煎饼，塞在我手里，说：“儿啊，快吃。”表姐妹们当然享受不到这个待遇。让我颇感诧异的是，不管是大娘还是二姑，她们都明显地偏向我。不过，这并没引起叔伯哥和表姐妹的不满，相反，他们倒觉得这是天经地义的事情。

在没有那个小表妹时，二姑在家里是一刻也待不住的，总是这里串串门，那里凑凑堆。当然，她最喜欢去的就是博山大姑家，经常一住就是好几天。她那张嘴总是闲不住。大姑上班去了，她就开始东扯葫芦西扯瓢，尽管她话多，却不叫人厌。我喜欢听二姑叨叨。有时大姑在家里，她也会忘乎所以地叨叨，大姑瞪她一眼，她马上就哑口无言了。

在我的父辈里，大姑排行最高，然后依次是大爷、父亲、三叔和二姑。大姑话不多，却很有威严，因为她很有主见。能够在大姑面前张扬几下，并能和她对付几下的，也就是大娘了。

大姑好说二姑没脑子，其实二姑是很精明的人。后来，她的没脑子却叫大姑不幸言中了。最不该的是小女儿二十岁那年，二姑给她操持了一个婆家。那女婿虽不是很出息的样儿，但还算健康，婚后的小日子也过得有滋有味。

招了上门女婿后，一直盼望有个男孩的二姑的心思死灰复燃了。千不该万不该，为了要外孙，二姑竟然想方设法弄来了一张“娃娃证”（这种痴呆症患者，政策是不允许生孩子的）。在二姑生了九个闺女后，这个小女儿终于生了一个男孩儿。可是他那痴呆症比我那小表妹更厉害，已经十六岁，连路都走不

**图6** 1982年，父母回老家探亲时与亲人合影。如今三十七年过去了，后排右一我母亲，右二大娘，右三二姑，先后离我们而去。面对照片，不胜感伤！

稳，饭也不会吃。本来就叫一个小女儿拖累得不轻的二姑、二姑父，雪上加霜，再增添一个连吃、拉、尿都不能自理的小外孙。

我的表姐妹们都出嫁了，日子过得都还不错。二姑的几个外孙、外孙女，也很有出息。然而喜欢到处串门、凑热闹的二姑，却哪里也去不得了——她得整天守在两个孩子身边。也就是几年的工夫，二姑苍老了很多。尽管她性格还是那样，喜欢凑热闹，却只能局限在那小小的村子里，每说笑上一会儿，就急慌慌地赶回家去。

**图 7** 1999 年，父亲、二姑在老家和晚辈们合影。

在山村，这种痴呆症患者随处可见。每当我看到这些可怜的人时，就想起那个小表妹和她的小儿子，心底便会生出为偏僻山村至今存在愚昧而悲哀的情绪。

大姑、大娘、二姑，都跟我妻子巩珍很亲，巩珍似乎和她们有着天生的缘分。以前日子难的时候，每次回老家，巩珍都会把家里的衣物打包带回。那些衣物并不旧，有些甚至还没穿过。那时，在老家人的眼里这些东西就是很珍贵的了。后来，生活好了起来，每年回老家，她还都会给二姑一百元钱。二姑就会到处宣扬："看看我这侄儿和侄媳妇对我好着咧！"大娘却没享到我们的孝心。大娘走得早，巩珍只见过一次，大娘就没了。

2009 年的那天，大哥来电话说二姑老了。我的心一下子揪了起来，我不相信二姑没了。之前不久，我们回老家给二姑父过生日的时候，二姑还精神得很。

我是当天下午和凤祥表弟一同赶回老家的。回去才听别人说，当天上午是我一个堂哥李慎言的五七日。慎言大哥在莱钢上班，患了绝症，不久就去世了。老家的大哥李慎忠召集李家的兄弟们办了慎言大哥的丧事。因为没有通知二姑，被她好一通埋怨。

就在那天的一早，二姑拿上了两刀纸，哭唱着到了大哥家。刚进大哥家门，她就捂住了胸口，一言不发地躺在了大哥的床上。就这么简单、干脆地，二姑走了。那年，二姑七十九岁。

在长辈中，大姑是九十岁去世的，大爷是八十七岁走的。父辈的姊妹，只剩下父亲和三叔兄弟俩了。父亲今年九十八了，三叔八十八了。记得在三十多年前，我们去找一位先生算命，他一上来就说：你家祖坟好，主厚道，主长寿。很多年后，他说的话果真应验了。我们的长辈果然都长寿。

我理所当然地佩服他。他姓伊，比我长两岁。从那以后，我和巩珍常去看望，我称他为“伊兄”。

# 两张全家福里的时代变迁

晏　欢

除夕那天，在香港母亲的柜子里看见了这两张照片，一下子思绪爆棚，止不住回忆了一把改革开放初期那个日新月异、瞬息万变的年代，与大家分享。

这是 1979 年夏，我们一家五口拍的第一张合影（图 1），时间地点非常特别。那年，全家告别陕南小县城汉中，随父母工作调动迁往广州，途经我正在读书的城市西安，必须在此住宿转车，才能搭上陇海线的车转到京广线上的武汉，再转车直达广州。这是我们全家脱离小城镇的“华丽转身”，成为大城市人的一个时间节点和里程碑。父母都是中学教师，又都不是陕西人。听说父母亲过去二十年里一直梦想调回南方工作，然而，那个年代，调动工作基本上如同登陆月球一样艰难，尤其是想从封闭的内陆小县城调往广州这样的大都市。我父母为成功调动工作而付出的努力，一点也不亚于如今举家移民美国花的气力。

父亲知道国家相关政策规定，工作调动是可以坐卧铺并报销的，因此，我们家人首次“开洋荤”登上了火车卧铺车厢（我没记错的话）。在此之前，我们多次走出巴山秦岭之间的汉中盆地，去北京、广州探亲访友，但都是乘坐长途汽车加火车硬座，

**图 1** 1979 年夏，作者（后排中）与家人在西安火车站拍摄的第一张全家福。

经常是只能买到站票（要在秦岭大山中宝成线上的阳平关小站，才能登上重庆至北京的特快），熬上两三天的旅途。到西安后，下榻西安火车站广场对面的解放饭店，一栋大约四层高的砖混结构楼房，床铺是带凉席和蚊帐的那种。一间房两张床还是四张床，我也不记得了。那时的旅店，门直接对着窗，使用公共浴厕，两张床间的窗下摆一张茶几，上面一定有一只热水瓶，服务员帮你去打开水送来。这家与旅馆同名的照相馆，我已经没有任何印象了，可能就在解放饭店的一楼沿街开设的吧！我一年前扛着铺盖来西安报到时，学校的迎新卡车就停在这家旅馆门前的空地上。那一晚，我自己应该是返校住宿的。已完全没有印象是父亲还是母亲提议在旅途中拍摄这张全家合影的，很有心地留下了我们家庭在历史大变革中的一个瞬间，尤为珍贵。

用今天的眼光看这张照片，那个年代的大人和孩子，目光缺乏坚定和自信，面对镜头不能放松自如。特别是我，动作略显生硬呆板，看不见理应释放出的对未来更好生活的憧憬。我们的服装也看不出任何特点，标准的九亿人民的精神面貌和同一标签，尽管我们这一家人在小县城里已经被看成异数另类。那年月，我们隔三差五地上京城下广州，见海外回来的亲戚；压在缝纫机的玻璃板下面的彩色照片也让邻居们羡慕不已，照片中的人物多穿喇叭裤花衣服，留长头发，被人家在背后议论，指指点点；我们家时而会收到海外寄来的包裹，能给街坊邻居们展示“555”香烟盒和口香糖，让邻居们大开眼界……但是，在这张 1979 年拍摄的照片里，我们的表现还是被平庸和时代的千篇一律所淹没，甚至一家人置身于西安这样的大城市，我们还是有点儿怯场。也许，这些都不是我所说得那样，影响我们一家五口的主要因素，可能还是不知道如何面对照相馆的镜头。我知道，1979 年，我们家是没有照相机的。之前我们家的许多照片，都是在颐和园、长城、故宫、天安门广场、广州海珠桥、华侨饭店等地方，请照相馆流动服务的师傅拍摄的。

广州区庄华侨新村，本身就是广州的一个异数。在这里，穿着花花绿绿的港澳人士出出进进，就是一道靓丽的风景。新村遍布各式别墅洋房，绿化茂密，处处花香，简直是到了外国一样。

父母被安排在华侨学校教书。刚刚调来一学期，母亲就被一年前的申请地——陕西公安厅批准赴港了。那时候能赴港，在社会上是天大的喜事。尤其是广州，排队赴港已经爆满。据说，即使夫妻团聚，也要等五年以上。在这一点上，陕西让我家人占了大便宜。母亲和姐姐都属于被申请人稀少的陕西公安

**图 2** 1981 年夏，作者（后排右一）与家人在广州区庄华侨学校门前拍摄的全家福。

厅批准单程赴港的，没有占广州的名额，广州人应该感谢才是。当年在广州获准赴港，要被亲戚朋友同事们羡慕成世间最幸运的人。母亲先去港，作为待业青年的姐姐随后也去了香港，一劳永逸地解决了就业还是继续参加高考的难题。那个年代，在广州，哪怕去香港打工扫街道，也是要被仰视的。这绝非夸张！于是，远在西安大学里的我，从 1980 年开始，便陆续有一些洋货拿出来让同学们眼睛闪亮了，从折叠伞、计算器（SHARP 牌子）、羽绒服，直到四喇叭收录机（三洋牌）和邓丽君磁带。把一罐“可口可乐”带回西安，“扑哧”一声拉开，大家目瞪口呆……我一下子成了个侨属。这转身动作确实大了一点儿，让我有些不适应，也不好意思。

图 2 是母亲和姐姐摇身一变，以香港同胞的身份回到广州

华侨学校看望父亲和妹妹以及暑假由西安回广州的我。此时照片中，我们全家的精神面貌和服装已然是“今非昔比，鸟枪换炮”了。这种装扮，当年在广州逐渐普及，不会引来异样的目光，让你周身不安了。我记得最清楚的是我身上那件T恤，是生平第一次穿有带英文字句（“California University”）的文化衫，是在香港做打工妹的姐姐买的。查了字典，头一次知道了“加利福尼亚”这个州名和这所大学名。这件T恤我终生不忘，穿回西安，直接把人家镇翻了。

---

## 征 稿

《老照片》是一种陆续出版的丛书，每年出版六辑。专门刊发有意思的老照片和相关的文章，观照百多年来人类的生存与发展。

对稿件的要求：所提供的照片须是20年以前拍摄的（扫描、翻拍件也可），且有一定的清晰度，一幅或若干幅照片介绍某个事件、某个人物、某种风物或某种时尚。文章围绕照片撰写，体裁不拘，传记、散文、随笔、考据、说明均可。

编辑部对投寄来的照片，无论刊用与否，都精心保管并严格实行退稿。文字稿恕不退还，请自留底稿。稿件一经刊用，即致稿酬。

来稿请寄：山东省济南市英雄山路189号B座　山东画报出版社《老照片》编辑部

邮　编：250002

E-mail：laozhaopian1996@163.com

网　址：www.lzp1996.com

电　话：（0531）82098460（编辑部）（0531）82098460（邮购部）
（0531）82098479（市场部）（0531）82098455（市场部）

邮购办法：请汇书款至上述地址，并标明收款人“山东画报出版社有限责任公司”和注明所购书目。

邮发代号：24-177

## 《老照片》网站与微信公众号

官方网址：www.lzp1996.com
微信公众号：山东画报出版社老照片

# 创建山东省整形外科纪事

韩秉公

整形外科是外科学的一门分支，又称整复外科或成形外科。它是利用活体组织移植或组织代用品的植入为基本治疗手段，为先天和后天畸形患者，恢复或改进人体的生理功能和形态的学科。

我国整形外科作为一门学科始于20世纪40年代末期。抗美援朝期间对大量伤残病员的救治，对于我国整形外科事业的发展起了很大的推动作用。50年代初，一些医学院的教学医院纷纷成立此科，设置专业床位，收治患者。北京协和医科大学宋儒耀教授于50年代后期组建了中国第一个整形外科医院和整形外科研究所，为新中国培养了最早的一批整形外科专家。这一时期，朱洪荫、宋儒耀、张涤生等人出版了一批整形外科专著，在整形外科学界产生了广泛的影响。他们的成就对中国整形外科的建立和发展起到了强大的推动作用。1975年，杨国凡、李吉首创的吻合血管的前臂皮瓣游离移植，被国外同行誉为“中国皮瓣”。

为了整形外科专业的发展与学术交流，我国于1982年5月在上海成立了烧伤学组及整形外科学组。1985年，中华整形

**图1** 1977年4月28日，后排左起韩秉公、周兴亮，前排左起赵元青、许万玲在上海体育馆前合影。

外科学会在北京正式成立。我国的整形外科在早期基础薄弱，人才缺乏，床位数量少，又集中分布在几座大城市，无法满足全国大量的患者在当地就医。卫生部为解决就医难，尽快发展整形外科专业，特委托上海第二医学院附属第九人民医院张涤生教授承办全国整复外科学习班，培养新一代专业人才，为在全国建立整形外科打基础。该班每年举办一期，每期学员由三

**图2** 1977年4月28日，进修结束之际，张涤生教授（前排右五）带领学员参观上海新落成的体育馆。后排左三韩秉公，后排右一周兴亮，前排左二赵元青，前排左三许万玲。

个省市的医院轮流派出外科主治医师、医师、麻醉医师、手术室护士各一人组成。

全国整形外科学习班的举办，为济南市中心医院整形外科的成立打下了基础。1976年5月1日，根据山东省卫生厅的决定，由我院派出医护人员去学习，医院派我（主治医师）、医师周兴亮、麻醉医师赵元青、手术室护士许万玲等四人去上海参加学习班。此班已是第三期了，由山东、河南及甘肃三省的十二名学员组成。张涤生教授制订的教学计划和时间安排很紧凑。他为学习班主编了《整复外科学》讲义和整复外科历年手术治疗前后对比的相册。张涤生、王德昭及上海第二军医大学长征医院整形外科高学书教授主讲理论课，四周后进入临床实践。张涤生教授时常做示教手术。每位学员分管15—20张床位，并对病人的病历书写、诊断及治疗计划的制订全程负责。术前进行病历讨论，决定治疗手术方案后，在上级医生的指导下进行手术操作。通过这些实践，我们的收获很大。张涤生教授治学严谨，对学员的学习和工作要求很严。他要求学员结业后，在技术上必须达到独立工作的水准，并有所创新发展。同年7月，上海天气非常炎热，但医院缺乏空调设备，为了保证组织移植整形手术的成功，除了急诊手术外，不再安排手术。张教授担心手术量减少影响教学质量，便安排学员到太原山西医学院第二附属医院整形外科实习。此科是第二期学习班学员韩文启和肖家富创建的。太原凉爽的天气适于移植整形外科手术的施行。

1976年7月4日，我们在医护老师孙以鲁等人带领下到达太原。在实习中发生了唐山大地震，师生们全部投入由唐山转运来的伤员的治疗中。9月24日，我们返回上海九院继续临床实习。经过一年的学习、观摩和实践，1977年5月4日结业，返回医院。

回到医院后，为积极争取省卫生厅领导的帮助，医院派我和周兴亮前往汇报学习收获，并申请建科。医政处处长李竹堂十分满意，同意筹备立项，争取财政拨专款成立整形外科。同时，得到了医院方面的大力支持。1977 年 6 月 27 日，我们在外三病房固定了十张床位，开始收治整形外科患者。后由省卫生厅拨专款，1983 年 12 月 24 日，建成并启用了整形外科病房楼。整形外科定为外六病房，编制三十张床位。医护人员原有主治医师二人，医师二人，护士七人，后增加医师至八人，护士至十一人。1985 年 9 月 1 日，医院同意整形外科脱离大外科

**图 3** 整形外科病房楼启用，全科合影。前排左三周兴亮、左四韩秉公。

编制，成立一级科室。同时，任命我为科主任，周兴亮为副主任，王振兰、许万玲分别为病房、手术室护士长。1987 年 7 月 1 日，新建整形美容外科门诊及专用手术室。

整形外科成立后，除了收治患者，还进行科研开发。1979 年，我们在国内首先开展了新的植皮方法——“保留真皮下血管网全厚皮游离移植术”（简称“保网皮”）。我们还完成了“脂肪抽吸术动物实验与临床应用研究”（简称“脂吸术”）。1987 年 11 月，济南市科委组织专家鉴定，认为这项成果已经达到国际水平。同年 12 月，我们举办了全国十四省市及香港

**图 4** 韩秉公（左三）、宫昔愿（左四）向来我科视察的有关领导介绍“保网皮”治疗效果

**图5** 1987年11月2日，“脂吸术”鉴定会中韩秉公（右）在济南市东郊饭店与张涤生教授合影。

六十人参加的“脂吸术”学习班，推广这项新技术。

其实，早在开设整形外科专科门诊时，就有许多大腹便便的肥胖患者就诊，要求手术减肥。减肥手术属于美容外科，而中华人民共和国成立后，美容外科一直被认为是整形外科领域的“禁区”。美容手术被视作为资产阶级服务的项目，特别是“文革”时期，更受到批判和挞伐。直到改革开放后，人们对美的认识才开始有了改变。美容外科相应地被视为一门新的医学专业，得到人们的重视。随着生活水平的提高，个人收入的增加，要求做美容手术的人与日俱增。

当时，我们对就诊的肥胖患者只做预约登记，尚不能开展美容手术。腹壁肥厚及臀部美容的方法，切口长，剥离面广，创伤大，急需研究一种简便手术方法，来解决手术减肥的问题。

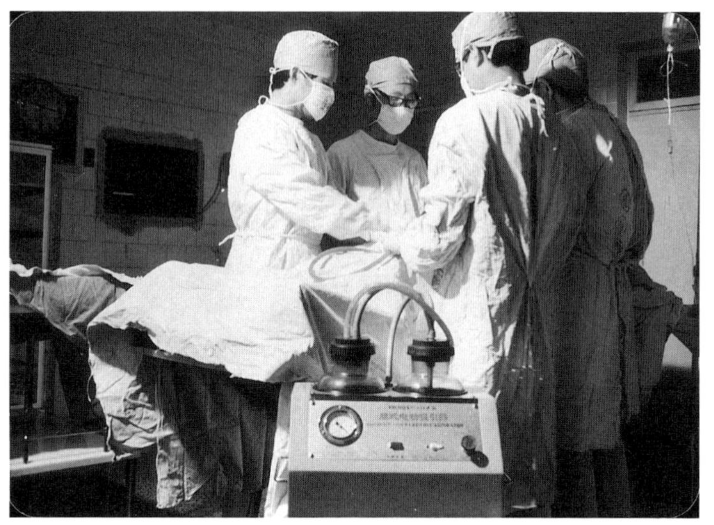

**图6** 演示“脂吸术”，请专家评审。左一孙学武，左二韩秉公，右一张冠军，右二邱晓东。

1985年9月，在中华整形外科学会成立会议上，张涤生教授在报告中提到“脂吸术”在国外的发展。还说道，其专用手术器械我国尚未生产，而进口专用设备价格又比较昂贵。鉴于此，决定自行研制脂吸术专用吸头和其他有关器械。1987年2月，我们用肥胖的白猪崽做动物实验，初步取得了有效可行的实验结果，规范了手术方法。在此基础上，我们决定研究这一新课题——脂吸术。济南市卫生局组织专家评审后，4月开始应用于临床，至11月初成功施行了102例脂吸术。

脂吸术是美容外科的一项新技术，是改善体形和医治肥胖造成的各种功能障碍的有效方法。按照生物化学理论，人出生时脂肪细胞数目是固定的，并逐渐在此基础上增加，至成年后其数量保持恒定。成年人严重肥胖，脂肪细胞只增加体积而不增加数目。同样，体重减轻时，脂肪细胞只减少体积而不减少数目。所以，非外科治疗肥胖只能使膨胀的脂肪细胞体积缩小，而不能减少其数目。引起局部脂肪代谢障碍的因素包括遗传、内分泌和饮食习惯等，即使严格控制饮食，并进行健美锻炼，局部脂肪代谢障碍仍然存在，所形成的局部脂肪堆积亦很难消失。因而，非外科治疗是很难奏效的，而脂吸术却在这方面显示出明显的优势。济南电视台特地拍摄专题片《肥胖莫烦恼，

**图7** 1988年12月7日，济南市中心医院整形外科举办全国脂肪抽吸学习班，其中有香港学员。结业前，全体学员与院领导在医院办公楼前合影。前排左四为韩秉公。

**图8** 1989年8月29日，韩秉公（左）、周兴亮（右）与新加坡整形美容专家邱武才教授（中）在济南市中心医院整形外科合影。

健美有新法——济南市中心医院临床应用脂吸术减肥成功》，对我们的科研成果进行了报道。

中华人民共和国成立以来，国家重视发展整形外科，为解决先天和后天畸形病人就医难做了很大努力。我和周兴亮携手创建的山东省第一个整形外科专业以及所开展的工作，起到了领头羊的作用。直到1991年1月我离休，济南市中心医院整形外科的技术水平一直是国内先进、省内领先的水平。

# 列车冠名权的拍卖

李东生

1995年底，上海铁路局召开企业管理工作座谈会，我作为上海铁路分局企管办主任，参加了这次会议。会议即将结束时，路局邓金华局长前来看望我们，并介绍了铁路改革中出现的新动态，如拍卖列车冠名权等。杭州铁路分局企管办汇报说，他们已经成功地进行了杭州至北京，杭州至上海、无锡、广州等四趟七组列车冠名权的拍卖活动，共计拍得299万元，创下了旅客列车冠名权和载体广告使用权拍卖总值以及单组列车拍卖价值两项最高纪录。邓局长说：我们应该大力发展列车广告事业，上海至北京的13/14次列车是我们局的王牌车，能不能搞列车冠名权的拍卖啊？而且，还要争取拍出全路的最高纪录。

上海至北京13/14次特快列车隶属于上海铁路分局，是全国闻名的红旗列车。会议结束后，我立刻向分局长钱景荣汇报。钱局长原先是管运输的。他意味深长地对我说："你去干吧，我支持你！"我心领神会，这次任务我不需要讲"根据某某领导的指示"——我们平时经常说笑话，13/14次列车软卧车厢里配备什么样的拖鞋，都必须经铁道部批准，何况是整个列车的冠名权拍卖？铁路是半军事化组织，行车依照调度命令，一举一动都要依据上级文件。铁道部没有关于列车冠名广告的说法，走向市场搞“拍卖”，没有任何文件依据。我以为，改革开放以来列车车厢载体广告已发展多年，列车冠名则是把整趟列车作为一个广告载体，从开展列车广告营销活动的角度看，也应该是顺理成章的……

我来不及多考虑，赶快组织人马去杭州分局取经。回沪后，立即登门拜访上海最大的两家拍卖公司。他们对列车冠名权拍卖这一新事物均表现出极大的兴趣，说这是无形资产拍卖，愿意无偿合作。其中，上海国际商品拍卖有限公司（“国拍”）副总裁范干平做过县委宣传部部长，有宣传推广的经验，于是，分局与该公司签约，委托他们来执槌，公开拍卖13/14次列车冠名权以及车厢广告发布权。

紧接着，着手去做分局内部的协调工作。与旅客列车广告有关的单位是上海列车段、上海车辆段，具体操办列车广告业务的是这两个段的广告公司，分局广告公司则是广告经营的主管单位。它们对这次拍卖活动都很支持，因为这次活动实际上也是为铁路广告自身做一次免费的宣传。

拍卖列车冠名权的消息在分局传开后，大家议论纷纷，对“拍卖”结果的不可预料性表示担心。13/14次列车是全国标志性的红旗列车，人大代表都是乘着这趟车去北京的，政治色彩比较浓厚。有人说，谁出钱多，就可以拍得冠名权。但也有人说，如果生产卫生巾的企业拍到了，旅客走来走去，眼中看到的都是卫生巾，那怎么行？客运管理部门更是忧心忡忡：列车冠名不能取代客运车次，广告图案不能影响车容车貌，门窗广告不能挡住旅客视线……虽有种种疑虑，但对于发展列车广告事业的必要性，大家的意见是一致的。显而易见，列车广告是铁路

**图 1** 1989 年 4 月，铁道部多种经营调研组合影。右后为汪乾庆司长；中排右四为金毓铮副司长，右三为路局总经济师胡志超。

多种经营的重要组成部分。

上海铁路分局的多种经营起步于 1984 年，由下而上，由小变大，一步一步地发展起来，如货运代理、客票代售、餐饮服务、配件修复，等等。由于各方对铁路企业开展多种经营颇有争议，为此铁道部体改法规司汪乾庆、金毓铮两位司领导于 1989 年 3 月专程来到上海局、上海分局调研。调研组由铁道部部长李森茂挂帅。路局总经济师胡志超让我参加调研活动。当时我的看法是应该支持多种经营健康发展，理由很简单，铁路基层单位太“穷”了。略举一例：1985 年，我到上海电务段做财务主任。这个单位的职工必须具有通信、信号专业知识，是分局各单位中职工文化程度最高的。我在沿线维修工区走访时，发现工区里座椅比人头少，也就是说，工人干活回来，连坐的地方都没有。有一次，我跑到一个工区，居然连一个板凳也没有。我实在站不住了，只好坐到房屋中间唯一的木板桌上。回来后，我将运输支出科目翻了一遍，没有找到任何可以用来买工区座椅的款源，只好动员各部门进一步厉行节约，年终时用节省下来的间接费买了一批椅子。老段长颜承钰高兴地直夸我，说我掌握政策“灵活”。

曾经有人问我：“乘火车的人那么多，你们职工的收入不错吧？”我无言以对。铁路收支两条线，客货运输收入是铁道部的收入，铁道部对下实行企业内部经济核算，即运输支出预算管理，分门别类，专款专用。铁道部实行“大包干”以后，全路的运输收入除了用于运输支出，还要用于新线建设，怎能不过紧日子呢？与铁路职工收入有关的是运输支出中的工资总额，对该项开支一向实行刚性约束。随着改革开放的深入，我们上海铁路职工人均收入与本地交通运输企业相比，已经低了一大截。如果没有其他途径的资金来源补充，如何增加职工收入？

说起增加职工收入，最困难的就是列车段。列车段职工人数最多，有四千多人，每人发十元钱，就需要四万多元。每年春运加开临时客车，需要外单位人员助勤，而发给助勤人员的津贴也须占用本单位的工资总额，真是捉襟见肘。1991年12月，时任分局长王兆成在开展了机务管理咨询、道口管理咨询与集体经济管理咨询之后，又组织了客运列车管理咨询。所谓“管理咨询”，是借鉴国外经验，结合实际，自主设计的一种管理方法，与传统的工作组、检查组相区别，表达对基层单位的平等态度。咨询组由分局长挂帅，综合研究室（我所在部门）牵头，

**图2** 1990年，铁路站段召开改革研讨会时合影。前排右五为汪乾庆，右四为金毓铮，左一为笔者。

党政工团各部门派员参加，通过与被咨询单位各级干部、职工群众广泛的谈心活动，群策群力，共同寻找影响安全路风的深层次原因，屡屡取得干部群众心情舒畅、安全路风明显好转的效果。客运列车管理咨询前后历时数月，制定整改措施，明确目标责任，分局职能部门与基层单位共同落实，王兆成分局长亲自督办，帮助列车段解决了一些具体困难。这次为了列车冠名权拍卖，我去老北站停车场了解列车广告现状，正在洗刷车皮的一位职工对我说："我认识你，你是咨询组的。你们咨询组帮我们解决了休息室，谢谢你们！"洗车组露天作业，劳动强度大，却没有休息场所。那次咨询组通过分局出面，置换出其他单位在停车场内的几间房屋，给洗车组做休息室。我们的

**图3** 1992年参加客运列车管理咨询时，在换乘途中合影。后排右为秦启庚。

**图4** 笔者调研列车广告情况。

职工多好啊，替他们做一点好事，他们都一直记在心上。不过，这件事情并不是我经手的，我的分工侧重于“路风建设”。为了深入了解违章违纪职工的心态，我和职工学校心理学教师秦启庚一起找受过处分的职工谈心。其中有一位跑昆明车的女列车员，是个单身母亲。她说，她想倒卖几条香烟，替儿子赚点牛奶钱，结果被发现，香烟给没收了不说，工资也给罚掉了。说罢，恸哭不止。见此情景，我的泪水不由地涌上眼帘，急忙走到门外擦干眼泪，生怕给人看到，“影响”不好。后来，我们在咨询报告中重申，对违章违纪职工扣罚工资不能超过《职工奖惩条例》中规定的上限，不能影响他们的基本生活，不要歧视他们。但咨询报告却不敢写增加职工收入，分局工资总额账上挂了一大笔红字，还不知道用什么钱来弥补呢！真希望通过这次列车冠名权拍卖，能够给列车段、车辆段带来一些经济收益。

言归正传。我们与“国拍”密切配合，紧张有序地开始了工作。

第一步工作，是舆论宣传。1996 年 1 月 6 日，“国拍”出面召开新闻发布会。按照惯例，分局只有党委宣传部具有与媒体接触的职能，但这一次，是我们企管办应邀参加“国拍”的新闻发布会。说实话，“冠名权”“广告载体”，对我们来说都是新名词，自己讲着都拗口，怎么才能让媒体朋友们写清楚呢？会前，我和企管办的同事陈卫星做了精心准备，写好书面材料，复印给到会记者人手一份，我在会上照本宣读。从第二天开始，各大媒体连续发布消息，《人民日报》《解放日报》《文汇报》……13/14 次列车被称为“中华第一列车”“中国王牌车”“共和国第一列车”等。1 月 17 日，“国拍”发出拍卖公告，宣布上海至北京13/14次两组列车与上海至无锡61/62次一组列车为本次列车冠名权及车厢载体广告发布权拍卖的标的物，向海内外公开拍卖。《新闻报》发表了范干平的署名文章和拍品的详细介绍。范副总裁果然是妙笔生花，将列车广告的优点描绘得淋漓尽致。列车广告确实有优势，人们在旅途中时间充裕，一路上尽可以细细观看，只要内容能够吸引人们的眼球就行。列车冠名权拍卖的消息，引起广泛关注，热心的读者们还写来“人民来信”，表达他们的关心与“担忧”。据《解放日报》胡健署名文章透露，有位老教授曾致信市政府有关部门，认为“13/14次冠名权不能转让，它是我们社会主义铁路客运服务的标志，让‘周恩来’号机车拉某个企业的牌号不合适”，而更多的人则持肯定态度。有一篇文章指出：“铁路近年来正陷于全行业亏损的困境，许多无形资产没有很好地发掘出其应有的价值。列车广告是在不影响铁路正常运输生产的前提下，按市场规律合理配置铁路资源，盘活国有资产存量的一个重大改革举措。”我不知道此文作者是何身份。这段话从理论上阐明了“列车冠名权拍卖”是一个重大的改革举措，使我们受到极大的鼓舞。

第二步工作，是寻找买主。“国拍”和分局的同志兵分三路，南下浙江，中取苏南，北上首都，走访了近百家企业，并向海内外发出数百封函件。我和同事孙立华、“国拍”经理蒋斌三人走苏南一线。正值隆冬，大雪纷飞，寒风刺骨，但挡不住我们急切的脚步。铁路是个半封闭的小社会。我1972年进铁路，还没有接触过铁路以外的单位，看外面的世界什么都是新鲜的。好比说拜访企业吧，以前凭一封单位介绍信即可，现在不行了，一定要认识人，还要预约，得到本人同意，才能进得去。比较下来，还是咱们铁路保持了优良传统，局长、分局长的电话号

**图 5** 拍卖会现场

码都是公开的，机车乘务员半夜里遇上堵车，一个电话就打给分局长……我们只好请沿线的铁路车站与企业事先联系，一般只能见到企业的办公室主任。有一家企业接待我们的大概是位副总，很有派头。他见我是个女同志，故意翻来覆去看我的名片，拐弯抹角地讥讽我“不务正业”。见我不动声色，便用轻视的口气说：“我知道你们铁路，不就是装卸排嘛！”我有点纳闷了：我们铁路——国民经济的大动脉，怎么给他说得那么没有地位？有一段时间，火车似乎成了穷人的交通工具，似乎只有乘飞机、坐轿车才是有身份的标志；经济发达地区的铁路货运也不吃香了，卡车、集装箱车四通八达，长途运输也不在话下……

我们去的最后一站是改革开放后小有名气的张家港市，那里的市政府凭介绍信就可以进去。我们走进接待室，只见里面挤满了天南海北前来拉赞助的人，一个个长篇大论，唾沫飞溅，一位接待人员耐心地听着……我们怀着对那位接待人员的钦佩之情，离开了。就在此时，上海传来喜讯，说“国拍”本部的同志见到了上海农工商（集团）总公司老总，老总不但表示要参加拍卖会，而且志在必得。

第三步工作，是拍品准备。旅客列车车厢广告一向由列车段、车辆段广告公司各把一方。凡与车身有关的，如墙壁悬挂镜框、门窗玻璃印刷广告等，属于车辆段管；凡与客运备品有关的，如座席头套、台布印制的广告等，属于列车段管。如今，所有车厢广告载体统一参加拍卖活动，必须清除拍卖标的物上的旧广告。两家广告公司紧锣密鼓，加班加点，总算如期清理

解放日报

JIEFANG DAILY

星期六 第七期A

一九九六年二月十日

逢周六、周日出版

双休特刊

“中华第一车”冠名权走

前天，13／14次两组列车被一槌定音，以1年174万元的高价，将冠名权拍卖给上海市农工商（集团）总公司。

初雪放晴，午后的斜阳映照着熙熙攘攘的上海火车站，透出丝丝暖意。13／14次列车静卧在1号站台上，列车员忙着做放客前的最后准备工作。目光抚过红白相间的车体，停在那一块块熠熠生辉的方向牌上，似乎在做一种告别，更是在做一种迎接。

“上海—北京 直达特快”，白、绿相间的底色上嵌，红两色构成的字体，并无特别之处，可如今这些方向牌却已身价百万。在前天的拍卖会上，13／14次两组列车被一槌定音，以1年174万元的高价，将冠名权及广告发布权转让给上海市农工商（集团）总公司，易名为“农工商”号。这时，距最初提出冠名权转让动议已有4年。

4年寒暑不寻常，知情者无不感慨，围绕“中华第一车”冠名权的纷争和疑惑终于划上了一个圆满的句号。

1992年春，邓小平同志南巡讲话发表，改革大潮在中华大地再次奔涌，国内几家知名企业向铁路方面提出用50万元购买列车冠名权，请求开“霞飞号”、“李宁号”。不料，这一动议马上引来一场观念大碰撞。一种观点认为：“列车广告满地跑，还算什么社会主义铁路形象？太唯利是图、急功近利了！”另一种观点则与之相反：“铁路建设需要大量资金投入，国家一时拿不出，铁路自己也没有，依靠社会力量吸纳资金，不失为明智之举。”

正当各种议论蜂起的时候，1992年6月8日，青岛铁路分局开出了全国第一趟广告列车——“琴岛海尔号”。琴岛集团每年出资15万元并负责青岛至北京的25／26次列车备品和旅客用具的更新改造。这一大胆创举和不菲的收益，顿时压倒了一切空头议论，各铁路企业跃跃欲试。

在上海铁路局，有人提出：“我们13／14次列车冠名权也可以转让嘛。”

此语一出，引起更大争议。13／14次列车拥有全国最先进的车辆设施，列车员经过严格挑选，素质优秀，旅客层次也较高。它曾连续十几次获得全国铁路红旗列车称号，自1987年起连续获“上海市十大窗口”最佳称号，江泽民等党和国家领导人曾先后为它题词。不少人认为，这辆有“中华第一车”之誉的列车，它的冠名权怎么能够出让呢？部分客运干部更担心的是：冠名权转让后，将会影响今后的红旗列车评比，也许几十年中几代人的奋斗将因此而毁于一旦。

果然，有关部门很快发出了禁令：“中国铁路只有毛泽东号、朱德号、周恩来号机车，一个企业的品牌怎么可以与之相提并论而成为列车的名称？”“霞飞”和“李宁”两家企业的要求自然也遭到了断然拒绝：“就是出500万、5000万也不行！”

列车广告似乎成了铁路经营的禁区。

然而，在这个禁区内仍有少数列车在悄悄驶入。琴岛海尔号只到1年期满后才隐退，1994年，从成都到重庆的特快列车的方向牌、路具上赫然标着“五粮液号”，还有“嘉陵摩托号”、

图6 《解放日报》相关报道

**图7** 拍卖会成功举办后，企管办组织联谊活动。后排左三为拍卖师蒋斌，前排右一为陈卫星。

完毕。“国拍”带着有意参加竞拍的企业代表前来参观“拍品”，他们纷纷打听拍卖价位。我们提供了一个计算公式：列车冠名权广告费 + 车厢所有广告载体广告费 + 列车无形资产价值附加费 + 新闻媒体跟踪报道所产生的社会效益。

1996 年 2 月 8 日，拍卖会如期举行。在竞拍者陆续入场的前一刻，应邀为拍卖会进行公证的公证员提出质疑：如果铁路主管部门的政策发生变化，怎么办？我不敢应声。幸亏范干平出面解围，他主动表示由“国拍”承担法律责任。经过拍卖场上几十个回合的激烈角逐，上海农工商（集团）总公司以 1 年 174 万元竞得两组 13/14 次列车冠名权和车厢广告发布权，创下国内同类拍卖最高价。拍卖会后，各大报纸争相报道，之前担心企业名称配不上红旗列车的人们总算放下心来。1996 年 4 月

1日，铁路部门配合农工商集团公司在上海、北京两地同时举行隆重的首发仪式，一时间“农工商”名扬天下。之前，我特地查看了列车窗户玻璃上的广告，小巧的图案印刷在窗户的一角，非但没有挡住旅客的视线，而且就如镜框上的花边，非常美观。就连我这个自以为有点审美眼光的人，也觉得无可挑剔。

我在2月10日看了胡健的文章才知道，邓小平同志1992年视察南方谈话后，济南铁路局青岛分局当年就开出了“琴岛海尔”号。那时，上海铁路局也有人提出13/14次列车的冠名权转让。后来的几年，围绕列车冠名权产生的思想交锋始终没有停息。1995年9月28日，武汉分局首次公开拍卖列车冠名权。哈尔滨铁路局也试探性地写出请示，要在北京举办拍卖会，出人意料地被应允了。这个消息不胫而走，徐州、杭州紧紧跟上……文章称，13/14次列车冠名权拍卖“几乎没有出现什么波折”。我知道：是上海铁路局与分局领导的默默支持，是“国拍”公司卓越的才能和艰辛的努力，是社会媒体高度的关注和热情的支持，帮助我们走出了这一步。

大约过了半年，铁道部有关部门下令，红旗列车不得在窗户等处做广告。上海分局派出一位副分局长去农工商集团公司协商，对方谅解。于是，合同提前终止，分局退还拍卖所得。自此，不再听到列车冠名权拍卖的槌声……也许，这种拍卖形式不会复制，但它体现了当年铁路人解放思想，投身改革开放的追求与激情，以及在企业走向市场的道路上所进行的探索与实践。

# 难忘年复一年的“农忙假”

杨瑞庆

从1956年就读千灯（顾炎武的故乡）中心校一年级开始，到1968年9月初离开昆山中学下乡插队结束，我总共度过了十三年中小学时光(因是1967届高中生，“文革”中耽搁了一年)。那时，国家“以粮为纲”，支援农业成为各单位的自觉行动。每个学期，我们都要经历半月之长的农忙假，从事力所能及的农业劳动，不做“四体不勤，五谷不分”的人，至今印象深刻。

那时，学校的围墙上书写着“教育必须为无产阶级政治服务，教育必须同生产劳动相结合”的教育方针，从全力培养“思想好、学习好、身体好”的“三好”学生，后逐步过渡到培养“德、智、体、美、劳”全面发展的“五好”学生。因此，每个班级都设立劳动委员，负责劳动事宜，如安排每天打扫教室和包干区的卫生等。

无论6月份的夏收夏种，还是10月份的秋收秋种，都是学生翘首盼望的假期，称为“农忙假”，虽要付出一些劳力，但可以亲近田野，比起紧张的学习要轻松得多。由于低年级小学生人小力薄，在老师带领下，只能到学校周边的大田里去拣麦穗或拣稻穗。一路上，老师介绍这是桑树，桑叶返青，可以养蚕宝宝；那是柳树，柳叶变绿，春天就来临。拣累了，就到田边的牛车棚里去歇息，或是听老师讲故事，或是同学唱儿歌，笑声、歌声荡漾在微风吹拂的原野上，无忧无虑，十分惬意。

到了三四年级，手里有些劲了，脚上有些力了，队里就会派我们下水田去丢草泥。干这活，臭气倒不害怕，就怕水蛇咬人。虽然老师说没有毒性，但一旦被咬，就会疼痛好几天，所以经常小心翼翼，以防不测。小镇上的孩童习惯夏天赤脚，而且喜好玩水，经常在水田里“打水仗”，弄得满脸泥浆，回到家里就会被母亲训斥一顿。因为那时肥皂凭票供应，难以承受经常浆洗衣服呀！

1958 年的秋忙假期正值开展公社化运动，学校西边在开挖一条灌溉渠道，要求我们去支援。我们依次排队，将老农在渠底掘出的方整泥块接力传到高处。这是力气活，一不小心就会砸在脚上。有位同学想出了抛接方法，既借助巧力，又好玩儿。就这样连续干了好几天，虽然筋疲力尽，但是一条长长的渠道在我们的劳作下终于形成了，成就感油然而生。（图 1）

五六年级时，正值国民经济困难时期，为了渡过饥荒，学校将大操场改作旱地，都种上了马铃薯和山芋、南瓜之类的农作物。除了平常劳动课上去施肥拔草外，到了农忙假，还要抽出一部分同学抬水浇灌，有时还要完成沉重的浇粪劳动——两个人抬一个粪桶，由于步调不一致而致脏水四溅，泼在身上，弄得臭气萦绕，只好一路埋怨对方，最后在忍俊不禁中完成劳动任务。

进入千灯初中后，已到了有些力气的少年时代了。由于很多同学来自周围农村，家长急需子女回家帮忙，如带弟妹、帮助烧饭等，农忙假成为送去“及时雨”的假期。市镇上的同学

**图 1**　开沟渠

就由老师带领，早出晚归下乡支农，从事些更像样的劳动了，如收割（如割麦）、脱粒（如掼稻）等。即使老师一再关照大家要多加小心，但麦芒刺在眼睛里、手脚被镰刀割破的事仍时有发生。那时需要自带简单中饭，夏忙吃粽子，秋忙吃蒸糕。队里挑来一桶大麦茶，一个杯子轮流解渴。趁午休机会，经常会好奇地去捉鱼摸蟹、看牛逗狗，玩得不亦乐乎。下午继续劳作，待等太阳西下就胜利而归。一路上，唱着“日落西山红霞飞……”那时，我们不知疲倦，整天沉浸在欢乐之中。

每次农忙结束再度上课时，心绪还是不能平静。那时没有强烈的升学追求，因此没有急切学习的愿望，大家兴致勃勃地谈说农忙经历，要经过一段时间的调整，才能恢复正常。那时，我们大多营养跟不上，农忙假后相互看看，人瘦了，脸黑了，但多少为家庭、为农村作出了一些贡献，所以大家都引以为荣。每到农忙结束，语文老师都会拟出诸如“记农忙假二三事”“记一次印象深刻的劳动”等有关农忙假的作文题，所以每次农忙假中，同学们都会自觉地收集素材，构思篇目。好几次，我的作文都被老师选为“美文”，在班级中交流，让我很自豪。

1964年，我考取了昆山中学，大概上了一个月的课，就迎来了高中阶段的第一个秋忙假。那时正值青年时代，要像样地参加农忙假劳动了。当时的城北公社田多人少，我们班级被派往比较贫穷的庙泾十五队。那天，打起铺盖，乘上小船，连炊事设备（如大铁锅）都一并带上。男同学被安排在一户贫下中农的家里住，虽是草房，但打扫得干干净净。在老师和老农的指导下，地上垫上稻草，然后排一溜地铺。二十多个男同学集中住宿，我还是出了娘胎第一次。晚上点着油灯照明，走道放着粪桶解便。那种从未有过的艰苦生活，我们只觉得开心，没有抱怨。

为了不给农民增加麻烦，劳动委员在老农的帮助下，竖帐篷，挖地窖，完成了简易厨房的建设。由学生自己动手的第一餐白菜汤和白米饭终于大功告成，吃在嘴里分外香甜。虽然菜肴简单，但比起当地农民的伙食已经好多了。他们吃的是稀饭加浆面（用酱油炖制的面粉作为小菜），贫困程度可想而知。

那时的劳动，一般是女同学负责割稻，男同学负责挑稻，将田地里的稻捆通过接力方式挑到公场上。从队里借出二十多根扁担，人手一根。在老农指导下，每人负责一段路程，通过走动抛担的形式，肩接肩地传送。开始时感到很轻松，但几个回合下来，已感到百步无轻担了，嫩骨薄肩上已经磨出了血泡。那时，我正在申请入团。这是接受组织考验的好机会，所以坚

**图2** 割稻

**图3** 犁田

**图 4** 罱泥

持“轻伤不下火线”，忍痛挑担，终于渡过了难关，肩上还生出了老茧，成为我以后插队劳动的“资本”。劳动之余，还好奇地去看老牛套犁耕田，甚至还尝试去掌过犁把，但老牛却不听我的使唤，同学们忍俊不禁。

就这样又度过了一年的农忙假。1966 年 6 月，当我在城北斜泾七队参加农忙劳动时，传出了废除高考的消息，高三同学的升学美梦就此破灭。我当时是高二学生，想当然地认为不久将恢复正常。谁知农忙假结束就停课闹革命，轰轰烈烈的“文化大革命”开始了。高考遥遥无期，但一年两次农忙假雷打不动。

**图5** 送公粮

最后一次农忙假，是1967年的夏收夏种。那时，学校里派性斗争激烈，一个班级分成针锋相对的两派，已没有条件聚在一起支农了，只能以“兵团”为单位下乡了。当时，我参加其中一派的“继鲁迅”宣传队。为了下乡宣传毛泽东思想，我们二十来人被派往新镇公社白塘大队参加夏收夏种劳动，主要参加割麦、挑麦、掼麦等劳动，常常弄得满身麦芒，收工后就到附近的太仓塘里去洗个冷水浴。晚上，带上手风琴，乘上小船，唱起“让我们荡起双桨……”，抒发愉悦情感。有时，晚上还要去附近的新镇广播站录制“毛主席语录歌”的教唱节目。那时年轻，亢奋，充满青春活力，总在不知疲倦地释放着过剩的精力。

随后的1967年秋收秋种和1968年的夏收夏种，由于昆山中学处于“无政府状态”，所以取消了农忙假。1968年秋收秋种来临前夕，上面发出了老三届学生“一片红”的指示，昆山中学雷厉风行地在人民剧场召开了下乡动员会。我于1968年9月12日被安排到千灯公社陶星七队插队落户，正好赶上秋收秋种的大忙季节。这是靠赚工分吃饭了，劳动要求和劳动强度根本不能与农忙假同日而语。由于经过多年农忙假的磨练，割稻、挑稻等农活已驾轻就熟。通过三个月的繁重劳动，到年底还得到三十多元的分红呢！这是我人生第一次获得的劳动报酬，就到上海买了一件的确良衬衫，准备好好打扮自己，找个对象，在农村扎根一辈子。

不久，学校开始“复课闹革命”，并又开始招生了，仍然坚持着一年放两个农忙假的制度。那年，千灯中学的“学农队”分到了我们队里支农，我却变成了“老农”指导他们劳动，真是感慨万千！

1979年，我考取了苏州师范学校。那年开始分田到户，从此，学校取消了“农忙假”。但已经历了十多年的“农忙假”劳动，在我人生道路上留下了不断得到磨练的印记，使我终生难忘！

（图片由顾鹤冲提供）

# 我的五年“调干生”生涯

陈　凯

1959—1964年，我有幸在中国人民大学度过了五年“调干生”生涯。它圆了我多年的求学梦，更决定了我之后的生活道路。如今进入耄耋之年，回顾往事，感慨良多，不过因已逾半个世纪，记忆难免有误。

新中国成立之初，为加快培养建设人才，国家出台了选调在职青年进入高等学校深造的措施，由此产生了“调干生”这一新事物。已经工作多年，将近三十岁的我，成为中国人民大学“调干生”的一员。虽然在校学习五年，但对学校的来龙去脉，则是最近查阅史料才了解的。

据相关史料记载，为建立新中国做准备，1949年6月下旬，中共中央书记处书记刘少奇受毛泽东主席的委托，率中共中央代表团秘密访问苏联，以学习建国经验。这当中就包括学习苏联的教育模式，创办一所新中国的大学，以培养建设人才。其间，曾设想仿效革命年代在苏联办“中国劳动大学”，请苏联政府为新中国培养建设和管理人才，办一所专门学校。不过，毕竟形势不同了，经反复磋商，最后决定在中国境内建校，由苏联提供专家、教授给予援助。遂致电毛主席，请求指示。毛主席复电，表示赞同。这就是后来的中国人民大学。

中央有关方面研究，确定以吴玉章为校长的华北大学为基础建校，对学科设置、办学规模、人员配备、组织招生等诸多问题提出了方案，校址设于铁狮子胡同1号（原段祺瑞执政府）。1949年10月1日，中华人民共和国宣告成立。11月12日，刘少奇写信给毛主席和中央政治局，报告中国人民大学的筹建情况，称“以原华北大学、革命大学及王明、谢老之政法大学三校合并为基础来成立人民大学”。同年12月11日和16日，中共中央政治局和中央人民政府政务院先后做出了《关于成立中国人民大学的决定》，提出“教育方针应是教学与实际联系，苏联经验与中国情况相结合”，并要求“该校应于1950年2月

**图1** 1964年，作者的毕业合影

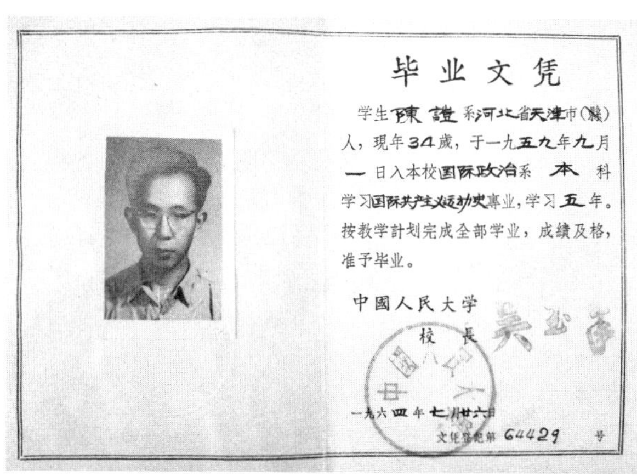

毕业文凭

学生陳譜系河北省天津市(縣)人，現年34歲，于一九五九年九月一日入本校国际政治系本科学习国际共产主义运动史專业，学习五年。按教学計划完成全部学业，成績及格，准予毕业。

中國人民大学

校長 吳玉章

一九六四年七月廿六日

文凭登記第 64429 号

图2　作者的毕业证书

开学”。1950年2月19日，中央人民政府委员会根据中共中央政治局的提名，任命吴玉章为校长，胡锡奎、成仿吾为副校长。与此同时，一方面将华北大学部分师生员工转至中国人民大学，另一方面按中央要求进行选招新生工作，各地方都做了认真落实。10月3日，开学典礼在铁狮子胡同1号隆重举行。刘少奇、朱德等众多领导人，苏联顾问、专家及师生员工四千余人出席，刘少奇发表讲话。这个“新型”大学是宣传马克思列宁主义、毛泽东思想的阵地；强调理论联系实际，培养实际工作能力；注重培养工农出身的新型知识分子；学制灵活，办学形式多样。之后，在西郊海淀“双榆树”建设新校，并以之为主校区。1959年，我们入学就是在这里。

从1952年到1959年，我在共青团天津市和平区委做青年工作已八个年头。此时，已经二十九周岁了。做团的工作是有年龄限制的，特别是基层工作，一般三十岁左右就该“转业”。

**图 3** 作者在简朴的校门前留影。摄于 1964 年 8 月。

恰巧那年中国人民大学招收“调干生”，有一个名额分配给和平区。而我当年刚读完业余高中，且未婚，没有后顾之忧。在得知此事后，同团委领导商谈得到准许，区委也同意，于是获得了被推荐的资格。不过也还需要经过入学考试，考场设在赤峰道邮电局礼堂。当时，人大招生是指定专业（系）。不久，收到录取通知，我被指定上马列主义基础系国际共产主义运动专业。

我们入学时，“陕北五老”之一的吴玉章任校长，副校长胡锡奎、聂真等主持日常工作，副校长还有李培之（王若飞夫人）、孙泱（烈士孙炳文之子）等。

马列主义基础系（简称“马基系”）那年招生一百一十名左右。大学本科通常为四年制，1959 级改为五年制。为什么改五年？虽经查阅史料，至今并未得到答案。入学报到，分四个班，我被分配到二班。二班有二十八名同学，可以说是来自“五湖四海”，包括北京、天津、河北、山西、辽宁、黑龙江、河南、上海、江苏、浙江、湖南、安徽、福建、广东等十四个省、直辖市，其中调干生十五人（女生两人），应届高中生十三人（内含华侨一人）。从年龄看，我属于两名最大的（同为二十九岁）学生之一。自南方来的青年学生，有的就是打赤脚，挑个小扁担，携一卷没有布面的薄棉被套和一张短小的席子，前来报到的。同今天入学新生携带笔记本电脑、智能手机、拉杆衣箱相比，可谓天壤之别！这种巨大变化，反映了社会的进步，人民生活水平的极大改善。

开学典礼于1959年8月31日举行。马基系地处校区西部，称“六处”，过去似乎是兵营，数排平房，中间有一过道，便于各排通行，左右各为厕所和洗漱间，每排十多间，1959级都在同一排，每班占用三间，可住七八人。室内靠墙是单、双人床，中间为对置的每人一个小书桌和凳子，冬季有一火炉取暖。再一个“标配”是小马扎，便于集会使用，恐怕也是学校的革命传统之一。各班都指定了党支部、班委成员，我被指定为党支部委员。不久，原指定的班长因原单位转来所谓“反右倾”材料被免，派我接任了班长。作为党员，服从为要。当年，负责系党总支日常工作的仅有何非老师一人，负责安排教学的只有周老师（忘记名字）一人，非常精干。年级主任是唐立春老师。

当年，高中应届生不交学费，每人每月有12.5元生活补助，主要是饭费（后提高至15元）。调干生分两类：一种是参加革命工作在十年以下，每月有22元生活费（我班有一位同学因家庭负担重而中途退学）；一种是参加革命工作十年以上，按原工资75%发放。我属后一种，当时原工资62元，折合46.5元，比在职二级工还高，相当优厚了。据知，还有一种调干生，参

**图4** 作者（中）与同学在校门前留影。摄于1964年8月。

加工作时间不长，自愿离职报考高等学校，则与高中生待遇相同。

入学不久，即赶上国庆十周年。喜逢大庆，同学们无不欢欣鼓舞。是日凌晨，整队乘车前往天安门广场，每人都在指定的“点”站立，负有“举花组字（图）”的任务，即“国徽”和“1949—1959”的一部分，颇有神圣感。晚间，还有部分同学参加团体舞联欢活动。

教学活动都是四个班一起上大课。记得有一次，校长吴老还来教室听过课。《国际共产主义运动史》自然是主要课程，老师多是青年。留苏归来的陈之骅老师，看来比我还要年轻许多。我只受过高中的业余教育，没有系统学过世界史，学习比较吃力。其次是俄语，毕竟年龄大了些，学习也是费力的。再一个是体育，像跳木箱之类，就难以完成。

作为党员调干生，有时也要参加学校党委传达中央某个重要会议的报告会，似是与在职党员干部同样对待。

人大教学活动有一个雷打不动的安排，每年必有一次下乡劳动，接触群众，了解实际。五年中，去过西郊四季青公社一次，顺义县两次，房山县一次，本校丰台区“看丹农场”一次。下农村，一般住老乡家。唯独本校农场那次，正值暑热，记得是住在临时搭建的帐篷内，热得够呛。在我尚保存的小本里记有，1964年2月底，即最后一次下乡，到顺义县李辛庄公社小店大队，住在一位老党员、烈属家中，每个同学被要求制订“锻炼计划”，

**图5** 1994年，纪念毕业三十年，返校与老师们合影。

**图 6** 纪念毕业三十年，部分同学在天安门前合影。摄于 1994 年。

等等。

入学不久，在兴奋的背后，“三年自然灾害”带来的饥饿正在袭来。虽已核减粮食定量，但食堂粮菜依然供应不足。学生正处在长身体时期。学校虽然也创造了（米饭）“增量法”等措施，但仅靠水分的增加，并不能解决问题。于是，同学们各显神通，到处去捋树叶，据说有“叶绿素”营养；到校外农民菜地挖大白菜菜根，回宿舍用洗脸盆（也是洗脚盆）煮了充饥；饭堂桌上，同学自备冲汤用的酱油瓶摆了不少。课堂教学依旧，但体育课改为练习太极拳，以减少体能消耗。一度晚自习也取消，围坐闲谈，不知哪里传来自嘲为“精神会餐”。就是这样，仍有部分同学患上“浮肿”，不幸，我也是其中的一员。学校采取了不少办法，主要是停学，集中住宿和卧床休息以及改善伙食，适当增加如带鱼等的供应。随着国家经济形势逐步好转，“病号”消肿，校内生活逐渐恢复正常。

临近毕业，系里或考虑便于管理，把四个班调整为三个班，主要是拆分四班，其他略作调整，如我班两位女同学就离开了二班。

五年时间，匆匆过去。我们毕业时，马基系已改为国际政治系，之前即系统地开设了“政治学”课程，但并未开设现今的“国际政治”类课程。1964 年 7 月 3 日，学校召开毕业生大会。此时，郭影秋（南京大学原校长，曾任云南省委书记）已调来人大任书记、副校长，协助吴老工作，他发表了讲话。北京高等学校毕业似有个传统，即召开全市毕业生大会，多是聆听周恩来总理报告。1964 年 7 月 31 日，我们在工人体育场集会，聆听周总理报告录音。他以“革命与劳动”为题，讲了“两个世界，两种趋势”“革命与劳动”“知识分子革命化劳动化”三个问题。彭真在会场作报告，讲形势，提要求。

当年毕业分配的方案是，调干生基本上是哪来哪去，回原地区再具体分配，个别同学得以留京分配。青年学生则由系里决定去向，在今天看来，都是“好单位”，除留校外，如中央党校、外交部、对外文委、国家图书馆，还有两位同学分别作为领队，各率数十名应届高中生赴法国、古巴留学，等等。我则回到天津，分配至天津行政干部学校（市党校划分出来的），时逢“四清”，不久“文革”爆发，运动不断，都不能置身于外。直到党的十一届三中全会后，才调入高校，正式开始了学用一致的马克思主义理论教学工作。

# 在部队农场接受锻炼

张进仁

1966年7月，我从四川大学化学系毕业，受“文革”冲击，滞留学校两年后，分配到重庆北碚区中国农业科学院柑橘研究所工作。不久，我和从其他大学来报到的共十三位毕业生，响应毛主席的号召，于1968年9月8日，几经辗转，前往广州军区0660部队白藤岛灯龙沙军垦农场（位于广东斗门县境内）接受锻炼。

该场驻扎了一个团，来自各校的大学生编成三个男生连、一个女生连。管理我们的排以上干部都是解放军，正副班长则由连队指定的学生担任。我被安排在学生四连三排七班。全连一共一百一十二人，连长唐锡仁，指导员魏大万，排长范录亨，班长高其芬，副班长张庆贤，七班还有沈世灯、沈迪翠、陈作安、陈仁增、张明德、张文忠、麦健珠、蔡明清、吴道科、冯锡熊、林友丰、莫崇超、许以林和朱法进等共十七人。这是一个团结友爱的集体。

灯龙沙位于西江入海处，多年前解放军在此围海造田五千多亩。海堤两边，是静静流淌的江水，交错的稻田。我们住在堤上的工棚里，到了晚上，一个个紧挨着，睡在几根楠竹捆绑

**图1** 1969年，学生四连三排在灯龙沙连队办公室前合影。前排左四为作者；三排左一为七班班长，左四、左五为正副排长。

固定后横铺的木板上。每当有人翻身时，大家就会感到微微颤动。连队之间，相隔数里，平时少有联络。天地间，唯有阵阵海浪声、海鸟的鸣叫声，伴随着我们。

在那个年代，部队自始至终把对学生的思想政治工作放在“再教育”的首位。刚到农场时，部队领导特地为我们讲课、

**图2** 1970年，学生四连三排七班在西湖农场合影。前排左三为排长；后排左一为作者，左五为班长。

作报告……为了使我们学有榜样，团领导还请其他部队的先进集体和个人前来传经送宝。我记得，当时我们在解放军的带领下，排着整齐的队列，高唱革命歌曲，行进在大堤上，前往团部操场，和其他连队的战士们一起席地而坐，听报告并认真记笔记。随后，我们以班为单位，进行讨论，并写学习心得——要求联系本人在农场锻炼的实际情况，“活学活用，立竿见影”地讲用。最后，全连选出先进个人，到团部演讲。

部队希望每个学生都认真参加军事训练和生产劳动，争创“四好连队”，争当“五好战士”。

**图3** 1968年冬，作者在灯龙沙团部操场。

从表面看，我们这些“学生兵”很奇怪，排起队来像兵又不像兵，穿着军装却没有领章帽徽。实际上，我们却和解放军战士一样，实行组织纪律十分严格的军事化管理。每天早晨哨声一响，我们就迅速起床、叠被，参加训练。“一、二、三、四”的喊声，响彻海疆。我们曾开展紧急短途拉练，摸爬滚打，射击训练，还在解放军战士的保护下，练习扔手榴弹。

农场，是磨练意志和体力的地方，劳动强度之大，常人难以想象。尤其是插秧、双抢和秋收时，就像是打了几场紧张而艰苦的胜仗。那时，我们每天在田里劳作十个小时，有时甚至还挂起吊灯“夜战”——拔秧苗。为了不误农时，炊事班曾将饭菜挑到田间。我们散乱地站在田埂上，在解放军战士的带领下，先边唱边跳一曲《忠字舞》，然后才开始进餐。夏季时，由于烈日炎炎，大家都被晒得很黑，所以看起来像黑人群舞，场面十分滑稽。大家想笑，却只能装作严肃。

有时候，我们还会有拔秧苗比赛。一声哨响，我们有节奏地高喊：“下定决心，不怕牺牲，排除万难，去争取胜利！”参赛者到秧田尽头时，总是满身污泥，活似一个个会动的泥塑，逗得大家哈哈大笑。

每天收工时，在夕阳的余晖下，大家跳进西江，洗净泥浆和汗水，游泳，嬉戏，仿佛忘掉了一天的疲劳，别有一番乐趣。

农场的文娱生活极度贫乏。有时晚上集中到团部操场看露天电影，都是看腻了的八个“样板戏”；个别学生有收音机，只能收听新闻和革命歌曲；看业务书，是走“白专”道路；读外语，是“崇洋媚外”；看小说，是迷恋“才子佳人”；打牌，绝对禁止。为了宣传在农场锻炼取得的成绩，每个连抽出二十

**图4** 1969年春，作者在灯龙沙团部操场。

**图 5** 1969 年夏，作者在灯龙沙玉米地旁。

个左右有点“文艺细胞”的学生，组成毛泽东思想宣传队，我是队员之一。通过一个多月的排练，和解放军连的宣传队在团部操场同台演出，还到白藤岛师部参加汇演，受到首长和战友好评。

部队要求我们作长期锻炼的思想准备，我们也没有探亲假。在那个特殊的环境里，不可能有个人情感的抒发。唯有收到家书时，多看几遍。亲人长相思，何日是归期？

我们每月领大学毕业生见习工资四十七元，缴十几元伙食费。部队对学生的生活十分关心，炊事班的学生在连队周围种菜、放鸭、养猪，改善伙食，使我们有健康的体质和充沛的精力应对艰苦的农活。连、排领导和我们同吃、同住、同劳动，体现了解放军的优良传统。

**图 6** 1969 年夏，作者（右）和战友蔡明清（毕业于华南师范学院）在斗门县城照相馆留影。

1969 年 12 月 22 日，我们随部队换防，离开生活了一年零三个半月的灯龙沙，到达“八百里洞庭”的西湖农场（位于湖南汉寿县境内）。途中，老百姓看见浩浩荡荡的解放军队伍中，穿插有我们这批“像兵又不像兵”的人，还误以为是“劳改犯”，让人哭笑不得。

在西湖农场三个多月，除同样乏味的政治学习和军训外，尽管天寒地冻的时日多，我们仍坚持兴修水利，参加疏通沟渠以及撬土、挑土或小车推土并平整、夯实堤坝的劳动。

1970 年 3 月底，我们将结束在农场锻炼的消息不胫而走，大家百感交集，激动难抑。部队安排我们以班为单位，认真搞好在农场近一年零七个月的总结，在自我鉴定的基础上，通过评议后，报连党支部，给予每位学生书面鉴定。

**图 7** 1969 年夏，作者（左）和战友张明德（毕业于华南师范学院）在西江入海处。

时光荏苒，人世沧桑。转眼间，过去了半个多世纪，当年意气风发的我，如今进入耄耋之年。回想起来，在几十年的科研生涯中，部队农场吃苦耐劳、不甘落后的经历，时不时鞭策和激励我不断进取，通过酸甜苦辣的奋斗，最终于 1995 年受聘为研究员、硕士生导师。农场蹉跎岁月的艰苦磨砺，一言难尽，不堪回首，但可以说，那是我人生中一笔宝贵的精神财富。

# 回忆我的中学时代

胡秀兰

1970年元月，我考入山东曹县孙老家公社高级中学。学校驻地在曹县东南二十五里的孙老家集上，这里也是公社所在地。在“文化大革命”期间，每个公社都办高中班学校。我入校的那一年是这个学校第三年招生，我被分配到三连一排。当时全国都在学习解放军，三连就是第三届学生，一排是一班。那时的教材是山东省编写的，小学是一年级到六年级。七年级，八年级就是初中，九年级、十年级就是高中。

学校坐落在孙老家集的北部。它原来是曹县第六中学，是“大跃进”时期创办的。当时全县新建了十几处中学，分布在各公社驻地。学校为十二个班级的初级中学，从1958年开始，到1962年止，共招收了四届学生。由于“三年困难时期”教育经费欠缺，县里新建的学校大部分都下马了，第六中学就停办了，学校的大院交给了当地的小学。1968年，各公社都在办高中班，孙老家公社高级中学就是在原曹县六中的旧校园内办起来的。

学校规模是四个教学班，学制二年，每年招收两个班。学生绝大部分来自孙老家公社所辖村庄，家离学校十多里路。学

校里有学生食堂，有学生宿舍，同学们吃住都在学校。教职员工由县教育局统一调配。校园内有个大菜园，在校学生吃的蔬菜都是自己种植的，每月的伙食费也就两元多钱。虽然同学们入校没有经过严格的考试，但是进了学校都是很认真学习的，因为学校有很好的学习环境和氛围。

我们的校长是县教育系统的老革命，政治思想好，业务能力强，在学校教育管理上很有经验，他叫王敦涛，当年五十多岁。在他的领导下，全校十几名教职员工和二百多名学生，严格遵守规章制度，每天从早上起床到晚上熄灯，教职员工和同学们没出现迟到早退和违反纪律的现象。学校制度规定，凡是做好事的和违反纪律的，都要在全校早操后的集会上提出表扬或批评，而且受批评的要写出检查和今后改正的保证。班级之间开展遵守纪律竞赛，个人违反纪律会影响班级的荣誉。王校长很会抓师生的政治思想工作。他兼任学校党支部书记。党支部规定，每星期一下午自由活动是党员学习时间，学习党的纲领和中央文件及党报杂志发表的重要文章。在师生中间积极培养和发展党员，鼓励积极分子向党组织靠拢，并提交入党申请书，形成了浓厚的政治氛围。同时，学校的好人好事层出不穷，师生都积极参加学校里的义务劳动，到菜园，到伙房，到需要帮忙的地方去。各排年终总结，好人好事是重要的一项。根据同学们的表现，毕业前发展党员，每个排都有两三个同学加入了中国共产党。我就是在这时入党的。

我们的班主任是石国良老师，教语文；数学老师是姚同考。近五十年过去了，想起他们，我记忆犹新，很多事情历历在目。我们的石老师热爱自己的本职工作，教书育人，对工作严谨、执着，他带领我们用普通话朗读古诗《悯农》——“锄禾日当午，汗滴禾下土。谁知盘中餐，粒粒皆辛苦”——好像又回到了三连一排的语文课堂上，倾听石老师为我们上课的声音。姚老师在给我们上数学课的时候，经常用通俗易懂的故事、典故来解释数学定律、公式和难解的数学题，直到每个同学都学会、听懂、会做，应用到实际生产当中去。两位老师与同学们建立了深厚的感情，就像我们的兄长，我们的长辈，在我们成长的道路上给予了我们知识，传授做人的道理，培养正确的人生观，为我们毕业后走向社会奠定了基础。1972 年元旦毕业时，拍摄了这张三连一排全体同学与老师的合影。

# 凌家有故事

凌光启

凌氏，天津的一个大户人家，一个很有故事的家族。历经百年的创业与兴衰，今已从昔日的辉煌回归于平淡。然而，流淌在血脉里的记忆却难以磨灭，每一张照片都讲述着一段久远而清晰的往事。

## 一、逝去的豪宅

偶读著名作家冯骥才编写的《小洋楼风情》图册，不料想，图册内有两幅照片竟是我家的故居：一幅大的是故居正面照，一幅小的是楼房的雕花大铁门。

故居建于 1923 年，位于天津市区的中心地带，当时叫“法租界 32 号路”，即今天的赤峰道的末端，与天津耀华学校毗邻。故居由外国人设计，其外形端庄对称，正门四个柯林斯式的希腊柱，墙体门柱皆有装饰和雕刻，酷似欧洲文艺复兴时期的建筑风格。楼内亦很讲究，门窗都是橡木的，镶有压花彩色玻璃，地面上铺的是彩色图案的瓷砖，这在当时都是极其昂贵稀有的建材。整幢大楼上下三层，百余房间，面积达三千五百多平方米。

祖父凌云桥

凌云桥之母杨氏

冯骥才先生对此楼附有文字："此楼为西洋古典式宅邸，精致与规范之作。层次繁复，颇具气势。"然而，这座家族创业的见证，一座宏大精美的历史建筑，在追求 GDP 的风潮中消失了。现在，仅存冯先生为我们留下的珍贵影像。

## 二、劫后幸存的老照片

此楼建成后，老一辈人的生活就嵌在了里面。时光一一带走了我的祖辈和父辈，只有老照片还能帮我们唤醒那尘封的记忆。而这些老照片和这座大楼一样历经磨难，所幸，它们死里逃生，幸免于难。

"文革"时期，天津和全国一样大兴抄家之风。一群"造反派"冲进祖父家中，能拿走的都拿走，就连祖父的银行存款

凌云桥继室刘氏

凌云桥长子凌兆麟

单也被抄走。经过这场致命的浩劫，惊吓和气恼使本来健康矍铄的老人一病不起，溘然长逝。

那一群“造反派”来自天津某研究所。这个单位后来整体搬迁到四川绵阳。时隔多年，清理查抄物资时，发现了我家的部分“财产”，退还给我们一些，其中包括这些祖父保存的老照片。由于年代已久，加之保存不善，这批老照片有的已经褪色，模糊不清，有的已经损坏，成了残片，还有的干脆丢失了。我们从中挑选了几张可辨认的，附上我们记忆中的往事，一并寄往《老照片》。

## 三、创业立家第一人

这幢大楼的楼主就是我的爷爷。祖父凌云桥（1883—

李怡勋及其子女。左一为作者。

1967），字月波，年轻时历经艰辛，专心经营，在天津针市街附近成立商号“宝华成”，专营棉布批发生意，后陆续在上海、青岛等地开设分号，颇具规模，事业日渐兴隆，遂成商界名贾。日本侵华期间，由于棉布属重要战略物资，被当局禁止经营，此后赋闲在家，清心度日。

1908 年，凌云桥与长子、长女。

祖父的原配夫人吴氏，生有两男两女。长子凌兆麟（妻孙淑芬），长女胡凌氏，次子凌兆熊（妻李怡勋），次女金凌氏。

长子凌兆麟，1905 年生人。在天津南开大学毕业后，进上海东吴大学读研究生。后赴美国纽约大学留学，攻读法律，获法学博士学位。

次子凌兆熊（我的父亲），1914 年生人。燕京大学毕业后转协和医学院学习，后赴美国哈佛大学留学，获医学博士学位。

祖父常向人说：“我培养了两个博士。”这是他的骄傲，也是凌氏家族的荣耀。

## 四、曾祖母的寿诞

祖父的母亲杨氏，是我们家的“老太太”。在家族里，她最是德高望重，而且还是位见过世面、经过场面的人。民国时期大总统曹锟，就是她的儿女亲家。记得有一年给老太太过生日，整个宅邸张灯结彩，宾客满堂，曹家送来的贺礼是一块很大的牌匾，金色雕花的边框，蒙面镶着玻璃，烫金的大红纸上写着贺辞，落款处盖有朱文的曹锟大方印章。这份厚礼挂在大堂上，格外引人瞩目。

为了把寿诞办得红红火火，家里还专请来曲艺名角办堂会。当时我年纪尚小，但清楚地记得是母亲领着我去看演出的。开始是些小节目，压轴的是享有“鼓王”盛誉的京韵大鼓演员刘宝全。他那寓情于声的唱腔，令来宾们赞不绝口，把堂会一次次推向高潮。那热闹的场面，至今历历在目。

## 五、祖母的闲情

祖父的原配夫人吴氏，我们没有见过。我降生后见到的，是祖父的继室刘席琴。

刘的父亲，名刘嘉琛，我们叫他“老姥爷”。老姥爷是位满腹经纶的饱学之士和负有盛名的书法家。他生有六个女儿，没有儿子。我的祖母刘席琴是老大，称得上是书香门第的大家闺秀。

祖母喜欢打麻将牌，常约亲友来家打牌。她玩牌的技术很高，只要用手指一摸，完全不用看，就知道是张什么牌。出于好奇，每逢祖母打牌时，我都站在她身后，看她摸牌，只看着就觉得很有趣。

到家里来打牌的常客，是祖母二妹的丈夫冯紫墀（我的二姨爷）。他也是天津知名人士。他经营过天津第一家电影院——

1926年，左起金凌氏、孙淑芬、凌兆麟、胡凌氏、凌兆熊。

平安电影院（现在改音乐厅），以后又经营过“光明”“真光”等多家影院，后来还经营过专演曲艺的剧场：小梨园和大观园。他每次来，都谈笑风生，家中沉闷的空气顿时活跃起来。记得有一次他输了牌，并大声问为什么赢不了。后来自己解释说，因为身上带了一支钢笔，衣兜儿里装着一本书，有笔有书，就是“必输”（“笔”“书”的谐音）。逗得哄堂大笑。

二姨爷来时，最使我们高兴的是他常带来电影院和剧场的优待票，大都是平安影院的整本票，只要撕下一张，就可当入场券，免费看一场电影。祖母是不喜欢看电影的，因此电影票成了我们小孩的福利，每逢新电影，必免费去看。

祖母还很喜欢曲艺。我们跟祖母常去的是小梨园。那剧院内有六个包厢，也叫“雅座”，每个包厢可以坐五个人，和剧场打个招呼，就能把包厢留出来。祖母最喜欢看的是“小彩舞”（骆玉笙）的京韵大鼓，百听不厌。我们孩子们爱看的是“小蘑菇”（常宝堃）的相声，听一回，笑一回。

祖母非常喜欢我们这些孩子，每次看曲艺时都带着我们，还给我们点很多的零食，边看边吃。我们这些孩子也同样喜爱这位出身名门的慈祥祖母，喜欢那种被她呵护的感觉。

## 六、昔日再回首

岁月如梭，时光如水，冲走了故居老宅，冲走了祖辈的荣华，冲不走的是血脉相传的亲情，冲不淡的是家族的根基和底蕴。如今，我们自己也成耄耋老人，回忆故居的陈年往事，心潮跌宕，思绪难平，填词一首，录于文后：

### 南乡子·故居情

何处望高楼？触景伤情万感愁。经历沧桑思往事，悠悠。遗迹无存憾事留。

莫道不白头，岁月蹉跎几度秋。未泯童心今尚在，忧忧。嬉戏庭中梦里游。

# 抗战年代的家

吴华民

这是一张老照片（图 1），摄于 1940 年我在广西全州的家。从画面中可以看出，这是在我家院内。地上有城砖，院内有院墙，院墙外面有山。大家随意地或坐或站。院外的山离院墙很近，山形俊美，与桂林的山有些近似。照片的右上角印有两行竖排字，曰“吴受益堂合家欢，二九年四二六摄于桂全县旅寓”。什么意思呢？我是这样解读的：吴姓受到苍天关爱或照应的全家人，于民国二十九年四月二十六日在桂林全州县的临时寓所合影留念。

民国二十九年，也就是 1940 年，中国独自对日本的抵抗已到了第四个年头，这时离太平洋战争爆发还有一年的时间。自 1937 年全面抗战爆发后，国民政府在中国的土地上已完成了十数次对日本的大会战，此时进入相持阶段。日本军队自两年前攻下武汉接着占领了湖南岳阳后，就被中国军队堵在了新墙河以北，湖南的大部分乡村城市还在中国军队手中。在湖南的最南端有个叫东安的小镇，和广西的一个小镇接壤。广西的小镇叫全州，它隶属全州县，全州县又隶属桂林。

湖南的东安驻着一支虎狼之师，它的全称是国民革命军新编第二十二师，师长叫邱清泉。新二十二师归中国历史上第一支机械化部队陆军第五军建制，第五军军长叫杜聿明。第五军司令部就在全州。我的父亲在第五军建军初期便出任军需处处长，随军家属跟着父亲在全州安了个家。这就是全州县临时寓所的由来。

说起随军家属，就要介绍照片上的人物。上面有叔父夫妇和孩子，大伯母和她的四个男孩和两个姑娘，姑妈和姨娘的儿子，父亲和大妈妈。我的妈妈是一年后，也就是 1941 年才嫁给父亲，这时的身份还是使女，正在前后忙着张罗，没有资格出现在这张照片里。

照片最左边着长衫、玉树临风的男子，是陆军少校吴子正，父亲的胞弟，这一年刚好三十二岁。三年前，他还在陆军第八十八师服务，经历了淞沪抗战、南京保卫战，于 1937 年 12 月 12 日从南京城突围，到了湖南湘潭，找到哥哥吴子宜，加入了第五军。抗战胜利后遂被任命第五军副参谋长，到南京出任由第五军派生出的鸿翔部队、伞兵司令部军需处处长，后任八十八军军需处处长。

叔父的左手边有几个女孩子，她们分别是二姐三姐四姐，叔父新婚妻子，还有五姐。我小的时候家里就是这么排行的，我在堂房男丁中排行老九，我的大哥如活到今天已过百岁，所以到今天我的侄儿侄女一大群，其中比我大的也多了去了。按理说，堂房兄弟可以不这样排行。看到这张照片后，我找到了这样排行的出处。

二姐是大伯的二女儿。大伯母一共生了四男三女。大女儿这时已经出嫁，随女婿在另一个部队。后排左四是我四姐吴月礼，这时正在全州的第五军子弟学校念书，和杜聿明的长女杜致礼同班。四姐成绩很好，在班上长期排名第一，在家也很知

**图 1** 合家欢。摄于 1940 年。

礼懂事，抢着做家务，缺点是太争强好胜，1944 年一次考试失利，服毒自杀身亡。我上小学的时候，大妈妈每谈到念书必拿四姐说事，说到四姐自杀时跺脚叹气。

四姐的左右二位，是三姐和五姐。这二位姐的生母姓廖，是叔父的原配。叔父结婚后离家从军，廖姓婶婶便在老家抚养两女。抗战爆发前，廖姓婶婶生病不治，临终前把两个女儿托付给了我的大妈妈。于是，这二位姐姐从小就叫我大妈妈为妈，叫我父亲为爸爸。1949 年后，二位姐姐分别定居芜湖和肥东，前些年相继因病去世。在五姐后面的一年轻女子，是叔父结婚一年多的妻子，在拍这张照片的五个月前生下了叔父的长子，就是坐在石板上腰杆笔直的少年怀中抱着的娃娃。他在我家男

图2　朱式欧

丁中排行老五，我叫他五哥。

抱着五哥的少年是大伯父的次子，我叫他二哥。早在父亲任职南京军需学校时，大伯看父亲和我大妈妈已结婚十年还无子嗣，便将次子过继给了父亲。二哥在第五军长大后，读了机械化学校；1948年机械化学校毕业，分配到台湾服役。这一去四十年后才得回大陆探亲，见到父亲长跪不起，嚎啕大哭。二哥于2004年来南京探亲时不幸去世，现葬于台北。

大哥和他的妈妈——我的大伯母——身着白色衣裳站在照片的中央。大伯父于1937年2月在老家肥东去世，去世后才半年，抗战就全面爆发了。这时，伯父七个子女中的三个已成人，另四个还小得很。父亲当时在参谋本部城塞组任上校，忙于沪

**图3** 大哥大嫂1943年底在长沙教堂举行婚礼。

宁一带的城防工事建设，派人回老家叮嘱大妈妈，他要将吴家子侄一个不落地全带走，寡嫂尤重。这样，伯父的七个子女，除老大嫁人外，全在这张照片里。

大哥这一年已经成人，在读医校药品专业。据说他学习成绩很好，深得老师喜爱。他的老师是个很牛的浙江人，叫朱式欧，中国第一批庚子赔款生，留学日本后，在家乡义乌办了一所中学，自任校长。现在的中国药科大学创始人中有他老人家。抗战爆发后，朱先生就跟着他的学生即我大哥吴抚民的叔父的部队第五军一同进退，自然也住在我的全州的家里。家里没有一个人会抽烟，也不敢学，父亲却整箱的好烟买回来，说：朱老师有学问，应该抽烟。

大哥学业完成后，也进了部队，当了药品库库长。官至少校的时候，干了一件很牛的事，娶了他老师美丽的二女儿，他的妻子成了吴家的长房长媳。大嫂贤德聪惠，生了五男三女，此为后话。

在大哥腿前的两个小屁孩，分别是我的三哥四哥。他俩岁数相差不大。三哥在1949年时代变革的大潮中参加了解放军，去朝鲜和美军打过仗。从朝鲜回国后，落户安徽芜湖，进了一个玻璃厂当了工人，娶妻后生了三子，个个有建树，堪称美满。

四哥吴树民，抗战初期只是个奶娃，大伯母带着他和他的哥哥们在第五军度过了最艰难的岁月。四哥自小聪明伶俐，深得大人们喜欢，他读书用功，50年代考上了北京地质学院，毕业后分到大西北。四哥工作认真，不怕吃苦，一直在向组织交心，并和家中的老人们划清了界限。四哥最大的愿望是加入中国共产党，已是工程师的他常常主动去采石场帮助工人们开山炸石。70年代初，不慎在一次放炮时身亡。二哥去大西北处理了后事。三哥力陈四哥是因公牺牲，请求单位追认他为党员，可惜组织上没有同意。四哥的这一愿望到底没能实现。

在三哥四哥左边的另两个孩子是表哥，大一些的是姑妈的儿子，被抱着的是姨娘的儿子。

图1的右边，是父亲和大妈妈。拍照的这一天，父亲应该是放假。他身着便装，和大妈妈笑嘻嘻地看着镜头。他看到的是全家子侄健康活泼，在逃难中个个衣着整洁。他题写“吴受益堂合家欢”几个字时，应该是充满了对上苍的感恩和钦敬吧！

拍完这张照片第二年的四月，父亲娶了我的妈妈；拍完这张照片的十八年后，父亲有了第一个儿子；拍完这张照片的二十一年后，父亲才有了我。

# 不幸孩童之“幸福童年”

王繁荣

2017 年夏天，我们兄妹四人去北京给大姑祝八十大寿。寿诞完毕返程之时，大姑拿出一叠老照片递与众侄:“我年纪大了，咱家里这些老照片还是你们保留着吧！”言语中既有岁月无情之感，更有殷殷期望之意。在返回的车上，我抚摸凝视着这些浸满时光岁痕的老照片，回想我们兄妹四人的童年经历，泪水夺眶而出。就这些老照片，我讲一下我们这些不幸孩童之“幸福童年”吧！

## 一

我出生在山东省章丘县（今济南市章丘区）一个耕读之家。祖父幼念私塾，思想进步，土改时随工作组给农民分地，犄角旮旯的地块，他也能精确算出面积，是村里的文化人。解放初在村里开了家小卖部，日子较为富裕。

祖父有两个孩子，即大姑和我父亲。祖父深知文化的重要，特别注意对孩子的培养，家里大部分收入用于孩子读书。姐弟俩也争气，于 20 世纪 50 年代先后跨入高等学府的门槛，大姑

图 1　父亲念大学时的照片

考取了济南的一所大学，父亲考取了泰安的一所大学，读矿业。一家出了两个大学生，这在当时农村文化水平普遍偏低的背景下成了一大新闻，十里八乡的人家啧啧称赞。

姐弟俩上大学期间，正值全国“三年困难”之时，许多省份缺粮，山东尤甚。当时国家号召有条件的工人返乡务农，减轻国家负担，社会上也流传着“七级工、八级工，不如回家种沟葱”的顺口溜，想必工人的日子也好不到农民哪里去。

1961 年父亲毕业时，根据所学专业本可以留在国营煤矿干技术员，偏巧在井下实习时被铁钉扎破脚，化脓发炎，十多天不能下床。祖父得知后，觉得在煤矿干技术员挺危险，爷俩一合计，干脆返乡务农吧！从大处说是响应国家号召，从小处说可就近照顾家庭。就这样，一位“天之骄子”回乡当了农民，用现在的眼光看不可思议，但真实的历史就是这样。图 1 这张照片，是 1961 年元旦父亲在泰安照的。父亲胸戴校徽，袋插钢笔，很有知识分子的范儿。

父亲返乡时，正值山东省冶金厅在村西赭山上筹建黏土矿，准备开挖铝土资源。黏土矿处在基建阶段，需要大量劳动力。村里组织一批精壮社员由父亲带工，负责从明水火车站往黏土矿装石料、运木材。父亲身材高大，很有力气，又有文化，工作干得很出色。他本身就是矿业院校毕业的，与筹建黏土矿的地质专家有共同语言。专家称这小伙子很有前途，并送给他一个单位特制的塑料本作为纪念。（图 2）

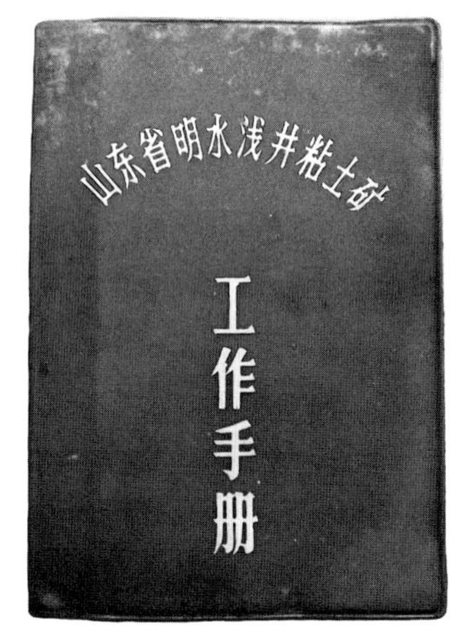


**图 2** 建矿领导送给父亲的笔记本

母亲也是在这段时间响应上级号召，从四十里外一个公社来建设浅井黏土矿的。当时矿上没有宿舍，所有人员分散在老乡家里住，母亲和另一个女伴住在我们家。建设社会主义矿山这一共同目标，使父母两人相识并走到了一块儿，天长日久产生了感情，结为夫妻。在父亲返乡后的第二年，即 1962 年，父母在章丘县城明水的照相馆里拍了这张结婚照（图 3）。母亲胸前戴了一个圆圆的徽章，到底是团员证章还是劳动竞赛类的奖章呢？当我拿着这张照片请八十一岁的母亲回忆时，她说早忘了，反正当时工作是挺积极的。

父母结婚后，我们兄妹四人陆续出生。图 4 是祖母抱着哥哥照的百日相，时间是 1963 年冬。从布景看，这张照片和父母结婚照一样，都是北京北海公园，可知是在明水同一家照相馆拍的。那时，章丘县城也就这一家照相馆。照片中祖母小脚上着毡靴，打着绑腿，显得十分干练；哥哥穿着新棉袄新棉裤，戴着精致的儿童帽。单从这顶帽子来看，虽是遭受三年灾害不

图3　父母的结婚照

图4 哥哥的百日照

久，家里的日子还算富足。困难时期小孩出生还能照百日相，这在一般农村家庭是办不到的。祖母旁边坐着的是我本家的一位姑姑。此时我的亲姑已大学毕业，分配在外省工作。图5是大姑抱着一岁的女儿照的相。大姑参加工作后，曾在多地从事广播信号的接收传输工作，后来调到北京。

## 二

如果照此发展下去，我们这个家庭将是幸福美满、令人羡慕的和美之家。然而，天有不测风云。己酉（1969）年九月初一，家里出事了。父亲放弃了煤矿技术员这看似危险的工作，却在生产队装卸工的岗位上出了危险，撒手人寰，年仅二十九岁。

听母亲说，出事那天，本不是父亲的班。装卸队的一个组长来我家里说，组里的几个社员干活不积极，他指挥不了。父亲一听就急了："好，今天我去看看。"那天，明水火车站来了一车皮东北圆木，那时没有机械设备，搬运就靠人抬肩扛。面对这些又粗又重的圆木，几个社员确实有些怵头。父亲身先士卒，第一个站上货台撬动圆木，不料如山的圆木忽然坍塌，一根木头重重地砸在父亲的胸口上……

把父亲送到县医院，医院没有血库，黏土矿来了一车工人争着献血，但父亲终因伤势过重，抢救无效去世。临死前说了一句话："我太渴了。"盖因失血太多而渴，太惨了！

一年前，我的祖父刚刚去世，现在父亲又遭此厄运，真是祸不单行。当时我们兄妹四人，哥刚满六岁，我不足七个月，中间还有两岁和四岁的两个姐姐，家里如同塌天一般，往后的日子可咋过呢？

我的祖母是极为坚强的。后来的日子表明，我们家之所以能支撑不倒，多亏了祖母的顽强护卫。祖母也是一位很迷信的人。她说出事的前几天，她梦见自己掉了一颗牙，把她都疼醒了。民间说（梦见）掉牙伤子，没想到真应验了。家里出事后，陷入一片悲痛之中，她又莫名其妙地梦见了毛主席。彼时“文革”正炽，伟人像随处可见，一位农村老太太梦见主席也不稀奇。但老来丧子、全家陷入绝望的祖母梦见毛主席，意义就不一样了，它暗示着在共产党领导下，在奔向社会主义的康庄大道上，是不会让一户人家掉队的。祖母是这样认为的，事实证明确实如此。这种信念影响着她老人家领着我们渡过难关。

## 三

父亲因公殉职，虽算不上烈士，但政府也对我们家给予了一系列优抚，保证孤儿寡母的家庭生活不低或稍高于一般社员生活水平。

政府给了九百元抚恤金，祖母将这笔儿子用生命换来的钱一存就是十多年，直到 1985 年家里盖新房时才启用。母亲仍然和其他社员在黏土矿干临时工，其他社员是挣工分，唯有母亲一人挣工资，每月三十元。此项收入相当于一个工人的月工资，全家度日不成问题。家里猪圈每年攒一栏粪，出一头猪，遇有推粪、杀猪等重体力活时，生产队派专人来帮忙。口粮也是按人口分，社员分多少，我们分多少，有时还专门送到家里来（我们年幼背不动）。虽说 80 年代初取消了政社合一的人民公社，解散了生产队，但我至今怀念集体的温暖。当然，由此带来的大呼隆和生产效率不高，就另当别论了。

图 5　大姑与周岁女儿合影。

没了父亲，我们兄妹四人得到了更多的关爱。这份关爱一部分来自社会，更多的则是周边的亲人，尤其是远在外地的大姑。村里人都说："你姑这出嫁的闺女这么照顾娘家，别说咱庄里，就是全公社也找不出第二个来！"

记得小时候，我常盼着大姑回家。每次回家，她都给我们带来农村见不到的漂亮衣服和新鲜玩具。图 6 这张照片，是父亲去世第二年（1971 年）照的。拿苹果的小胖孩是我，旁边是表姐（大姑的女儿），其余三人是我两个姐和哥。从我们五人着装看，三个小姑娘头上都戴着蝴蝶结，身穿小花裙；哥穿着 T 恤，脚蹬塑料凉鞋；我穿着一体裤制服。这些装束，没有一

**图6** 1972年，我们兄妹合影。

**图 7** 我五岁时和母亲合影。

件粗布衣服，与城里的孩子没两样。图 7 这张相片，是我五岁时和母亲照的。我穿的这件褂子胸前有花，左下角隐约看出有长颈鹿图案。这件上衣，直到今天我还有印象，当时穿上它觉得特别美。男孩子好舞枪弄棒，同村的小伙伴只能拿树枝当枪，而我却玩“真枪实弹”。你看，站在母亲身边的我有多威风啊！

**图 8** 1973 年，我（前排左一）首次去北京，在天安门前留影。

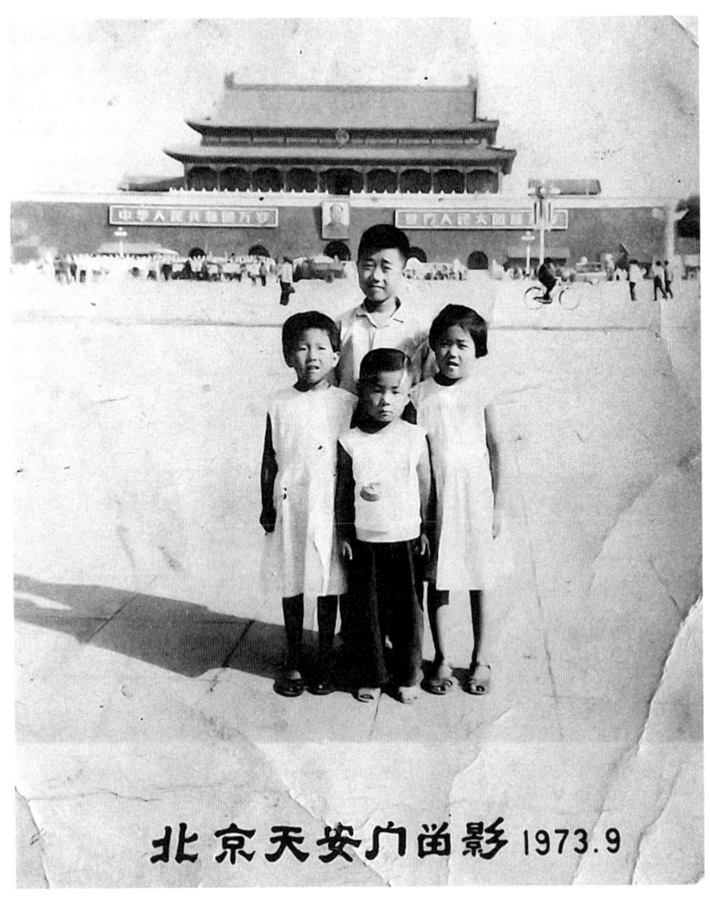


图9　哥姐在天安门前留影。

这些都是大姑给我买的。曾有不止一个小伙伴羡慕地说："你大姑对你们真好啊！"

我除了常盼大姑回家，还常盼邮递员叔叔来。如果大姑不回家，她就会不定期往家里汇款、寄邮包，以至于邮递员叔叔都知道我们家在村的哪条街上，不用打听就送到家门口。这些邮包里，有糖果、玩具、小人书等，都是农村小孩盼望的东西。村里买不到白糖，大姑就经常寄来，有一个玻璃瓶是专门盛放白糖的。有时候和小伙伴们玩饿了，就跑回家拿出一块煎饼来，从玻璃瓶里倒出一些白糖卷着吃。以至于邻居一位小伙伴的母亲对祖母说："你可别让你孙子在俺孩子面前吃白糖了。他向俺要，俺可没处去买。"弄得祖母赶紧用煎饼卷了白糖，给人家送去。前几日同学聚会时，发小还说起这事呢！

大姑对我们的关爱，更多的是盼我们成才。为了让我们开阔眼界，她多次邀请我们兄妹到北京玩，领着我们去北海，逛故宫，增长见识。图 8 这张照片，是母亲领着我第一次去北京时在天安门前照的相。左边小孩是我，右边是北京的表弟和表姐，后面是母亲和大姑。从这张照片看，农村孩子没出过远门，胆小腼腆的情景一览无余。图 9 是我哥姐小时候在北京照的相。北京是祖国的首都，能在北京天安门前照张相，是当时人们梦寐以求的愿望。我们虽然是农村孩子，却在很小的时候就实现了这个愿望。80 年代初，哥学会了木工手艺。正巧北京电视台拍摄电视连续剧《四世同堂》，大姑托人安排他干剧务，搞布景搭设。当时社会上还没有"追星"这一说，村里人也不知他具体干啥，都说咱庄一小青年去北京当演员了。

最后，再说一下我儿时的财富——小人书。农村的孩子，有小人书者极少。即使有一本半本，也缺皮少页，不知传看了多少回。当时，儿童的文化艺术生活贫乏得可怜。而我却有一整箱小人书，且大多干净整洁。这些图书，都是大姑回家时给我们带来的，这次五本，下次十本，积少成多，渐成财富。同伴来玩，搬出炫耀，评朱论紫，以有易无。我从中知道了许多历史人物、成语故事以及动植物常识。稍大以后，大姑又拿来《北京儿童》《北京少年》等杂志，我写作文时就开始模仿里面的文章，受益匪浅。今天我能出版六辑《章丘文史拾遗》，建了一处小型教育史料馆，与小时候看过太多的小人书不无关系。它在我幼小的心灵中播下了文学、历史的种子，现在终于开花结果了。

今年我五十周岁了，回想童年，感慨万千。童年用过的玩具大多不存。元宵节前夕，我翻检家中旧物时，居然发现了小时候玩过的灯笼，这也是当年大姑从北京买来的。烛光透过旧纸，映红了脸上的皱纹。花灯还是童年的花灯，当年的孩童却成了半老之翁。八十多岁的大姑和母亲两位亲人都健在，还时常叮嘱我要在工作和家庭上努力，只有这样做，幸福才如夜市上的花灯数也数不清。于是，我作了一首诗，权当本篇的结尾吧。

天命之年燃花灯，新光旧纸皱纹红。
花灯还是童年物，儿童已成半老翁。

杖朝姑母双健在，耳畔常闻叮嘱声。
家国诸事尚努力，福如夜市看花灯。

# 一张令人唏嘘的照片

周志跃

一张照片可以窥见一个时代。

笔者曾在《老照片》第一一五辑刊登过《一张家庭合影及题识》一文，介绍了一帧拍摄背景与抗日战争有关的普通家庭合影。

而这张照片拍摄背景则与解放战争有关，同样来自普通家庭。

## 偶　得

照片与你相遇靠缘分。那是2018年岁末一个寒风凛冽的周六早上，在杭州二百大收藏品市场早市一无所获的我正沮丧地打算打道回府，这时一新摊位上的这张老照片吸引了我。它静静地躺在那里，好像在向我召唤。我凑过去，弯下腰捡起这张照片。或是照片纸板已残缺，又或是其内容和“治丧”有关，因此无人眷顾。当然，也许也曾有人将它拿起，又将它放下。

我被照片的题跋所吸引。照片的纸板和纸板背面，满满地写着一篇长长的跋文，书法精美，内容翔实，细数拍摄缘由。

我喜欢照片上的题跋，因为题跋丰富了照片的讯息。读罢跋文，我毫不犹豫地将它纳入怀中。

## 细 识

照片摄于民国三十七年十二月九日。即 1948 年 12 月 9 日。当时，解放战争已经进入战略决战阶段，淮海战役、平津战役如火如荼。

照片尺寸约 20 厘米 ×16 厘米，底板有残损，加上底板，

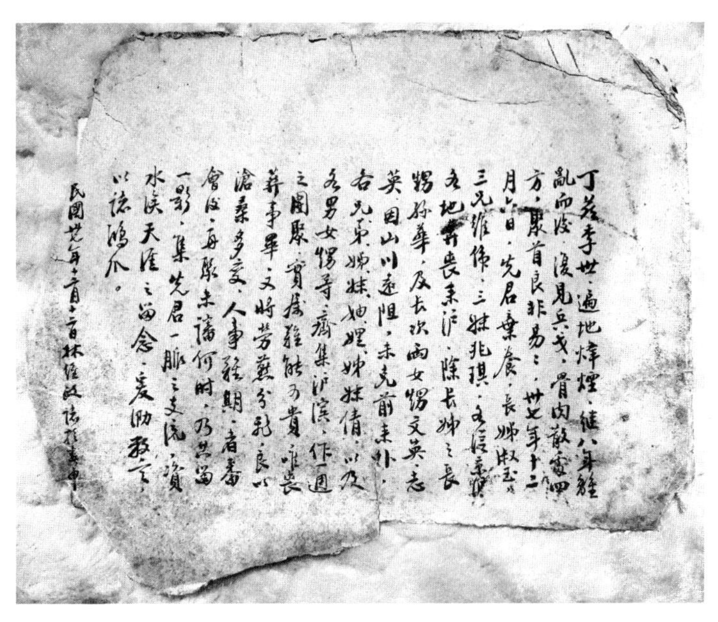
丁茲季世，遍地烽煙，繼八年離
亂而後，復見兵戈，骨肉散處四
方，聚首良非易易。卅七年十二
月六日，先君棄養，長姊暨[illegible]
三兄維偉、三妹兆琪、五[illegible]
五地奔喪來滬，除長姊之長
[illegible]華，及長次兩女[illegible]文英、志
英，因山川遠阻，未克前來外，
合兄弟姊妹、妯娌、姊妹倩，以及
各男女甥等，齊集滬濱，作一週
之團聚，實屬難能可貴。唯喪
葬事畢，又將勞燕分飛，良以
滄桑多變，人事難期，者番
會後，再聚未諳何時，乃出留
一影，集先君一脈之支流，藉
[illegible]天涯之留念，爰[illegible]數言
以誌鴻爪。
民國卅七年十二月十三日林維政誌於申

尺寸当在 30 厘米 ×24 厘米左右。底板正面贴着照片，底板上部有毛笔题“林公钟先治丧全体亲属合影”，左下毛笔题“民国三十七年十二月九日摄”，下部惜已残，留存少量墨迹，内容为片中人物身份说明，可辨读的完整名字有“季男维涟、长婿李寿榕、四婿吴石坚、四男维政、四媳杨文波、四女淑珍、三孙友俊”等。

照片底板背面保留的长篇毛笔跋文，为逝者林钟先先生第四个儿子林维政先生所题。兹全录跋文如下：

丁兹季世，遍地烽烟，继八年离乱而后，复见兵戈，骨肉散处四方，聚首良非易易。卅七年十二月六日，先君弃养，长姊淑玉、三兄维伟、三妹兆琪，各从京□各地奔丧来沪，除长姊之长甥孙华，及长次两女甥文英、志英，因山川远阻，未克前来外，各兄弟、姊妹、妯娌、姊妹倩，以及各男女甥等齐集沪滨，作一周之团聚，实属难能可贵。唯丧葬事毕，又将劳燕分飞，良以沧桑多变，人事难期，者番会后，再聚未谛何时，乃共留一影，集先君一脉之支流，资水涘天涯之留念。爰泐数言，以志鸿爪。

民国卅七年十二月十二日林维政志于春申

林钟先先生过世，家属们从全国各地纷聚上海，为林公治丧。照片上亲属一众共二十四人。因战争且路远等原因，仍有不能来沪参加治丧的亲属。

## 感 慨

这张照片历经七十年的磨难，没有被火烧虫蛀，没有灰飞烟灭，安然现身在杭州二百大收藏品市场，何其幸哉！我想对照片上的人做一番考证，无奈网上查林钟先、林维政、林维涟、李寿榕、杨文波、林淑珍、吴石坚、林友俊等人，均无相关资料信息能与片中人对应起来。从题跋的落款“春申”判断，他们很有可能是上海市松江区新桥镇春申村人氏，其他只有静待他日真相浮现，或寄望于知情人相告一二了。凡夫俗子，被历史长河冲刷得了无痕迹，所幸留存下这张照片，记录了“这个存在过”，他们曾在一起共度了一周的难得时光。

七十年过去了，如果还有片中人在世的话，也该是耄耋老人了。

# 戏读一本照相簿

谭金土

这是一册20世纪20年代末用牛皮纸自制的照相簿，里面粘贴着百余幅照片，缺了封面封底，纸张周边已经发脆发黑，但装帧别致，将照片剪贴组合、配图美化，别有趣味。

我十多年前就收藏了它，近来老照片收藏馆搬家时翻出，再次审视，更觉喜欢了。从照片的剪贴中看出主人的游戏精神，我便也用一种游戏的方式来解读这本相册。

这册照相簿是谁的呢？首页有三张戴着眼镜的英俊青年的肖像，或穿着中装却戴着鸭舌帽，套着毛线领圈，或穿着西装，打着领带（图1）。在中间那张照片上，可以看到1929年的英文签名Wang Tsiu Yang，音译或为王秋阳。中间这个标音Tsiu不符合现代拼音规范，暂且译注为“秋”字。

王秋阳是哪里人呢？在图2中似乎透露了端倪。王秋阳独坐柳荫下，抬眼处是祥云缭绕的一轮圆月——用照片剪辑的圆月——月影中正是上海龙华寺龙华塔。

独坐柳荫下，相机握手上。

望月思故乡，开口称阿拉。

王秋阳当是上海人，或是长年旅居上海把他乡当故乡的新上海人。有钱的上海人有种开放的精神，喜欢游玩，且要带着照相机，以作到此一游的记录。从照相簿看，王秋阳留下了不少游杭州、普陀、苏州、常熟的风景。

图3这一页贴了三张西湖风景照片：新市场夜景、三潭印月、游船上的恋人。王秋阳在左侧画了一幅时髦女郎。

风光滟潋西湖中，歌舞升平电光里。

若把西湖比西子，西施含羞脸朝西。

王秋云当是个多情种子，照片中常有伴游的美女。想来是花前月下，卿卿我我。

图4四张照片便有西湖树影婆娑、男女影绰的味道。这组

图1

图 2

图 3

照片上，他在左右画上手持鲜花的男女。

哥向东，妹走西，走到断桥不分离。

许仙遇上白娘子，哥与妹子结连理。

王秋阳这样的倜傥公子总是会拥有一群游伴的。图5中，王秋阳把背景涂黑，将一张标着钱塘江畔有桂花树的照片剪成圆形作为明月，添画一群大雁，展翅南飞，喻中秋佳节来临。左下图是烟霞洞中七位同行者或坐或立的合影，他们身后两位或是其他游客。烟霞洞在杭州南高峰烟霞岭上，多历代石刻，

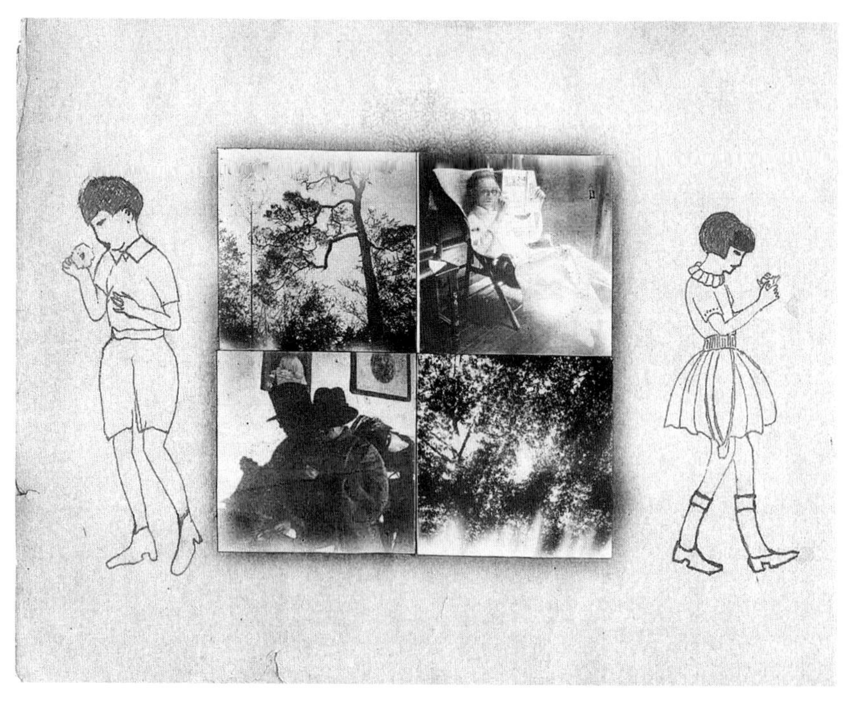

图4

图 5

图 6

是满觉垄赏桂途中一处胜景。

秋风起时雁南飞，满觉垄上人蹁跹。

桂香馥郁人欲醉，烟霞洞中聚众仙。

图6，由杭州西泠印社两张的照片和一张王秋阳与一位女友站在湖心石塔上的照片组成。该版左上角，画了一丛带有倒影的芦苇。在右下角画有波光鳞鳞的湖水和两条游动的鱼儿，让人联想起“楼外楼”西湖醋鱼的美味。

印社西泠精英聚，印月石塔佳俪搂。

湖水清澈显游鱼，美味正合“楼外楼”。

---

# 一个气象站的“历史观”

冯克力

在居所的东邻，有座不高的小山，曰龟山，因远望形似卧龟而得名。山虽不高，倒也草丰林密，曲径扑朔。家刚搬来时，因举步可达，闲时常到山上去遛弯。山顶上有个不大的气象站，常年大门紧闭，罕有人迹，里面杂草丛生，显得有些荒凉。

前日，在与此山暌违两年之后，再度登临。感觉变化最大的，是山顶的气象站。四周的墙体和木栅栏已翻修一新，看上去雅洁而规整。尤其引起我注意的，是大门一侧墙壁上的浮雕，是根据毛泽东上世纪四十年代在延安时，与美军观察组同乘一辆吉普车的历史照片塑制的——那张照片几乎家喻户晓，很有名，《老照片》里好像也刊出过。浮雕上的人物除了毛泽东，还有美军延安观察组组长包瑞德上校及随行人员。在夕阳辉映里，中共领袖与美军官佐，无不意气风发，神采奕奕……

端详之下，以我孤陋，便有些纳罕：在这样的地方，制作这样一个浮雕，意喻何在？百思不得其解，遂用手机拍下，发在了朋友圈，请方家解惑。结果，信息发出没多久，便有网名“风声”的跟帖，娓娓道来，讲述了此中的来龙去脉。原来，1944 年美军观察组进驻延安后，其中一项很重要的任务，就是协助延安和中共领导的几个主要的敌后根据地建立气象站，以为美空军提供可靠的气象情报。而这一举措，后来也被视为中共气象事业的肇始，载入了相关史册。

知晓了这一层，不由对气象站的主事者有些刮目相看。至于如何追溯中国气象事业的源头，固然还可以有不同的角度和不同的诠释，但他们却以这样一幅别出心裁的浮雕，在向世人昭示“不忘初心”的同时，也多少昭示了自己对那段特定历史的尊重，难能可贵。

想想《老照片》，这些年勉力而为、孜孜以求的，也莫过于此吧？与龟山顶上这个小小气象站所秉持的“历史观”，诚心有戚戚焉！

**图书在版编目（CIP）数据**

老照片.第126辑／冯克力主编. —济南：山东画报出版社，2019.8
ISBN 978-7-5474-3216-7

Ⅰ.①老… Ⅱ.①冯… Ⅲ.①世界史—史料②中国历史—现代史—史料 Ⅳ.①K106 ②K260.6

中国版本图书馆CIP数据核字（2019）第124044号

**老照片.第126辑**
冯克力主编

**责任编辑** 赵祥斌
**装帧设计** 王 芳

**出 版 人** 李文波
**主管单位** 山东出版传媒股份有限公司
**出版发行** 山东画报出版社
社 址 济南市市中区英雄山路189号B座 邮编 250002
电 话 总编室（0531）82098472
市场部（0531）82098479 82098476（传真）
网 址 http：//www.hbcbs.com.cn
电子信箱 hbcb@sdpress.com.cn
**印 刷** 山东临沂新华印刷物流集团有限责任公司
**规 格** 140毫米×203毫米 1/32
6印张 143幅照片 120千字
**版 次** 2019年8月第1版
**印 次** 2019年8月第1次印刷
**书 号** ISBN 978-7-5474-3216-7
**定 价** 20.00元

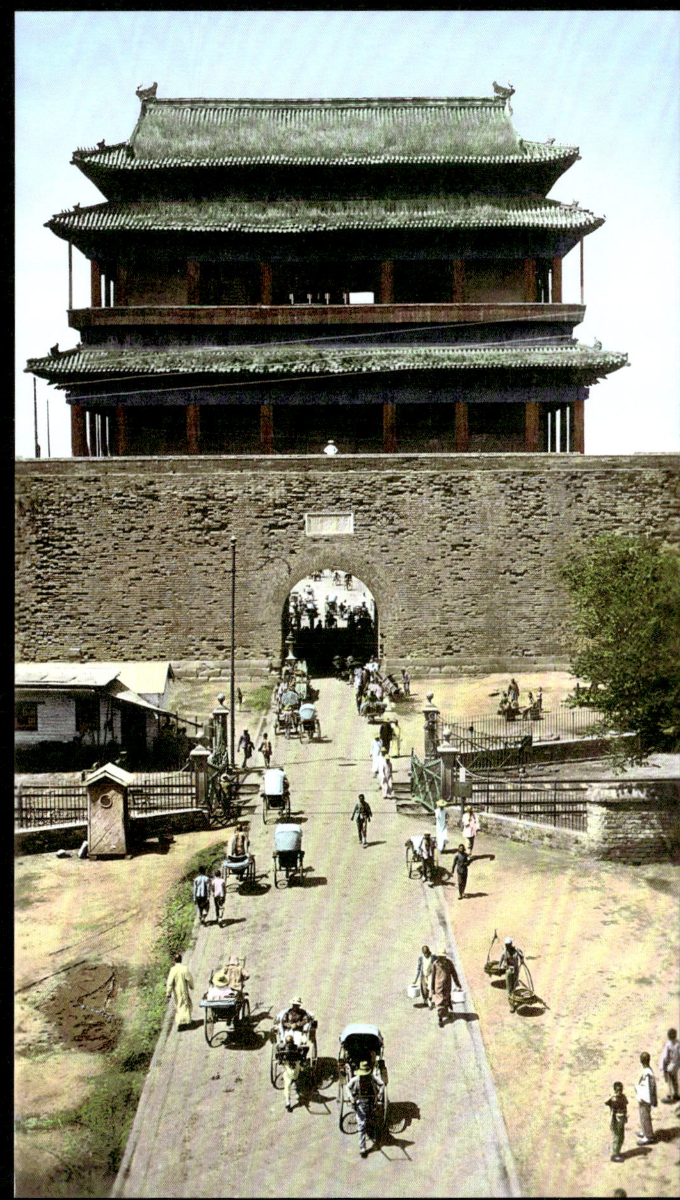

清末的崇文门（着色照片）

（秦风老照片馆　供稿）

国内订阅：全国各地邮局

邮发代号：24—177

地　址：山东省济南市英雄山路189号B座（250002）
E-mail：laozhaopian1996@163.com
网　址：www.lzp1996.com

责任编辑／赵祥斌

装帧设计／王　芳

扫码听书

《老照片》微商城

微信公众号

《老照片》网站

ISBN 978-7-5474-3216-7

定价：20.00元